경북 청송 지역의 언어와 생활

지역어 구술 자료 총서 7-2
경북 청송 지역의 언어와 생활

초판 제1쇄 인쇄 2009년 3월 21일
초판 제1쇄 발행 2009년 3월 31일

지 은 이 ‖ 김무식
펴 낸 이 ‖ 국립국어원
펴 낸 곳 ‖ 태학사
　　　　　주소 ｜ 경기도 파주시 교하읍 문발리 파주출판도시 498-8
　　　　　전화 ｜ (031) 955-7580~2(마케팅부) · 955-7584~90(편집부)
　　　　　전송 ｜ (031) 955-0910
　　　　　홈페이지 ｜ www.thaehaksa.com
　　　　　전자우편 ｜ thaehak4@chol.com
　　　　　등록 ｜ 제 406-2006-00008호

ⓒ 국립국어원, 2009

값은 뒤표지에 있습니다.

ISBN 978-89-5966-355-2 94710
ISBN 978-89-5966-200-5 (세트)

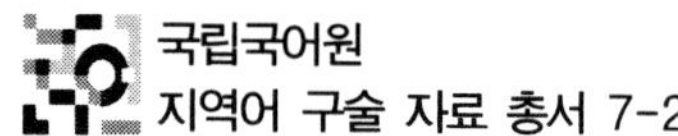
국립국어원
지역어 구술 자료 총서 7-2

경북 청송 지역의 언어와 생활

김무식

태학사

■ 책을 내면서

　어릴 적 시골에서 자란 필자는 취학하기 전까지는 '지렁이'라는 낱말은 몰랐고 오직 '거깨~이'라는 낱말만 알았다. 초등학교에 입학하면서 취학 전에 내가 알고 있던 낱말에 대응되는 다른 낱말이 있음을 그때서야 비로소 알았고 이것이 아마도 방언에 대해 가졌던 나의 소박한 첫 인식이었을 것이다. 시간이 흘러 내가 국어학 전공을 하게 되었고 이를 통해 국어와 방언에 대해 일반인보다는 더 많은 관심을 가지고 살아왔다. 다른 곳으로의 여행이나 방언조사를 통해 느끼는 것이지만 시간이 다르게 지역 방언의 차이는 많이 줄어들고 있고 어휘의 변화도 많음을 몸으로 느끼곤 한다.

　교통 및 통신의 발달로 역사상 그 어느 때보다 지리적 차이에 따른 말의 차이가 현저히 줄어들고 있는 이 시기에 이 저술은 우리네 주위의 언어생활과 그에 반영된 문화를 엿볼 수 있는 자료이기도 하다. 이 구술 발화는 국립국어원에서 매년 실시하고 있는 지역어 조사 사업의 하나로 수행된 것이며 경상북도 청송 지역의 조사는 2006년에 실시되었고 이에 따른 조사보고서도 같은 해에 출간되었다. 이 저술에 실린 구술 발화 자료도 조사 보고서에 포함된 것이다. 기존의 보고서에 포함된 구술 발화는 시간에 쫓겨 그 내용이 잘못된 부분이 많았을 뿐만 아니라 이를 고쳐야 할 필요성이 있었고 조사보고서의 수량도 제한되어 이용 상의 제약이 있었다. 이런 이유로 조사보고서의 구술 발화 부분을 따로 떼어 단행본 형태로 펴낸 것이 이 책이며 이 과정에서 전사의 오류와 잘못된 표준어 대역을 수정하고 주석과 색인을 붙여 이용자에게 편의를 제공하고자 노력했다.

이 저술은 경상북도 청송군 진보면에 사시는 김진만 할아버지(조사 당시 만 72세)와 그 부인이신 김희순 할머니(조사 당시 만 70세)의 일상 생활에 대해 녹취하고 이를 전사한 것이다. 김진만 할아버지의 구술 발화에는 '조사 마을의 환경과 배경, 태생과 성장 배경, 결혼과정 및 전통 혼례, 회갑 및 장례, 제사, 논농사, 목화·삼의 재배와 길쌈, 누에치기와 비단 짜기' 등이, 김희순 할머니의 구술 발화에는 '결혼생활 및 시집살이'의 내용이 담겨있다. 이 책은 두 분의 제보자가 약 4시간 동안 말한 구술 자료를 담고 있는데 여기에는 두 분의 기본적인 삶과 풍습, 민속 등과 같은 문화가 그대로 녹아 있을 뿐만 아니라 이들 분야의 다양한 토박이 어휘들이 그대로 드러나 있다. 이에 필자는 표준어로의 대역과 주석 그리고 색인 작업을 통해 이들 어휘에 대해 가능한 한 상세한 정보를 제공하려고 노력했다. 이 구술 발화 자료는 경북 청송 지역의 어휘를 비롯한 음운, 문법체계의 이해에 도움을 줄 뿐만 아니라 이 지역 토박이 화자의 담화 연구에도 유용할 것으로 판단된다.

이 자료집의 발간은 무엇보다 국립국어원의 관심이 있었기에 가능했다. 기존의 보고서로 발간된 자료를 전사부터 표준어 대역에 이르기까지 다시 점검하면서 그 세부 내용을 고치고 여기에 주로 국어학적 관점에서의 설명인 주석과 색인을 덧붙이는 작업은 생각했던 이상으로 많은 시간과 노력을 필요로 했다. 특히, 보고서에는 성조표시를 하지 않아도 되는 조건이었지만 불완전하나마 성조를 표시하고자 시도한 것이 더욱 필자로 하여금 힘들게 했다. 이처럼 힘들고 많은 시간을 필요로 하는 작업이지만 이를 가능케 한 것은 전임 국립국어원의 원장이신 이상규 선생님과 지역어 조사 사업을 뒤에서 꼼꼼히 챙겨 주신 박민규 선생님의 헌신적인 도움이 있었기에 가능했던 것으로 판단된다. 또, 조사 과정이나 전사 과정에서 여러 가지로 도움 말씀을 주시고 힘들 때마다 격려를 아끼지 않은 지역어 조사위원들이 있었기에 이 단행본이 이렇게나마 모양을 갖출 수 있었다.

　이 책의 초벌 전사는 주로 경북대학교 대학원에 재학 중인 김인규 선생이 맡았고 일부는 필자가 직접 했다. 또, 이러한 초벌 전사는 필자에 의해 다시 점검이 이루어졌지만 초벌 전사를 위해 많은 고생을 한 김인규 선생에게도 감사의 말을 전한다. 이 단행본이 간행되기 위해 여러 분들의 도움이 컸지만 가장 많은 도움 주신 분은 이 구술 자료를 제공하신 김진만 할아버지와 김희순 할머님이다. 2006년 조사를 할 때나 그 이후 보완조사를 하기 위해 방문했을 때 언제나 친절하게 맞이하고 자세히 설명해 주신 두 분에게 다시 한 번 감사의 말씀을 드린다. 마지막으로 이 책이 예쁘게 나오도록 편집을 하신 태학사의 편집 담당자와 경제성이 없는 데도 불구하고 책의 출간을 선뜻 맡은 태학사에게도 감사의 말을 전한다.

■ 조사 과정

국립국어원에서는 2004년도부터 전국의 지역어 조사 사업을 시행하고 있다. 이 사업은 도(道)를 기본 단위로 하여, 각 도에서 한 지점씩 연차적인 조사를 진행해 오고 있다. 첫 해에는 질문지를 만들고 이를 시험하기 위해 예비조사를 실시하였고, 본격적인 조사는 이듬해인 2005년부터 시작되었다. 관련 학자들이 모여 질문지를 여러 차례에 걸쳐 수정·보완하여 질문지를 간행했으며 방언조사용 그림자료집도 수정·보완 중에 있다. 경상북도 지역은 일차년도 사업으로 상주군 공성면을 조사하였고, 이차년도 사업으로 청송군 진보면 괴정리를 조사지점으로 선정하였다.

2006년도 경북 지역어 조사지로 선정된 청송군 진보면 괴정2리는 청송군의 동북쪽에 자리를 잡고 있는 곳이다. 경북 청송군은 동북쪽으로 영양군 및 영덕군이, 동남쪽으로는 포항및 영천시가, 서쪽으로는 안동시, 서남쪽으로는 의성군 및 군위군과 접경을 이루고 있다. 청송군은 주왕산을 비롯한 태백산맥의 영향으로 군의 동쪽과 남쪽이 높은 지형을 이루며 주요 하천인 용전천(龍纏川)은 진보면에서 반변천(半邊川)과 합류하여 안동으로 흐르며 주요 교통로도 하천을 따라 발달하였다. 본 조사를 한 청송군 진보면은 북쪽으로 영양군 입안면, 동쪽으로는 영덕군 지품면, 서쪽으로는 안동시 임동면, 남쪽으로는 청송군 파천면과 청송읍과 인접하고 있는 지역이다. 아울러, 이곳은 예로부터 교통의 요지로 인해 시장이 번성했으며 오늘날에도 34번 국도와 31번 국도가 동서와 남북으로 가로질러 인구의 이동이 많을 뿐만 아니라 시장이 발달한 곳이다. 이 번 조사에서 이 지점을 선택한 이유는 이런 접경지역도 고려의 대상이 되었다. 언어적으로 청송군은 크게 보아 경북 남부방언권에 속하지만 이 지역은 북부 및 동해안지역과도 접경하고 있어서 이들 접경 지역과의 방언접촉 양상이 어떻게 실현되는가 하는 점도 흥미로울 것으로 판단된다.

방언자료의 조사는 2006년 6월 10일부터 같은 해 8월 19일까지 청송군 진보면 괴정리에서 이루어졌다. 예비 조사는 6월 10일부터 7월 하순에 걸쳐 주말에, 본격적인 조사는 여름방학 기간이었던 8월달에 집중적으로 수행했으며 보완 및 확인할 내용에 대해서는 12월 초순에 실시했다. 현지조사는 제보자의 집에서 글쓴이가 직접 하였으며 김인규(경북대학교 대학원생)가 녹음을 하고 녹음을 한 후에 파일 관리 등을 했다. 녹음 자료의 정리와 전사는 글쓴이와 김인규가 함께 하였으며 최종적으로 글쓴이가 검토했다. 아울러 이 단행본의 출간을 위한 전사에 대한 교정 작업과 주석 및 찾아보기 작업도 글쓴이가 직접 했다.

청송군 진보지역은 군청과 면사무소의 도움을 받아 제보자를 섭외하고 실제 대담을 나눠보았지만 제보자의 제약이나 여러 다른 조건으로 인해 제보자를 구하는데 실패하고 2박 3일 동안 진보면 자연부락을 중심으로 직접 수소문을 한 끝에 제보자를 어렵사리 구했다. 이 지역의 제보자는 김진만(조사시 만 72세, 1934년생)님과 그의 부인인 김희순(조사시 만 70세, 1936년생)님이다. 김진만님은 경북 청송군 진보면 괴정리에서, 보조제보자이신 김희순님은 청송읍 송생리에서 각각 출생하였다. 진보면과 청송읍은 서로 인접해 있으며 이 두 곳은 물리적 거리는 있지만 같은 방언권으로 보아도 무방한 지역으로 방언적인 간섭 현상은 그렇게 크지는 않을 것으로 판단된다.

김진만님은 오대조 이래로 이곳에서 계속 거주해 왔으며 군복무 기간(1950년대 중반 4년)을 제외하면 외지에서의 생활 경험도 없으며 이 지역어에서 주로 농사를 지으며 생활하고 있다. 이 분은 가난한 집안의 맏이로 태어나서 청소년 시절부터 집안의 일은 물론 남의 집 일까지 하여 가사를 도왔으며 특유의 성실함과 근면함으로 비교적 자수성가한 인물이다. 가난한 형편으로 정식 학력은 없지만 한글을 깨우치고 있으며 비교적 조사자의 질문에 대해 이해가 빠른 편이었으며 조사에도 매우 협조적이었다. 또 발음이 비교적 또렷하며 목소리도 나이에 비해 상대적으로 힘찬 편이며 여전히 농사를 지을 정도로 건강하며 치아나 청력도 좋아서 제보자로서는 적합한 것으로 판단되었다. 보조제보자인 김희순님은 만 열여덟 살에 청송읍 송생리에서 시집을 와서 이곳에서 김진만님과 같이 계속 생활하고 있다. 이 분도 무학이며 청력이나 치아 모두 건강하며 목소리도 매우 힘차고 또렷한 편이지만 발화속도는 비교적 느린 편이다. 지역어를 조사하는 초기에는 외부인에 대한 경계심을 다소 많이 가진 편이었지만 조사가 진행되면서 이런 부분은 자연히 해소되었으며 조사에 협조적이었다. 여러 가지 힘든 작업인데도 불구하고 자료 조사에 협조해 주신 두 분에게 이 자리를 빌어서 감사의 말씀을 드린다.

구체적 조사 지점인 괴정2리는 산촌에 가까운 지역으로서 주로 논농사보다는 밭농사를 위주로 하며 자연부락 이름은 이목골이다. 이 마을은 예전에는 30여 가구 수가 있었으나 지금은 10여 가구에 불과한 조그만 마을로서 대개는 자급자족을 하던 마을이었다. 주제보자인 김진만 님을 비롯하여 이 마을 사람들은 모두 농사를 생계로 하고 있으며 이 지역의 특산물은 담배와 가을배추, 고추 등이다. 오늘날 이 지역 사람들의 상권은 면소재지에 있는 진보시장이며 예전에도 주로 진보시장을 이용하고 인근의 청송읍의 장터, 안동의 시장, 영덕군 지품면 원정장도 이용할 정도로 교통이 발달된 지역이다. 이 지역 사람의 통혼권도 위에 제시된 시장 상권과 거의 일치하는 것으로 파악되었으며 제보자도 청송읍에 처가를 두고 있다. 이 지역 사람은 대개 조사지점에서 1km 떨어진 신촌리에 있는 초등학

제보자 김진만과 보조제보자 김희순

마을 전경

교에, 중학교는 주로 진보면 소재지의 학교에, 고등학교의 경우는 진보면 소재지와 안동시, 영덕군에까지 진학하고 있다. 교통편은 이 마을에서 진보면 소재지까지는 면의 소재지에서 운행하는 대중버스와 영덕군에서 운행하는 대중 버스 편이 있으며 진보면 소재지에서는 인근 중소 도시 및 대도시로 연결되는 시외버스가 운행되어 비교적 교통의 소통이 원활한 곳이다.

이 지역에서는 모두 16시간 정도의 구술발화를 조사하였지만 이 중에서 전사를 한 것은 4시간 9분 정도의 녹음 분량이다. 이 번 조사에서 구술발화나 음운, 문법, 어휘 항목에 걸친 전반적인 부분은 주제보자인 김진만님이 담당하셨으며 보조 제보자인 김희순님은 대개 시집살이, 음식 및 옷 만들기와 같은 여성 관련 일을 중심으로 이루어졌다. 이번에 출간하는 자료에도 주로 주 제보자를 중심으로 조사가 이루어졌으며 보조제보자는 옆에서 간간히 참여하거나 주제보자가 확인하는 과정을 통하여 이루어졌다.

전사

    제보자의 구술발화 자료는 SONY DAT D-100 디지털 녹음기로 녹음하였고 녹음 자료는 GoldWave 무른모를 이용하여 음성파일로 변환하였다. 이 음성파일을 컴퓨터에서 재생하여 들으면서 전사무른모인 Transcriber 1.4를 이용하여 음성파일을 분절하고 전사를 하였다. 전사는 글쓴이와 김인규(경북대 대학원)가 나누어 초벌전사를 하였으며 전사 자료는 보고서를 작성하는 단계에서 글쓴이가 다시 점검했다. 또, 이번에 단행본을 내기 위해서 글쓴이가 다시 점검하고 초벌 전사와 방언조사 과정에서 고생한 김인규 선생에게 고마움을 전한다.

    전사는 하나의 문장을 어절 단위로 하여 소리 나는 대로 전사하는 것을 원칙으로 하였지만 하나의 억양 단위로 소리 나는 경우에는 어절보다 큰 단위로 전사한 경우도 있었다. 현대 한글로 전사가 어려운 경우에는 특수문자를 이용하거나 국제음성자모를 나란히 부기하기도 했다. 경북 청송 지역어는 단모음 /ㅔ/와 /ㅐ/, /ㅡ/와 /ㅓ/, 마찰음 /ㅅ/과 /ㅆ/이 서로 중화되어 변별적이지 않을 뿐만 아니라 전설의 원순모음인 /ㅟ/와 /ㅚ/도 일반적인 환경에서는 단모음으로 실현되지 않는다. 음운론적으로는 이들 자·모음이 서로 비변별적이기는 하지만 이 빈 진사 자료에서는 음성적으로 가까운 쪽을 택하여 이들 자·모음을 전사했다. 즉, /ㅔ/와 /ㅐ/모음은 음운론적으로 중화된 경우이지만 음성적으로 [ㅔ]에 가까우면 '에'로 전사하였다. 비모음(鼻母音)은 비모음 기호(~)를 이용하여 나타냈으며 이 지역방언이 기본적으로 성조가 실현되는 지역이므로 이도 본문에 표시를 하려고 노력했다. 기본적으로 긴소리는 장음표시부호(:)를, 아주 인상적인 긴소리는 인상적 장음표시부호(::)를 사용했으며, 높은소리는 고음표시부호('), 상승조는 모음자를 중복해서 적고 뒷모음의 오른쪽 위에 '표시를 하며, 하강조는 모음자를 중복해서 적고 앞 모음의 오른쪽 위에 '표시를 했다. 고장조는 모음자를 중복해서 적고 두 모음의 각각의 해당 음절 오른쪽에 '표시했다. 구술발화 자료의 경우 보고서에는 음장만 표시하기로 하고 성조표시는 안 해도 되었지만 이용자의 편의성을 높이기 위해 다소 정확성이 떨어지더라도 성조표시까지 하였음을 밝히며 차후에 음성자료가 공개될 때 부족한 부분을 보완해 주기를 바란다.

본문의 글자체와 전사에 사용된 부호는 다음과 같다.

고딕체	조사자 / 보조조사자
명조체	제보자
-	제1 제보자
=	제2 제보자
:	장음의 표시이며 길이가 상당히 길 경우 ::처럼 장음표시를 겹쳐 사용했다.
*	청취가 불가능한 부분 또는 표준어로의 번역이 불가능한 경우
	질문지와 주제가 다른 경우
+	색인에서 방언과 대응 표준어에 의미 차이가 있는 경우
++	색인에서 방언에 대응하는 표준어가 없는 경우
[x x]	전사부분에서 잘 들리지 않지만 추측이 가능한 표현인 경우

주석

　주석은 각 장마다 주를 몰아서 붙인 미주(尾註) 방식을 택했다. 이 자료를 이용하는 독자의 입장에서는 각주(脚註) 방식이 편리하겠지만 책의 편집 과정에서 불가피하게 미주로 처리할 수밖에 없었다. 주석은 가능한 한 친절하게 제공하려고 노력하였다. 주로 새로운 어휘나 표현이 이해하기 곤란한 경우에 그 의미를 풀이하였지만 형태에 대한 음운적 해석이나 문법형태에 대해서도 최소한의 범위에서 그 기능에 대해 간략한 설명을 붙여 독자의 이해를 돕고자 했다. 경우에 따라 경북의 다른 지역에서 사용되는 방언형을 밝히기도 했으며 독자의 편의를 위해 다소 비슷한 내용의 주석이 반복되기도 했음을 밝힌다.

표준어 대역

　전사된 방언 자료에 대해서는 모두 표준어 대역을 제시했다. 원래의 조사보고서에서는 원칙적으로 문장 단위로 표준어 대역을 달았으나 여기서는 문장보다 더 큰 의미 단락이 그 잣대가 되었다. 표준어 대역을 별도의 쪽에 배치한 것도 조사보고서와는 달라진 부분이며 이는 독자들이 원문과 표준어 대역문을 쉽게 대조해서 읽을 수 있도록 배려한 조치이다.

　전사한 방언 자료를 표준어로 옮길 때는 직역하는 것을 원칙으로 하였으며 직역이 불가능한 경우에는 주석을 붙여 표시하였다. 문장 중간에 '어, 저, 거, 인제, 은제, 머'와 같은 군말이나 담화표지도 가능하면 표준어로 살리려고 노력했지만 한꺼번에 연이어 나타날 때에는 적절히 조절하였다. 적당한 표준어 어휘나 대응 표현이 없는 경우에는 방언형을 그대로 표준어에 사용하고 이를 주석으로 표시했다. 전사가 불가능하거나 전사한 방언 표현의 의미가 불확실한 경우에도 각각 *를 이용하여 표시했다.

찾아보기

이 자료가 지역어 자료임을 고려하여 이 책의 끝부분에 표준어에 대응되는 방언형의 찾아보기(索引)를 붙였다. 찾아보기는 표준어형을 먼저 제시하고 그에 대응되는 방언형을 제시하는 방법을 택했으며, 이는 타지역 방언사용자를 고려한 조치이다. 찾아보기에서 체언은 방언형을 가능한 한 형태음소적으로 표기하려고 했지만 음성형을 그대로 제시한 예도 있으며, 용언은 예문에 사용된 활용형을 그대로 제시하였다.

제1부

구술 발화

조사 마을의 환경과 배경

조사 마을의 환경과 배경

마을 들여다보기

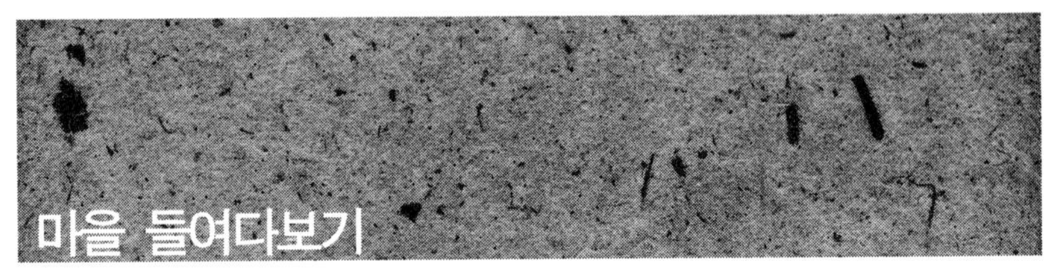

아 여'기 어르신 그 이 마으:'른' 언'제쯤 생'겨꼬, 어'떠케 생'긴:지, 알:고 게 신며느 쫌' 이야기 해 주'십시오.

또' 어'떤: 성씨'드리 마'니 사:'시'는지.

- 이 동네:: 여쓰[1] 인지[2] 생기기는 언제 챔[3] 생긴는지[4] 그는 잘 모'르고요.

- 우리'가, 내가 볼' 떼'[5]는 우리 고'조보[6], 고조보 떼: 여'거[7] 내로[8] 와'선 는[9] 모예[10], 완니더[11].

- 예, 고'조보 떼'.

- 그'래가즈고[12] 머[13] 고조보를 우른[14], 나도 지금 모'르고, 징'조부[15]도 잘 모'르니더.

- 예, 징'조부도 모'르고.

- 그 우리 또 써'어'는[16] 김녕낑'가[17] 시더[18].

$ 사적 대화

호'우시[19] 이: 이 그 마으'레 어떤 성씨'드'리 와[20] 가'튼 성씨'드림미까[21], 예' 저'네, 요즘 마'알'고.

예저'네는 어뜨에[22] 한' 성'이얻슴미까, 안 거라며는 여러 성씨'드리 모여'스 싸'람씀미까[23]?

- 아:: 여'게:도[24] 아:: 우리 김녕김'가[25]가 주로' 사'란니더.

- 살:고, 아: 진성이'시[26]가 여게 한 지'비 사'란니더.

- 또 이 김'메김'씨[27]가 한 지'비 사라꼬, 그 나무'지는[28] 머 거'이' 어 우 리 김녕낑'가가 여[29] 사'란니더.

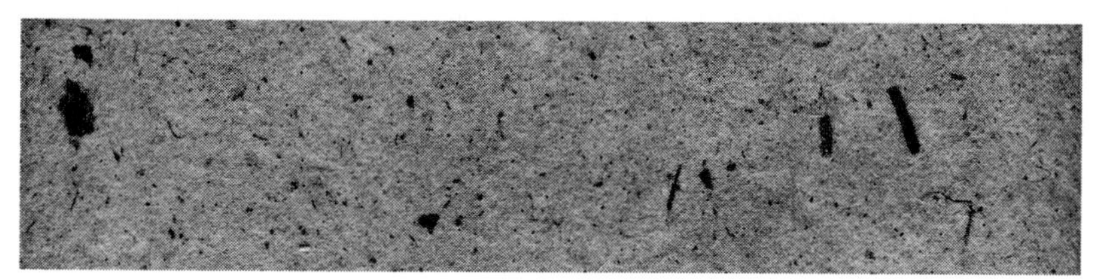

아, 여기 어르신 이 마을은 언제쯤 생겼고, 어떻게 생겼는지, 알고 계시면 좀 이야기 해 주십시오.

또 어떤 성씨들이 많이 사시는지.

￣ 이 동네가 여기에서 인제 생기기는 언제 처음 생겼는지 그것은 잘 모르고요.

￣ 우리가, 내가 볼 때는 우리 고조부, 고조부 때 여기 내려왔었던 모양이고, 그때 왔습니다.

￣ 예, 고조부 때.

￣ 그래서 뭐 고조부를 우리는, 나도 지금 모르고, 증조부도 잘 모릅니다. 예, 증조부도 모르고.

￣ 그 우리 또 성은 김녕김가입니다.

$ 사적 대화

혹시 이 마을에 어떤 성씨들이, 왜 같은 성씨들입니까, 예전에, 요즘 말고.

예전에는 어떻게 한 성이었습니까, 안 그러면 여러 성씨들이 모여서 살았습니까?

￣ 아, 여기에도 아, 우리 김녕김가가 주로 살았습니다.

￣ 살고 아, 진성이씨가 여기에 한 집이 살았습니다.

￣ 또 김해김씨가 한 집이 살았고, 그 나머지는 뭐 거의 우리 김녕김가가 여기 살았습니다.

이' 마을 이'르미 무어심미까?

＝ 궤정'동.

‾ 아이'야[30].

＝ 머'로[31].

＝ 이'무꼴[32].

‾ 이'무꼴시더.

‾ 이'무꼴.

이'모꼬른 어: 어'떠케 해서 이'르미 부처'징검미까[33]?

＝ 그 모'오'리지[34], 머.

＝ 어예[35] 아나[36]?

‾ 이'무꼬르러넌, 여'거[37]는 그 유'래'는 잘 모'를시더.

‾ 머 어예 어예 어이[38] 덴동[39].

‾ 그글[40] 어른들인떼[41] 근 이얘'기를[42] 몬'[43] 뜨'러[44] 반니더[45].

검 예:, 그 이'모꼬리라고 부르고, 그러며느 월'래[46] 행정지명은 괘정'동이고.

＝ 예 아.

‾ 예.

어 그러고, 그러며느 이: 근처'에, 이 아'페 마으[47] 아'페 마으'리라든지, 아'페 사'니라든지, 디에 사'니라든지, 아까' 말씀하신 데'로' 골짜기 이'르미라든지, 나무 이'르미라든지, 이릉[48] 그 쫌 아'시는 데'로 함'분'[49] 이야기해 주시죠.

‾ 아 예.

‾ 아:: 요 아'페 보'이는 사는 압산이고요, 압사~'이시더[50].

‾ 그'레곧 똗 디'에' 산 보이능[51] 그, 이'그는[52] 딛사~'이라고[53], 그른 *** 그'래'니더[54].

‾ 그래고 은제[55] 지 저'어', 여서 바 가점[56] 볼' 때는 큰 사~'이[57], 노픈 사~'이 저게, 아: 갈:미보~'이라[58] 그래그'덩'뇨[59].

‾ 갈미보~'이라는 거, 웨' 갈미보~'이라 카믄[60], 옌나'레 어른들 그 간 씨'

이 마을 이름이 무엇입니까?

= 괴정동.

⁻ 아니야.

= 뭐야?

= 이무골?

⁻ 이무골입니다.

⁻ 이무골.

이무골은 어떻게 해서 이름이 붙여진 겁니까?

= 그건 모르지, 뭐.

= 어찌 압니까?

⁻ 이무골은 여기는 그 유래는 잘 모르겠습니다.

⁻ 뭐 어찌 어찌, 어찌 됐는지.

⁻ 그걸 어른들에게 그 이야기를 못 들어 봤습니다.

그럼 예, 이무골이라고 부르고, 그러면 원래 행정지명은 괴정동이고.

= 예.

⁻ 예.

그리고, 그러면 이 근처에, 이 앞에 마을 앞에, 마을이라든지, 앞에 산이라든지, 뒤에 산이라든지, 아까 말씀하신 대로 골짜기 이름이라든지, 나무 이름이라든지, 이런 것 좀 아시는 대로 한 번 이야기해 주시죠

⁻ 아 예.

⁻ 아 요기 앞에 보이는 산은 앞산이고요, 앞산입니다.

⁻ 그리고 또 뒤에 산 보이는 것, 이것은 뒷산이라고, 그것 *** 그랬습니다.

⁻ 그리고 인제 저, 저거, 여기서 봐 가져 볼 때는 큰 산이, 높은 산이, 저것이 갈미봉이라고 그러거든요.

⁻ 갈미봉이라는 것, 왜 갈미봉이라고 하느냐고 하면, 옛날에 어른들 그

고[61] 뎅'걸찌요?[62]

⎯ 갇 씨곤[63], 비' 올' 때 우에[64] 또 이랜[65] 씨'능[66] 게 또 이'서요.

⎯ 비 암[67] 맏또'루[68] 요 딱' 씨'믄[69] 히한항[70] 그데이[71].

⎯ 그'그' 가따그[72] 해'서 저거 인저[73] 갈미보~'이라:꼬 은제 그'랜니더.

⎯ 그'래거[74] 은제 이, 이 아'네 여[75] 음 드러다보는[76] 사~'이, 아께[77] 말'데로' 참 아: 하장'꼬'린데[78], 그'그 머 어'른들인디[79], 인데 드'르볼[80] 때는, 그: 사라'미 호레~'이가[81] 무'러가서 그어[82] 그 가'주가서[83] 사람들, 동네 사'라미 차'저[84] 뎅'기이까[85] 그 가'여[86] 이 잏'써가지고, 그'으다[87] 화:장을 해'가 무'덜 따고 해'가지고, 그 인자 화장'꼬리라'꼬, 이 예, 그'으케[88] 핸'니더.

하장'꼴', 또 이쪽 재'는?

⎯ 아: 재'는 이'물령재[89]라 그'레그'덩요.[90]

⎯ 그, 그'랜니다.[91]

⎯ 여'쯔근[92] 진'쯔 처'어'메[93] 여 머 할 땐'느[94] 이'물령재, 여게 인젠 동네 이'르미 이'몽꼴따[95] 보~'이[96] 임'물령재라'꼬[97] 여 핸'는데, 해'꼬, 그 이'물령재라능 건 이'그또[98] 이 유래'는 학시리[99] 모'른니더[100].

⎯ 예, 모'르고.

⎯ 요', 뜯[101] 디에[102] 요 가'믄[103] 또 시 시'르봉'어라곤 또 이'서요.

시리봉'[104].

시리봉?

⎯ 네, 시리봉'도 멩[105] 즈 저 상거치[106] 저'랜[107] 노프'게[108] 인'는데.

⎯ 그'그능[109] 웨 시리봉'이라 그'모[110], 사'는 노'픈데 우'[111] 올'라가'믄[112] 이'으[113] 굉'자이[114] 쪼'버요.

⎯ 또 머'시우[115], 엔나'레 왜 떡'찌는 시, 시'릳짜'네요?

⎯ 그 시'리' 어'퍼 논 거[116] 거'[117] 가'딱[118] 해'서, 그'레가지고 그'그또 은제, 유'래가 인제 시리보~'이라.

⎯ 예:, 그'랜니더, 예.

갓 쓰고 다녔지요?

⎺ 갓을 쓰고는, 비 올 때 위에 또 이렇게 쓰는 것이 또 있어요.

⎺ 비 안 맞도록 요기 딱 쓰면 희한한 것이지요.

⎺ 그것 같다고 해서 저것을 인제 갈미봉이라고 인제 그랬습니다.

⎺ 그래서 인제 이 안에 여기를 들여다보이는 산이, 아까 말대로 참 아, 화장골인데 그 뭐 어른들한테, 한테 들어볼 때는, 그 사람이 호랑이가 물어가서 거기 가져가서, 사람들, 동네사람이 찾아다니니까 거기 가서 있어서, 거기에다가 화장을 해서 묻었다고 해서, 그 인제 화장골이라고, 이 예, 그렇게 했습니다.

화장골, 또 이쪽 재는?

⎺ 아 재는 이물령재라고 그랬거든요.

⎺ 그, 그랬습니다.

⎺ 요쪽에는 진짜 처음에 여기 할 때는 이물령재, 여기에 인제 동네 이름이 이무골이다 보니 여기서 이물령재라고 했는데, 했고, 그 이물령재라는 것은 이것도 이 유래는 확실히 모릅니다.

⎺ 예, 모'르고.

⎺ 여기, 또 뒤에 요기 가면 또 시루, 시루봉이라고 또 있어요.

⎺ 시루봉.

시루봉?

⎺ 네, 시루봉도 맨 저 산같이 저래 높게 있는데.

⎺ 그것은 왜 시루봉이냐 그러면, 산은 높은데 위에 올라가면 이것이 굉장히 좁아요.

⎺ 또 무엇이고, 옛날에 왜 떡을 찌는 시루가 있잖아요?

⎺ 그 시루를 엎어 놓은 것 그와 같다고 해서, 그래서 그것도 인제, 유래가 인제 시루봉이다.

⎺ 예, 그랬습니다, 예.

금: 이 아'페 개우'른 이름 업씀'미까119)?

﹃ 여' 개우'레, 여그는120) 이르믄 으 윽꼬'121), 인제 저 건'네122) 아께'에123) 가서 인제' 그 당'124), 당나무꼬'라125) 카능126) 그는 인제 아 이' 동'네 그어127) 당낭글128), 정'월' 보'름나리129) 인제 아 이 동:네'서 그 제사를 지'내고 헤 헤'께130) 떼미'네131) 저 그 다~'이라꼬 그'랜니더.

﹃ 지금 저:, 지'금도 안주132) 멩 그 당나무꼬'리라라꼬 그랜니'더.

그 머 혹'시 이쪼:게 아까 화장꼴'처럼 어 어디 저네오'는133) 전'서리나 머 그런 재'민는134) 이야기는 업'슴미까, 이 동:네'에.

﹃ 그'른:135) 이예기는136) 모137) 뜨'러바니더138).

﹃ 흐 흐 흐, 예, 머 그 전'서리139) 대'애간140) 이에긴141) 모 뜨'러밴x니더x]. 우리 할문 우리 어머'님도 그'런?

= 모'리디더142). 우리: 머어143) 느께' 시집 와가즈고144), 멩 여거, 더145) 시집 와가즈고른146) 몰'레에147).

= 머 머 어'예148) 덴'뚱149) 머 그절 따'러뎅기는150) 데로· 하지요.

당:'나무 거'기는 어'트케 요즘 어 당'제는 지'내심미까?

﹃ 지금 아: 그 소냥'기151) 서어'이152) 아나도 이'겐 모 아늘 께래요.

﹃ 엄:처'난153) 커'뿌럳써요. 154)

﹃ 근'데 그'으' 은제 우리 여'거 저 구'까 그그 그 머'로155) 저거
보호수.

﹃ 여 보'오술156), 은절157) 쩌, 저걸 은제 해 해 해'딴 마리158).

﹃ 해 난데159), 그레 우리'가 여 은제 동'네서 으 제:사를 지'낼라160) 그 이161), 난자~'162) 지'내~이, 지'낼라가 자걸163), 정'올따르164) 보~'이 추'버가주고165) 고'다166) 은제 지'불167) 져'어써요.

﹃ 그 아'네 뜨'가168) 인지 제사 지'낸다꼬.

﹃ 그'런데 그가 고'만 돌려감169) 세메'늘170) 해가주고, 해 쁘러띠171), 그런지 고마 으 낭기 주거 버럳서요172).

그럼 이 앞에 개울은 이름이 없습니까?

￣ 여기 개울에, 여기는 이름은 없고, 인제 저 건너에 가서 아까 인제 그 당(堂), 당나무골이라고 하는 것은 인제 이 동네 거기 당나무를, 정월 보름날에 인제 이 동네에서 그 제사를 지내고 했기 때문에 이제 그 당이라고 그랬습니다.

￣ 지금 저기, 지금도 아직, 맨 당나무골이라고 그럽니다.

뭐 혹시 이쪽에 아까 화장골처럼 어디 전해오는 전설이나 뭐 그런 재미있는 이야기는 없습니까, 이 동네에?

￣ 그런 이야기는 못 들어봤습니다.

￣ 예, 뭐 그 전설에 대해서는, 이야긴 못 들어봤[x습니다x].

우리 할머니, 우리 어머님도 그런?

＝ 모릅디다. 우리 뭐 늦게 시집 와서, 맨 여기, 또 시집 와서는 몰라요.

＝ 뭐 뭐 어떻게 되었는지 뭐 그저 따라다니는 대로 하지요.

당나무 거기는 어떻게 요즘 당제(堂祭)는 지내십니까?

￣ 지금, 그 소나무가, 셋이 안아도 이것은 못 안을 거래요.

￣ 엄청나게 커버렸어요.

￣ 근데 그 인제, 우리가 여기, 저, 국가, 그거 뭡니까, 저거 보호수.

￣ 여기 보호수를, 인제 저, 저걸 인제 했단 말이야.

￣ 해 놨는데, 그렇게 우리가 여기 인제 동네에서 제사를 지내려고 그러니, 바깥에서 지내니, 지내려고 자꾸, 정월달이 보니 추워서 거기다 인제 집을 지었어요.

￣ 그 안에 들어가서 인제 제사를 지낸다고.

￣ 그런데 거기가 고만 돌려가며 시멘트를 해서, 해 버렸더니, 그런지 고만 나무가 죽어 버렸어요.

- 아아 그그 그 나무 그르'케, 소'낭기 큰는[173] 낭긴데, 고마 주'거 뻐렌니더[174].

여'기는 머 혹'시 머 새:미'라든지, 머 나무하'러 가'며느 예전가트면 샘:, 조은 샘:이라든지, 머 그'런, 뜨 큰' 바'이가튼, 그'렁 건 업'슴미까?

- 바'히가틍[175] 거는 그'렁 거는 엄'니더, 어'꼬[176].

- 여'게 물 때'미래[177] 애:, 마아~'이[178] 참 이 동네 사'래미[179] 애롬[180] 마~이 머'건니더, 머'건데.

- 아께'[181] 내 조'그[182] 하든 데'로 거이 시피'바꼬라카는데[183].

- 세떼'기바꼴.

에, 에.

- 거'게, 그 아내 드가먼 인제 방구[184] 상가네[185] 무리 쫄쫄 나와서요.

- 그'른데 여'어' 사'레미 그 가'가주고 물'로, 아느로[186] 가 이고, 우리는 또 지'게로 지고, 물'로 그 거'끄[187] 마~이 마~이 가따 머'건니더.

그럼 요즘 어'트게 무'른 어디서 잡수슴미까?

- 지'그믄 머'어' 참 머 이거 머'어'네서 해조가주'고, 우리간, 저: 아네 저 벡서'터[188] 카는 데도 이'서요, 벡서'터.

벡석터.

- 예.

- 백'석' 음제[189] 베서'터[190]라 카능 거는 옌:날레 거 사람으, 지금 지금 사라믄 안 사지마는[191], 거 지'금 저리'이 절 찌'어[192] 가주오[193] 한 지'비 인는데, 백'서그르[194] 헬'따끄[195] 헤서 베서'터라.

- 벡석 카능 거는 저 곡스글[196] 백' 가마~이르[197] 헤'따, 이게리요[198].

- 그'레가즈[199] 그 은'지 벡스'터라카고 그렌데[200].

- 거'게가[201] 거그 인저[202] 보'로 마가가주고 베이'터[203] 올로[204], 베리'터칸데 올라가는데 물땅구른[205] 해' 가주고, 거 물 가다[206] 가주고 인제, 일로 인제 호'슬[207] 해 가주고 인 땅을 무더가즈고, 은젠 그 물로 인제 이'래 머'꼬 인니'더[208]

⎯ 아, 그 나무가 그렇게, 소나무가 컸던 나무인데, 고만 죽어 버렸습니다.

여기논 뭐 혹시 뭐 샘이라든지, 뭐 나무하러 가면 예전 같으면 샘, 좋은 샘이라든지, 뭐 그런, 또 큰 바위 같은, 그런 것은 없습니까?

⎯ 바위 같은 것은 그런 것은 없습니다, 없고.

⎯ 여기에 물 때문에 애를, 많이 참 이 동네 사람이 애를 많이 먹었습니다, 먹었는데.

⎯ 아까 내가 조거 하던 대로[209] 거의 세포기밭골이라고 하는데.

⎯ 새돼기밭골.

예, 예.

⎯ 거게, 그 안에 들어가면 인제 바위 사이에 물이 쫄쫄 나왔어요.

그런데 여기 사람이 거기 가서 물을, 안사람은 가서 이고, 우리는 또 지게를 지고, 물을 거기 그것을 많이 많이 갖다 먹었습니다.

그럼 요즘은 어떻게 물을 어디서 잡수십니까?

⎯ 지금은 뭐 참 뭐 이거 면에서 해줘서, 우리가, 저 안에 저 백석터라고 하는 데도 있어요, 백석터.

백석터.

⎯ 예.

⎯ 백석 인제 백석터라고 하는 것은 옛날에 거기 사람은, 지금 지금 사람은 안 살지만은, 거기 지금 절을 지어서 한 집이 있는데, 백석으로 했다고 해서 백석터라.

⎯ 백석이라고 하는 것은 저 곡식을 백 가마니를 했다, 이겁니다.

⎯ 그래서 거기 인제 백석터라고 하고 그랬는데.

⎯ 거기가, 거기 인제 보를 막아서, 백석터 올라, 백석터라고 하는 데, 올라가는데 물탱크를 해서 거기 물 가둬서 인제, 이리로 인제 호스를 해 가지고, 이 땅을 묻어서 인제 그 물을 인제 이렇게 먹고 있습니다.

무'리 아'주 조:은' [x모'양이죠x].

‑ 야:이, 물' 쪼'치요.[210]

‑ 저 무'리 고'마 멩: 사네서 나오'는데, 저 그 저 감니봉[211] 카는데, 멩 거'서 나오'는 무'리라.

= 자연산데요.

‑ 이 이 우리 무리.

‑ 무'른 참: 조:은' 조은 무'리시더.

검 벡석터'에서 물 그 해가'즈고 물땅'구를 해논' 데'가 어디라 하'셨슴미까?

‑ 그'게느 은제' 우리 여 말하기는 그 사~'이가 아 큰'먼디기라[212] 그레거' 드~'요.

‑ 크'다크 헤'서 은제 큰'먼디기다.

‑ 그'거' 은젠 땡'꾸를[213] 처린, 처'르난니더[214].

그럴 그엄 큰'먼디기에서 아까 아 세떼바'꾸 그'레씀미까?

‑ 예예.

그 쪼'그로 해서 세떼때바꾸[215]?

‑ 아 알 아이 세'띠바군[216] 그 무르는[217] 우리 그 그 저'네 이그 아날[218] 때, 무리 업슬' 때 그' 물로 참 우리간 이걸 도~'우로[219] 가주고 여'다가 이 머'꼬 헨'니더.

= 아이지, 땅으루유.

‑ 그런데 그 그그 은제'에' 그'으부텅[220] 하고는 이 물 암[221] 먹고 인젠 그 저 물를 머'꼬 인니'더.

세'띠'바꾸는 웨 세'띠바꿈니까?

‑ 세띠'바꾸라 그릉 그'는 그 은제 풀' 풀' 이'리민데[222], 머 선생님 잘: 모'르실 께레요[223].

‑ 그 세떼'기라꼬[224] 세떼'기라꼼[225] 그게 즈[226] 푸'리 이서요.

물이 아주 좋은 [X모양이죠X]?

⌐ 아이고, 물 좋지요!

⌐ 저 물이 고만 맨 산에서 나오는데, 저기 갈미봉이라고 하는데, 역시 거기에서 나오는 물이다.

= 자연산인데요.

⌐ 이, 이 우리 물이.

⌐ 물은 참 좋은, 좋은 물입니다.

그럼 백석터에서 물을 그렇게 해서 물탱크를 해놓은 데가 어디라고 하셨습니까?

⌐ 거기에는 인제 우리가 여기 말하기로는 그 산이 큰먼디기라 그랬거든요.

⌐ 크다고 해서 인제 큰먼디기다.

⌐ 거기에 인제 물탱크를 차려, 차려놨습니다.

그러면, 그럼 큰먼디기에서 아까 새뙈기밭골이라고 그랬습니까?

⌐ 예예.

그 쪽으로 해서 새뙈기밭골?

⌐ 아, 아니 새뙈기밭골, 그 물은 우리 그 전에 이거 안 할 때, 물이 없을 때 그 물을 참 우리가 이거 동이를 가지고 이다가 이렇게 먹고 했습니다

= 아니지, 땅으로요.

⌐ 그런데 그거 인제 거기부터 하고는 이 물 안 먹고 인제는 저 물을 먹고 있습니다.

세뙈기밭골은 왜 세뙈기밭골입니까?

⌐ 새뙈기밭골이라고 그러는 것은 인제 풀, 풀 이름인데, 뭐 선생님은 잘 모르실 거에요.

⌐ 그 억새라고, 억새라고 그게 저기 풀이 있어요.

- 그 풀' 마~:이 난'다끄 해서 거게가 인제 이 씨띠'바고리라꼬.

- 그'레 헤'따니'껴[227].

혹'시 머 어머'님께서 우리 아번'님[228] 이야기 하신는 거 말:고 예저네 나물 뜨'드러 가거나 나무하'러 가'시면써 또 다른 머, 아까'처럼 세떼'바꾸라든지, 이런 다른 산꼴'짜기나 이런 거 또 기'엉 나시는 거 업'슴미까

= 딴 산[229] 꼬짜'기[230] 어'데 기엉나능[231] 거 업'서요.

= 항금[232] 나물하'러 가므 고라'리[233] 거 가고, 머.

골하'네예?

- 고라'네, 그 인자 그 이따구.

= 그 인제 그 칸 데 그 고라~'이라[234] 카기'도 하고 머 그'랜니더.

- 아:저'꼴[235] 칸 데 거기가.

= 앙 그'러머 저: 실:보'오~'[236] 카는 데 가고 머 그'래여.

= 나물하'러더[237] 뎅기지'더 아'[238] 해여.

- 주:로' 나무하러 마~'이 뎅'겨찌.

- 나무', 삼동'에[239] 나무 뗀'다, 그'떼는 이그 보이라'도[240] 아나고[241], 안 준[242], 나느 안주 여 브어'게[243] 낭글 헬 떼'고 인는데, 글뗀 점:부' 낭글 때' 쩨내요[244].

- 브어게'고[245] 머'고.

마씀미'다.

- 예.

- 우리'느 지'그므사 브어 께'랑[246] 다 해' 뿌러찌마는, 글떼 아느로[247] 모두 낭궐, 마구 한 단속[248] 이렇게 무꾸[249] 이고, 그 멀:리, 저 갈물'[250] 대 배~꺼'즌[251] 댕'기믄 남'[252], 낭글 다.

어디까'지예?

- 갈무리, 그 갈미봉.

= 갈:무'리, 갈무리.

˗ 그 풀이 많이 난다고 해서 거기가 인제 새돼기밭골이라고.

˗ 그래 했답니다.

혹시 뭐 어머님께서 우리 아버님 이야기 하신 것 말고 예전에 나물 뜯으러 가거나 나무하러 가시면서 또 다른 뭐, 아까처럼 새돼기밭골이라든지, 이런 다른 산골짜기나 이런 것 또 기억나시는 것이 없습니까?

＝ 다른 산, 골짜기 어디 기억나는 거 없어요.

＝ 꼭 나물하러 가면 골안에 거기 가고, 뭐

골안에요?

˗ 골안에, 거기 인제 거기 있다고.

＝ 거기 인제 그렇게 말한 데 거기를 골안이라고 하기도 하고 뭐 그랬습니다.

˗ 화장골이라고 하는 데 거기가.

＝ 안 그러면 저 시루봉이라고 하는 데 가고 뭐 그래요.

＝ 나물하러도 다니지도 안 해요.

˗ 주로 나무하러 많이 다녔지.

˗ 나무, 삼동에 나무를 땐다고, 그때는 이것 보일러도 안 하고, 아직은, 나는 아직 여기 아궁이에 나무를 해서 때고 있는데, 그럴 땐 전부 나무를 땠잖아요.

˗ 부엌이고 뭐고.

맞습니다.

˗ 예

˗ 우리는 지금이야 부엌 개량을 다 해 버렸지만은, 그 때 안사람은 모두 나무를, 마구 한 단씩 이렇게 묶어서 이고, 그 멀리, 저 갈머리 꼭대기까지 다니면서 나무를 다.

어디까지요?

˗ 갈머리, 그 갈미봉

＝ 갈머리, 갈머리.

갈미봉?

‾ 어, 예.

$ 사적 대화

어: 그'르고 이 마알' 사'람드른 주로 어떤: 이'를 해아셔가'즈고[253] 사'라가션 씀미까, 절'머쓸 때?

‾ 절'믈 떼'는 이걸 머로, 주로 보류'[254], 보리'.

‾ 또 서:숙[255] 아지요, 서숙?

‾ 그 감재'[256].

= 감재하고.

‾ 이글 세 가'지르 헤 가주[257] 주로 이그 헤가'주고 샤:레'미[258] 머'꼬 사라꼬.

‾ 인제 또: 지'금 머' 메 테[259] 안 데'지여.

‾ 그'래 은젠 또 다암'배'.

‾ 담배'도 하'마 한: 지'게[260] 한 육심 년 안, 안 너'믈라[261].

= 너움 끼'다[262].

‾ 내가 담매[263] 치'운 지가 하마 한 삼 녀[264], 한 사심 녀~'이 안 너'믈라[265].

‾ 그래가 담:배'하고, 은제 을 또 꼬추'[266] 은제 빈누루[267] 까라 가주고, 글'때는, 꼬치 할 때는 비니루 앙 깔고 고라~'[268] 기'양[269] 가라 가주고 헤 머'어꺼드요.

‾ 그르 지'금 머 그르 비누르 깔고 해가주 하~'이 꼬치'가 또 여근 잘:: 떼'찌.[270]

‾ 주'롣 담:배, 꼬'추.

‾ 예, 꼬추씨더.

그'럼 이' 동네 인제 사람'드리 머 아까 성, 성'황당도 읻'고 당'제도 지'네고 하'션따 헨'는데, 이 마을 예전부'터 우리 김영:김씨 가문 사람들 위주'로 마니 사션는데', 여기서 어 마을 사'람드리 호'시 머 어 공:동'체로 서로 조'직헤서 당'제 지네느 머 게: 가'튼 거, 그'릉 건 업'씀미까?

갈미봉?

ˉ 어, 예.

$ 사적 대화

그리고 이 마을 사람들은 주로 어떤 일을 하셔서 살아가셨습니까, 젊었을 때?

ˉ 젊을 때는 이게 뭐야, 주로 보리, 보리.

ˉ 또 조 알지요, 조?

ˉ 그 감자.

= 감자하고.

ˉ 이걸 세 가지를 해서 주로 이거 해서 사람이 먹고 살았고.

ˉ 인제 또 지금 뭐 몇 해 안 되지요.

ˉ 그래 인제 또 담배.

ˉ 담배도 벌써 한 지가 한 육십 년 안 넘을까.

= 넘을 거다.

ˉ 내가 담배를 치운 지가 벌써 한 삼 년, 한 사십 년이 안 넘을까.

ˉ 그래서 담배하고, 인제 또 고추 인제 비닐을 깔아 가지고, 그때는, 고추농사 할 때는 비닐을 안 깔고 이랑에 그냥 갈아 가지고 해 먹었거 든요.

ˉ 그레 지금 뭐 그레 비닐을 깔고 해서 하니 고추가 또 여기 잘 되었 지.

ˉ 주로 담배, 고추.

ˉ 예, 고추입니다.

그러면 이 동네 인제 사람들이 뭐 아까 성황당도 있고, 당제도 지내고 하셨다 했는데, 이 마을 예전부터 우리 김녕김씨 가문 사람들 위주로 많이 사셨는데, 여기서 마을 사람들이 혹시 뭐 공동체를 서로 조직해서 당제를 지내거나 뭐 계 같은 것, 그런 것은 없습니까?

머 상' 새이~'게[271]나.

﹁ 야:, 이게 여기 그'른[272] 게가 인니'더.

﹁ 인제 저 상에[273], 주'로 인 주'로 은제 상예'께지요, 갠'데.

﹁ 궤정이:동', 여'게 지금 현제 궤정이도~'이[274] 이 쭉::[275] 너'르가먼[276] 저 청석꺼'리까짐[277], 청석꺼'리 가[278] 까는[279] 데꺼짐 이 우로 올'라오믄 쩜[280] 궤정이도~'이거'등뇨.

﹁ 그러 은제 동서'부로 갈런찌여[281].

﹁ 우리 이 우'론 동'이고, 저 알'른[282] 은제 서'로 헤가지고, 사~에'르 그 미:는데[283], 그르이[284] 여' 차례 데'먼 지 자드'가[285] 미:고, 또 여'더 미:고, 저 저 아래 사람도 차례 데'머 요'도 오'고 저'도 가고 인제 차례, 차례 데'머 은제 그'레 인제 세~에'를 예, 저 안주까전 멩, 예예, 안주까전 멩 그'레 하 '고 인니'더.

그'러며는 아까' 그 머 세~이'게도 이'꼬, 그 다'으메 또 혹'시 머 혼, 자'녀들 호닌'시키 위에서 호닌'게라든지 그른 거또 이씀미'까?

﹁ 끄: 뭘 다리:닌[286] 몰'시[287], 나는 그'렁 건 야, 게는, 게는 엄:니'더.

검' 머, 그 예를 드'어섬 아까' 당'제가튼 경우는 머: 어'떠케, 또 게:를 모'아서 하, 어'떠케 제를 지'냄미까, 앙 그라면 어'뜨켄 방'시기 이씀미'까?

﹁ 야:, 그 은 당'제[288]는 이 동네'서, 동네'서 은젤 당제를 지'내는데, 그럴' 또 은제 정'올따레[289], 정'올 보'름날, 대보'름날, 보'름날 은제 제사를 올'리 는데, 이 동네, 우리 동네 점' 모'에[290] 가주고, 제'산날 환[291] 사밀 저네 모예' 서 누우[292] 지'비 께끄탕'가, 이그 은제 그레 바서 은제, 누 지'비 인제 께', 께끄탄 지'브로 은제 정해가주고 제사를 은제 모:시'고 그레 헨'는데, 지금 머 점'부 다: 나가 뿌'고 여 메'찝 안 데다 보~'이 동'네 쑥'기에서[293] 그 종메 '제사로이[294] 지'내습니다.

﹁ 좀메'제사라 카능 거너 우리 고'마 올'게마[295] 지'내고 머 우리가 은제 할 수 업쓰~'이, 몬 지네~'이 쫌 잘: 바주주소, 바주세요 카고 절'로 그레

뭐 상여, 상여계나.

˗ 아, 이것이 여기 그런 계가 있습니다.

˗ 인제 저 상여, 주로 인제 주로 인제 상여계지요, 계인데.

˗ 괴정이동, 여기에 지금 현재 괴정이동이 이리 쭉 내려가면 저기 청석거리까지, 청석거리라고 그 하는 데까지 이 위로 올라오면 전부 괴정이동이거든요.

˗ 그래 인제 동서부로 갈랐지요.

˗ 우리 이 위로는 동이고, 저 아래는 인제 서로 해서 상여를 미는데, 그러니 여기 차례가 되면 인제 쟤들이 밀고, 또 여기도[296] 밀고, 저 아래 사람도 차례가 되면 요기도 오고, 저도 가고 인제 차례, 차례 되면 인제 그래 인제 상여를 예, 저 아직까진 맨, 예예, 아직까진 역시 그래 하고 있습니다.

그러면은 아까 그 뭐 상여계도 있고, 그 다음에 또 혹시 뭐 혼인, 자녀들 혼인시키기 위해서 혼인계라든지 그런 것도 있습니까?

˗ 그 뭐 다른 사람은 모르겠어요, 나는 그런 것은, 예 계는, 계는 없습니다.

그럼 뭐, 그 예를 들어서 아까 당제 같은 경우는 뭐 어떻게, 또 계를 모아서 하십니까, 어떻게 제를 지냅니까, 안 그러면 어떻게 방식이 있습니까?

˗ 아, 그 인제 당제는 이 동네에서, 동네에서 인제 당제를 지내는데, 그것도 인제 정월달에, 정월 보름날, 대보름날, 보름날 인제 제사를 올리는데, 이 동네, 우리 동네 전부 모여서 제삿날 한 삼일 전에 모여서 누구 집이 깨끗한가, 이거 인제 그래 봐서 인제, 누구 집이, 인제 깨끗한 집으로 인제 정해서 제사를 인제 모시고 그렇게 했는데, 지금 뭐 전부 다 나가버리고, 여기 몇 집 안 되다 보니 동네 사람이 숙의(熟議)해서 그 종매제사를 지냈습니다.

˗ 종매제사라고 하는 것은 우리 고만 올해만 지내고 뭐 우리가 인제 할수 없으니, 못 지내니 좀 잘 봐주세요, 봐주세요 하고 절을 그렇게 하고,

하고, 지'금브터믄 제사를 암 모시고, 암 모시니더.

ˉ 그'케 그레 데'이서.

그 무슨 제사'라고 하'셔씀미까?

ˉ 당'쩨사라고.

아'닏. 쩌 머 쪼매'젠?

ˉ 안 추 조~매'.

ˉ 조매'제르사라 카능 거는 머' 올마[297], 올'게마 지'네고 움 우리'가 머 참 히'미 업서 몬 지네~'이까, 몬 지네니'더, 올'게마 자시고 네여'넬라 아주 고매 이'저 뿌소, 카른 제 그레 젇 조메'제사라 인제 글지[298].

그'럼 당', 당'제 예저네 지'내실 떼느 어'뜨 게:를 둑'끼뽀다는 동네 주민'드리다: 어'뜨게 십시일반 내'서 기그'믈 모'아씀미까?

ˉ 그'르치요.

ˉ 인자 내'가지고 은제 이 연 동:네' 그 자그'미 업시~'이까[299], 참 동네 집 집메'더[300] 은제 얼'메그 푸'러[301]가지고, 예, 그래 헨'니더.

여어'기 머 그럼 예'저네 푸마'시 가틍 거'또 함'니까?

ˉ 하:이구 이'띠[302].

ˉ 멩 지'금도 멩: 하고 연 멩 멩 하니더, 지'금도.

ˉ 인제 내'가 농'사르 마~'이 하 하게 데'머, 인제 사레민[303] 모:지레'먼 저 지비' 가서, 올'[304] 우리에[305] 좀' 헤다[306] 또 다으메 할 떼 우리가 가가 헤 주꾸'마, 이'게 멩' 글 푸마시거드요.

ˉ 그 그런데 요세'는 또 먼, 지'그므느 그런 사레미 아무도 업서요, 앙 하고.

점'부 사:라믈 하루 품' 얼'메[307], 이그 동네'서 인제 그근 게리[308]를 매' 나 써, 하루 얼'메.

ˉ 이레 메'가주고 은제 품'사람들 사가주 하고, 지음[309] 하고 인'니더.

하'이틈 그 다'으메 아까' 저: 미'테 청'석거리라고 하'셔씀미까?

ˉ 예예예예.

지금부터는 제사를 안 모시고, 안 모십니다.

⌐ 그렇게 그래 되었어.

그 무슨 제사라고 하셨습니까?

⌐ 당제사라고.

아니, 저 뭐 종매제사?

⌐ 아니 저 종매제사.

⌐ 종매제사라고 하는 것은 뭐 올해만, 올해만 지내고 우리가 뭐 참 힘이 없어 못 지내니까, 못 지냅니다, 올해만 잡수시고 내년일랑 아주 고만 잊어 버리세요, 라고 하는 이제 그래 저 종매제사라 인제 그러지.

그러면 당제 예전에 지내실 때는 어떤 계를 두었기보다는 동네 주민들이 다 어떻게 십시일반(十匙一飯) 내서 기금을 모았습니까?

⌐ 그렇지요.

⌐ 인제 내어서 인제 이 여기 동네에 그 자금이 없으니까, 참 동네 집집마다 인제 얼마씩 나누어서 예, 그래 했습니다.

여기 뭐 그러면 예전에 품앗이 같은 것도 합니까?

⌐ 아이고 있지.

⌐ 맨 지금도 맨 하고 맨, 맨 합니다, 지금도.

⌐ 인제 내가 농사를 많이 하게 되면, 인제 사람이 모자라면 저 집에 가서, 오늘 우리 일 좀 해다오, 또 다음에 할 때 우리가 가서 해 주마, 이게 맨 그 품앗이거든요.

⌐ 그런데 요사이는 또 뭐, 지금은 그런 사람이 아무도 없어요, 안 하고.

전부 사람을 하루 품 얼마, 이거 동네에서 인제 그건 계약을 맺어 놨어, 하루 얼마.

⌐ 이렇게 맺어서 인제 놉을 사서 하고, 지금 하고 있습니다.

하여튼 그 다음에 아까 저 밑에 청석거리라고 하셨습니까?

⌐ 예예예예.

⌐ 이 청, 청석.

그람 디 계정:이동'이 여'기 이무'꼴하고.

⌐ 아이'야, 여기 이'무꼴.

⌐ 요 아래 모테'[310] 가믄 요 세' 똥'네라.

⌐ 요 미'테 가믄 시찜모'테[311].

⌐ 옌'나'레 그 세' 찝' 사'러따 헤가주고 그는 셴', 세'찜모'테.

⌐ 고 은제' 갈:머'리 카능 거'는, 제 콕 고'그는 동'네가 우리 여 이 게 반 보다도 거'게 저 호초~'이[312] 더 만:타고 바이 데.

⌐ 고' 갈:머'리 카는 데.

아, 갈:머'리미까?

⌐ 갈머리 카능 거 으제 갈'미봉, 고 그게 원 막: 빠'리[313] 이'서따고 그 은젤 갈:머'리.

청'석거리느 어딤미'까?

⌐ 청시꺼'리[314]는 여 갈머'리 몬 미'처서, 도로 여페 곤 점'빵.

= 도레 요'게 걸 이 여 위 도레 여 니'르가므[315] 꼬 머 헤'간[316]이라, 뻐스 ***.

⌐ 아이'래, 고 인 점:빵 한 지'비 이'써, 고기.

= 점:빵 인 딜'[317] 고 인지 청서꺼'리.

⌐ 고'게가 인제 청실꺼'리[318].

웨'에' 청서꺼'림미까?

⌐ 청실꺼'리는 어른들 이'기'[319] 드르므는, 볼 땐, 옌:나'레 그가 인제 웨 저 주'막찌'비라꼬 술또 막껄'리 파고, 그게서 추 주'막찝또 하고, 그 놀기 조'타꼬 해 거'가 청실꺼'리다, 이'러지.

⌐ 아 오 머 어른들 거 가서 하 함 분석[320] 일'하다가 인제 그 모'여가주고 막껄'리[321] 한 잔슥 머'꼬, 먹노'르따 해가즈고 이 청서꺼'리라 그레지.

끄'아고 혹'시 인젤 인 쪼게 고 이 이'모꼬리나 이쪼 아까 이야기해'떤 청서꺼'

˜ 이 청석거리.

그럼 이 괴정이동이 여기 이무골하고.

˜ 아니야, 여기 이무골.

˜ 요 아래 모퉁이에 가면 요 세 동네라.

˜ 요 밑에 가면 시찜모테.

˜ 옛날에 거기 세 집이 살았다 해서 거기는 시찜모테.

˜ 고 인제 갈머리라고 하는 것은, 인제 고 고거는 동네가 우리 여기 두 개 반보다도 거기가 저 호수가 더 많다고 봐야 돼.

˜ 그 갈머리라고 하는 데.

아, 갈머리입니까?

˜ 갈머리라고 하는 것은 인제 갈미봉, 그 그게 막 바로 있었다고 그 인제 갈머리.

청석거리는 어딥니까?

˜ 청석거리는 여기 갈머리 못 미쳐서, 도로 옆에 거기 점방.

= 도로 요게 거기, 이 여기 위에 도로 여기 내려가면, 고기 뭐 마을회관이라, 버스 ***

˜ 아니야, 고기 인제 가게 한 집이 있어, 거기.

= 가게 있는 데를, 거기 인제 청석거리.

˜ 거기가 인제 청석거리.

왜 청석거립니까?

˜ 청석거리는 어른들 이야기 들으면은, 볼 때는, 옛날에 거기가 인제 왜 저 주막집이라고 술도 막걸리를 팔고, 거기서 주막집도 하고, 그 놀기가 좋다고 해서 거기가 청석거리다, 말하지.

˜ 아, 뭐 어른들 거기 가서 한 번씩 일하다가 인제 거기 모여서 막걸리 한 잔씩 먹고, 먹고 놀았다고 해서 이 청석거리라 그러지.

그러고 혹시 인제 이 쪽에 이무골이나 이쪽 아까 이야기했던 청석거리나 거

리나 거 미테 갈:머'리나 이쭝[322] 마을 사'람드리: 에 그 다른 동네'에, 청'송 진'
보 저 쭉 안동쪼'기라든지, 도는 저쭉 하아구, 다른 동:네' 하고 비교헤서 또는
안동'이라든지, 아 이 영'양이나 영'덕하고 비교헤'서 쫌 다'르'게 이 지'영마네
으뜬 민'송노리가튼 거라든지 그'른게 이씀미까?

  ˉ 민송:노'리는 글'뗀 마~이 해'찌요.

  ˉ 지'그므는 점'부 알 안 하는데, 여'게 그정이이도[323] 그 악끼를 음 머
이거 이 저 징'하고, 메구'[324], 북', 장기'[325], 다 이'레 헤가주곤 인제 걸:리'비
라고[326], 왜 이 뜯 집찌베~'이[327] 뎅'기머 인제 굳 뚜'들고[328] 노'우믄[329] 그 지'
베 도'늘 얼'메 네'노꼬, 머 쌀 또 네'노꼬, 글'땐 돈'드 업찌여, 주 주'로 쌀'
라[330] 네난데, 그'글' 가주'건 인제 그 동위 뎅'기믄, 뚜'들고, 지찌베'인 뎅'기
고 인제 그으르, 싸'를 머 한' 마리든지, 두 말 주'능 거, 그 파'러서 이'제
동네' 자'그믈 또 이래 쓰:고' 머 해 뻬려찌.

  그걸 머라고 불'러씀미까?

  ˉ 그게 하:.

  그 노'리를.

  ˉ 그게' 울 우리 여'게 사:투'리말 인제 걸:리'비라 그'래써여, 걸:립'.

  ˉ 그'래 우리' 뎅'기믄, 우리 뎅'기고 인제 이'래 뚜'들고 이 여그 즘 버'런'
는 게, 이가 이거 인제 걸:리'비라꼬 이'래써.

  걸:리'븐 그아마 주'로 언'제 하'심미까?

  ˉ 주'로 어 주'로 은제 아 정'울 인제 설' 멩'절인나[331] 보르 멩'절 건능 놀:
때', 글 때 쯤 주'로 마[332] 헤'쓰요.

  = 글'때 이'섣찌만 오세'는[333] 이'거또 어'꼬 저'거또 엄니더.

  예:저'네 어어 그 어 어'머니 시집 오셔가'즈고나 또 우리 어르신 절'먿쓸 때
걸:림'말고 또 다른 머 노'리가틍 거, 어 머 예:를 드'러서 서'리나 보'름말:고 추
서'기나 또는 머 아 예 다'노나 이를 때 다른 언 노'리도 이'써씀미까?

  ˉ 다른 노::리'는 어'꼬 그 주'로 은제 윤노'리.

기 밑에 갈머리나 이쪽 마을 사람들이 그 다른 동네에, 청송 진보 저쪽 안동쪽
이라든지, 또는 저쪽 하고, 다른 동네 하고 비교해서 또는 안동이라든지, 이 영
양이나 영덕하고 비교해서 좀 다르게 이 지역만의 어떤 민속놀이같은 거라든지
그런게 있습니까?

 ⎺ 민속놀이는 그 때는 많이 했지요.

 ⎺ 지금은 전부 안 하는데, 여기 괴정이리도 그 악기를 뭐 이거 이 저 징
하고, 꽹가리, 북, 장구, 다 이렇게 해서 인제 걸립이라고, 왜 이 또 집집마
다 다니면서 인제 그것 두드리면서 놀면 그 집에서 돈을 얼마 내놓고, 뭐
쌀 또 내놓고, 그땐 돈도 없지요, 주로 쌀을 내놓는데, 그걸 가지고는 인제
그 동네 다니면, 두드리고, 집집마다 다니고 인제 그걸, 쌀을 뭐 한 말이든
지, 두 말 주는 거, 그걸 팔아서 이제 동네 자금을 또 이렇게 쓰고 뭐 해
버렸지.

그걸 뭐라고 불렀습니까?

 ⎺ 그게 하.

그 놀이를.

 ⎺ 그게 우리, 우리 여기 사투리로 인제 걸립이라 그랬어요, 걸립.

 ⎺ 그래 우리 다니면, 우리 다니고 인제 이렇게 두드리고 이 여기 좀 벌
었는 게, 이것이, 이걸 인제 걸립이라고 이랬어.

걸립은 그러면 주로 언제 하십니까?

 ⎺ 주로, 주로 인제 정월 인제 설 명절이나 보름 명절, 그런 놀 때, 그 때
주로 그냥 했어요.

 ⎾ 그 때 있었지만 요새는 이것도 없고 저것도 없습니다.

예전에 그 어머니 시집 오셔서 또 우리 어르신 젊었을 때 걸립말고 또 다른
뭐 놀이 같은 거, 뭐 예를 들어서 설이나 보름말고 추석이나 또는 뭐 단오나 이
럴 때 다른 놀이도 있었습니까?

 ⎺ 다른 놀이는 없고 그 주로 인제 윷놀이.

⁻ 예, 이 동'네' 인제 모여가'주고 은제 유'틀[334] 놀:고, 인제 주'로 오올[335] 다'노 여 머 그네 메'가주고 머 띠'고 머 마~:이 걸 마~:이 해'찌.

그' 그'네는 주'로 어디서 맴'미까?

⁻ 멩' 거어 저 당'.

= 우 요[336] 우 요 단나무꼴'[337] 카는 데 거기.

⁻ 머 달라무[338] 카는 데 거 당', 다~'에 그게 보'믄 낭기 그 아즈 메'기 조 아가주 그'어서, 거 또 그늘또' 조:코 거서 은제 매'가주 마이 쭈'로[339] 띠 띠 찌.

그레:엠마 띠'어씀미까?

= 그렘마 뛰'찌요.

⁻ 예.

머' 그'떼 머 으 음시'기라든지 머 헤'가 그래 놀고 아 헤'씀미까?

⁻ 어, 아, 그, 인제.

= 아, 웨'요, 고기도 펑가[340] 머'꼬 노:고 헤'찌요.

어'뜨케, 머 어'뜨케 줌비헤가 하'심미까?

고도 탐' 이야기해' 주'십시오.

그네 띨' 때, 다'노 때.

⁻ 그네 뗀'[341] 앙' 그'레고, 여게 은제: 우리 인제 농'사' 다 헤' 나고 인제, 일' 떼쯔'미라 인제.

⁻ 푸'꾸멍는다[342] 카능.

⁻ 푸'꾸뭉는다 카능 거는 농'사르[343] 은제 거'어'이 다 헤 노'코, 다 헤 노' 코 우리가 동미~'이[344] 하로[345] 노'올'자[346], 하루 시'가주고 인 내'이리부텀[347] 일하자, 이'래가주고 그르 모'엔[348], 맹: 거'게섬, 그 자'레서 그 당'나문, 당 남꼴, 당남 미'테 거'선 동네 사람 다 모'예머, 글때는 도너꼬 하~'이까 지 지베둥[349] 서~'이걷[350] 머 업씨~'이까 인제 마껄'리으 집'서 헤가주고, 보리' 도 어꼬 헤' 너이[351] 감자, 옛날 웨 감자, 감자술'로 하고 또 보리술'로

￢ 예, 이 동네 인제 모여서 인제 윷을 놀고, 인제 주로 오월 단오 여기 뭐 그네 매서 뭐 뛰고 거기 뭐 많이 했지.

그 그네는 주로 어디서 맵니까?

￢ 역시 거기 저 당(堂).

＝ 위에 요기, 위에 요기 당나무골이라고 하는 데 거기.

￢ 뭐 당나무라고 하는 데 거기 당, 당에 거기 보면 나무가 아주 매기가 좋아서 거기서, 거기 또 그늘도 좋고 거기서 인제 매서 많이 주로 뛰었지.

그네만 뛰었습니까?

＝ 그네만 뛰었지요.

￢ 예.

뭐 그때 뭐 음식이라든지 뭐 해서 그래 놀고 안 했습니까?

￢ 어, 아, 그, 인제.

＝ 아, 왜요, 고기도 나눠 먹고 놀고 했지요.

어떻게, 뭐 어떻게 준비해서 하십니까?

그것도 한 번 이야기해 주십시오.

그네 뛸 때, 단오 때.

￢ 그네 때는 안 그러고, 여기에 인제 우리 인제 농사 다 해 놓고 인제 이 때쯤이야 인제.

￢ 푸꾸먹는다고 하는.

￢ '푸꾸먹다'고 하는 것은 농사를 인제 거의 다 해 놓고, 다 해 놓고 우리가 동민이 하루 놀자, 하루 쉬어서 인제 내일부터 일하자, 이렇게 해서 그래 모이면 맨 거기서, 그 자리에서 그 당나무, 당나무골, 당나무 밑에 거기서 동네 사람 다 모이면, 그 때는 돈 없고 하니까 집집마다 성의 껏 뭐 없으니까 인제 막걸리를 집에서 해서 보리도 없고 하니까 감자, 옛날 왜 감자, 감자술을 하고 또 보리술을 하고, 그렇게 해서 인제 집집

하고, 그래 헤'가주고 인젠 지짐메'두[352] 한 단지스 해' 오고 또 앙 그'레믄 제 호:박 따'단[353] 적[354] 부'처가주고, 적' 부'처 가제 그'레 가이 올' 사람 이'꼬, 그'레 가주고 인제'에' 머 하이꾜서[355] 인'제 머'꼬 놀:고, 거서 뚣 징', 장'고' 뚜'들곧 뚜 놀기오도 놀:고, 그'레 그레헨'니더.

￣ 그른데 지'그므는 머 그'른 기 저 저녀 업'씨이.

그으 푸'꾸멍는다 그랟?

￣ 푸'꾸.

￣ 예, 푸'꾸머언다 카능 거는 우리가 은제 농'사로 인지는 마무'리, 안지[356] 끄'트는[357] 므럳찌마는 마 이'젤 처음 은제 농사부'치믈 다: 헤' 나스니, 인제 그 다 헨, 헤 나씨이 우리 하로 쫌 시'[358]가주고 일: 하자, 그'레가'주 수이[359] 데'므 은제 동, 우리 요 이 요' 동'네마 그 은제 그레 모여가주 은제 하루슥 놀:고.

그' 그'러면 푸'꾸머'그실 떼느, 그'떼느 그러먼 보리타작하'고, 감자 거두드리고.

￣ 그 그'러치요.

인자' 어: 모네'기 해나 노'코 인지 쪼:금 여유 이슬 때 그'떼 요즘쯤' 그'레하신다, 그'지예?

＝ 다: 하고 다 헨**[360].

￣ 예, 글'치, 모네'기 다 헤'노코, 오 요 글'치요 오.

￣ 예예.

￣ 보리타작 다: 할고[361], 감'자 다: 케'[362] 들라 노코, 모숭'기[363] 다: 해' 뿌고, 인제 일'떼쯤[364] 데'무[365] 인제 쪼'끔 시가~'이 이'끄드.

￣ 그르 인제 글'떼 인'제 모여가 수'이헤'가주고[366] 인제.

기 논메'기 쪼'금 함' 버 아시::놈메'기쯤[367] 하고, 여이 그'를 정도?

￣ 예예예예, 예예, 마저, 예.

그 그'르고 그 아까'도 쪼'금 말:쓰'믈 하'셔씀미다마는 어 그 여기 특'산무른 머 어'떤 게 이'쓰미까?

마다 한 단지씩 해 오고 또 안 그러면 이제 호박을 따다가 부침개를 부쳐서, 부침개를 부쳐서 그래서 올 사람 있고, 그래서 인제 뭐 학교에서 인제 먹고 놀고, 거기서 또 징, 장구를 두드리고 또 놀기도 놀고, 그래했습니다.

⁻ 그런데 지금은 뭐 그런게 전혀 없으니.

그걸 푸꾸 먹는다 그럽니까?

⁻ 푸꾸.

⁻ 예, 푸꾸먹는다고 하는 것은 우리가 인제 농사를 이제는 마무리, 아직 끝은 멀었지만은 뭐 이제 처음 인제 농사부침을 다 해 놨으니, 인제 그 다 해 놨으니 우리 하루 좀 쉬어서 일 하자, 그래서 숙의(熟議)가 되면 인제 동네, 우리 요기 요 동네만 그 인제 그래 모여서 인제 하루씩 놀고.

그러면 푸꾸먹으실 때는, 그 때는 그러면 보리타작하고, 감자 거둬들이고.

⁻ 그렇지요.

인제 모내기 해놓고 인제 조금 여유 있을 때, 그때 요즘쯤 그렇게 하신다, 그렇지요?

＝ 다 하고 다 핸**.

⁻ 예, 그렇지, 모내기 다 해놓고, 요기, 요기 그렇지요 요기.

⁻ 예예

⁻ 보리타작 다 하고, 감자를 다 캐서 들여 놓고 모심기 다 해 버리고 인제 이때쯤 되면 인제 조금 시간이 있거든.

⁻ 그래 인제 그 때 인제 모여서 상의해서 인제.

그 논매기 조금 한 번 애벌매기쯤 하고, 여기 그럴 정도?

⁻ 예예예예, 예예, 맞아, 예.

그리고 그 아까도 조금 말씀을 하셨습니다만은 그 여기 특산물은 뭐 어떤 게 있습니까?

아까 그 함'분[368] 더' 이야기 해 주시조.

- 그:: 특'산무른 여'게는 땅' 그'는 어'꼬[369] 주'로 꼬'추, 담배.

꼬추, 담배.

- 예예, 꼬'추, 담베.

- 담'베를, 주'로 담'베르 마~이 헨'데, 지'그므는 머 참 여 다 나가 뿌고 메'찝 안 데'이 메찝 안 하는데, 주'로 담'베르 마이 해'쓰.

- 담'베를 마 헤'쓰.

- 지'그믄 여' 담베고'야[370]가 지금 엄'는데, 우리 저 무'꼬[371], 이 저 이 저 하나 뿌'이레이.

- 여'그 저: 바테 저.

- 그 흘'[372] 가주고 저'어'가주고 여 이.

담베고'야미까?

- 담'뺃고'야 카능 거 은제 담뻳 뜯[373], 따가주고 글'떼는 세'끼에 여'꺼가 주고 그잍 뜰 안네 드'가가주고 이 노'피가 열'뚜자 너'머요, 노 노'피가.

- 거 은제 칭'대칭'대로[374] 다르가주고 이'레 해주 노코 그 철'광을 또 이 불' 뜨'가드록[375] 청'부[376] 다 해 해'가주곤 사네 가 나무[377] 해'다가 일'쭈일, 일'쭈일로 그 불로 떼'이[378] 대이[379].

- 불 떼가주고 담'배르 다: 말라 네'[380].

- 머 사~'에 저 나무', 글'뗀 낭글 맘대'로 헨 떼'기 때'미네 머 네'[381] 사니'씨 믄[382] 내 사네 가가주곤 낭글 비'가주곤 짤'러서 깨'[383]가주고 그 말드로[384] 그 제' 노코, 바미라도 나무 모'지레믄[385] 그 길, 지'로[386] 가이 데이.

- 저'다가 그 불' 려[387], 밤 새:도록 잠도 몬' 짜으 일'쭈일간 그 불로 떼' 가주고 그 다 말랴 네고 그'레 헨'는데.

그'러므 그어'기 어디 그 멈미'까, 구'두리나 그'릉기 이'씀미까?

- 구두'리[388] 말'고' 그그 은제 철과~'이라꼬 그 인제 쎄로 맹근 거 이'서요.

= 철과~'이라 크'제요, 야.

아까 그걸 한 번 더 이야기해 주시죠.

‐ 그 특산물은 여기는 다른 것은 없고 주로 고추, 담배.

고추, 담배.

‐ 예예, 고추, 담배.

‐ 담배를, 주로 담배를 많이 했는데, 지금은 뭐 참 여기 다 나가 버리고 몇 집 안 되니 몇 집 안 하는데, 주로 담배를 많이 했어.

‐ 담배를 많이 했어.

‐ 지금은 여기 담배건조장이 지금 없는데, 우리 저거 무엇이지, 이것 저 하나뿐이어요.

‐ 여기 저 밭에 저.

‐ 거기 흙을 가지고 지어서 여기 이.

담배건조장입니까?

‐ 담배건조장이라고 하는 건 인제 담배 뜯어, 따서 그 때는 새끼에 엮어서 그 또 안에 들어가서 이 높이가 열두 자 넘어요, 높이가.

‐ 거기 인제 층대층대로 달아서 이렇게 해서 놓고, 그 철광을 또 이 불이 들어 가도록 전부 다 해서는 산에 가서 땔감을 해다가 일주일, 일주일을 불을 때야 돼요.

‐ 불을 때서 담배를 다 말라 내어.

‐ 뭐 산에 저 나무, 그 땐 나무를 마음대로 해서 때었기 때문에 뭐 내 산이 있으면 내 산에 가서 나무를 베어서 잘라서 쪼개서 마르도록 재어 놓고, 밤이라도 나무가 모자라면 그걸 지러 가야 돼요.

‐ 져다가 그 불을 넣어, 밤이 새도록 잠도 못 자고 일주일간 그 불을 때서 거기 다 말려 내고 그래 했는데.

그러면 거기 어디 그 뭡니까, 구들이나 그런 것이 있습니까?

‐ 구들 말고 그거 인제 철광이라고 그 인제 쇠로 만든 거 있어요.

＝ 철광이라고 하지요, 예.

　˘ 그'른 제 이:레:: 노'코 이 이'레 가'주고 은제 꿀'두거[389], 연' 연'기는 딴'디루[390] 빠'지드르 헤' 노코 돌려 가마, 그 아'네 드가먼, 드가지는 모'테써 불 떼 놈.

　˘ 그레가'주 말류코[391].

　˘ 그'렌데 지'그므 다: 뜨'더 뿌고 인제 우리 조'고 하나 하나 나'머써 이[392].

　아 이' 동네 하나빠'께 엄'네예?

　으 예.

　˘ 그뗀 지찜메'등[393] 다: 이'선는데.

　＝ 요'세는 잠:부'[394] 버'끌[395] 하'지.

　＝ 옌:날 그 지'어가 아[396] 하'거등.

　˘ 오센 마' 점'부 뻬'끄[397]로 저'어여지.

　＝ 야, 버'끄가 하지.

　˘ 우리 저' 주 아'페 저 꼬추 말'렌[398] 저런 벌'끄.

　＝ 옌'나렌 다: 져'가 담배 헤 바이 새'끼 까'가[399] 새'끼르 여'꺼가 다'른찌요[400].

　＝ 그치, 오센' 앙' 그'래요.

　요즘'하고 옌날' 꺼'하고 그'러며는 어느 거'이 더 조'씀미까, 담배 지'른?

　˘ 지'그미 흐'은'[401] 나'찌요.

　˘ 지'그믄 기'름 떼'고 잠 시:큰'[402] 자고 가마[403] 나둠 자동을[404] 다 말러 뿌니까 굉'자이 숩'찌요.

　그 다'으메 아까' 머 이야기 하'순숨니다마느[405] 꼬치하'고 담:배'하고 그 저'네 먿 떠 여'기 서수'기나 감자'도 마～이 나와'씀미까?

　˘ 감자아, 감자는 주로 헤'가주군 머 이 팔고 그 근 어'꼬 그 네 머'글 라꼬 지금.

　＝ 머'꼬 치'야[406] 뿌지.

ˉ 그건 인제 이렇게 놓고 이렇게 가지고 인제 굴뚝은, 연기, 연기는 다른 곳으로 빠지도록 해놓고 돌려가며, 그 안에 들어가면, 들어가지는 못했어 불 때 놓으면.

ˉ 그래서 말리고.

ˉ 그랬는데 지금은 다 뜯어 버리고 인제 우리 저거 하나, 하나 남았으니.

아. 이 동네 하나밖에 없네요?

아, 예.

ˉ 그땐 집집마다 다 있었는데.

= 요새는 전부 블록을 하지.

= 옛날은 그 지어서 안 하거든.

ˉ 요새는 고만 전부 블록으로 지어야지.

= 예, 블록으로 하지.

ˉ 우리 저기 저 앞에 저 고추 말리는 저런 블록.

= 옛날에는 다 지어서 담배를 해 봐야 새끼 꼬아서 새끼를 엮어서 달았지요.

= 그렇지 요새는 안 그래요.

요즘하고 옛날 것하고 그러면 어느 것이 더 좋습니까, 담배 질은?

ˉ 지금이 훨씬 낫지요.

ˉ 지금은 기름 때고 잠 실컷 자고 가만히 놔두면 자동으로 다 말라 버리니까 굉장히 쉽지요.

그 다음에 아까 뭐 이야기 하셨습니다만은 고추하고 담배하고 그 전에 뭐 또 여기 조나 감자도 많이 나왔습니까?

ˉ 감자, 감자는 주로 해서는 뭐 팔고 그것은 없고 내가 먹으려고, 지금.

= 먹고 치워 버리지.

= 짜움[07] 내 머'글라꼬 싱'낭 아닝겨.

양시'글?

ᵀ 예.

ᵀ 지'금 오세'는 시'꾸가 둘 뿌~'이지마는 보:통 한 지'비 고'머 열' 시'꾸는 거 거'이 다 데'따고 바'이 디[08], 이 똥:네 보'머.

ᵀ 머 자'슥뜰하고[09] 머 이'르머.

ᵀ 그'른데 여간 헤'가주고는 머 엉가~'[10] 헤 가주오는 참 연'농사[11] 져가주 모:지레지, 머 말.

$ 사적 대화

그 여'기느 어 아까 사'니 궹'장히 마'너서 혹시 산'나'무리라든지 이'릉 거는 특산물로 헤'가 진보장'이나 이런 데 안 팜'어씁미까, 예'전에?

= 여:는 그'렁 거 엄'니더.

= 남'데[12] 사람 와'가 해가 파지.

= 우리 머'어'[13] 꺼도 몬' 해요.

ᵀ 여'그에[14] 여'게 인는 사'라므는 헤다 판 그는 점부 어'꼬, 헤'다 나물'로 어 엄청'나게 마 마~이 헤'찌요.

= 한 부스 해다 **.

ᵀ 그 장[15] 머글'라꼬.

시'꾸가 망:코, 예.

ᵀ 예, 예, 점부 머 머글'라꼬.

음 머 어'르신 거 예:저'네 어르시니 어'려쓸 때, 자'라:실 때하고 지금 인제 어'르시니 머 연'세가 마니 드'셔씀미다마'는 요즘 세'상하고 이 마으'리 예저네 그거 마을 그 크'기, 사람 수'짜라든지, 그 다'으메 마을 모'스비라든지, 이'릉 게 옌날'하고 마~이' 바껴씀미까, 어'떠씀미까?

ᵀ 마~::이 바껴' 뿌르고[16] 마고 이 영: 고'마 반데'가, 반데'가 데'어 뿌러 쩨요.

＝ 전부 내 먹으려고, 식량 아닙니까.

양식을?

￣ 예

￣ 지금 요새는 식구가 둘뿐이지만은 보통 한 집이 고만 열 식구는 거의, 거의 다 됐다고 봐야 돼, 이 동네 보면.

￣ 뭐 자식들하고 뭐 이러면.

￣ 그런데 여간 해서는 뭐 어지간히 해서는 참 연농사(年農事) 지어서는 모자라지, 뭐 말이야.

$ 사적 대화

여기는 아까 산이 굉장히 많아서 혹시 산나물이라든지 이런 것은 특산물로 해서 진보장이나 이런 데 안 팔았습니까, 예전에?

＝ 여기는 그런 거[17] 없습니다.

＝ 남 데(다른 곳) 사람이 와서 해서 팔지.

＝ 우리 먹을 것도 못 해요.

￣ 여기에, 여기에 있는 사람은 해서 파는 것은 전부 없고, 해서 나물을 엄청나게 많이, 많이 했지요.

＝ 한 번씩 해서 **.

￣ 그걸 늘 먹으려고.

식구가 많고, 예.

￣ 예, 예, 전부 먹으려고.

뭐 어르신 그 예전에 어르신이 어렸을 때, 자라실 때와 지금 인제 어르신이 뭐 연세가 많이 드셨습니다마는 요즘 세상하고 이 마을이 예전에 그 마을 크기, 사람 숫자라든지, 그 다음에 마을 모습이라든지, 이런 게 옛날과 많이 바뀌었습니까, 어떻습니까?

￣ 많이 바뀌어 버리고 말고 영 고만 반대가, 반대가 되어 버렸지요.

⌐ 여'게가 요 무'테[118] 요게 일' 개 반, 여'게가 한 이십 호 요, 요 사라심
니다.
⌐ 지금 집 거::이' 다 뜨'께[119] 뿌곧 다 나가 뿌러찌요.
= 열' 찝' 사'러여, 열 찝, ** 이 모'테가.
⌐ 열' 찜마[120] 데', 이' 사람, 이' 사람 머르칸[121]?
⌐ 한' 이십 찌'비 더 너'먼는데.
= 아 인지 오세'.
⌐ 아 지그미사[122].
= 글'떼사 마네찌마는 오세'는 열' 찌'비니.
그:며 열' 찝'은 점부 어더게 예저네느 절'믄 분'드리 마'낟찌예, 어르신 어'리
쓸 떼'는?
⌐ 예.
= 오세'는 하나 아이'머[123] 두:리'고 그'르이더, 마카.
⌐ 우리 여'거그 그 그만침[124] 마:늘 떼'는 한: 사십 델'라능가, 모르게써.
사:십'도 안 데'찌 저'버여[125].
⌐ 한' 삼십 얼'메 머.
요즘 예저네 비해서 이 쯤 동네에 청년드리 쯤 이씀미까?
= 오센 이게 여게 절'믄 사람 하나'또' 엄'니더.
⌐ 여' 지'금 육십 여'섣살 머'근 사레미 게이 게을[126] 절'믄 사레미라.
어 거 육'십 예'숟 일'곱 무427) 뿌'니 청년이'시고.
⌐ 예예, 청녀~이제.
= 마카[128] 칠'심 노'인인데 머.
그'러면 예저'네 이 마으'리 쯤 사름 한 사쓰음429) 사심녀 정도 집 이쓸 때'느
어 쯤 마으'리 번'창해씀미까?
= 구' 때[130]는 분'다워써요[131].
⌐ 하::, 번잡해'찌요.

ᐨ 여기가 요기 모퉁이에 요기에 한 개 반, 여기가 한 이십 호 요기, 요기에 살았습니다.

ᐨ 지금 집 거의 다 뜯겨 버리고 다 나가 버렸지요.

= 열 집 살아요, 열 집. ** 이 모퉁이에가.

ᐨ 열 집만 돼, 이 사람, 이 사람 뭐라고 하나?

ᐨ 한 이십 집이 더 넘었는데.

= 아 인제 요새.

ᐨ 아 지금이야.

= 그때야 많았지마는 요새는 열 집(+입니다).

그러면 열 집은 전부 어떻게 예전에는 젊은 분들이 많았지요, 어르신 어렸을 때는?

ᐨ 예.

= 요새는 하나 아니면 둘이고 그렇습니다, 모두.

ᐨ 우리 여기 그만치 많을 때는 한 사십호가 되었는가, 모르겠어. 사십도 안 됐지 싶어요.

ᐨ 한 삼십 얼마 뭐.

요즘 예전에 비해서 좀 이 동네에 청년들이 좀 있습니까?

= 요새는 이것이 여기 젊은 사람이 하나도 없습니다. 여기 지금 육십 여섯 살 먹은 사람이 제일, 제일 젊은 사람이라. 육십, 예순 일곱 먹은 분이 청년이시고.

ᐨ 예예, 청년이지.

= 모두 칠십 노인인데 뭐.

그러면 예전에 이 마을이 좀 사람 한 사십, 사십여 정도 집 있을 때는 좀 마을이 번창했습니까?

= 그 때는 번잡했어요.

ᐨ 아이고, 번잡했지요.

= 예.

= 마ː넨니더, 집'찌믄¹³²⁾ 멀 한 집 시'꾸아³³⁾ 여ː남'썩 데'씨 머 엄'미너¹³⁴⁾ 마'넨니껴?

⌐ 예, 아, 그때는 그 참 마저.

넉 그 그'때하고 요즘 머 비교해' 보'면 어'뜨게 쫌 지'내시기는 어'떠슴미까?

⌐ 글ː떼 데'믄 요세 인 멀 차ː 아주 고'마 부'자지요.

⌐ 글떼 데'믄 요ː세사' 머 부'자지요 머.

⌐ 오'세¹³⁵⁾는 바블 마음데'로 실ː컨' 머'그이까 그 부'자지.

= 그'떼는 늘ː 보ː리 해가'주오 보리바아'ᵕ 꼭 찌'어가 밥 헤' 머꼬 머 그'렌니더.

예'저네 또' 앙' 그런 나물 뜨'더서 죽' 끼'려?

⌐ 예, 예, 마저요.

그'뗀 먼 그'렁 거, 여기 예'저네느 대개 아까 끄 어르신 그 어 지'반 어 썽'씨들, 그'러이까 김녕김씨 주로 게시다 요즈'믄 주'금⁴³⁶⁾ 이 동ː니'에 에 김녕김씨뿐 한 며'뿐 정도 데'심미까?

= 메 찝 업'서요.

⌐ 다 가 뿌고 은젠 내 혼'자뿌~이'레이.

= 이' 마시레는.

⌐ 다ː 나가 뿌'러쓰.

예저'네느 거'이가 다 일바ː ː, 먼, 가깝거나 먼 일'가연는데.

⌐ 예, 예, 마저, 예, 예예예.

⌐ 한두 점'부, 열'촌, 마ː 너므므 열총까지 여 점 다 데'여선는데, 점'부 서'울로, 거'어'이 서'울로 가따고 바'이 데.

= 마니서요¹³⁷⁾.

⌐ 서울 우에 그 성'남'?

⌐ 성남시'가 덴' 지가 얼마 자 은자 안 데'자네요.

˭ 예.

˭ 많았어요, 집집은 뭐 한 집 식구가 여남씩 됐으니 뭐 얼마나 많았습니까?

ˉ 예, 아, 그 때는 그 참 맞아.

그 때하고 요즘 뭐 비교해 보면 어떻게 좀 지내시기는 어떻습니까?

ˉ 그 때 비하면 요새 인제 뭐 참, 아주 고만 부자지요.

ˉ 그 때 비하면 요새야 뭐 부자지요 뭐.

ˉ 요새는 밥을 마음대로 실컷 먹으니까 그 부자지.

˭ 그때는 늘 보리 해서 보리방아를 꼭 찧어서 밥 해 먹고 뭐 그랬습니다.

예전에 또 안 그러면 나물 뜯어서 죽 끓여?

ˉ 예, 예, 맞아요.

그 때는 뭐 그런 거, 여기 예전에는 대개 아까 그 어르신 그 집안 성씨들, 그러니까 김녕김씨 주로 계시다가 요즘은 지금 이 동리에 김녕김씨분 한 몇 분 정도 됩니까?

˭ 몇 집 없어요.

ˉ 다 가 버리고 인제는 내 혼자뿐이어요.

˭ 이 마을에는.

ˉ 다 나가 버렸어.

예전에는 거의가 다 일가, 먼, 가깝거나 먼 일가였는데.

ˉ 예, 예, 맞아, 예, 예예예.

ˉ 한둘 전부, 십촌, 많이 넘으면 십촌까지 여기 전부 다 되었었는데, 전부 서울로, 거의 서울로 갔다고 봐야 돼.

˭ 많았어요.

ˉ 서울 위에 그 성남?

ˉ 성남시가 된 지가 인제 얼마 안 되잖아요.

￣ 글로' 고'만, 시: 덴'다 그이 머 글로로 저부[438] 거이.

예'저'네 여'기 그 또 제'가 황'녕[439], 아이 이'물꼴째?

￣ 예, 이, 예, 이'물령.

가무 이 재'가 여 이'로 가면 영'덕' 너머 가는데 요' 요'즘은 차드리 마니 다'니지만 예저네 그 사람드리 마~'이 다'녀씀니까?

￣ 예이.

￣ 옌나'레는 차'가 어'끼 떼미네 그'르 그'러서 마~이 뎅'견는데, 글떼 은제 머 장사하는 사람들 그 소금 점'부 질머지고 뎅'기 장사헨'는데, 이' 제'가 엄'청나게 이거 멀 참말로 거'비 나떤 젬 모~'이래요, 마.

￣ 한두'리느 이 너'머 가지를 모'테떼.

￣ 그'르 이제 메'치 메'치서 여 바르코[440] 이따가 오 오'모 오'먼, 가는 사람 이시'마 이 한테 이레 뭉'처서 일'고 여'덜쭘 데'머 은제 이 쩨'를 넝'꼬.

￣ 음, 마저.

어이 도'저기 나'타나서?

￣ 그'르치요, 도두'기 나타나.

검 예저'네 이 쭈껜 그'러머 청'석꺼리 거 주'마기 형성데'떤 거'또 이 재' 때'무네 그'러씀미까?

￣ 그'르쬬.

￣ 주'로 차'가 업시~'이가[441] 그 거'러 뎅기~이까.

￣ 장사꾼'들 점'부 질'머지고 인제 진'보' 그 장, 자~'에 간다꼬 은제 오'구[442] 마~'이 오'구든.

그람 진보장:'에 장꾼'드리 와'따가.

￣ 그 장 보'고 장 보'고 인 임 영'덕' 사람도 이 마 주로 망'크더~.

￣ 그 은제 장 보'고 또 다부:[443] 너'머 가고 고마.

요즘' 그 아까 쪼'금 풍'습또 이야기 하'션슴미다마느 엔:나'레 비'해서 요즈른 검 풍'습, 아'까 이야기헨는 정'월' 대보'르미나 설:나'레 그런 걸:'립'이라든지 또

ⁿ 그리로 고만, 시(市)가 된다고 그러니까 뭐 그리로 전부 거의.

예전에 여기 또 재가 황령, 아니 이물령재?

ⁿ 예, 이, 예, 이물령.

그러면 이 재가 이리로 가면 영덕 넘어 가는데 요즘은 차들이 많이 다니지만 예전에 그 사람들이 많이 다녔습니까?

ⁿ 예.

ⁿ 옛날에는 차가 없기 때문에 걸어, 걸어서 많이 다녔는데, 그 때 인제 뭐 장사하는 사람들, 그 소금 전부 짊어지고 다니며 장사했는데, 이 재가 엄청나게 뭐 참말로 겁이 났던 재인 모양이어요, 아마.

ⁿ 한둘은 이곳을 넘어 가지를 못했대.

ⁿ 그렇게 이제 몇이 몇이서 여기 기다리고 있다가 오면, 가는 사람 있으면, 이 한데 이렇게 뭉쳐서 일곱 여덟쯤 되면 인제 이 재를 넘고.

ⁿ 음, 맞아.

여기 도적이 나타나서?

ⁿ 그렇지요, 도둑이 나타나.

그럼 예전에 이 쪽에, 그러면 청석거리 거기 주막이 형성되었던 것도 이 재 때문에 그렇습니까?

ⁿ 그렇지요.

ⁿ 주로 차가 없으니까, 걸어 다니니까.

ⁿ 장사꾼들 전부 짊어지고 인제 진보 그 장, 장에 간다고 인제 오고 많이 오거든.

그러면 진보장에 장꾼들이 왔다가.

ⁿ 그 장을 보고, 장을 보고 인제 영덕사람도 이 고만 주로 많거든.

ⁿ 그 인제 장을 보고 또 도로 넘어 가고 고만.

요즘 아까 조금 풍습도 이야기 하셨습니다만은 옛날에 비해서 요즘은 풍습, 아까 이야기했던 정월 대보름이나 설날에 그런 걸립이라든지 또는 단느 단'오 때 그네'띠'기라든지 또느 풀', 푸, 풀무, 머꾸, 머꾸[444), 예, 예, 풀꾸먹'기, 그 다으메 또 추석' 때'도 머' 함'미까?

 ⁻ 예예, 그게 예예, 푸꾸, 그야 머.

 ⁻ 추석' 땐' 아 나고.

 ⁻ 아 나고예.

그'언데 그'런 거느 요즘 머 거'이 안 함'미까?

 ⁻ 예, 오세'는 지'그므느 저'녀[115] 예, 저'녀 업서.

혹'시 그 여'기에 머 한'식 땐'느 머 함'미까?

 ⁻ 한싱' 나리?

 ⁻ 한싱: 나리는 머 여여 보'니가 은제 머 한싱 날 주로 은제 묘'에 와서 마에, 청'명 한싱 나리 모 다 마이 하는 사람 더'르 인'는데, 글'떼는 마저, 메 묘 가서 손'또 보'고 마이 하는 사람 이'써, 인'니더.

오 때 그네뛰기라든지 또는 푸꾸먹기, 그 다음에 또 추석 때도 뭐 합니까?

 ̄ 예예, 그것이 예예, 푸꾸, 그야 뭐.

 ̄ 추석 때는 안 하고.

 ̄ 안 하고요.

그런데 그런 것은 요즘 뭐 거의 안 합니까?

 ̄ 예, 요새는 지금은 전혀 예, 전혀 없어.

혹시 여기에 뭐 한식 때는 뭐 합니까?

 ̄ 한식 날?

 ̄ 한식 날은 뭐 여기 보니까 인제 뭐 한식 날 주로 인제 묘에 와서 많이, 청명 한식 날에 모두 다 많이 하는 사람 더러 있는데, 그 때는 맞아, 묘에 가서 손도 보고 많이 하는 사람이 있어, 있어요.

1) '여('여기'의 준말) + -(에)서'의 구성 형식으로 '여('여기'의 준말) + -에서' →
   '여 + -어서' → '여서' → '여스' → '여쓰'의 음운과정을 겪었던 것으로 판단해
   볼 수 있는 예이다. 다만, 이 지역어의 특징으로 볼 때 첫 단계에서 '여 + 서'의
   형으로 바로 가정할 수도 있을 것으로 판단되며, 이후의 변동 과정은 모두 이
   지역어의 특징인 'ㅡ'와 'ㅓ'모음, 'ㅅ'와 'ㅆ'음이 중화된 결과에 따른 것이다.

2) 이 지역어의 '인지'형은 이 지역어의 음운현상의 한 특징인 전설계열 모음의
   '고모음화' 현상과 관련된 예이다. 즉, '제〉지'라는 고모음화 현상에 따라 담
   화표지 '인제'가 '인지'형으로 실현된 결과이다.

3) '챔'은 '처음'의 의미를 뜻하는 이 지역어로서 '처음 + -이'와 같은 결합 구조
   에 따라 '처음이 → 처엄이(모음 중화에 따른 모음 하강) → 첨이(축약) →
   챔이(움라우트) → 챔(어말모음 탈락)'과 같은 과정을 통해 어휘가 재구조화
   된 경우이다.

4) 이 어형은 '생기었는지 → 생기있는지 → 생깄는지 → 생긴는지'의 과정을
   겪은 것으로 선어말어미의 '어'모음이 어간의 'ㅣ'모음에 동화되고, 이어 비음
   동화(鼻音同化)가 이루어져 생긴 결과이다.

5) 이 지역어에서는 'ㅔ'와 'ㅐ'모음이 중화되어 이 두 모음이 아무런 규칙도 없
   이 나타나며, 그 결과 '떼(時)'형이 실현되었다.

6) '고조보(高祖父)'는 모음동화에 따라 '고조부 → 고조보'로 실현된 경우이다.

7) 어휘 '여기'의 이 지역어 형으로서 경상도 지역에 전반적으로 분포하는 예이
   며 모음동화로 설명할 수 있는 경우이다.

8) '내려'는 이중모음의 단모음화에 의해 '내러'로 어사가 변화되고 이어 후행하
   는 '오다(왔었는)'의 영향에 따라 모음동화가 일어남으로써 '내로'형이 실현된
   경우이다.

9) '오(來)- + -았- + -었- +-는'의 구성형식이며 축약과 비음동화에 의하여 이루
   어진 형태이다. 중부방언의 경우는 선어말어미 '-았었-' + '-는'의 구성이 제약
   적인데 비해 이 지역을 비롯한 경북방언에서는 일반적으로 결합이 가능한 구
   성 방식이다.

10) '모예'는 '모양(模樣)이라요' 표현이 줄어든 것이다. 이는 '모야~이(鼻母音化)

→ 모야이 → 모애(축약) → 모예(모음 중화에 따른 변동)'의 변화 과정을 거친 것으로 판단되며 상대높임법 체계로 볼 때, '두루높임'에 해당된다.

11) 이 지역어의 아주높임 표시의 종결어미는 '-니더, -디더, -시더'형이며, 이에 따라 '왔니더[완니더]'와 같이 실현된 예이다.

12) 어휘 '가지고'형의 모음 'ㅣ'가 음성적으로 후설고모음 'ㅡ'로 실현된 경우이며, 이는 이 제보자의 발음에서 자주 볼 수 있는 현상이다. 이는 이 지역어에서 자주 실현되는 전설모음화에 대한 과도교정형(hyper-correction form)의 예로 해석할 수도 있다.

13) 이 지역의 경우 이중모음의 실현이 제약되므로 '뭐'의 형이 '머'로 실현되었다. 이 지역어의 이중모음은 대체로 어두나 모음 아래에서 'jɛ, ɯw, Ej, wE, wɛ, wa'가, 자음 아래에서는 'jɛ, ju, jo, uj, wE, wa' 등이 실현된다.

14) '우리는'의 'ㅣ'모음이 줄어든 형태로서 이런 축약 현상은 이 지역어를 비롯해 경상도방언의 전형적인 특징 중의 하나이다.

15) 이 어형은 [+설정성(coronal)]자질 아래에서 전설모음화가 이루어진 것으로서 이 지역어의 일반적인 음운현상이며, 이 현상에 따른 과도교정형도 나타나는데 주 12)가 그것이다. 이러한 전설모음화 현상은 다른 지역 방언에서도 나타나지만 이 지역을 포함한 경상도방언에서 전반적으로 활발하게 실현된다.

16) '써어'형에서 'ㅆ'의 실현은 이 지역어에서 마찰음 'ㅅ'과 'ㅆ'이 자음체계상 대립되지 않으므로 인해서 'ㅆ'의 실현은 수의적으로 실현된다. 또, 이 형태는 '성(姓) + 으는'의 구성형식이며 비자음이 탈락된 형태이다.

17) 이는 '김가'형이 이 지역에서 많이 실현되는 음운현상 중의 하나인 어두 경음화가 실현된 것이다.

18) '김녕깅까 + -시더(종결어미)'의 형태로 분석되며 '-시더'형은 주로 서술격조사나 추측의 선어말어미인 '-ㄹ' 다음에서 사용되며 이 지역어에서 아주높임에 해당하는 어미로서 '-ㅂ니다'에 대응된다. 이 어형은 '안동, 의성, 영덕, 영일, 영천, 경주, 예천, 청송 등'에서도 사용되며 남부 경북방언에서는 '-이시더, -ㅂ시더' 등으로 실현된다.

19) 어휘 '혹시'형에서 'ㄱ'이 탈락되고 모음이 길게 실현된 경우이다.

20) 조사자의 발화로서 이중모음 'ㅙ[wE]'의 실현이 제약됨에 따 '와' 형태이다.

21) 이 예는 '들입니까'형에서 후행하는 비음에 의해 비음동화가 일어나고 다시 후행하는 비음이 선행하는 자음에 완전 위치동화된 형태이다. 즉, '들입니까 → 들임니까 → 들임미까 → 드림미까'의 과정을 겪은 예이다.

22) ‘어떻게’에서 모음 사이의 자음이 탈락되고 ‘ㅡ’모음과 ‘ㅓ’모음의 혼란에 따라 실현된 형태이다. 이 지역과 경북 남부 방언에서는 모음체계상으로 ‘ㅡ’와 ‘ㅓ’모음이 혼란되어 수의적으로 실현됨은 매우 일반화된 현상이다.

23) 이 어형의 경우, ‘살다’형이 맞지만 음성적으로 마찰음의 된소리 /ㅆ/으로 실현된 경우로, 이는 수의적인 현상이다.

24) ‘여기 + -에도’의 결합형으로 음절 축약이 일어난 준말이다.

25) 성씨의 하나로, 김녕김씨(金寧金氏)의 본관지는 경상남도 김해이며, 김해김씨와는 상관이 없는 성이다.

26) 진보이씨(珍寶李氏)라고도 하며, 본관지는 경상북도 청송군 진보이다.

27) 김씨 성의 하나로서 김해김씨를 가리키며 수로왕(首露王)을 시조로 한다.

28) ‘나머지’에서 원순모음화가 일어난 형태이다.

29) ‘여’는 ‘여(여기) + -어(처소 부사격)’ 또는 ‘여(여기) + -에’의 결합으로 설명할 수 있는데, 상대적으로 후자의 경우는 어간에 의한 동화현상으로 설명할 수 있는 부분이다. 다만, 후자의 경우 국어학적으로 이중모음의 핵음이 후행 단모음을 동화시킬 수 있는가 하는 문제가 남는다.

30) ‘아니야’에서 비자음 ‘ㄴ’이 탈락한 형태로서 이 지역어에서 흔히 발견되는 일반적인 현상이다.

31) ‘머(뭐) + -로’의 결합으로 ‘-로’는 의문조사이다.

32) 경상북도 청송군 진보면 괴정리를 구성하고 있는 자연부락 이름으로, 그 유래는 정확히 알 수가 없다. 다만, 마을 뒤 쪽으로 영덕군 지품면으로 넘어가는 고개의 이름이 ‘이물령’인 것으로 보아 이 지역의 골짜기가 이무골로 판단된다. 또, 이 고개는 이 지역에서는 ‘이물령’으로 부르지만 영덕에서는 ‘황장재’로 부르는데, 지역에 따라 같은 지명을 다르게 부르고 있음을 알 수 있다.

33) 이는 자음의 위치동화(연구개음화, 순음화)와 비음동화가 일어난 형태이며, 연구개음화는 어절 경계를 뛰어 넘어 실현된 경우이다.

34) 이는 ‘모르다’에서 치조음 아래의 ‘ㅡ’모음이 전설고모음으로 바뀐 것으로 전설모음화가 실현된 경우이다. 이 지역어에서는 전설모음화와 함께 고모음화가 많이 실현되는 특징을 보인다.

35) ‘어예’형은 ‘어째’형에서 파찰음이 탈락되고 모음이 이중모음으로 실현된 경우이다. 일반적으로 경남방언이나 남부 경북방언에서는 ‘우예’형으로 실현되는 경우가 더 많다.

36) 이미 잘 알려진 대로 경상도방언에서는 의문법이 의문문의 종류에 따라 각

각 'ㅏ(ㅓ)'형과 'ㅗ(ㅜ)'형으로 실현된다. 이 어형은 판정의문문을 나타내는 것으로서 외형적 높임 체계는 '해라'체이지만 실제로 이 부분은 조사자나 주제보자인 김진만 님에게 직접적으로 표현했다기보다 보조제보자의 독백에 가까운 표현이다. 이런 이유로 이 예는 표준어의 대역을 발화상황에 맞게 다소 의역(意譯)을 하였다.

37) '여거'형은 경상도방언에서 일반적으로 실현되는 어휘로 이의 형성은 앞의 설명을 참고하기 바람.

38) 이 어형은 부사 '어예'와 '어이'가 연이어 결합된 것('어예 + 어예 + 어이')이다. 부사 '어이'는 '어찌'에서 어중 자음이 탈락된 형태이다.

39) 이는 '되- + -ㄴ동(어미)'의 구성으로 '-ㄴ동'은 '-ㄴ지'에 대응되는 예이다. 이는 15세기 중엽의 국어에도 나타나는데 '하늘해셔 飮食이 自然히 오나든 夫人이 좌시고 아모ᄃᆞ라셔 {온동} 모ᄅᆞ더시니≪월석 2:25≫'에서 볼 수 있다.

40) 이는 '그것을 → 그걸 → 그글'과 같은 과정을 겪었으며 이 지역어에서 'ㅡ'와 'ㅓ'모음이 중화된 예이다.

41) '-인떼(데)'는 '-에게'형에 대응되는 여격조사로서 이 지역어뿐만 아니라 강원도의 일부 지역에도 분포한다.

42) 이 어형은 움라우트 현상이 실현된 것으로 이 지역어에 일반적으로 실현되는 어휘이다.

43) '몬' 어형은 '못'에서 비음동화가 일어난 형태가 이 지역어의 어휘로 재구조화된 경우로서, 경북방언에서 두루 나타난다.

44) 이미 주 17에서도 설명했듯이 이 지역어에는 어두 위치에서 경음화가 두루 실현되며 이는 그 경우이다.

45) 이 어형은 '봤니더'형에서 이중모음의 실현 제약과 비음동화가 나타난 경우이다.

46) 이 어형은 '원래(元來)'에서 비음이 후행하는 유음의 영향에 따라 유음화가 실현된 경우이다.

47) '마을'에서 어절말의 유음이 탈락된 경우이다.

48) 어절말 경계를 넘어서 후행하는 연구개음의 영향으로 실현된 역행 연구개음화의 예이다. 이 현상은 이 지역어를 비롯하여 경북방언에서 일반적으로 실현되는 경우이다.

49) 이 어형은 원순모음화가 이루어진 어형으로 경상도방언에서도 흔히 관찰이 되는 예이다.

50) '앞산'의 음절말 자음 'ㄴ'이 탈락되면서 비자음에 선행하는 모음을 비음화 시킨 경우이다. 이 지역어의 경우, 비자음이 탈락되고 선행 모음이나 후행 모음을 비모음화 시키는 것으로 나눌 수 있는데 이 예는 선행하는 모음을 비모음화 시킨 것이다. 대개 이 지역어에서는 선행 모음을 비음화 시키는 경우가 후자보다 더 흔하게 나타난다.

51) 앞의 주 48에서 설명했듯이 이 지역어에서 어절 경계를 넘어 연구개음화가 실현된 경우이다.

52) 이 어형의 경우 '이것은'형에 대응되는데 'ㅡ'와 'ㅓ'모음이 중화된 관계로 '이 긋'으로 도출되며 다시 어말의 'ㅅ'이 탈락됨으로써 '이그'형으로 재구조화 된 것으로 판단된다. 이처럼 이 지역어에서는 재구조화된 형태의 어휘가 많이 나타난다.

53) 이 어형은 '뒷 + 산'의 결합형으로서 이 지역어에 많이 실현되는 비자음의 탈락과 함께 모음의 비음화가 실현된 예이다.

54) 이 어형은 중앙어의 '그리했습니다'에 대응되는 예로서 '그리했니더 〉 그리핸 니더(비음화) 〉 그랜니더(축약) 〉 그래니더(비음탈락)'과 같은 과정을 겪은 예이다.

55) 이 제보자의 발화에서는 시간부사 '인제, 인지, 은제(지)' 등이 자주 실현되며 이는 시간부사의 기능과 함께 '화제 전환 또는 연결 어사'의 기능인 담화표지로 사용되는 경우가 많다. 이 어형은 '인제' 형에서 'ㅣ'모음이 후설화 되어 'ㅡ'모음으로 실현된 경우이다.

56) 이 어형 '바가점'은 '봐가지엄 〉 봐가점 〉 봐가점 〉 바가점'의 과정을 겪은 것으로서 이중모음 실현의 제약과 축약의 과정을 거친 것이며, '-ㅁ'은 기원적으로 명사형 어미로 판단된다.

57) 이 어형처럼 비자음의 탈락과 함께 비모음화가 실현되는 것은 이 지역어의 매우 흔한 현상 중의 하나이다.

58) 이 지명은 행정명으로는 '갈머리'로 나오는데 행정명으로부터 이 어형을 도출하기는 매우 힘들 것으로 판단된다. 다만, 이 어형에 관한 제보자의 설명을 고려하면 이 어형은 '갈모(帽), 갓모'형의 이 지역어형으로 판단된다. '갈미'는 '갈모+이 〉 갈뫼 〉 갈메 〉 갈미'와 같은 과정에 의해 도출된 것으로 추론할 수도 있는데 이는 이 지역어의 이중모음 실현의 제약과 함께 고모음화가 실현되어 나타난 예이다. 또, 이 어형을 통해서 이 지역어에서는 비자음의 탈락과 함께 모음이 비모음으로 실현되는 현상이 매우 폭넓게 나타남을 볼 수 있다.

59) ‘그래그덩뇨’에서 ‘덩’의 말음인 비자음의 실현에 대해서는 합리적으로 설명하기가 힘들다. 다만, 연이은 치조비음의 연결에 따른 제약의 회피를 위해 이화작용이 일어났다고 설명하거나 우발적 발화에 의한 것으로 설명할 수 있다.

60) 이 어형은 ‘-라고 하면’이 축약된 것으로서, 이중모음 ‘ㅕ’가 ‘ㅡ’모음으로 실현된 경우이다.

61) 치음 ‘ㅅ’ 아래에서 ‘ㅡ’모음이 전설모음으로 실현된 경우로, 전설모음화가 실현된 경우이다.

62) ‘다니다’의 방언형인 ‘댕기다’에 과거시제 선어말어미가 결합된 형태이다.

63) 이는 ‘씨고 + -는’의 결합형으로서 치음 아래에서 고모음화가 이루어진 예이다.

64) 이 지역어는 ‘아래’의 상대 개념으로 ‘우(上)’가 일반적이며 이는 경북방언의 한 특징이기도 하다.

65) 어형 ‘이렡’은 ‘이래 + ㅅ’의 결합형으로서 사이시옷이 나타난 예이다.

66) 이 어형은 앞의 주 48과 같이 어절 간의 경계를 넘어서 연구개음화가 실현된 경우로서 이 지역어의 일반적인 현상이다.

67) ‘암’은 부정부사 ‘안’에 대응되는 어형인데 이는 후행하는 양순음의 영향에 따라 어절 경계를 넘어서 위치동화가 이루어진 경우이다.

68) ‘맞도록’에 대응되는 어형인데, 이 지역을 비롯한 경북방언에서 일반적으로 나타나는 어말자음의 탈락과 함께 이화작용에 따라 모음이 ‘ㅜ’로 실현된 예이다.

69) ‘쓰면’에 대응되는 예로서, 이 지역어에서 고모음화와 이중모음 ‘ㅕ’가 단모음으로 실현된 결과이다. 즉, ‘쓰면 → 씨면(고모음화) → 씨먼(이중모음 실현 제약) → 씨믄(‘ㅡ’와 ‘ㅓ’모음의 중화)’의 과정이 순차적으로 적용된 결과이다.

70) ‘희한(稀罕)하다’의 활용형으로서 이 지역어에서 자주 실현되는 이중모음 제약과 후행 어절 연구개음의 영향에 따라 연구개음화가 실현된 경우이다. 즉, ‘희한한 → 히한한 → 히한항’의 변화 과정을 거친 예이다.

71) 이 어형은 ‘것이다이 → 거이다이(어말자음 탈락) → 거다이(서술격조사 탈락) → 그다이(‘ㅡ’와 ‘ㅓ’모음의 중화) → 그대이(‘ㅣ’모음 역행동화) → 그데이(‘ㅔ’와 ‘ㅐ’모음의 중화)’와 같은 과정을 겪은 것으로서 이 지역어에서 흔히 감탄형 어미로 실현되는 예이다. 여기서 맨 끝의 ‘ㅣ’모음은 이 지역어에 널리 등장하는 친교표시의 조사 ‘-요, -예’와 관련된 예로 판단되며 이들 어형보다 선행 시기에 이루어진 형태로 판단된다. 예. ‘니는 키가 작대이(너는 키가

작구나).'

72) '같다고'형에 대응되는데, 이 지역어에서는 어말의 양성모음이 음성모음으로
바뀌는 음운현상이 눈에 띄는데 이 예가 그 중의 하나이다.

73) 이 제보자의 발화에서도 담화표지(談話標識) '인제'는 매우 다양하게 실현되
는데 그 중의 한 형태이다. 이 제보자의 담화표지 '인제'는 '인제, 인지, 인자,
인저, 은자, 은제, 자' 등과 같이 매우 다양하게 나타나는데, 같은 문장의 바로
뒷부분에 '은제'형이 실현되어 있을 정도로 다양하다.

74) '그래 가지고'의 준말인 '그래가'형에서 어말 양성모음이 음성모음으로 바뀐
예이다.

75) 이에 대해서는 주 30을 참고하기 바람.

76) '들어다보는' 어형은 '들여다보이는' 형에서 이중모음 실현의 제약과 함께 태
(態)의 혼란에 따라 실현된 예이다.

77) 이 어형은 '아까'의 변이형태로서 '아까 + ㅣ' 또는 '아까 + 에'의 구성으로 '아
깨 ~ 아께'와 같이 형성된 예이다.

78) 이 지역어의 이중모음 실현 제약에 따라 '화장(火葬)골'이 '하장꼴'로 실현된
예이다.

79) 여격조사 '-인데'형과 변이형 '-인디'형이 동시에 실현된 예이다. '-인디'형은
이 지역어에서 흔히 실현되는 고모음화의 영향으로 이루어진 형태이며 '-에
게'와 동일한 의미를 가진다.

80) '들어보다'형이지만 어간의 '듣다'형에 동화되어 '드르보다'형으로 실현된 경
우이다. 이 지역어에서는 'ㅡ'와 'ㅓ'모음이 중화되어 이 두 모음의 구별은 큰
의미가 없다.

81) '호랑이'형에 움라우트 현상이 실현되고 이어서 비자음이 탈락된 후 비모음
화가 실현된 예이다.

82) '그어'는 '그기(←거기) + 어(처격조사)'의 결합형이다.

83) '가주가서' 형은 '가지고가서 → 가지구가서 → 가주가서'와 같은 과정을 겪
은 형태이다.

84) 앞의 주 72, 74와 같이 이 지역어의 어말 모음은 양성모음이 곧잘 음성모음
으로 실현되는데 이 어형도 같은 과정을 겪은 것이다.

85) 이 어형은 움라우트 현상과 비자음의 탈락이 일어난 어형이다.

86) 어미 '-여'는 주로 어휘 '하다' 뒤에 분포하는 것이 일반적이지만 이 지역어에
서는 이 경우처럼 다른 어휘에서도 분포한다는 점이 특징적이다.

87) 이 어형은 '그 + 어다'의 결합형으로 '-어다'는 '-에다'형에 대응되는 이 지역어
형으로, '-으다'형은 모음의 중화에 따라 실현된 예이다.

88) 이 어형은 '그렇게 → 그러케(융합현상) → 그르케(모음중화) → 그으케(유
음탈락)'의 음운 과정을 겪은 것이다.

89) 청송군 진보면에서 영덕군 지품면으로 넘어가는 34번 국도의 현재 고개 이
름은 황장재이지만 이 지역에서는 '이물령'으로 부르고 있다. 황장재는 영덕
군 지품면 황장리에서 유래된 지명으로 지역에 따라 동일 지역을 다르게 부
름을 알 수 있는 부분이다. '이물령'은 '이무령 → 이물령(ㄹ 첨가)'의 음운 과
정을 겪은 것인지 아니면 원래 '이물령'에서 시작된 것인지는 분명하지 않다.

90) 이 지역어에서는 '-거든'형이 '-거덩(등)'형으로 자주 실현된다.

91) 이 지역어의 어미는 '-니더'형인데 이 어형은 발화 실수로 판단된다.

92) 이 어형은 'ㅗ'모음이 약화된 형태로서 이 지역어에 자주 실현되며, 후행하
는 '진쯔'도 '진짜'형에서 모음이 약화된 예이다.

93) 이 어형은 이 지역어에서 'ㅡ'와 'ㅓ'모음은 변별되지 않고 중화된 관계로 인
해 어떻게 실현되든 별 의미가 없지만, 'ㅓ'모음에 의한 모음동화로 설명할
수도 있는 예이다.

94) 이는 양음절화(兩音節化)에 따른 현상으로 'ㄴ'음이 첨가된 경우이다.

95) 이 지명은 현재 지명으로는 이무곡 즉, 이무골로 되어 있으며 제보자의 설명
과도 일치된다. 다만, 정확히 알 수는 없지만 제보자의 발음 형태가 변하기는
하지만 '이뭉꼴'로 실현되었다는 점에서 한자어 '梨木 + 골' 즉, '배나무골'에서
유래되었을 가능성이 큰 지명으로 보인다. 아니면, '이모(우)골 → 이목골(ㄱ
첨가) → 이뭉골(유추에 따른 비음화) → 이뭉꼴'로 변화되었을 가능성도 보
이는 예이다.

96) 후행하는 비음에 의해 선행 모음이 비음화가 되고 후행 비자음이 탈락된 예
로서 이 지역어를 비롯한 경상도방언의 일반적인 음운현상이다.

97) '임물령'은 '이물령'의 발화실수로 보이지만 이 제보자의 경우 이런 환경에서
음운의 첨가가 많이 이루어지고 있음을 알 수 있다.

98) '이것도'형의 발화형태로서 'ㅓ'와 'ㅡ'모음의 중화와 된소리화에 따라 실현된
형이다.

99) 이 어형은 '확실히'의 발화 형태로 이중모음 실현의 제약에 따른 것이며 이
현상은 이 지역어에서 일반적으로 실현된다.

100) '모릅니더'형의 발화형태로서 '모릅니더 → 모름니더(비음화) → 모른니더

(위치동화)'의 과정을 겪은 것이다. 일반적으로 국어의 음운현상에서 자음의
동화 방향은 '치음·경구개치조음 〈 순음 〈 연구개음'의 강도로 논의되는 것
과 달리 순음이 치음으로 변화된 예로서 다소 특이한 음운 현상이다.

101) 부사 '또'의 발화실수형이다.

102) '뒤'의 발화형으로 이 지역어에서는 'ㅟ'모음의 실현이 되지 않으므로 단모음
  'ㅣ'로 발음된 경우이다.

103) 이 지역어에서 이중모음 실현의 제약에 따라 이루어진 형태로서 '가면 →
  가먼(이중모음 실현 제약) → 가믄('ㅡ'와 'ㅓ'모음의 중화)'의 과정을 겪은 것
  이다. 이 현상은 이 지역어의 일반적인 음운현상 중의 하나이다.

104) 이 지역어에서 '시루(甑)'는 '시리'이며 이에 연유하는 이름이다. 지명의 경우
  지도상이나 행정 지명에 이름이 나타나지 않는 경우 현재 지역어의 형을 그
  대로 표기했지만, 여기서는 그 어원이 명확하므로 대역을 했다.

105) 이 어형은 경북방언에서 '맨, 역시, 또한'의 뜻을 가진 부사로서 '맹'으로도 실
  현되기도 한다. 이 지역어에서는 'ㅔ'와 'ㅐ'모음이 중화되므로 '멩 ~ 맹'의 어
  형은 그 구별이 무의미하다.

106) 이 어형은 '산같이'형에 대응되는데 '산 + 거치 → 상거치(연구개음화)'와 같
  은 음운 과정을 겪은 것으로서 자음의 위치동화를 보인 어형이다. '거치'는 부
  사 '같이'형에 대응되는 이 지역어형으로서 경상도 방언에 일반화된 어휘이다.

107) 이 제보자의 발음에는 이처럼 어절말음이 모음으로 끝나면 'ㄷ[?]'음이 덧나
  는 경우가 다수 발견되는데 개인 발음의 한 특징으로 보인다.

108) 형용사 '높다'에 대응되는 이 지역어로서 연결형어미가 결합된 형태이다.

109) 이 어형은 '그거(그것의 준말 즉, 입말 형태임.) + -는'의 결합형으로서 이 지
  역어에서는 어절말의 치조비자음 'ㄴ'음은 연구개비음으로 잘 실현되는데, 이
  의 반영으로 이루어진 결과이다.

110) '그모'는 '그면 → 그먼(이중모음 실현 제약) → 그머(어절말자음 탈락) →그
  모(원순모음화)'의 음운과정을 겪은 것으로 판단되는데 경남방언에서 많이
  사용되는 '하모'형과 생성 기제가 같은 것으로 판단된다.

111) 이 지역어에서는 '아래'에 대응되는 어휘는 '위(上)'가 아니라 '우'이다.

112) 이 어형도 이중모음 실현의 제약에 따라 '올라가먼'으로 실현되고 다시 모음
  중화에 따라 음운변화가 일어난 형태이다.

113) 이 어형은 '이는'에 대응되는 '이 + -은'의 결합형으로서 여기서 어절말 자음
  'ㄴ'이 탈락된 결과이다. 어절말자음의 탈락은 이 지역어에서 많이 진행되는

전반적 현상 중의 하나이다.

114) 비자음의 탈락과 함께 모음이 비모음화가 실현되지 않은 예이다.

115) 이 어형은 '뭣이고 → 머시고(이중모음 실현 제약) → 머시구(모음 상승)'와 같은 일련의 변화과정을 겪은 것으로 판단된다.

116) '논거'는 '놓은 거(것)'의 준말이다.

117) '거'는 '그것 또는 것'의 입말로 볼 수도 있지만 여기서는 모음중화에 따른 지시대명사 '그'로 보는 것이 합리적 해석으로 판단된다.

118) '가딱'은 '같다고'의 준말로서 이 지역어는 준말이나 축약형이 많은 것이 특징이다. 경북방언의 어절 축약에 대해서는 정철(1987) 및 졸고(2003)을 참조하기 바람.

119) 이 어형은 치조음이 양순음의 영향으로 완전 순행동화된 예이다.

120) 이 어형은 '여기는 → 여거는('ㅓ'모음 순행동화) → 여그는(모음의 중화)'의 음운과정을 겪은 예이다.

121) '윽꼬'형은 '없고 → 업고 → 읍고 → 윽꼬'의 음운과정을 겪은 것으로서 양순음이 연구개음으로 바뀐 연구개음화의 예이다. 이를 통해 볼 때, 연구개음이 양순음보다 음운동화에서 강도가 강함을 볼 수 있다.

122) 이 어형은 '건너 + -에(처소 부사격조사)'의 결합에 따라 동화된 어형인 '건네'가 이 지역어에서 재어휘화된 예로 판단된다.

123) 부사 '아까'에 시간 표시의 부사격조사 '-에'가 결합된 어형이다.

124) 여기서 '당'은 '서낭신을 모셔둔 서낭당'의 준말이다

125) 이 어형은 서술격조사가 생략된 예이다.

126) 이 어형은 '-라고 하는' 어형이 축약되어 '-라 카는'형이 형성되었으며 이 지역어에서 '카다'는 완전히 재어휘화가 이루어진 예이다. '카능'은 후행하는 연구개음에 의해 연구개음화가 어절 경계를 건너서 일어난 예이다.

127) 이 어형은 '거기 → 거거('ㅓ'모음 순행동화) → 거어('ㄱ'탈락) → 그어(모음 중화)'의 음운과정을 겪어 이루어진 예이다.

128) 15세기 국어처럼 '나무'형이 곡용을 할 때, 'ㄱ'이 덧나는 현상으로 목적격조사가 결합된 형이다.

129) 이 어형은 처소 부사격조사가 실현되어야 할 경우에 주격조사가 잘못 선택된 것으로 판단되며 이 지역어에서는 일반적인 현상이다. 특히 이 현상은 주어가 생략된 문장 중에서 비교적 문두에 가까운 위치에서 많이 실현되는 것으로 판단된다.

130) 이는 '했기 → 헸기(모음중화) → 헤끼(된소리되기) → 헤께(모음동화)'의 음
    운과정을 겪은 형태이다.

131) 이는 '때문에 → 떼무네(모음중화) → 떼미네(전설모음화)'의 음운과정을 겪
    은 형태이다.

132) 부사 '아직'에 대응되는 이 지역어형이다.

133) 어중 위치에서 마찰음 'ㅎ'이 탈락된 예이다.

134) 이는 '재미있는 → 재밌는(축약) → 재민는(비음동화)'의 음운과정을 겪은 예
    이다.

135) 'ㅡ'와 'ㅓ'모음의 중화에 따른 실현형이다.

136) 이는 '이야기 → 이얘기(움라우트 현상) → 이예기(모음중화)'의 음운과정을
    겪은 예이다.

137) 이는 부정부사 '못'의 형태로 후행하는 어절의 두음을 된소리로 변화시킨 다
    음 음절 말음 'ㄷ'이 탈락된 예이며, 이 지역어에서는 어절말 위치의 자음이
    탈락되는 경우는 흔하다.

138) 어절초의 두음이 된소리로 변화되고 어중의 음절말 비자음 'ㄴ'이 탈락된 경
    우이다. 이 지역어에서 음절말 자음의 탈락은 수의적이다.

139) 처소 부사격 조사가 연결되어야 할 경우지만 주격조사가 실현된 경우이다.
    이에 대해서는 앞의 주 129를 참고할 수 있다.

140) 이 어형은 '대해 + -가(가지다) + -ㄴ(보조사)'의 구성이며, 모음 사이에서 마
    찰음 'ㅎ'이 탈락된 예이다.

141) 이 어형은 앞의 주 136의 '이예기'형에서 이중모음 실현의 제약으로 실현된
    형에 보조사 '-ㄴ'이 결합된 것이다.

142) 이는 '모르- + -더- + -더 → 모리더더(전설모음화) → 모리디더('ㅣ'모음동
    화)'의 과정을 겪은 형이다.

143) '뭐' 형에서 이중모음의 실현 제약으로 '머'로 변화된 형이 두 음절로 실현된
    예이다.

144) 이는 '가지고 → 가즈고(후설모음화)'의 과정을 겪은 형이다.

145) 부사 '또'의 발화실수형이다.

146) 이는 보조사 '는'의 발화실수로 인해 '-른'으로 실현된 것이다.

147) 이는 '몰라예 → 몰라에(이중모음 실현 제약) → 몰레에(모음동화)'의 과정을
    겪은 형태이다.

148) 부사 '어찌'에 대응되며 이 지역어에서는 '우예'로도 실현된다.

149) 여기서 '똥'은 의존명사로서 '둥'에 대응되는 '동'의 변이형이다.

150) '따라다니다'의 대응형이며 이 지역어에서 모음중화의 결과로 '댕기다 ~ 뎅기다'와 같이 변이형으로 실현된다.

151) '소나무'의 주격형으로 실현된 예이다.

152) 이는 '세 사람이'라는 뜻으로 '상승조'의 성조가 실현된 경우이다.

153) 음절말의 연구개비음이 탈락된 형태이다.

154) 이 어형은 '커버렸어요 → 커부렸어요(모음상승) → 커뿌럳써요(이중모음 제약 및 된소리되기)'의 과정을 겪은 형이다.

155) 이 어형의 '-로'는 의문조사로 사용된 예이다.

156) 이 어형은 '보호수(保護樹) + -ㄹ(목적격조사) → 보오술(ㅎ탈락)'의 과정을 겪은 것이다.

157) 앞에서도 지적했지만 이 제보자의 담화표지는 매우 다양하게 실현되는데 이것도 그 중의 하나이다. 이는 같은 문장 속에서도 '은젇, 은제'처럼 다른 어형이 등장하기도 한다.

158) 이는 대화에서 보조사 '-야나 어미 '-지'가 생략된 형태이다.

159) 이는 '놓았는데 → 노았는데(ㅎ탈락) → 났는데(축약 및 이중모음 제약) → 난는데(비자음동화) → 난데(음절축약)'의 변화 과정을 겪은 것으로 보인다.

160) 이 지역어에서는 의도형 어미가 '-ㄹ라'로 실현된다.

161) 이는 '그러니 → 그러이(비음탈락) → 그이(음절축약)'의 과정을 겪은 형태이다.

162) 이 어휘는 부정기적으로 열리는 시장의 의미인 '난장'형이지만 실제로 쓰인 의미는 정기장과 달리 시설이 아무 것도 없는 형태의 노지(露地) 장이라는 의미로 쓰인 것이다. 즉, 당나무 한 그루만 바깥에 있으므로 아무런 시설이 없는 데서 제를 올려야 한다는 의미로 쓰인 것이며, 비음이 탈락된 후 비모음화가 일어난 예이다.

163) 이는 '자꾸'의 발화실수형이다.

164) 이는 이 지역어에서 이중모음 실현 제약에 따라 '정올(正月)'로 실현된 경우이다.

165) 이 지역어에서는 경구개음 아래의 'ㅣ'모음이 후설모음으로 실현되는 경우가 많은데 이 형태도 그런 예이다.

166) 이는 '고기에다'의 형태가 축약된 예이다.

167) 이 예는 원순모음화가 실현된 예이다.

168) 이는 '들(入)- + 가(去)-'의 합성으로 이루어진 형태로서 연결형 어미 '-아'가

생략된 형이다.

169) 이 어형은 '돌려가며'형이 축약된 형태이다.

170) 외래어 '시멘트(cement)'의 이 지역어형이다.

171) 이는 '버렸더니 → 뻐려떠니(된소리되기) → 뻐러떠니(이중모음 제약) → 뻐러띠(축약) → 쁘러띠(모음중화)'와 같은 과정을 겪은 형태이다.

172) 앞에서도 지적했듯이 이 지역어에서는 마찰음 'ㅆ'은 수의적으로 실현된다.

173) 이는 '크- + -ㄴ + -는'의 형태소로 구성된 어형으로 시제는 과거를 나타낸다.

174) 이는 '버렸니더 → 뻐렸니더(된소리되기) → 뻐렀니더(이중모음 제약) → 뻐렜니더(움라우트) → 뻐렌니더(비자음동화)'의 과정을 겪은 형이다.

175) 이는 다음 어절의 연구개음에 따른 연구개음화의 예이며 이 현상은 이 지역어에서 일반적이다.

176) 이는 '없다'의 어간말 자음 'ㅂ'이 탈락된 경우이다.

177) 이는 '때문에 → 때민에(전설모음화) → 때미래(유음화)'의 음운과정을 겪은 형태이다.

178) 이 어형은 '많이 → 만이(ㅎ 탈락) → 마~이(비모음화)'의 과정을 겪었으며 성조가 고장조로 실현된 예이다.

179) 이는 '사람이'형에서 움라우트 현상이 실현된 예이다.

180) 이 어형은 '애 + -로(목적격 조사) + -ㅁ(강조 보조사)'의 구성이며 강조를 나타내는 보조사 '-ㅁ'도 일반적인 형태이다.

181) 이 지역어에서는 부사 '아까'형이 '아께 ~ 아깨'형으로도 실현된다.

182) 이는 '조것'의 구어형인 '조거'로서 모음중화에 따라 '조그'로 실현되었을 뿐이다.

183) 땅이름 '시피바꼴'은 이어지는 제보자의 발화에서 '세떼기바꼴'로 수정했지만 같은 의미로 쓰인 이형태이다. 이 어휘는 모두 '억새'의 다른 지역어형이며 이의 구성은 다음과 같은 것으로 보인다. 이는 '새(억새) + 피(포기) + 밭(田) + 골(谷)'의 결합에 의하여 이루어진 말이며 수정된 '세떼기바꼴'은 '새(억새) + 떼기 + 밭 + 골'의 구성에 의하여 이루어진 말이다. 이 지역어에서 '세 → 시'와 같은 고모음화 현상은 일반적이므로 '시피바꼴'형의 도출은 자연스런 것으로 판단된다. 이 지역어에서 이 어휘는 '세떼기 ~ 세띠기 ~ 시띠 ~ 씨띠, 시피기, 황새피기, 황새' 등으로 실현되기도 한다.

184) 이는 바위에 대응되는 이 지역어의 어휘이다.

185) 이는 한자어 상간(相間)에서 유래된 말로 판단된다.

186) 이는 '안(사람) + -으로'의 구성으로 '-으로'는 주격조사에 대응된다. 일반적으로 경북방언에서 '-로'는 도구격조사와 함께 목적격조사로 많이 사용되지만 이처럼 주격조사로도 사용된다.

187) 이 어형은 '거기 + 그거'의 결합으로 모음의 중화와 된소리되기 현상에 따라 실현된 형이다.

188) '백석터'에서 음절말 자음이 탈락된 형이다. 백석터에는 실제로 마을이 존재했던 지명으로 제보자의 설명대로 백석을 할 만큼 넓다는 의미의 땅이다. 다만, 이 지역에서 일반적으로 불리는 이 지명의 실현형은 음절말 자음이 모두 탈락된 형태일 가능성이 크다.

189) 이는 이 제보자의 발화에서 다양하게 실현되는 담화표지의 한 형태이다.

190) 이는 백석터에서 음절말 자음이 모두 탈락된 형태이다.

191) 이는 경구개파찰음 앞에서 유음이 탈락된 예이다.

192) 이 지역어에서는 '짓다'의 형태로 '졋다~즛다'형이 대응된다. 이 어휘는 '짓- + -어 → 지어 → 져'의 과정을 통해 이 형태가 새로운 형태로 재구조화가 이루어진 것으로 판단된다. 이 어형은 이런 결과로 인해 된소리되기와 모음중화에 따라 이루어진 형태이다.

193) 이 어형은 '가지고'형에서 'ㄱ'음 탈락과 후설모음화로 인해 이루어진 형태이다.

194) 이는 이 지역어의 목적격 조사인 '-(으)로'형의 모음이 평순모음 'ㅡ'로 실현된 예이며 이 지역어에서는 어절말 위치에서 평순모음으로 실현되는 특징을 보인다.

195) 이 어형도 선행하는 예처럼 어절말 위치의 원순모음이 평순모음으로 바뀐 예이다.

196) 이 어형은 '곡식(穀食)'에서 'ㅣ'모음이 후설모음화 된 예로서 이 지역어에 일반석으로 실현되는 예이다.

197) 이 어형은 '가마니 + -를' 또는 '가마니 +르(〈로)'의 결합형으로 두 형태 모두 기저형으로 생각해볼 수 있지만 전자가 더 합리적인 해석으로 판단된다.

198) 이 어형은 '이거(것)이리요 → 이게리요(움라우트 현상 및 축약)'의 변화 과정을 겪은 예이다.

199) 이는 '가지고'에 대응되는 형태인 '가즈고'에서 '고'가 탈락된 예이다.

200) 이는 '그랬는데 → 그렜는데(모음 중화) → 그렌는데(비자음동화) → 그렌데(축약)'의 과정을 겪은 형태이다.

201) 이 예는 주격형이 축약된 형태인 '그게'에 다시 주격조사가 결합된 형태로서

경북방언에서 이런 형의 주격조사가 실현되기도 한다.

202) 이 어형은 이 지역어에서 다양하게 실현되는 담화표지의 한 형태이다.

203) 이는 '백석터'형이 다르게 실현된 형이다.

204) 이는 '올라'에 대응되는 수의적 변이형태로 판단되는 예이다.

205) '물 + 탱크(tank)'의 조어 형태로서 일본식 영어의 발음이다.

206) '가두- + -아'의 결합형이며 이는 축약의 결과로 이루어진 형태이다.

207) '호스(hose) + -르(목적격조사)'의 결합이다.

208) 이 어형은 '있- + -니더'의 결합형으로 비음동화가 일어난 예이다.

209) 이는 직역한 것이며 좀 풀어서 제시하면 '내가 조것을 얘기하던 대로'이다.

210) 어두된소리화가 일어난 예이다.

211) 이는 이 지역에서 '갈미봉 또는 갈머리'로 불리는 곳이다. '갈머리 → 감머리
(비자음동화) → 감니봉'의 음운과정을 겪은 것이다.

212) 이 땅이름은 '크고 먼 곳'이라는 의미로 '큰 + 먼 + -디기'의 결합으로 판단된다.

213) 외래어 '탱크(tank)'의 발음으로, 앞에서는 일본식 외래어로 판단되는 '땅구'형
도 나온다.

214) 이는 '차리다 → 처리다(모음상승) → 처르다(후설모음화)'의 과정을 겪은 형
태이다.

215) 이는 '세때기바꼴'의 발화실수형이며 이에 대해서는 앞의 주 183을 참고할
수 있다.

216) 이는 '새떼기밭골 + -ㄴ → 세띠기밭골(고모음화) → 세띠밭골(음절탈락) →
세띠바굴(음절말자음 탈락)'의 과정을 겪은 형태이며 어원에 대해서는 주 183
를 참조할 수 있다.

217) 이는 어간말음이 자음으로 끝나는 경우 모음으로 시작되는 조사가 연결된
것이 아니라 매개모음이 연결된 후에 자음으로 시작되는 조사가 연결되었다.

218) 어중자음 'ㅎ'음이 탈락된 다음에 다시 축약이 일어난 경우이다.

219) 이는 '동이 → 동우 → 도~우'의 과정을 겪은 형태인데, 경북방언에서는 '도~
오, 동오'형과 공존한다. '-로'는 앞에서도 언급했듯이 목적격 조사이다.

220) 이 예는 '그거부터 → 그그부터(모음중화) → 그으부터('ㄱ'음탈락) → 그으
부텅(비음첨가)'의 과정을 겪은 형태이다.

221) 이는 어절 경계를 넘어 순음동화가 일어난 예이다.

222) 치음 아래에서 전설모음화가 이루어진 형태이다.

223) 이 예는 '거(것)이래요 → 게이래요('ㅣ'모음 역행동화) → 게래요('ㅣ'모음탈

락)'의 과정을 겪은 형태이다.

224) '새 + 뙈기'의 결합으로 판단되지만 제보자의 설명을 존중하여 '억새'를 뜻하는 '새'로 대역했다. 물론, '새 + 띠(억새) + -기'의 결합으로 해석할 수도 있지만 '-기'의 구성을 합리적으로 설명하기 힘든 점이 있다.

225) 음절말의 'ㅁ'은 강조의 보조사이다.

226) 모음중화에 따른 '저기'의 구어형인 '저'의 실현형이다.

227) '-니꺼'형은 이 지역어의 의문형 어미로서 '-ㅂ니까'에 해당한다.

228) 'ㄴ'첨가가 이루어진 형태로서 양음절화 현상이 자주 나타난다.

229) 이는 이 어휘의 바로 다음에 쉼(休止)을 두어 발음한 형태이다.

230) 이 형태는 '골짜기 → 고짜기(경구개음 앞의 ㄹ 탈락) → 꼬짜기(어두된소리되기)'의 과정을 겪은 것이다.

231) 이 지역어에서는 연구개음화가 일반화되어 있다.

232) 이는 '꽉, 꼭'의 의미를 지니는 이 지역어의 부사형이다.

233) 이 형태는 '골안 + -이(처소부사격 조사) → 고라니 → 고라리(유음화)'의 과정을 겪은 예이다.

234) 이는 '골안이랴'형에서 비자음 'ㄴ'이 탈락되고 난 다음 비모음화가 이루어진 형이다

235) 앞에서 등장한 땅이름인 '화장골'에 해당하며 발화실수이다.

236) 주제보자의 발화에서는 '시리봉'으로 제시된 어형으로 '시리'는 시루에 대응되는 이 지역어형이다. 이는 '시리봉 → 실:봉(음절축약 및 장모음화) → 실:보'오~'(비자음 탈락 및 비모음화)'의 과정을 겪은 형태이며 이에 대해서는 앞의 주 104를 참고할 수 있다.

237) 여기서 '-더'는 보조사 '도'의 변이형으로 보조제보자에서는 주로 '-더'로 실현되며 동화현상으로 설명할 수도 있지만 후행하는 '뎅기지더'의 예를 통해 볼 때 이미 재어휘화가 이루어진 것으로 판단된다.

238) 비자음이 먼저 탈락됨으로써 비모음화가 이루어지지 않은 예이다.

239) 한자어 '삼동(三冬)'의 뜻으로 겨울 세 달을 의미하는 것이다.

240) 이는 외래어로서 '보일러(boiler)'에 대한 이 지역어형이다.

241) 이는 어중 위치에서 'ㅎ'음이 탈락되고 연음이 이루어진 예이다.

242) 이 어형은 부사 '안주'에 보조사 '-ㄴ'이 결합된 형으로서, '안주'는 '아직'에 대응되는 이 지역어형이다.

243) 이는 'ㅅ'이 탈락된 형으로 이 지역어에서는 경상도의 다른 지역처럼 아궁이

의 의미로 사용된 경우이다.

244) 이 어형은 '때었잖아요 → 때짠하요(축약 및 된소리되기) → 때짜나요(ㅎ 음
탈락) → 때쩨내요(모음동화)'와 같은 과정을 겪은 예이다.

245) 주로 이 지역어에서 '아궁이'에 대응되지만 이 발화에서는 '부엌'이나 '아궁이'
로 모두 해석이 가능한 것으로 보인다. 다만, 이 경우는 문맥으로 보아 중부
방언의 '부엌'으로 해석하는 것이 더 나을 듯하다.

246) 이는 한자어 '개량(改良)'의 대응형이며, '브어'에서는 음절말 자음이 탈락된
형태다.

247) 이는 '안(內, 안사람) + -(으)로'의 결합형으로 '안사람은'의 뜻이다.

248) 치조음 아래에서 전설모음이 후설모음으로 변화된 예이며, 이 지역어에서
일반적인 현상이다.

249) 이는 '묶(束)- + -어 → 무꾸(어간말 모음에 의한 모음동화)'의 과정을 겪은
예이다.

250) 이 땅이름은 '갈미봉'을 가리키는 것이지만 이 지역 지도상에 '갈머리'도 등
장한다. 아마도 이 어형은 '갈머리 → 갈무리(원순모음화) → 갈물(어말모음
탈락)'의 과정을 겪어 이루어진 형태로 판단된다.

251) 이는 '대배~ + -꺼즌(보조사)'의 결합형이다. '대배~'는 '대갈뺑이(~ 대갈뺑이
~ 대갈빼기) → 대뺑이(음절탈락) → 대배~이(비자음의 탈락과 비모음화) →
대배~(어절말모음 탈락)'의 과정을 겪은 형태이며, 이 어휘는 '머리'를 낮추어
부르는 말이다.

252) 이는 '나무'형과 '낭글'형에 따른 발화의 오류가 발생한 예이다.

253) 이는 '하서 가지고'의 발화실수형이다.

254) 이 어형은 바로 이어지는 '보리'의 발화 실수로 이루어진 것이다.

255) 조의 방언형으로 이 어형 외에도 이 지역을 비롯한 경상방언에서는 '조비,
지비, 제비' 등으로 실현되기도 한다.

256) 이 어형은 감자에 대응되는 어형으로 이 지역을 비롯한 경상, 강원, 함경도,
전남 일부를 비롯하여 여러 지역에 걸쳐 실현된다.

257) 이는 '가지고 → 가주고(후설모음화) → 가주(연결형어미 탈락)'의 과정을 겪
은 것으로서 이 어형에 이어서 이와 유사한 내용이 반복됨으로써 연결형어미
가 생략되었다.

258) 이는 움라우트 현상이 일어난 예이다.

259) 이는 '몇 해 → 며태(융합현상) → 며테(모음중화) → 메테(이중모음 제약

및 모음동화)'의 변화과정을 겪은 예이다. 이 지역어를 비롯한 경북방언에서는 고모음화에 의해 '미테(태)'형도 변이형으로 등장한다.

260) 이는 주격으로 실현되어야 할 조사가 처소부사격으로 실현된 예이다.

261) 이 발화는 주제보자가 일반적인 상황에서 구술한 것이기는 하지만 부인이 옆에 있었으므로 부인에게 어느 정도 자신의 발화에 대해 확인을 하는 의도가 담긴 발화이다.

262) '너움'은 '너믈 ~ 너물'의 발화실수로 판단되며 '끼다'형은 '것이다 → 게시다(움라우트) → 께다(축약 및 된소리되기) → 끼다(고모음화)'의 과정을 겪은 것이다.

263) 이는 '담배'의 발화실수형이지만 음운동화로 설명할 여지도 있는 예이다.

264) 음절말음 'ㄴ'이 탈락된 예이다.

265) 이 문장은 선행 절의 발화내용과 달리 진술의 관점이 달라진 경우이다. 즉, 이는 '담배를 한 지가'라는 구절이 생략되어 있는 부분이다.

266) 이 지역어에는 이 어형과 함께 '꼬치'가 실현되는데 더 일반적인 어형은 '꼬치'형이다.

267) 이는 외래어 '비닐(vinyl)'의 일본식 발음이 정착된 예이며 '비니루'도 등장한다.

268) 이 예는 이 지역어에서 중앙방언의 '이랑'에 대응되는 어휘이다.

269) '그냥 〉 기냥(전설모음화) 〉 기양(ㄴ 탈락)'의 과정을 겪은 형이다.

270) 이 어형은 '되었지 → 데었지(이중모음 제약) → 떼에찌(모음동화 및 된소리되기) → 떼찌(동일모음 탈락)'의 과정을 겪은 형이다. 어미 '-지'가 된소리로 실현된 것으로 보아 과거시상의 선어말어미가 생략된 형으로 판단할 수 있다.

271) 이는 '상여(喪輿)'에 대응되는 남부 경상지역의 어휘다.

272) 이는 '그런 → 그른(모음중화 또는 동화)'의 과정을 겪은 예이다.

273) 이는 '상에, 사~에, 세에, 상예' 등으로 실현되는데 상여(喪輿)의 이 지역 방언형이다.

274) '괴정이동'에서 비자음이 탈락된 후 선행하는 모음이 비모음화된 예이다.

275) 이는 부사 '쭉'이 후행하는 어절의 비음에 의해 비음동화 되어 실현된 예이다.

276) 이는 '내려가다 → 내러가다(이중모음 제약) → 너러가다(모음동화) → 너르가다(모음중화)'의 과정을 겪은 형태이며, 어미 '-먼'은 이 지역어에서 이중모음 제약에 의해 '-면'에 대응되는 예이다.

277) 괴정2동 아래의 삼거리 지역의 이름으로, '청석(靑石) + 거리'의 합성에 의하여 이루어진 이름이다. 그리고 '-까짐'은 '까지 + ㅁ(강조 보조사)'의 구성이며,

이 지역어에서는 '-꺼짐'으로도 실현된다.

278) 이는 '그'의 발화실수형이다.

279) 주로 '카는'으로 실현되는 예인데 '까는'으로 실현된 변이형이다.

280) 이는 '전부'형인데 '전부 → 점부(순음화) → 쩜(된소리, 단축)'의 과정을 겪은 예이다.

281) 이 지역어에서는 과거시상의 선어말어미가 '-었-'이 연결되어 모음조화현상에는 비제약적이다.

282) 이 지역어에서 '아래'에 대응되는 것으로 그 어휘는 '알(下)'이며 경상도 방언에서 일반적으로 실현되는 예이다.

283) 이는 '메다(負)- + -는 → 미는(고모음화)'의 과정을 겪은 형태이다.

284) 비자음 'ㄴ'이 탈락된 예이다.

285) 이는 '자(재) + 들(복수접미사) + -가(주격조사)'의 결합형으로 자음 뒤에 주격조사 '-가'가 연결된 경우로서 이에 따라 자음충돌로 'ㄹ'음이 탈락된 예이다.

286) 이는 '다리(다르(異))- + -ㄴ(관형사형) #+이(의존명사) + -ㄴ(보조사)'의 결합형으로서 어간 '다리다'는 '다르다'에서 치음 아래에서 전설모음화 된 예이다.

287) 이는 '모르겠어 → 몰게써(축약) → 몰씨(음절탈락 및 축약) ~ 몰시'의 과정을 겪은 것으로 이 지역어를 비롯한 경상방언에서 널리 분포하는 예이다.

288) 당제(堂祭)는 주로 정월 대보름날에 마을신에게 제사를 지내는 것을 말하며, '동신제(洞神祭)'로도 일컫는다.

289) '정올'형은 '정월 → 정올'의 과정에서처럼 활음이 단모음으로 바뀐 특이한 경우이며, 이 어휘는 이 지역에서 이런 변화를 보인다.

290) 이는 '모이어 → 모이에(ㅣ모음순행동화) → 모에(축약)'의 과정을 겪은 것으로서 일반적인 과정인 '모여'로 도출되지 않은 것은 이 지역어에서 이중모음 실현의 제약과도 관계가 있다. 그러나 이 어휘는 이어지는 문장에서 '모예(모이어 → 모이여 → 모예)'형이 등장하는 것으로 볼 때 다양한 실현 양상을 보임을 알 수 있다.

291) 관형사 '한'인데 이중모음 실현제약으로 인한 과도교정형이다.

292) 이는 '누구'에서 'ㄱ'이 탈락된 예로서, 이 지역어에서는 주로 이 형태로 실현되거나 '누우'형에서 축약된 '누'형이 실현된다.

293) 이는 '숙의(熟議)해서 → 숙의애서(ㅎ 탈락) → 숙의예서(ㅣ모음동화)'의 과정을 겪은 예이다.

294) '종매제사'의 경우 정확히 형태를 분석하기가 어려운 어휘이다. 다만, 제보자

의 설명을 바탕으로 생각하면 '종(終) + 맺 + 제사'의 결합형으로 볼 여지도 있는 예이다. 또, 뒤따르는 '-로'는 목적격 조사이며, '-이'는 주격조사가 보조사처럼 사용되는 예이다.

295) 이는 '올해' 즉, 금년(今年)에 대응하는 이 지역어의 어휘로 모음중화에 따라 '올개 ~ 올게'로 실현된다. 다만, '올게마'의 '-마'는 보조사 '-만'이며 어말자음이 탈락된 형태이다. 이 어형은 15세기 중엽의 국어에서는 '올ㅎ'이었으며 곡용은 '올히(주격), 올홀(목적격), 올히(처소격), 올혼(보조사)'처럼 실현되며 역사적으로 '올히 〉 올해(·모음탈락) 〉 올개(ㅎ〉ㄱ의 변화)'의 변화과정을 입은 것으로 판단된다.

296) 이는 여기 즉, '우리도'의 의미이다.

297) 이는 '올게마'에서 '게'가 탈락된 예이다.

298) '그러지'에서 축약이 일어난 형이다.

299) 이는 '없으니까 → 업시니까(전설모음화) → 업시~이까(ㄴ 탈락 및 비모음화)'의 과정을 겪은 형태이다.

300) 이는 '집집마다 → 집집매다(ㅣ모음순행동화) → 집집매더(모음하강)'의 과정을 겪은 형태로서 이 지역어에 일반화된 예이다.

301) 이 어휘는 '일정액의 금액을 골고루 나눈다'는 의미의 이 지역 단어이다.

302) '이찌'처럼 실현되지 않고, 치조음으로 실현된 발화실수형이다.

303) 이는 '사람이 → 사래미(움라우트) → 사레미(모음중화)'의 과정을 겪은 형태에 보조사 '-ㄴ'이 결합된 것이다.

304) '오늘'의 준말이다.

305) 이는 '우리의 일' 즉 '우리에 일'의 준말 형태이다.

306) '헤다오'형에서 모음동화와 그에 이은 축약으로 이의 형태가 형성된 것으로 판단된다.

307) 이는 '얼마 + -에 → 얼매에(ㅣ모음동화) → 얼매'의 과정을 겪은 예이다.

308) 이는 '계의 약조'를 뜻한다.

309) '지금'에서 ㄱ음이 탈락된 예이다.

310) 이는 '모티 + -에'의 결합형으로 '모퉁이'에 대한 경상도의 일반적인 지역어형이다.

311) 이 땅이름은 '셋 + 집 + 모테(모티+에)'의 결합형이다. 이는 '셋집모테 → 싯집모테(고모음화) → 시찝모테(된소리되기) → 시찜모테(비음동화)'의 과정을 겪은 형이며, 표준어로 옮기면 '셋집모퉁이'로 번역해야 하지만 땅이름은 그

대로 두었다.

312) 이는 한자어 호촌(戶村)이며 잘 사용되지 않으므로 호수로 옮겼다.

313) 이 어휘는 이 지역어에서 단일어로 판단되지만 표준어에서는 단일어로 인정
되지 않으므로 그냥 두 단어로 번역했다.

314) 이는 '청석거리 → 청슥거리(모음중화) → 청식거리(전설모음화) → 청시꺼
리(된소리되기)'의 과정을 겪은 예이다. 이 땅이름은 제보자의 발화에서 '청석
거리, 청시꺼리, 청실꺼리' 형태로 다양하게 실현된다.

315) 이는 '내려가다'에 대응되는 지역어 어휘이며 '내려가면 → 네려가면(모음중
화) → 니려가면(고모음화) → 니러가머(이중모음 제약) → 니르가므(모음중
화)'의 과정을 겪은 예이다.

316) 한자어 회관(會館) 즉, 마을회관을 뜻하는 어형이다.

317) 이는 '있- + -ㄴ(관형사형 어미) # 데(의존명사) + -ㄹ(목적격 조사)'의 구성을
보이는데, '인델 → 인딜(고모음화)'와 같은 과정을 겪은 예이다.

318) 제보자의 발화형인 '청실꺼리'는 앞의 '청시꺼리'형이 골짜기를 뜻하는 우리
말 땅이름인 '실(谷)'에 유추되어 발음된 것으로 판단되지만 이를 정확히 판단
하기는 힘든 문제이다. '청시꺼리'에 대해서는 앞의 주 303을 참고할 수 있다.

319) '이야기 → 이얘기(ㅣ 모음동화) → 이에기(이중모음 제약) → 이기(음절탈
락)'의 과정을 겪은 형태이다.

320) '석'은 접사 '씩'에 해당하는데 모음중화에 따라 '석 ~ 슥'으로 교체되어 나타
난다.

321) '막걸리'는 곡식으로 술을 빚은 다음 맑은 술인 청주를 뜨지 않고, 막 바로
거른 술 즉, 탁주(濁酒)를 가리킨다.

322) '이쪽 → 이쭉(모음상승) → 이쭝(비음동화)'의 과정을 겪었으며, 일반적인
경북방언의 예이다.

323) 이는 '괴정이동'을 잘못 발음한 예이다.

324) 이는 '꽹과리'에 대응되는 이 지역어형이며 주로 농악이나 사물놀이에서 상
쇠가 치는 타악기이다. 이 지역어에서는 모음중화에 따라 '매구 ~ 메구'로 교
체된다.

325) 농악이나 사물놀이에서 사용되는 악기인 장구(長鼓)에 대한 대응형으로서
'장기, 장구, 장고' 등이 함께 나타난다.

326) 걸립(乞粒)은 '동네에 경비를 쓸 일이 있을 때, 여러 사람이 무리를 지어 풍
물과 복색을 갖추고 집집이 찾아다니면서 풍악과 굿을 하여 돈이나 곡식을

얻는 일'을 나타내는 민속놀이다. 이렇게 모은 돈이나 곡식은 마을의 공동 이익을 위한 기금으로 쓰는 것이 보통이다.

327) 이는 '집집마다'의 뜻으로 '-마다'에 대응되는 어형이 '매~이, 메~이'인 점은 흥미롭다.

328) 이는 중앙어의 '뚜드리다'에 대응되는 예인데, 그 활용형이 다른 특징을 보인다.

329) 이 지역어의 기본형은 중앙어처럼 '놀다'가 아니라 '노다'이며 '노(遊)- + -으면 → 노으믄(이중모음 제약) → 노우믄(모음동화)'의 과정을 겪은 것이다.

330) 이는 '쌀(米) + -로(목적격 조사) → 쌀라(모음동화)'의 과정을 겪은 예이다.

331) 이는 명절(名節)에 대응되는 어휘이며 이중모음 실현 제약에 따라 '멩절'로 실현되었다.

332) 이는 부사 '그냥'에 대응되는 이 지역어형이다.

333) 이는 '요새 → 오새(이중모음 제약) → 오세(모음중화)'의 과정을 겪은 예이다.

334) 이 지역어에서 '웇'은 그 기저형이 '율'으로 판단된다.

335) 이는 '오월 → 오울(이중모음제약) → 오올(모음동화)'의 과정을 겪은 예로서 이 지역어에서는 '오올 ~ 오울'이 모두 실현된다.

336) 이는 '우(上) + 요기'의 결합형으로 '위 요기'의 뜻이다.

337) 이 예는 연구개비음이 치조비음으로 동화된 예로 이 지역어에서 흔한 예는 아니지만 가끔 치조음으로 동화된 예중의 하나이다.

338) 이는 앞의 주 337와 같이 연구개비음이 후행하는 유음의 영향을 받아서 유음화된 예이다.

339) 이 지역어에서는 어두 된소리되기가 많이 실현되며 그 예의 하나이다.

340) 이는 '편가르다'에서 온 형태인 '핀가(← 편가다) + -아'의 결합형이며 '나누다'라는 의미와 대응된다.

341) 이는 '떼(時) + -ㄴ(보조사)'의 결합형으로서 이는 모음중화의 결과로 이루어진 예이다.

342) 이는 보통 농촌에서 음력 칠월 백중 쯤에 논매기를 마치고 중간에 하루 날짜를 잡아서 음식을 장만하고 노는 날로 '호미씻이'에 해당하는데, 이 지역에서는 주로 이를 '푸꾸먹는다(푸꾸묵는다)'라고 부르고 있다. 대개 봄에 농사를 시작해서 논매기를 끝내고 나면 잠시 짬이 나는 것을 이용한 것으로 이 이름은 지역에 따라 '회추(會推)놀이, 희추놀이, 머슴장원놀이' 등과 같이 다양하게 나타난다.

343) '농사르'에서 '-르'는 이 지역어의 목적격 조사 '-로'가 '르'로 발음되었다기보다

이는 '-를'에서 어절말 자음이 탈락된 것으로 해석하는 것이 합리적인 판단으로 보인다.

344) '동민(洞民)이'에서 비자음이 탈락되고 비모음화된 예이다.

345) '하루'에 대응되는 이 지역어형이다.

346) 이 지역어에서는 '노다(遊)'형이 일반적이지만 이처럼 '놀다'형이 실현되기도 하는데 그 선택은 수의적이다.

347) 이는 '내일(來日) + -이(접사) + -부터(보조사) + -ㅁ(강조보조사)'의 결합구조이다.

348) 이는 '모이면'에 대응되는데, '모이- + -여 + -ㄴ'의 결합구조이다.

349) 이는 '집집 + -메둥'의 결합협으로 '-메둥'은 '마다'의 의미를 지닌 형태이다.

350) 이는 '성의껏'에서 비자음이 탈락되고 선행모음을 비모음화 시킨 예이다.

351) 이는 '해놓으니 → 헤놓으니(모음중화) → 헤느으니(모음동화 및 ㅎ 탈락) → 헤너니(모음중화 및 축약)'의 과정을 통해 도출된 형이다.

352) 이 어형은 '집집마다 → 집짐마다(비음동화) → 집짐매다(ㅣ 모음동화) → 집짐메두(모음상승) → 지짐메두(음절말음 탈락)'의 과정을 겪은 것으로서 '-메두'에 연구개비음이 첨가된 '-메둥'형도 나타난다.

353) 이는 '따다 + -ㄴ'의 결합형으로서 '따다가는'의 의미이다.

354) 원래 '적(炙)'은 고기나 생선을 양념을 하여 꼬챙이에 꿰어서 굽는 것을 뜻하지만 여기서는 부침개 즉, 전(煎)의 뜻으로 사용되었다.

355) 이는 '학교서'에 대응되는 예인데, 이 어형으로 볼 때 움라우트 현상의 중간 단계로 판단되며 여기서 더 축약이 일어나면 '해꾜'라는 움라우트 현상이 적용된 예가 실현된다.

356) 이는 '아직'에 대응되는 방언형으로 '안주 → 안지(전설모음화)'의 과정을 겪은 것으로 두 어형이 이 지역어에는 공존한다.

357) 이 지역어에서는 음절말음이 자음으로 끝나는 환경에서 모음으로 시작되는 조사나 어미가 연결되지 않고 중간에 매개모음이 연결되어 결합되는 형이 자주 눈에 띤다.

358) 이는 '시(← 쉬)- + -어 → 시이(모음동화) → 시(축약)'의 과정을 겪었던 것으로 판단된다.

359) 이는 한자어 숙의(熟議)에서 자음이 탈락되고 이중모음 실현의 제약으로 이루어진 예이다.

360) 목소리가 겹쳐서 정확히 그 내용을 알 수가 없는 부분이다.

361) 이는 '하고'의 발화실수형이다.

362) '케'형은 '케어 → 케에(모음동화) → 케(축약)'의 과정을 겪은 형으로서 어간
또는 어미에 의한 상호 동화작용이 이 지역에서는 일반화되어 있다.

363) 표준어의 '모심기'에 대응되는 말로 '숭구- + -기'의 결합에 의하여 이루어진
낱말이다. 이 지역어에서는 '심다'에 대응되는 말은 '숭구다'이다.

364) 여기서 '쭘'은 '쯤'에 대응되며, '역행원순모음화 또는 후설음화'된 것으로 해
석할 수 있다.

365) 이는 '되면 → 되먼(이중모음 제약) → 되머(ㄴ 탈락) → 되무(원순모음화)'의
과정을 겪은 예이다.

366) 이는 앞에서도 몇 번 등장했지만 '숙의(熟議)하다'에서 비롯된 것이지만 이
지역어를 비롯하여 경북방언에서는 일반적으로 '수이하다'형이 나타난다.

367) 경북방언에서 '아시논매기'는 '애벌매기'에 대응되며, 이 지역어는 '아이논매
기'로 실현되어 'ㅅ'이 탈락된 방언형태를 보인다. 이 지역어에서 두 번째 논
매기는 '두불논매기'이며 밭매기는 '돌가리한다', 세 번째 논매기는 '세불론매
기' 이다.

368) '한 번'형이 '한 분'으로 실현된 형태, 즉 원순모음화가 이루어진 결과이다.

369) '없고 → 업꼬(된소리 되기) → 어꼬(음절말자음 ㅂ 탈락)'의 과정을 통해 형
성된 것이며, 이 지역어에서 어간의 음절말 자음 ㅂ이 일반적으로 탈락되는
경우가 흔하다.

370) '담배고야는 잎담배를 수확하여 말리는 장치를 해둔 건조장인데 '고야'는 외
래어로 판단된다.

371) 이는 '무(엇) + -고(의문조사)'의 구조를 지닌 예이다.

372) '흙'의 이 지역어형인데 '흘'의 목적격형이다.

373) 이는 제보자의 발화가 중간에 바뀌있기 때문이다. 즉, '뜯어 가시고'라고 표
현하려다가 '따 가지고'로 표현을 바꾸는 과정에서 일어난 발화이다.

374) 이는 한자어 층대층대(層臺層臺)의 이 지역어형이다.

375) 이는 '들어가도록'에 대응되는 형태인데, '드가- + -도록 → 드가드록(모음변
이)'의 과정을 겪은 예이다.

376) 이는 '전부'에 해당하는 말로 '점부'로 실현되기도 하지만 여기서는 어두 거
센소리되기와 음절말음이 비음으로 발화된 수의적 변이다.

377) 여기서 '나무'는 '나무 또는 목재' 자체의 의미가 아니라 땔감의 뜻이다.

378) 이는 '때야 → *때애(ㅣ 모음동화) → 때이(이중모음 제약)'의 과정을 겪은 예

이다.

379) 이는 비자음이 탈락한 예이다.

380) 이는 '말려내어'에 해당하며, '말랴내어 → 말라내어(이중모음 제약) → 말라내애(모음동화) → 말라네(축약 및 모음중화)'의 과정을 겪은 예이다.

381) 모음중화로 인해 '내'형이 실현된 예이다.

382) 이는 '산 있으면'의 어형인데 어절 사이에 연음이 이루어진 형태이며, 치음 아래에서 전설모음화가 이루어진 것이다.

383) 이 지역에서는 도끼로 장작을 패는 것을 '깬다'라고 표현한다.

384) 이는 '마르도록'에 대응되며 '말(燥)-'에 연결형 어미 '-드로'가 결합된 예이다.

385) 이 지역어에서 '모자라다'에 대응되는 예는 '모지래다'형이다.

386) 이 지역어에서 '-로'는 '목적격조사, 도구표시의 부사격조사, 의도형 어미'로 사용되는데, 이 경우는 의도형 어미로 사용된 예이다.

387) 이는 '불 옇어 → 불 여어(ㅎ탈락) → 불 여(축약) → 불 려(양음절화에 따른 ㄹ 첨가)'의 과정을 겪은 것으로 판단된다.

388) 이는 '구들 + -이(접사)'의 결합구조이다.

389) 경북 방언의 경우 대개 '꿀뚝'으로 실현되는데 이 지역어에서는 '꿀둑'으로 실현됨이 특징이다. 이 어형은 '꿀둑은 → 꿀두건(모음중화) → 꿀두거(어절 말 자음 탈락)'의 과정을 겪은 예이다.

390) 이는 '데로'에 대응되며 '데 + -로(도구격 조사) → 디(고모음화)'의 과정을 겪은 예이다.

391) 이 지역어의 이 어휘는 그 기본형이 '말룽다'이며 이에 따라 '말류코'로 실현되었다.

392) 이는 '남았으니'에 대응되는 예인데, '나머쓰니 → 나머써니(모음중화) → 나머써이(비음탈락)'의 과정을 겪은 것이다.

393) '-매둥'은 '-마다'의 의미를 나타내는 것으로 이에 대해서는 앞의 주 348를 참고할 수 있다.

394) 이는 부사 '전부'에 해당하며 주제보자의 발화에서는 대개 '전부, 점부, 점' 등으로 실현되었다.

395) 이는 외래어 '블록(block)' 즉, 건축 재료로 사용되는 블록을 말한다. 이 어형은 외래어가 '벌끄'로 정착되어 영어의 음절말 자음이 분명하게 표기되어 정착된 예로서 '블끄(block) + -르(목적격 조사)'의 결합구조이다.

396) 이는 음절말 자음 'ㄴ'이 탈락된 예이다.

397) 앞의 주 395에서처럼 이도 외래어 '블록(block)'에 대한 실현형으로 '뻐끄, 버끄, 벌끄' 등으로 다양하게 나타난다.

398) 이는 '말리(燥)- + -은'의 결합형으로 '말리은 → 말리언(모음중화) → 말렌(축약)'의 과정을 겪은 예이다.

399) 이 어형은 '꼬아 → 꽈(축약) → 까(이중모음 제약)'의 과정을 겪은 예이다.

400) 이 지역어에서는 과거시제 선어말어미는 '-었-'만이 존재하며 모음조화에 따라 '-었/았-'으로 교체되지 않는다.

401) 이는 부사 '훨씬'에 대응되는 어휘로서 이는 현대국어에서 '흔하다, 흔히'의 어근 '흔'과 어원이 같으며 성조는 고장조로 실현되었다.

402) 이는 '실컷'에 대응되는 어휘인데, '시큰, 실큰' 등으로 실현된다.

403) 이는 부사 '가만'에서 음절말음이 탈락된 형이다.

404) 이 지역어에서는 '-을'이 도구표시의 부사격 조사로 쓰임을 볼 수 있다.

405) 이는 '하셨습니다마는'의 발화실수이다.

406) 이 어형은 '치우- + -아 → *치와(축약) → 치아(이중모음 제약) → 치야(ㅣ모음동화)'의 과정을 겪은 예이다.

407) 부사 '전부'와 의미가 유사한 어휘이다.

408) 이는 '봐야 돼 → 바야 데(이중모음 제약) → 바야 디(고모음화) → 바얘 디(움라우트) → 바이 디(이중모음 제약)'의 과정을 겪은 예이다.

409) 이는 '자식(子息)들 → 자슥들(후설모음화) → 자슥뜰(된소리되기)'의 과정을 겪은 어형이다.

410) 이는 '어지간히'와 대응되는 어휘이며 비슷한 형태의 '엉'칸은 부사 '워낙'에 대응되는 예이다.

411) 이 어휘는 '연(年) + 농사(農事)'가 합성된 합성어로서, 이는 '일 년 동안의 농사'에 해낭하는 어휘이다.

412) 이는 '남(他) + 데(의존명사)'의 결합형으로 '다른 곳'의 의미를 지니는 낱말이다.

413) 이 어형은 '먹을 → 머그(ㄹ 탈락) → 머거(모음동화) → 머어(ㄱ 탈락)'의 과정을 겪은 예이다.

414) 이는 축약이 이루어지지 않은 어형이다.

415) 이 어휘는 부사 '늘, 항상'에 대응되는 이 지역어이다.

416) 이는 '버리고 → 뻐리고(된소리되기) → 뿌리고(원순모음화) → 뿌르고(후설모음화)'의 과정을 겪은 예이다.

417) 이는 '그런 사람이'라는 뜻이다.

418) 이는 ‘모티에 → 모테(축약) → 무테(모음상승)’의 과정을 겪은 예이다.

419) 이는 ‘뜯기- + 어’의 결합형으로 ‘뜯끼어 → 뜨께(축약)’의 과정을 겪은 예이다.

420) 이는 비음동화에 의하여 형성된 예이다.

421) 이 어형은 ‘뭐라 카나 → 머라 카나(이중모음 제약) → 머르 카나(모음동화) → 머르칸(축약)’의 과정을 겪은 예이다.

422) 여기서 ‘-샤’는 강조의 뜻을 더하는 보조사이며 15세중엽의 국어에서 ‘-싸’나 향찰에서 ‘-沙’로 표기되던 예와 동일한 예이다.

423) 이는 ‘아니하면→ 아니면(축약) → 아니먼(이중모음 제약) → 아이먼(ㄴ 탈락) →아이머(어말모음 ㄴ 탈락)’의 과정을 겪은 예이며 이 지역어에서 일반적으로 실현되는 예이다.

424) 이 어형은 ‘만치’에 대응되는 것으로 뜻은 ‘만큼’이랑 같다.

425) 이 어형은 보조용언 ‘싶다’에 대응되는 이 지역어 형으로서 경북 방언에서 주로 ‘접다, 잡다’ 등으로 실현된다.

426) ‘게을, 게이’은 모두 ‘제일’에 대응되는 어휘이며 모두 경구개음화에 대한 과도교정의 예이다. 이와 함께, ‘게을’은 ‘후설모음화’가 ‘게이’는 어말모음이 탈락된 예이다.

427) 이는 ‘묵(食)은 → 문(축약)’의 과정을 통해 형성된 ‘문’형에서 어말자음이 탈락된 예이다.

428) 이는 ‘전부’에 대응되는 부사이며 이밖에도 ‘말끔히’라는 뜻도 지닌다. 경북 방언에서는 이와 함께 ‘말카’형이 더 넓은 분포를 보인다.

429) 이는 ‘사십’의 발화실수형이다.

430) 이 지역어에서는 후설의 평순모음이 원순모음으로 발화되는 경우가 간혹 발견되는데 이 예도 그 중의 하나이다.

431) 이는 기본형이 ‘분답다’이며 ‘번잡하다’에 대응되는 이 지역어형이며, 경북 방언에 일반화되어 있는 어휘이다.

432) 이는 ‘집집매둥’에 유추되어 ‘ㅁ’음이 실현된 것으로 판단된다.

433) 모음 사이에서 주격 조사 ‘-가’의 자음 ‘ㄱ’이 탈락된 형태이다.

434) 이는 ‘얼매 → 얼미(고모음화) → 엄미(비음동화)’의 과정을 겪은 것으로 ‘-너’는 보조사이다.

435) 이 지역어에서 이 어휘는 ‘요새(~요세)’와 ‘오새(~오세)’형이 공존하는 것으로 보이며 ‘요새’형이 더 출현 빈도가 높다.

436) 이는 지금의 발화실수형이다.

437) 이 어형은 '많었어요 → 만었어요(ㅎ탈락) → 마느서요(모음중화) → 마니
서요(전설모음화)'의 과정을 겪은 예이다.

438) 음절말 자음 'ㄴ'이 탈락된 예이다.

439) 이는 영덕군에서 부르는 '황장재'형의 발화실수형이다. 이에 대해서는 앞의
주를 참고하기 바람.

440) 이는 기본형이 '바렿다'형으로 판단되며 '기다리다'라는 뜻을 지닌 어휘이다.
이는 경북 방언에서 '바루코'형으로도 실현되는데 기본형이 '바룽다'형으로도
교체되는 것으로 판단된다.

441) 이는 '없으니까 → 업시니까(전설모음화) → 업시이까(비음탈락) → 업시~
이가(비모음화 및 된소리 수의적 변이)'의 과정을 겪은 예이다.

442) 이는 '오고'에 대응되는데 모음상승에 의해 실현된 예이다.

443) 이 어휘는 경상도 방언에 널리 분포되어 있으며, '도로, 도리어'의 뜻이다.

444) 이는 모두 '푸꾸먹는다'에 대한 발화실수형이다.

445) 이는 유성음 환경에서 '전혀'의 'ㅎ'이 탈락된 예이다.

일생 의례

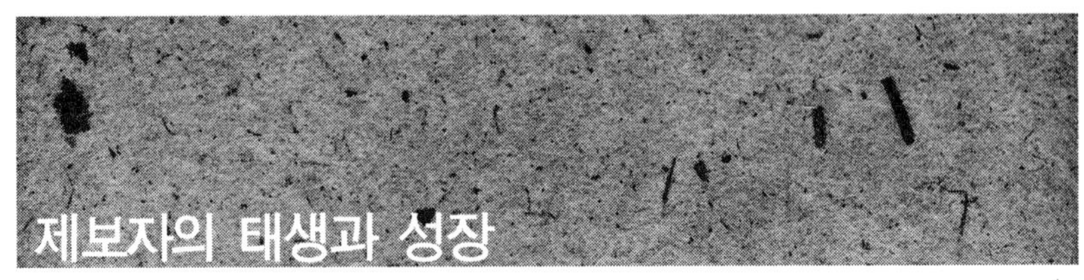

제보자의 태생과 성장

그러'며느 거 어'르싱[1]께서 어: 태'어나셔가지고'오[2] 어 지'금까지 여기 사라
오신 부'분에 대해서 쫌 이야기헤' 주이'소.

예를 드러서 머 태'어난 고'시라든지, 나'이라든지 또는 머 자'기가 머슨 띤'지,
머 또느 그'런 걸 함 번 이야기 쫌 해주'시죠.

태어나싱 거' 하고.

- 아::, 예.

- 나는 참 여'게서[3] 또 테'어나꼬, 또 여'게서 사무'[4] 게소'[5] 사문' 자'러꼬[6],
그'른데 여'게 여'게 인제 유기오 동난 때', 유기오 동난 때' 여 가운'도[7] 경'
차리 여 와 이'선는데, 그 우여[8] 이 이 사'암들[9] 우예가주고 그 무저'늘[10] 잘
무테[11] 뿌'런는지 비엉기'가[12] 고이[13] 요 이 동네 포'껴글 다 때'르[14] 부'러써
요[15].

- 거:이' 우리 울'또[16] 저 저 아페 여 이'선는데, 거 메'찌브[17] 고마 포'껴
게 점:[18] 다 마'저 뿌러꼬, 그른 그른 저 경하인뎀[19] 이'서요.

하라버'지 올'해 연'세는, 어'르신 연'세는 어'뜨게 데[x심미까x]?

- 내가 이 저 올'겐 치 칠'립[20] 다서[21]요.

그어'면 이른 다섣 가틈심며는 띠'가 어'뜨케 데'심미까?

- 잔:내'비.

거'머 혹시 머 학'꾜느 어'뜨케 다'니셔'씀미까?

- 하꾜'를 하:: 몬:[22] 다녇슴니다.

- 업:따 보~'이[23].

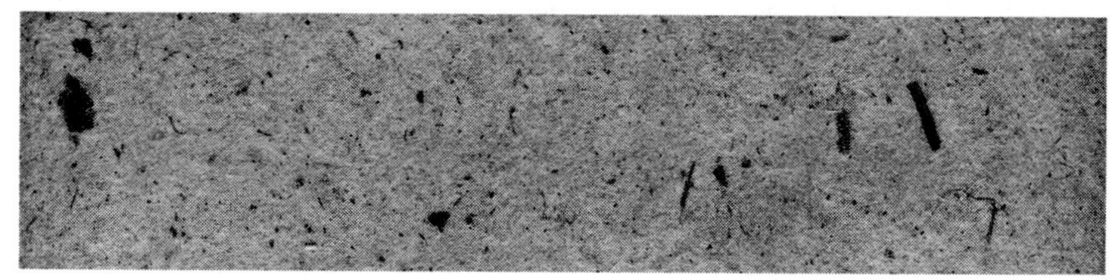

　그러면은 그 어르신께서 태어나셔서 지금까지 여기 살아오신 부분에 대해서 좀 이야기해 주십시오.

　예를 들어서 뭐 태어난 곳이라든지, 나이라든지 또는 뭐 자기가 무슨 띤지, 뭐 또는 그런 것을 한 번 이야기 좀 해주시죠.

　태어나신 거 하고.

　¯ 아, 예.

　¯ 나는 참 여기에서 또 태어났고, 또 여기에서 사뭇 계속 사뭇 자랐고, 그런데 여기, 여기에 인제 육이오 동란 때, 육이오 동란 때 여기 강원도 경찰(警察)이 여기 와 있었는데, 그 어찌 이 사람들 어찌 해서 무전을 잘못해 버렸는지 비행기가 고기, 요기 이 동네에 폭격을 다 때려 버렸어요.

　¯ 거의 우리, 우리도 저 앞에 여기 있었는데, 거기 몇 집은 고만 폭격에 전부 다 맞아 버렸고, 그런, 그런 저의 경험인데 (그런 경험이[21])있어요.

　할아버지, 올해 연세는 어르신 연세는 어떻게 되십니까?

　¯ 내가 올해 칠십 다섯이요.

　그러면 일흔 다섯 같으시면 띠가 어떻게 되십니까?

　¯ 원숭이.

　그러면 혹시 뭐 학교는 어떻게 다니셨습니까?

　¯ 학교를 못 다녔습니다.

　¯ 없다 보니.

- 어:른들 머, 우리 우리 우리'가 형'제가 오형제, 융'남메레여.
- 딸 저저, 따리 하네[25] 이'꼬, 형제가 만타 보~'이 머 업:찌'요[26].
- 하'꼬를 몯 딸곤[27], 제우'시대[28], 제욱'시대, 가니하꼬[29].
- 가니각'꼬[30].
- 신'촌 가니가꼬 그'겐 입학헤'따가 초'아[31] 버럳찌요.
  그 주'로 인제, 그러며느 우리 호'니는 머 어'뜨케 하에서 우리 어머님하고 그 홀레'를 치'르게 데'씀미까?
  근냥 머 여내하'셔씀미까?
= 그'때 여'네가 인니'껴?
= 그'때느 여'네가 업'써써여.
= 중신' 보'네가 헤'찌요.
- 그'그는 내 함 븐 이'애길[32] 하지요.
- 이'거 군대'서 네가 장게[33]를 간는데, 네 군데 갈 떼는 서'기를 안 써여.
- 당기[34]르 써'써여.
- 당기 사천이백팔십'오'연도가, 음 팔십쏘[35] 융'년'도라, 오연도라 유기[36] 동난 나짜네요
- 내그[37] 팔십, 팔심늉년도 군데 가'딴[38] 마'리야, 단기'로.
- 군대' 간는데 글'떼도, 내가 볼' 떼'느, 우리 내가 보골[39] 떼는 사촌' 자형', 내 사촌 자형, 자혀~'이 글떼 여'그, 그두 머 여 와 사'네 와이[40] 웨 술' 꿈'짜네여[41], 수'뜨 참나무숙.
- 서여[42] 수:[43] 꾸'브믄서 그 왜 이'렌 내가 이시~'이거[44] 인제 이 처녀는 저 짜[45] 이'꼬 하이께, 이제 중시'늘 이레 고내'떤[46] 모이래요.
- 보'도[47] 아~' 해'찌 머, 내 군대 이'꼬.
- 사진'마 한 장, 네 군데일[48] 떼 이레 보내'가주 은제 사짐'마[49] 바'찌.
- 사짐[50] 보곰[51] 멈 부모내들 멩 조:타 그'니까, 조타 그'니까 멍[52], 거'

˘ 어른들 뭐, 우리, 우리, 우리가 형제가 오형제, 육남매에요.

˘ 딸이 저기 저, 딸이 하나 있고, 형제가 많다 보니 뭐 없지요.

˘ 학교를 못 다니고, 제국시대, 제국시대, 간이학교.

˘ 간이학교.

˘ 신촌 간이학교 거기 입학했다가 치워 버렸지요.

그 주로 인제, 그러면은 우리 혼인은 뭐 어떻게 해서 우리 어머님하고 그 혼례를 치르게 됐습니까?

그냥 뭐 연애하셨습니까?

＝ 그때 연애가 있습니까?

＝ 그 때는 연애가 없었어요.

＝ 중신을 보내서 했지요.

˘ 그거는 내가 한 번 이야기를 하지요.

˘ 이것 군대에서 내가 장가를 갔는데, 내가 군대를 갈 때는 서기(西紀)를 안 썼어요.

˘ 단기(檀紀)를 썼어요.

˘ 단기 사천이백 팔십오년도인가, 팔십사, 육년도려나, 오년도려나 육이오 동란이 났잖아요.

˘ 내가 팔십, 팔십육년도에 군대에 갔단 말이야, 단기로.

˘ 군대를 갔는데 그럴 때도, 내가 볼 때는, 우리 내가 볼 때는 사촌 자형[53], 내 사촌 자형, 자형이 그 때 여기, 그도 뭐 여기 와서 산에 와서 왜 숯 굽잖아요, 숯, 참나무숯.

˘ 여기서 숯 구우면서 그 왜 이렇게 내가 있으니까, 인제 이 처녀는 저쪽에 있고 하니까, 이제 중신을 이렇게 권했던 모양이어요.

˘ 보지도 안 했지 뭐, 내 군대 있고.

˘ 사진만 한 장, 내 군대 있을 때 이렇게 보내서 인제 사진만 봤지.

˘ 사진만 보고 뭐 부모들 맨 좋다 그러니까, 좋다 그러니까 맨 거기서

서 날짜 자'바가자[54] 어'느 날 아무 나'리다, 휴가 바드 아[55] 너르온'나, 이래 이 그랜, 너르온'나카무 이'래 데.

  ¯ 그'래가즈그[56] 휴'가를 바'다가즈고 인제 그 사진 보'고 은제 휴'가를 바'더찌요.

  ¯ 일'쭈일 바'더가'즈고 인제 와가주고, 행'제[57] 칠'[58] 때도, 마다~'아[59] 드'러선데도, 옌나렌 이그 구시'그로 헬' 헨'는데, 사름[60] 얼'구를 더'퍼 노이[61]근 사'문' 몰'레찌 머.

그'으' 사진 보:시고, 어디 사진, 아 우리 어'먼니믄 아'주 미이니셔쓸 꺼 가'튼데, 천'누네 바'나셔씀미까?

  ¯ 글'때 반코[62] 머 어'쩌고 그그또 머 머 그그뚬 몰'러서요, 아주.

  = ****. 누군도 누군도 몰'라찌.

  ¯ 나'이 나'이 인젠 머 스물 한 사린 멈 멈 머.

  ¯ 아'이 스물너'이.

  ¯ 마'저, 군데' 가 이떤 디[63] 스물너'이.

  = 여'는 스물너'이고 나는 여라호'비고 그렌데이.

아이:고 그 머 어 그'러며느 어머니므 그때 호'닌하실 때 사지'니라도 보'셔씀미까?

  = 먼: 영'무인도 몰'래요.

  ¯ 사진 몸[64] 빠찌

  = 모 몬' 영무'인도 몰:레찌 머.

  ¯ 나는 사진 암 보내씨'이까.

어르시는 사진 보'셔꼬?

  ¯ 머 처'여 사'지느 가주 올라우[65], 편제[66] 소게 여가주 와'써.

  ¯ 그 와가주구 바'찌 머.

  = 그'때 머 아'아'니껴?

  = 먼: 영'무인더 머 아르야 ****.

날짜 잡아서 어느 날 아무 날이다, 휴가를 받아서 내려오너라, 이러니까 그래, 내려오너라 하면서 이렇게 돼.

˥ 그래서 휴가를 받아서 인제 그 사진 보고 인제 휴가를 받았지요.

˥ 일주일을 받아서 인제 와서 신행제(新行祭) 치를 때에도, 마당에 들어 섰는데도, 옛날엔 이것 구식(舊式)으로 했는데, 사람 얼굴을 덮어 놓으니 그러니 사뭇 몰랐지 뭐.

그 사진 보시고, 어디 사진, 우리 어머님은 아주 미인이셨을 것 같은데, 첫눈 에 반하셨습니까?

˥ 그 때 반하고 뭐 어쩌고 그것도 뭐 그것도 몰랐어요, 아주.

＝ ****. 누군지 누군지도 몰랐지.

˥ 나이, 나이가 인제는 뭐 스물한 살이 뭐, 뭐, 뭐.

˥ 아니 스물넷.

˥ 맞아, 군대 가 있던 때 스물넷.

＝ 여기는 스물넷이고 나는 열아홉이고 그랬다.

아이고, 그 뭐 그러면은 어머님은 그 때 혼인하실 때 사진이라도 보셨습니 까?

＝ 뭔 영문인지도 몰라요.

˥ 사진 못 봤지.

＝ 뭐 뭔 영문인지도 몰랐지 뭐.

˥ 나는 사진을 안 보냈으니까.

어르신은 사진을 보셨고?

˥ 뭐 처녀 사진은 가지고 올라와서, 편지 속에 넣어서 왔어.

˥ 거기에 와서 봤지 뭐.

＝ 그때 뭐 아, 압니까?

＝ 뭔 영문인지도 뭐 알아야 ****.

사진 찡'는데도 근'냐 호닌:뇽 사지니라는 거 모르시'고 근'냥 찌'건네.
= 예.
어 어르, 그르 부'몬니미 사진 찍'끄라 해가주고 그'레가 중매'를 하'셔따 그'죠?
= 몰'레요.
그라'면 지'금 어 그래 호니'늘, 우리 스물 네때 하'시고, 여라오'베 수구[67] 호'니늘 하'셔가주고, 자'시근 그엄'며느 멷' 형제나 두'셔씀미까?
아까 이야기 하'긴 하'셔씀미다마느.
￣ 자: 이 참' 인제'는 딸: 자랑 쫌 해'이[68] 데'겐네.
￣ 실'쩨로 아껜[69] 내 한 내 쏘'게엔데 따'리 일'고비라.
따리 일곱임미까?
￣ 딸'마[70] 일'곱이라.
예, 에.
￣ 네 온'[71] 네 바른, 바른 참 이글 해' 조'야 데'이따.
￣ 아들 하'나인데 아들 양'제[72] 헤'씀니다.
￣ 내 동상 인'는데 동상 아들로 내그[73] 양제 헤'가지고.
￣ 딸'마 이시~까, 양제 헤'가 지금 네가 결'혼씨겨가주고, 저 직'짜으 저래가 가 인니'더.
그어'먼 지금 딸 일'곱, 글도 머 요즘 머'탄 사'람드른, 머탄 사'람들 그레도 머 딸, 아들 마너 바'짜' 머, 하으 머 속: 서'기는 아들뿐'다느 그르돋 딸'레드리 헉'신[74] 잘하고, 자르함지 안'씀미까?
￣ 예, 따'른 잘: 헤'어.
￣ 네' 네인데'는[75], 바서는 머 아들보다 참'말로 나은 거'테요.
$ 사적 대화
그 예'저네느 그 어'르신 그럼'며느 형'제분 중'에서느 어 마'지시고, 마지셔씀미까?
= 예, 마지래여, 아 겔'[76] 마지래.

사진 찍는데도 그냥 혼인용 사진이라는 걸 모르시고 그냥 찍었네.

＝ 예.

어르신, 그래 부모님이 사진 찍으라 해서 그래서 중매를 하셨다 그렇지요?

＝ 몰라요.

그러면 지금 그래 혼인을, 우리 스물 넷 때 하시고, 열 아홉에 혼인을 하셔서 자식은 그러면은 몇 형제나 두셨습니까?

아까 이야기를 하기는 하셨습니다마는.

￣ 인제 이, 참 인제는 딸 자랑을 좀 해야 되겠네.

￣ 실제로 아까는 내가 하나는 속였는데 딸이 일곱이야.

딸이 일곱입니까?

￣ 딸만 일곱이야.

예, 예.

￣ 내 오늘 내 바로, 바로 참 이야기를 해 줘야 되니까.

￣ 아들 하나인데, 아들은 양자를 했습니다.

￣ 내 동생 있는데, 동생 아들을 내가 양자를 해서.

￣ 딸만 있으니까, 양자를 해서 지금 내가 결혼시켜서 저 직장에 저래서 가 있습니다.

그러면 지금 딸 일곱, 그래도 뭐 요즘 무엇한 사람들은, 무엇한 사람들 그래도 뭐 딸, 아들 많아 봤자 뭐, 뭐 속 써이는 아들보다는 그래도 딸네들이 훨씬 잘하고, 잘하지 않습니까?

￣ 예, 딸은 잘 해요.

￣ 내, 내에게는 봐서는 뭐 아들보다 참말로 나은 것 같아요.

$ 사적 대화

그 예전에는 그 어르신 그러면은 형제분 중에서는 맏이시고, 맏이셨습니까?

＝ 예, 맏이에요, 아 제일 맏이라.

ㅡ 예, 예예, 예.

그르:셔'슴머느 그때 부'몬님께서 우리' 어먼'니미 쫌 떠[77] 아들 몬 난는'다고 쫌 구'바글 쫌 바'드셔께씀미다, 그'지예?

= 그'떼 엔나'레사[78] 바'찌요, 쫌'.

그르치'요.

= 예.

요즘미야 멀 딸이든 아들뜨리든.

= 오세는 머 아드리고 따리고 상관업서여.

그'래서 그 다'으메 그 지금 머 형'제뿐드른 인제 다 그어, 어'르신 형'제분드른 어디 이 동네 안' 사:시'고 다른 동네 다 나가가'주고 게싱가?

ㅡ 예, 은자 아께 네'가 이리 마레'찌만, 내 바로 다음 동사~'이 여 인제 시쯤모'테 카'는 데, 세쩝모'테 카'는 데 거게 이'꼬, 화나는 네 막 게'일 망네'이[79] 동사'으는 진'보' 이'꼬, 네'째가 검 머 고인 데 버'러꼬, 그 세'째는 저 대'구 가 이'꼬.

거 부'몬님, 어'르신 부'몬님 고'향은 어디심'미까?

ㅡ 으 모:치'는, 붐[80] 모:치'는 그그 고'햐으넌[81] 저 신'초~[82]이고, 또 집' 어르는 멩: 고'향이 여'긴지 그는, 여'긴지 저 안동 어'딘지 그는 학시리 모'르게서요, 예.

아'까' 사대부조까지 여'기시 시'시띠 이 히'서씀미까?

ㅡ 예, 아이래, 오대조 산소까지 여' 이끄'등.

ㅡ 인는 그 보'믄 머 글'떼으 여'으서 사문 게'선는지 그는 하' 학시리 모'르게서요. 예.

으 그'르시고, 그 다'메 머 어'르신 부'몬님도 하신 니'를[83] 주'로 여기서?

ㅡ 예, 농'업 헤지.

농'어블 하'셔씀미까?

ㅡ 예예, 예, 농'사'을 저찌.

⌐ 예, 예예, 예.

그러셨으면은 그 때 부모님께서 우리 어머님이 좀 또 아들 못 낳는다고 좀 구박을 좀 받으셨겠습니다, 그렇지요?

＝ 그 때 옛날이야 받았지요, 좀.

그렇지요.

＝ 예.

요즘이야 뭐 딸이든 아들들이든.

＝ 요새는 뭐 아들이고 딸이고 상관없어요.

그래서 그 다음에 그 지금 뭐 형제분들은 인제 다 그, 어르신 형제분들은 어디 이 동네 안 사시고 다른 동네 다 나가서 계십니까?

⌐ 예, 이제 아까 내가 이렇게 말했지만, 내 바로 다음 동생이 여기 인제 시찜모테[84]라고 하는 데, 시찜모테라고 하는 데 거기 있고, 하나는 내 제일 막내 동생은 진보 있고, 넷째가 거 뭐 고인이 돼 버렸고, 그 셋째는 저 대구에 가 있고.

부모님, 어르신 부모님 고향은 어디십니까?

⌐ 모친은, 모친은 그것 고향은 저 신촌이고, 또 집 어른은 맨 고향이 여긴지 그것은, 여긴지 저 안동 어딘지 그것은 확실히 모르겠어요, 예.

아까 사대부조까지 여기서 사셨다고 하시지 안 하셨습니까?

⌐ 예, 아니야, 오대조 산소까지 여기 있거든.

⌐ 있는 것을 보면 뭐 그때는 여기서 사뭇 계셨는지 그것은 확실히 모르겠어요, 예.

그러시고, 그 다음에 뭐 어르신 부모님도 하신 일은 주로 여기서?

⌐ 예, 농업을 했지.

농업을 하셨습니까?

⌐ 예예, 예, 농사를 지었지.

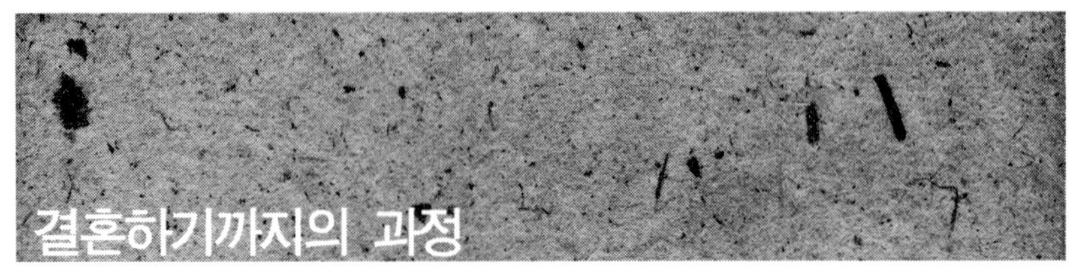

결혼하기까지의 과정

아까'도 한 번 쪼'금[85) 여쭈'어 바'씀미다마느 우리 어'머니믄 어디에서 태'어나'셔꼬, 어디에서 주'로 자라셔씀미까?

= 야아'?

= 우'[86) 태'어나기는 맹: 거 송세~'[87)에서 태'어나찌 머여.

송:세~'이가 어디쯤 뎀미까'?

= 청송 송세'이 카는 데 이'써요.

‾ 주왕상'[88) 가는 그 이'꾸래여, 마저.

= 이'꾸'래.

예, 그'어 그' 쏭세~'이, 그 마으'레 데해서 쫌' 자'랑 쫌 헤주십시오

= 그 자'랑 몰'레요.

= 머 머 어릴, 그'떼 나와가 머 끝 머그 머 어에[89) 덴' 도[90) 몰'래요.

그'르도 거:기' 앙 그러'면 우리 어르'신께서 처갇대'게 가'셔쓸 때, 에 그 느'끼미 이 마'을'하고 비교해'서 어'떧습디까?

‾ 야: 여'기보다는 동:네'도 마:이 너'리고[91), 그또 이른 꼴찝[92) 꼴짜'기라도 여'보다는 또 마:이 너리'고, 막 머 거'게는 여'보다는 살기는 아주 참 조'아요, 예.

= 동:네'느 커'요, 동:네' 마:이 크, 느리너.

‾ 조체 머.

$ 사적 대화

거람'[93) 거'기스 아까' 이야기헤'떤 청송 근 어 주앙산' 아래쪼'게, 예, 거기서, 예.

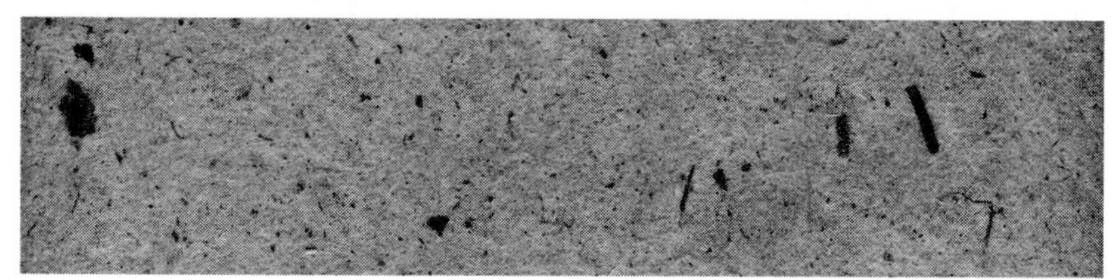

아까도 한 번 조금 여쭈어 봤습니다만은 우리 어머님은 어디에서 태어나셨고 어디에서 주로 자라셨습니까?

= 예?

= 우리 태어나기는 맨 거기 송생동에서 태어났지 뭐요.

송생동이 어디쯤 됩니까?

= 청송읍 송생동이라고 하는 데 있어요.

￣ 주왕산 가는 그 입구에요, 맞아.

= 입구라.

예, 그 송생동, 그 마을에 대해서 좀 자랑 좀 해주십시오.

= 거기 자랑 몰라요.

= 뭐 뭐 어렸을 때, 그 때 나와서 뭐, 그 뭐가 어찌 된 지도 몰라요.

그래도 거기, 안 그러면 우리 어르신께서 처가댁에 가셨을 때, 그 느낌이 이 마을하고 비교해서 어떻던가요?

￣ 아, 여기보다는 동네도 많이 너르고, 거기도 이런 골짜기라도 여기보다는 또 많이 너르고 마구 뭐 거기에는 여기보다는 살기는 아주 참 좋아요, 예.

= 동네는 커요. 동네는 많이 커, 넓어요.

￣ 좋지요, 뭐.

$ 사적 대화

그럼 거기서 아까 이야기했던 청송 거기 주왕산 아래쪽에, 예, 거기서, 예.

= 예, 익꾸이시더⁹⁴⁾, 거 바리⁹⁵⁾.

거'기 태'어나셔가'주고 거'기서.

= 일'루⁹⁶⁾ 시집오'능 게 가치래요⁹⁷⁾.

예, 여라옵' 살까지 거기서 쭉:: 게'셔따 그'지예?

= 예, 예.

$ 사적 대화

아까' 쪼:금' 이'야기를 하셔씀다마'는 중매'를 으로⁹⁸⁾ 하'시따고 헨'는데, 그 중메'는 누구 헤'쓰, 아 자형'이 하'셔씀미까, 앙 가면 중메제~'이가 헤'씀미까?

⁻ 아이 쭈 중메'는 그 은제 사:촌 자혀~'이, 그' 어'르이 헤'찌요.

어뜨케 사촌 자영'께서 멩' 그쪼:게 장'가를 가'셔씀미까, 어'떠케?

⁻ 장:게'를 강 그⁹⁹⁾ 아니고, 그그도 혼¹⁰⁰⁾, 사촌 자형 혼자뿐 아이'고, 내 인제 처고'모부, 이' 양반 그믄¹⁰¹⁾ 고'모부 데'제.

= 고모부 데지.

⁻ 그' 으'른하고 또 이:상호 곤'상호¹⁰²⁾란 말이떼.

⁻ 여 와 수'틀¹⁰³⁾ 꾸 두'리 꾸어다¹⁰⁴⁾ 보~'이 인제 그 처고'무부가 인제 인지 저'래가주고 인제 저이 저래 해'찌요.

= 가:치' 일:하고 해 누~'이께니.

그'엄 주'로 이 동네:분'드른 그라'면 호'니늘 할' 때 어디 멀리까지 함'미까, 앙 그라'면 이 근처에서 주'로 호'니늘?

⁻ 아주 믄 멀:리 해'찌요.

어디, 주'로 어디까지 함'미까, 보통.

⁻ 머' 영'덕또¹⁰⁵⁾ 할 수 이'꼬, 지¹⁰⁶⁾ 안동'도¹⁰⁷⁾ 할 수 이'꼬.

안동까지 예, 하시고 예, 영양:쪽'?

⁻ 예예, 영양:쪼'그도¹⁰⁸⁾ 할 수 이꼬.

⁻ 여 므 이 동네, 동'네하곤 그 항 게 별'로.

그 그러'며느 아까' 여라'옵베 만'나시고 스물네'세 만나셔가주고 바로' 휴'가

〓 예, 입구입니다, 거기 바로.

거기서 태어나셔가지고 거기서.

〓 이리로 시집오는 게 끝이에요.

예, 열아홉 살까지 거기서 쭉 계셨다 그렇지요?

〓 예, 예.

$ 사적 대화

아까 조금 이야기를 하셨습니다만은 중매를, 중매로 하셨다고 했는데, 그 중매는 누구가 했습니까, 아 자형이 하셨습니까, 안 그러면 중매쟁이가 했습니까?

￣ 아니 중, 중매는 그 인제 사촌 자형이, 그 어른이 했지요.

어떻게 사촌 자형께서 역시 그쪽에 장가를 가셨습니까, 어떻게?

￣ 장가를 간 것이 아니고, 그것도 혼자, 사촌 자형 혼자만이 아니고, 내 인제 처고모부, 이 분이 그러면 고모부가 되지.

〓 고모부가 되지.

￣ 그 어른하고, 또 이상호 권상호란(아주 친한 친구 사이란) 말이지.

￣ 여기 와서 숯을 둘이 굽다 보니 인제 그 처고모부가 인제 저래서 인제 저렇게 저래 했지요.

〓 같이 일하고 해 놓으니까.

그럼 주로 이 동네 분들은 그러면 혼인을 할 때 어디 멀리까지 합니까 안 그러면 이 근처에서 주로 혼인을?

￣ 아주 뭐 멀리 했지요.

어디 주로 어디까지 합니까, 보통.

￣ 뭐 영덕도 할 수 있고, 인제 안동도 할 수 있고.

안동까지도 하시고 예, 영양 쪽까지?

￣ 예 예, 영양 쪽에도 할 수 있고.

￣ 여기 뭐 이 동네, 동네와는 그렇게 한 것이 별로.

그러면은 아까 열아홉에 만나시고 스물넷에 만나셔서 바로 휴가 나오셔서 약

나오셔가'주고 야콘 가트너 아나'시고 바로 호닌하셔써?

　˭ 야코이[109] 머'이껴, 글'떼요.

　사'주'느 보'셔씀미까?

　˗ 암 바스[110].

　˗ 마구 모, 암 바찌.

　어'르신 암 보셔꾸?

　˗ 아예.

　˗ 암 바찌, 몸 빠찌.

　어르신들께서 암: 보'셔씀미까, 부'몬님께서.

　˗ 암' 바찌요.

　궁'하븐, 또 궁합 암 보셔서, 구~'하븐 머라고 하'십띠까?

　˗ 구'학[111]까지는 이그 잘: 모'리게써요.

　˗ 머 아 앙 갈'체[112] 주'잉깐 멀똥.

　아 어르신'드리 머 조'으니까 하'시라고.

　˗ 예, 예에 므야 앙 갈체 준 머.

　˗ 너, 또 나도 또 무'러보지도 아 헤'꼬, 머 어'뗀도.

　˗ 머' 어른'들 조타' 근' 데로.

　＝ 엔:나리사 어데 무'러보고 그렌니'껴?

　＝ 앙' 그'렌니더.

　＝ 어:른'들 시'기[113] 하는 데'로 가마~'이[114] 이'서찌 머'여.

　＝ 엔:나레, 오세 그트마 안 데'지요.

　＝ 오세'근 택'떠[115] 인니'껴?

　우리 머 어먼'니믄 그런'며느 이 그 거'기뽀다, 여'기뽀다느 어'머님 태어나신 고'시 훨'씬 이레 쫌, 제가 보기에느 쫌' 살:기'가 조응' 거 가'튼데, 여'기 오'시가 쫌 처'으메 어굴: 아 헤씀미까'?

　˗ 나찌, 예.

혼 같은 것은 안 하시고 바로 혼인하셨습니까?

＝ 약혼이 뭡니까, 그 때요.

사주(四柱)는 보셨습니까?

‾ 안 봤어.

‾ 마구 못, 안 봤지.

어르신 안 보셨고요?

‾ 예.

‾ 안 봤지, 못 봤지.

어르신들께서 안 보셨습니까, 부모님께서.

‾ 안 봤지요.

궁합은, 또 궁합 안 보셨습, 궁합은 뭐라고 하던가요?

‾ 궁합까지는 이것은 잘 모르겠어요.

‾ 뭐 안 가르쳐 주니까 뭔지.

어르신들이 뭐 좋으니까 하시라고.

‾ 예, 예 뭐야 안 가르쳐 주니 뭐.

‾ 나, 또 나도 또 물어 보지도 안 했고, 뭐 어떤 지도.

‾ 뭐 어른들 좋다고 그런 대로.

＝ 옛날이야 어디 물어보고 그랬나요?

＝ 안 ᄀ랬습니다.

＝ 어른들 시켜서 하는 대로 가만히 있었지 뭐요.

＝ 옛날에, 요새 같으면 안 되지요.

＝ 요새는 턱도 있나요?[116]

우리 뭐 어머님은 그러면은 거기보다, 여기보다는 어머님 태어나신 곳이 훨씬 이렇게 좀, 제가 보기에는 좀 살기가 좋은 것 같은데, 여기 오셔서 좀 처음에 억울 안 했습니까?

‾ 낫지, 예.

= 왜' 어'굴 아 해요.

= 처메 오이[117] 상[118] 궁 마 절'테이드[119].

= 친지'비[120] 사:이'끄[121] 체겁시[122] 사런찌 머.

⌐ 그'그'또 호[123], 이기 저기 저이 저 홀'렉식 올린 날'짜도, 그 그 아네 동:네'서 누가 이세'를[124], 신'촌까전[125] 온 이세'를 추'러그로 이새'빨[126] 차를 마차'가주고 호이'늘 날'짤 자번따꼬요.

⌐ 그 차가 이 이세'를 소복::[127] 시'른데 그 우'에 타고, 그 차를 빌'러 타고 인 와저, 차가 업스~'이까.

= 그'떼 저 차가 인니'껴?

⌐ 글'뗀 차르고, 뻬'스라꼬는 머'.

그 그럼'며느 어'르신 그거 젇쭈'게 홀레 치'루로, 처갇때'게 가서 홀'레 하'셔찌예?

⌐ 예.

그람 그'떼 가'실 쩨'느 어'뜨게 가'셔씀미까?

= 그떼는 하루 땡'교 왇'찌.

⌐ 갈 떼는 거'러서.

= 딴 지비[128] 자구 가'찌.

⌐ 여' 여'그서, 보'자.

⌐ 거:리'가 함 얼'메 힘 배거' 리 기'진[129] 안 데'이니?

⌐ 도러갈라 카머.

⌐ 배길[130] 덴' 데 사무 거'러서.

⌐ 내'이리 인제 시골'릴[131] 나'리믄 오'늘로 오른 나 나서'가 가즈고 그 아 페 이제 주'막찌베 가서 하빰[132] 자고 은제 *** **.

그떼 누'구하고 가'셔씀미까?

⌐ 글'떼는 지'베 어'르니 아:: 자꼬르 일'찍 하'선 뿌르가즈고 은제 오촌 당수기, 오촌 당'숙하고 인'제 가'치.

" 왜 억울 안 해요.

" 처음에 오니 거기가 고만 완전히 절터였어요.

" 친가가 사니까 대책 없이 살았지 뭐.

ˉ 그것도 혼례, 여기 저기, 저기 저 혼례식 올린 날짜도, 그 안에 동네에서 누가 이사를, 신촌까지 온 이사를 트럭으로 이삿짐 차를 맞춰서 혼인을 날짜를 잡았다고요.

ˉ 그 차가 이삿짐을 소복이 실었는데 그 위에 타고, 그 차를 빌려 타고 인제 왔지, 차가 없으니까.

" 그 때 저기 차가 있나요?

ˉ 그 때는 차라고는, 버스라고는 뭐.

그러면은 어르신 저쪽에 혼례를 치르러, 처가댁에 가서 혼례를 하셨지요?

ˉ 예.

그러면 그 때 가실 때는 어떻게 가셨습니까?

" 그때는 하루 당겨서 왔지.

ˉ 갈 때는 걸어서.

" 다른 집에서 자고 갔지.

ˉ 여기서, 보자.

ˉ 거리가 대략 얼마 대략 백여 리가 거의 안 되겠냐?

ˉ 돌아가려고 하면.

ˉ 백여 리 되는 데 사뭇 걸어서.

ˉ 내일이 인제 식 올릴 날이면 오늘로, 오늘 나서서 그 앞에 이제 주막집에 가서 한 밤 자고 인제 *** **.

그 때 누구와 가셨습니까?

ˉ 그 때는 집에 어른이 작고를 일찍 하셔 버려서 인제 오촌 당숙(堂叔)이, 오촌 당숙하고 인제 같이.

아'이고 걷' 머 거 한' 배겨' 리를, 머 예저'네 거끼'도 하'셔께찌마느, 그래 거'러 가'셔쓰면 머 히 힘'도 다 빠'지고 완전'히 머 기진멕찐하'셔께씀미다.

¯ 하이구, 님[133] 아이 글때는 먼 까'인 머 절'므이까.

¯ 앝 처가 뎅'길 때'드[134] 함, 차 함 분 모 타'바서.

¯ 차가 업시~'이까.

¯ 사무이[135] 거'르 뎅'겨찌, 처가 갈' 때도.

그'리고 그 혹'시 머 겨론하'실 때 어 심[136] 우리 어'르시는 시[137] 우리 어먼님한테, 심부한'테 그때 예'무를 쫌 줌비하'셔씀미까?

= 그'때는 그렁 거 업'써써요.

¯ 그릉 그 점'부 업'써써.

¯ 암: 이'짝 저짜'[138] 금 머 옘'부[139]리라꼬는 월래 머 아우[140] 끄'도 업'써.

= 워여[141] 업'써써요.

어머'님도 이쪼'게 어르신한테 안 하'셔꼬요?

= 야. 아~'[142] 해'찌요. 그 때 머 이'쓰여[143] 마카 하'제요, 글'떼느.

금' 또:너 그 혹'시' 두 부느 서로, 요즈'미야 가락찌도 하'고 뜸 머 목꺼'리도 하'곰 마니 하'지마느, 예저넴 마니 더 아나'션는데, 그럼'며느 에를 드'러서 그 처갇땍 그거 머 장인어'르니나 장몬니미나 또느 이쭈'게 일찍 어르신 그 아번'님 일찍 작고하'셔따고 하'션는데, 이쪼 시'갇찌베 어른들한테 서로 예물하'고도 아 하'셔씀미까?

= 예, 오세는 글치말[144] 그 머 그그또 업써요.

¯ 그'렁 거'또 업'썰찌, 점'보[145].

= 우리'두[146] 저 우리 시집 와도 시'어른 모'리니더[147], 몰'래요.

그 인제 일찍 도라가'셔서 그'르타, 그'지예?

= 예.

그'며 예저'네 혹시 그 그 주'위에 분'들 중'에서, 머 예를 드'러서 시'갇 쪼'게 이러케 할' 때는 또는 머 우리 자'제 딸'레분들 시집보낼 때'느 시'가데게 머 쫌 아이고 뭐 한 백여 리를, 뭐 예전에 걷기도 하셨겠지만은, 그래 걸어 가셨으면 뭐 힘도 다 빠지고 완전히 뭐 기진맥진하셨겠습니다.

⁻ 아이고, 아니 그 때는 뭐 까짓 뭐 젊으니까.

⁻ 아니 처가에 다닐 때도 한 번, 차 한 번 못 타봤어요.

⁻ 차가 없으니까.

⁻ 사뭇 걸어 다녔지, 처가에 갈 때도.

그리고 혹시 뭐 결혼하실 때 신부, 우리 어르신은 우리 어머님에게, 신부에게 그 때 예물을 좀 준비하셨습니까?

= 그 때는 그런 거 없었어요.

⁻ 그런 거 전부 없었어.

⁻ 아무렴 이 쪽 저 쪽 그 뭐 예물이라고는 원래 뭐 아무 것도 없어.

= 원래 없었어요.

어머님도 이쪽에 어르신한테 안 하셨고요?

= 예. 안 했지요. 그 때 뭐 있어야 모두 하지요, 그 때는.

그럼 또는 혹시 두 분은 서로, 요즘이야 가락지도 하고 또 뭐 목걸이도 하고 많이 하지만은, 예전에 많이 안 하셨는데, 그러면은 예를 들어서 그 처가댁 그거 뭐 장인어른이나 장모님이나 또는 이쪽에 일찍 어르신 그 아버님은 일찍 작고하셨다고 하셨는데, 이 쪽 시가에 어른들한테 서로 예물하고도 안 하셨습니까?

= 예 요새는 그렇지만 그 뭐 그것도 없어요.

⁻ 그런 것도 없었지, 전부.

= 우리도, 우리 시집을 와도 시어른 모릅니다, 몰라요.

그 인제 일찍 돌아가셔서 그렇다, 그렇지요?

= 예.

그러면 예전에 혹시 그 주위에 분들 중에서, 뭐 예를 들어서 시가(媤家) 쪽에 이렇게 할 때는, 또는 뭐 우리 자제 딸네분들 시집보낼 때는 시가에 뭐 좀 혼수

혼수 예'물 실랑한'테는 안 하'드라도, 어 시'갇 어른들한'테 머 엠물가틍 거 해
가' 보내'셔씀미까?
　ᆨ 예, 딸 쭐'[148] 때는, 예, 해' 조찌요[149].
　딸' 치'울 때?
　ᆨ 예.
　ᆨ 해 조야'지요.
　ᆨ 글'떼는 하'면[150] 시'대가 이 머 요그 요거[151] 바껴'시니.
　그떼 하'는 머:, 그'떼도 지음 한 오래 데'찌예?
　＝ 하고[152] 오래 덴'니더.
　ᆨ 하:이'고 지그 머머 나'이 한 한 오'시비 거즌 데'언는데.
　ᆨ 따'릴, 마따리.
　그럼' 한' 삼심녀는 덴' 가게씀미다, 그'지여?
　ᆨ 글치요, 마저, 그'러이까.
　스'물 한 이시 보 녀'니나 하 니심 년 너'머꺼씀미다[153].
　ᆨ 예.
　＝ 아'아드리 하'매 군에 다 가따온 지.
　ᆨ 아'드리 함[154] 군대'를 다 가따온데.
　＝ 왜손'자드리.
　글'떼는 머 헤가주곧, 그거[155] 시 시집 ᆨ거 어른들한'테는 머, 예'물 머 머 부
내'씀미까?
　＝ 그'떼는
　이'불하고 이'릉 거 보내[X슴미까X]?
　＝ 예, 그 그거뿌'이지 머.
　ᆨ 이'부른,
　＝ 이불하고 옫'하고 그뿌'이레이.
　ᆨ 오'시나 이'불.

예물, 신랑한테는 안 하더라도, 시가 어른들한테 뭐 예물같은 거 해서 보내셨습니까?

‒ 예, 딸을 줄 때는, 예, 해 줬지요.

딸을 치울 때?

‒ 예.

‒ 해 줘야지요.

‒ 그 때는 벌써 시대가 이 뭐 요거 요거 바꼈으니.

그 때 하는 것은 뭐, 그 때도 지금 대략 오래 됐지요?

= 아이고 오래 됐어요.

‒ 아이고 지금 뭐 나이가 한 오십이 거의 되었는데.

‒ 딸이, 맏딸이.

그러면 한 삼십 년은 돼 가겠습니다, 그렇지요?

‒ 그렇지요, 맞아, 그러니까.

스물 대략 이십 오 년이나, 대략 이십 년 넘었겠습니다.

‒ 예.

= 아들이 벌써 군에 다 갔다왔는 지가.

‒ 아들이 벌써 군대를 다 갔다왔는데.

= 외손자들이.

그 때는 뭐 해서 거기 시집 어른들한테는 뭐 예물을 뭐 보냈습니까?

= 그 때는

이불하고 이런 거 보냈[x습니까x]?』

= 예, 그것뿐이지 뭐.

‒ 이불은,

= 이불과 옷과 그뿐이에요.

‒ 옷이나 이불.

˘ 그'렁 거 주로.

= 그거'지 머요.

그럼 예를 드'러서 시'어르니나 그르 또는 머 그 시'어른 말고, 그 시 그 쪼게, 그'르이까 어 사'이[156] 형제드르한테라든지 또는 머 그쪼' 사잇이의 머 당'수기라든지, 이런 분들한'텔넝 주로 머 어'떵 거 주'로 함'미까?

˘ 그'으는 젤 주로 머 양'바리나[157] 이기 저 와이샤수[158]나 이'릉 글 인제.

˘ 모 그'떼는 마카' 그'레여.

= 오세' 시소글 따라가주 오세'는 머 잘 해'주고 더라 하'지마느, 글'뗀 머도 이'선니껴.

그: 그'럼며느 어르[159] 그 쩌게 딸' 인제 시집보낼실[160] 때 아'주 섭'섭해, 섭섭하'셔쓸텐데, 키'워가'주고 주니까, 근데 호'시[161] 그'떼엔 머 저쭉 사'이때게서 혼수 예무른 머: 가'주 와'쑵띠까 우리 어'르신들한테느.

˘ 지금 함 오'레 데'가짐, 머'얼' 가져 완데, 글 기'어기, 잘 몰.

= 금방 올 올 올 뜨뉴, 시집가가주고 올' 때 머 수'리나 한 병'쓱 가즈오고 그'레써요.

이불하?

˘ 이'불또 업'써써요.

˘ 예, 머, 그때.

그'떼ㄴ 치[162] 그'리며ㄴ 시집보네는 딸레 지'베서 헐:씬 더 에'무를 마니 해'준는 그네?

˘ 글체요.

= 더 마이 헤찌요.

˘ 이거 딸 치'우는 사'라므는 쪼이[163] 헤' 조여 데'고, 저짜'그는 마저, 앙꾸[164], 네 볼 때는 앙꾸도 안 아 헤'찌, 점[165] 마저, 올 때 거저 머 참.

= 그저 수'리나 한 병'쓱 가저오'고 머머 그'레쓰요.

벌써 옛날에 오래 되어서 뭐, 요사이 같으면 턱이나 있나요, 아무리 없

˝ 그런 거 주로.

= 그거지 뭐요.

그러면 예를 들어서 시어른이나 또는 뭐 시어른 말고, 그 쪽에, 그러니까 사위 형제들한테라든지 또는 뭐 그쪽 사위의 뭐 당숙이라든지, 이런 분들한테는 주로 뭐 어떤 거를 주로 합니까?

˝ 거기는 인제 주로 뭐 양말이나 이거 저 와이셔츠나 이런 걸 인제. 뭐 그 때는 모두 그래요.

= 요새 시속(時俗)을 따라서 요새는 뭐 잘 해주고 하더라 하지만은, 그 때는 무엇이라도 있었나요.

그러면은 어르신이 그쪽에 딸 인제 시집보내실 때 아주 섭섭해, 섭섭하셨을 텐데, 키워서 주니까, 그런데 혹시 그 때 뭐 저쪽 사위댁에서 혼수 예물은 뭐 가지고 왔던가요, 우리 어르신들한테는?

˝ 지금 벌써 오래 돼서 뭘 가져 왔는데, 그것을 기억이, 잘 모르겠네.

= 금방 올 때는, 시집가서 올 때 뭐 술이나 한 병씩 가져오고 그랬어요.

이불과?

˝ 이불도 없었어요.

˝ 예, 뭐, 그때.

그 때는 처녀, 그러면은 시집보내는 딸네 집에서 훨씬 더 예물을 많이 헤준 것이네요?

˝ 그렇지요.

= 더 많이 했지요.

˝ 이거 딸 치우는 사람은 좀 해줘야 되고, 저 쪽은 맞아, 아무 것도, 내 볼 때는 아무 것도 안 했지, 좀 맞아, 올 때 거저 뭐 참.

= 그저 술이나 한 병씩 가져오고 뭐 그랬어요.

= 하마 옌'나레 오'레 데가 머, 오세 그'틈¹⁶⁶⁾ 테'기나¹⁶⁷⁾ 인니'껴, 암만

어도 잘 해주고 하는데.

그 어 저:거 호'시[168] 그 신행: 때'느 머 어'뜨케 해'씀미까, 신행 가'고 할 때'느, 예저네 어르신 혼일[169]할' 때.

⁻ 우리'가, 우리 할 때?

⁻ 그'릉 거'느 월'래 생'각또 모타고, 아주 머 아주 그'릉 거느 아주 아제[170] 머 업'서꼬 머 아주.

= 오'세'는 신행여행 가고 머 글'치만, 글'땐 그'거 이'썬니겨, 그'런거 머.

아니 저:기 인제 그'러머 호닌하'시고: 어 그'르가 막빠로 이'리로 오'셔씀미까, 당'이레?

= 예, 발 빠'리 와'써요.

업'서도 잘 헤'주고 하'는데.

거기 저거 혹시 신행(新行) 때는 뭐 어떻게 했습니까, 신행 가고 할 때는, 예전에 어르신 혼인할 때?

￣ 우리가, 우리 할 때?

￣ 그런 것은 원래 생각도 못 하고, 아주 뭐 아주 그런 것은 아주 아예 뭐 없었고 뭐 아주.

＝ 요새는 신혼여행을 가고 뭐 그렇지만, 그 때는 그게 있었나요, 그런 게 뭐.

아니 저기 인제 그러면 혼인하시고, 그래서 막바로 이리로 오셨습니까, 당일에?

＝ 예, 바로, 바로 왔어요.

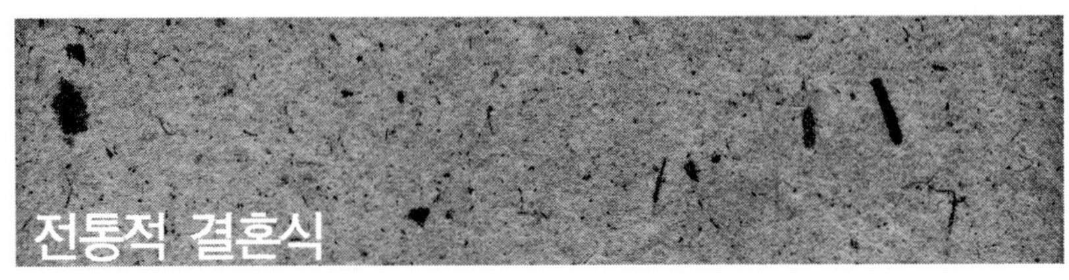

　그 다'음메 인젠 예저'네 그 홀:레 치'를 때, 홀레'에 대해서 쫌' 여쩌' 볼려[171] 그러는데, 옌'나레 그 어'르신 홀레' 치'를 때, 어'르신 그 홀레 치'르던 그런 풍' 스베 대에서[172] 머 아'는 데로, 어'떠케 홀레'를 치'런는지 함 분 이야기 해' 주실 수 이씀미까?

　처'가' 아까 팜[173] 뱅'리 거'러가가'주고 처가찝 앞'페 그'게 주'마기서 하루 유[174] 주'무시고, 그 다'음날 가서 홀'레 안' 치'런써께씀미까?[175]

　그'때 기억 나'실런지 모르게씀다마'느 머 어'뜩켄 준비헤'서 어'뜨케 지'냉을 합'띠까?

　ㅡ 기'억또 안 나요. 다 이저[x뿌고x].

　요즘' 예'식짱에서 하'지마는 그'때는 어'떠케 해'씀미까?

　ㅡ 그'떼는 그 상을 복'파네 에 이레 체'리[176] 노코, 그 머 과실또[177] 엉'꼬, 또 특'끼나 은제 닥', 당' 마리야, 닥 두' 바리[178]는, 그으는 피'리 가따아 이 리 언'저 노코, 인제 그런 노'코는 제 양짜 서가주고, ㄱ 저 홀'레 하는 사 래미 그그 은제 저글.

　홀'개[179].

　ㅡ 예, 홀'개 그거 은제 헤' 준단 마리, 헤 주'믄 머 어'데느, 어느 짜그[180] 실라~'이 절하'라캄[181] 절헤이[182] 데'고, 인제 심부'가 절하'라 금[183] 절'하고, 마쩔함[184] 마쩔'하고, 그럼 마치고, 그 인제' 술로 서로 인제 익 이 상 미' 트로 이글 여'가주고, 옐 서로 주'고 먹'꼬, 에 그 그 그래 부'믄 저 홀'레가 인저 끈'나는 게'죠.

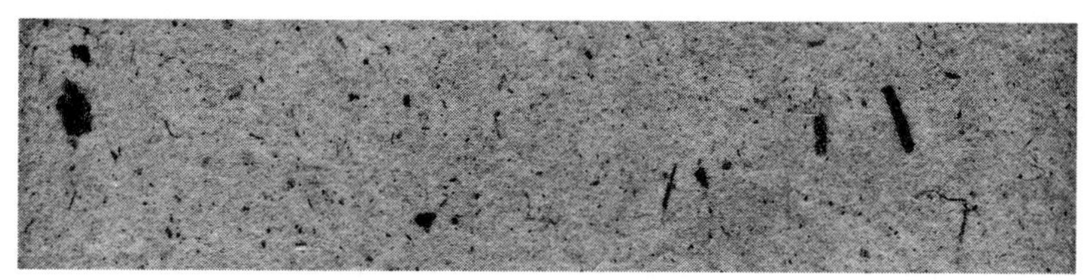

그 다음에 인제 예전에 그 혼례 치를 때, 혼례에 대해서 좀 여쭈어 보려고 그러는데, 옛날에 그 어르신 혼례 치를 때, 어르신 그 혼례 치르던 그런 풍습에 대해서 뭐 아는 대로, 어떻게 혼례를 치렀는지 한 번 이야기 해 주실 수 있습니까?

처가가, 아까 한 백 리 걸어가서 처가 앞에 거기 주막에서 하루 주무시고, 그 다음날 가서 혼례 안 치뤘습니까?

그 때 기억이 나실지 모르겠습니다만은 뭐 어떻게 준비해서 어떻게 진행을 하던가요?

￣ 기억도 안 나요. 다 잊어 [x버리고x].

요즘은 예식장에서 하지만은 그 때는 어떻게 했습니까?

￣ 그 때는 그 상을 복판에 이렇게 차려 놓고, 그 뭐 과일도 얹고, 또 특히나 인제 닭, 닭 말이야, 닭 두 마리는, 그거는 반드시 갖다 이렇게 얹어 놓고, 인제 그래 놓고는 이제 양쪽에 서서 그 저 혼례를 하는 사람이 그 인제 저걸.

홀기(笏記).

￣ 예, 홀기 그것을 인제 해 준단 말이야, 해 주면 뭐 어디는 어느 쪽은 신랑이 절하라고 하면 절해야 되고, 인제 신부가 절하라 그러면 절하고, 맞절하라고 하면 맞절하고, 그러면 마치고, 그 인제 술을 서로 인제 이 상 밑으로 이것을 넣어서 서로 주고 먹고, 그래 버리면 저 혼례가 인제 끝나는 것이죠.

⌐ 끈'나구, 끈너, 끈나 뿌고 은제 처가찌'베 그'라른[185] 은제 장꽌[186]' 드가
가주, 바~'아 드가서 머 한자:[187] 구 안자따가 뜸 마빠로[188] 와'이[189] 데그드.

그'으'기 검 우리 그 아까' 이야기 하'셔씀미다만, 홀레 치'를 때 그 상'을, 예
머 다'글 반드'시 올리논는'다[190] 아 하'셔씀미까?

⌐ 야, 예예.

그 상'을 무슨 상' 치'른다 그럼니'꺼?

⌐ 그'게 그'게 상 무슨 사~'이란네 그그 그그 그그는 *****[191].

호시 초'레상이라 그람미까?

초레.

⌐ 홀'레상이라 그'러지요.

아 호, 홀'레상, 예, 예.

⌐ 야, 아 그 사~'을 마저, 홀'레상이라 그지요.

거머 홀레상 차'릴 때 닥' 두 바'리느 반드'시 올라가'고?

⌐ 예.

또 그 다'으메 또' 머 올러감'미까 쌀' 올러감미까?

⌐ 머.

⌐ 쌀또 오라가지요.

= 쌀 알꼬.

= 싸 리꼬, 몰'래요, 머 기엉 안 난.

⌐ 또 저 저이[192] 사과, 배'.

사과, 배, 과일?

⌐ 예, 그래, 그이야, 그 그'르 노코, 인제 잔, 잔 두 대 노'코.

머 혹'시 머 무'리나 이'렁 거는 안' 뜨드 노?

⌐ 웨, 물', 무르는 그 실랑 아페 심, 심부아페.

아 하나씩.

- 끝나고, 끝나, 끝나 버리고 인제 처가에 그 날은 인제 잠깐 들어가서 방에 들어가서 뭐 한참 앉았다가 또 곧바로 와야 되거든.

거기 그럼 우리 그 아까 이야기를 하셨습니다만, 혼례 치를 때 그 상을, 뭐 닭을 반드시 올려놓는다고 안 하셨습니까?

- 아, 예예.

그 상을 무슨 상을 차린다고 그럽니까?

- 그게 그게 상, 무슨 상이라고 하는 지 그것은 *****.

혹시 초례상(醮禮床)이라고 그럽니까?

초례.

- 혼례상(婚禮床)이라 그러지요.

아 혼, 혼례상, 예, 예.

- 예, 아 그 상을 맞어, 혼례상이라 그러지요.

그러면 혼례상 차릴 때 닭 두 마리는 반드시 올라가고요?

- 예.

또 그 다음에 또 뭐 올라갑니까, 쌀은 올라갑니까?

- 뭐.

- 쌀도 올라가지요.

= 쌀은 알고.

= 쌀 있고, 몰라요, 뭐 기억이 안 난다.

- 또 저, 저기 사과, 배.

사과, 배, 과일?

- 예, 그래, 그것이야 그래 놓고, 인제 잔(盞), 잔 두 대를 놓고.

뭐 혹시 뭐 물이나 이런 것은 안 떠다 놓습니까?

- 왜, 물, 물은 그 신랑 앞에, 신부, 신부 앞에.

아, 하나씩.

ᄀ 예, 음 푸[193] 사~:에다 노'코.

그 무'른 머하는 데' 씀'미까?

ᄀ 근'데 수군[194] 노구[195], 수군 가다 노, 그'은 머, 근[196] 먼' 니'린도 모'르고 인제 무'레 손' 당과가주고 수'구넬

= 몰'래요.

따'꼬?

ᄀ 예, 따'꼬.

그'르 가, 그 그'륵 하고, 그 예를 드'러섣 인저 홀레 치'를 때, 머 어'르신 홀레 하'실 떼도 갠:창'코, 또는 머 에를 드러서 어'르신 혀 칭'구드리나 또는 머 그 당시, 예, 전:통', 아니, 예, 전통 홀레 치'를 때, 잔치 안 함미까?

= 그'때는 그그는 업'써써요.

잔치 오:온, 잔치 온' 사'람들한테 주로 머 대접함'미까?

어떤 음식 대접함'미까?

ᄀ 아:, 글때, 아아:이 이 저 이 크'일[197] 할' 떼 손님, 오선[198] 손님?

ᄀ 국수, 주'룬.

ᄀ 주룩 국수.

ᄀ 크'일 하믐[199] 머 지'금도 국수 뭉는디[200].

국'수 머 국'수 어떠' 국수 함'미까?

ᄀ 산는 국수 ㄱ 이짜'네.

ᄀ 자~'아 가모[201] 이 ** 국수 ** 산는 거, 주로 그게.

아:, 국'쑤, 그 기'게국쑤, 뽀바 가'진는, 그걸' 삼'니까?

ᄀ 예예예, 예예, 예, 예, 그그 사'다가.

ᄀ 그 사'다가 인제 손'님 저께[202] 다 다 저 오'신 손님.

대접하고?

ᄀ 예.

그'때 혹'시 머 국'수 말:고는 다른 건' 안 함미까, 머 거 대지고'기나 이'렁거또?

˝ 예, 상에다 놓고.

그 물은 뭐하는 데 씁니까?

˝ 그 때 수건 놓고, 수건 갖다 놓고, 그것은 뭐, 그건 뭔 일인지도 모르고 인제 물에 손을 담궈서 수건에

゠ 몰라요.

닦고?

˝ 예, 닦고.

그래 가, 그렇게 하고, 그 예를 들어서 인제 혼례 치를 때, 뭐 어르신 혼례하실 때도 괜찮고, 또는 뭐 예를 들어서 어르신 친구들이나 또는 뭐 그 당시, 옛, 전통, 아니, 옛, 전통 혼례 치를 때, 잔치 안 합'니까?

゠ 그 때는 그거는 없었어요.

잔치 온, 잔치 온 사람들에게 주로 뭐 대접합니까?

어떤 음식 대접합니까?

˝ 아, 그 때, 아, 이 저 이 큰일 할 때 손님, 오신 손님?

˝ 국수, 주로.

˝ 주로 국수.

˝ 큰일 하면 뭐 지금도 국수를 먹는데.

국수 뭐, 국수는 어떻게 국수를 만듭니까?

˝ 샀는 국수 그것 있잖아.

˝ 장에 가면 이 ** 국수 ** 샀는 거, 주로 그게.

아, 국수, 그 기계국수, 뽑아 놓은 것을, 그걸 삽니까?

˝ 예예예, 예예, 예, 예, 그걸 사서.

˝ 그걸 사서 인제 손님 접대 다, 저기 오신 손님.

대접하고?

˝ 예.

그 때 혹시 뭐 국수 말고는 다른 건 안 합니까, 뭐 돼지고기나 이런 것도?

ˉ 데지고'기는 월'레 머, 글'뗀 데지고'기 그뜸[203] 머 살' 돈도 어'꼬, 데지고'기 돈너 그 떠꼬[204], 줂 주로 은제 수'리고, 은제 그게'라.

그라'며느 주'로 그 국'수하고, 어 그러하고, 혹'신 머 떡구'기나 머 이렁 거느?

ˉ 어이, 잘 산 짐 뚠 주'론 또 떠꾸'또 하는 한 사람 이'찌요.

잘' 사는 집?

ˉ 예.

ˉ 기'양[205] 삼[206] 밥해서 멈, 밥소리도[207] 멍'는 사'라므는 인제 떠'꾸글 하고, 떠국 떠국하지.

쪼:금 인제' 잘 사'는 지'베는 떡꾹하'고, 언 집 쪼:금 머 이 경제'저는 넝'넉지 모탄 지'베는 국'수나 이런 쪼'그로?

ˉ 예예예, 예, 국수지, 예.

그 다'아'으메 그 이: 그'떼 홀'레 치'르고 천'날빠메' 머 혹'시 머 재'민는 이야기 업서씀미까, 천'날빰 지'낼 때?

그 신부하:고 드러가'슬 때' 누'우 장'난치고 머 그'러지 안 씀미까'?

ˉ 그리엄 마 그 그'렁거또 어'꼬, 으 딴' 바~아 시큰[208] 노'다가, 머 잠잘 떼 데'머 가'가 가따 잠만, 잠마 자 뿌'러찌요.

ˉ 그 머 그'렁 건 저기 점부.

ˉ 그'레머[209] 인제' 저: 베께 사'라므 이거 므 문' 뜰'꼬 머 이레 이레 이 이 보고, 그렁 거 그그 그렁 거를.

ˉ 그거는 웨' 그러나, 이거 니 옌날부'터 이거 헤'가 헤'가 온 예' 가기 떼'미 이레 헤'이 단다구.

ˉ 검 망 문 뜨'꼬, 마구 무'늘 이래 확: 뜨'더 뿌고.

아:, 이 주'무실라 하니까?

ˉ 야.

ˉ 그래.

˭ 돼지고기는 원래 뭐, 그 때는 돼지고기 그것도 뭐 살 돈도 없고, 돼지고기 살 돈은 그것도 없고(돼지고기 살 돈도 없고), 주로 인제 술이고, 인제 그거야.

그러면은 주로 그 국수하고, 그렇고, 혹시 뭐 떡국이나 뭐 이런 것은?

˭ 어이, 잘 사는 집은 또 주로 또 떡국도 하는 사람이 있지요.

잘 사는 집?

˭ 예.

˭ 그냥 늘 밥해서 먹는, 밥술이나 먹는 사람은 인제 떡국을 하고, 떡국, 떡국하지.

조금 인제 잘 사는 집에서는 떡국하고, 집이 조금 뭐 경제적으로 넉넉하지 못한 집에는 국수나 이런 쪽으로?

˭ 예예예, 예, 국수지, 예.

그 다음에 그 때 이 혼례를 치르고 첫날밤에 뭐 혹시 뭐 재미있는 이야기 없었습니까, 첫날밤 지낼 때?

그 신부하고 들어갔을 때, 누가 장난치고 뭐 그러지 않습니까?

˭ 그런 고만 그런 것도 없고 다른 방에서 실컷 놀다가 뭐 잠잘 때 되면 가서 그냥 잠만, 잠만 자 버렸지요.

˭ 그 뭐 그런 것은 전부.

˭ 그러면 인제 저 밖에 있는 사람은 이거 뭐 문을 뚫고 뭐 이렇게 이렇게 보고, 그런 것, 그 그런 것을.

˭ 그것은 왜 그러냐, 이건 옛날부터 이것을 해서, 해서 온 예(禮)²¹⁰⁾ 같기 때문에 이렇게 해야 된다고.

˭ 그럼 막 문을 뜯고, 마구 문을 이렇게 확 뜯어 버리고.

아, 이렇게 주무시려고 하니까?

˭ 예.

˭ 그래.

거 그럼 머 그래 우'쩨씀미까, 문 뜨'낄래?

‾ 무 머' 어'예도, 머 걸 가마:이 이'써찌 머.

으 그 혹'시 머 발빠'닥 마'꼬 그러진 아 해'씀미까?

‾ 그그'는 처가 가서, 처가 가믄 제 그 장'난으로, 이까'즌 머 돔'마 이씨'믄[211] 넏[212] 시:끈[213] 머'어라캄[214], 네:가 돈'마 풍'[215] 네 나' 뿜 곤찬는'데[216], 돈 업따 보~'이 발빠'다 시:큰' 마'자여 데'지여.

‾ 시::큰' 막 때'리담 머 하알[217] 수 업'씸, 저어가[218] 쩌 저거 쩌 하'다하다가 안 데'므[219] 은젠 나'노므, 저: 술' 가'따구[220] 먹'꼬 헤'야 데'지.

‾ 네 주메'[221] 뚠[222], 네가 돈' 업씨'이까[223], 돔'마 씨마[224], 어'데 가 곰마 더 사'온나 그고[225], 먹 푹 조' 뿌믄 데'는데.

‾ 그'릉 거는 마:[226] 이'써써요.

‾ 또 처'가, 처'가 가맘 머 만는' 거'는, 또 발빠'당[227] 만는' 거'는 그'그는 머 아주 뽀'토 이'서찌.

머 혹'시 또 그'렁거 말:'고'는 다른 머, 거는 업'서씀미까, 처가때'게 가셔쓸 때?

‾ 땅 거:는 머' 처으, 네 군대'서 가기 떼'미네, 머 젬 제대 와 뿌~'이까, 머 또 머 처가도 자주 몽 까'꼬, 군, 머 처가도 벨'루[228] 모'옹' 까'찌요.

‾ 군대' 이따' 보'니까.

검 그 어'뜨케 그 발삐'닥 미'꼬 할' 때, 우리 어'머님 안 도루, 머 기미:이 보고 게십띠까?

‾ 자앙'모가 주'로 와가주고 그르지 마'라 글'지.

거기 그러면 뭐 그래서 어찌했습니까, 문을 뜯기에?

˘ 뭐, 뭐 어찌하지도, 뭐 거기 가만히 있었지 뭐.

그 혹시 뭐 발바닥 맞고 그러지는 안 했습니까?

˘ 그것은 처가에 가서, 처가에 가면 인제 그 장난으로, 이까지 뭐 돈만 있으면 너희들 실컷 먹어라고 하면, 내가 돈만 많이 내 놔 버리면 괜찮은데, 돈이 없다보니 발바닥 실컷 맞아야 되지요.

˘ 실컷 막 때리다가 뭐 할 수 없으면 저희들이 저, 저희들이 저기 하다 하다가 안 되면 인제는 놔 놓으면, 저희들 술 갖다가 먹고 해야 되지.

˘ 내 주머니에 돈, 내가 돈이 없으니까, 돈만 있으면 어디 가서 고만 더 사오라고 하고 뭐 많이 줘 버리면 되는데.

˘ 그런 것은 많이 있었어요.

˘ 또 처가, 처가에 가면 뭐 맞는 것은, 또 발바닥 맞는 것은 그것은 뭐 아주 보통 있었지.

뭐 혹시 또 그런 거 말고는 다른 뭐, 다른 것은 없었습니까, 처가댁에 가셨을 때?

˘ 다른 것은 뭐 처음, 내 군대에서 갔기 때문에, 뭐 제대해 와 버리니까, 뭐 또 뭐 처가도 자주 못 갔고, 군대, 뭐 처가도 별로 못 갔지요.

˘ 군대 있었다 보니까.

그러면 그 어떻게 그 발바닥 맞고 한 때, 우리 어머님 안 도와, 뭐 가만히 보고 계시던가요?

˘ 장모가 주로 와서 그러지 마라고 그러지.

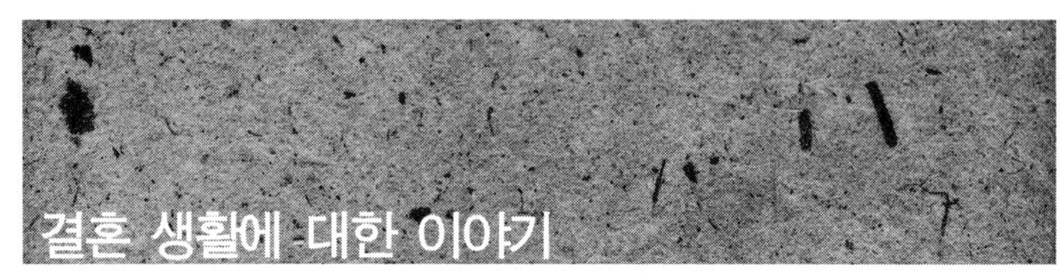

결혼 생활에 대한 이야기

그' 으 그 예를, 그 결혼하'고:, 그'러며는 거'기서 일'로 오'셔가'주고 어디서 살리'믈 차'려씀미까?

⎯ 살'련는[229] 밤 바베[230] 이 지'비지요.

예, 그 살림'므 감'머[231] 어 마'지시라서 어 그거 어르신 그 부'몬님 물려바더서 게소 이 지'베서 사셔씀미까?

⎯ 아니'여.

⎯ 폭'꺽 마자 뿌고, 지베 어:른 도'라가서 부쩨, 모:친 모'시고 이'선는데, 이' 지븐 내'가 사가주 와'쩨요.

⎯ 내가 보테가주고.

⎯ 내 군:대 가잔 저'네.

⎯ 이' 집' 사 노코, 이 집 사너, 이 집 사 너'코[232] 그 이'드매 대번' 군대' 가: 뻐'러씨이.

⎯ 에, 이' 저비[233] 바르 사 노'코.

⎯ 포'꼉[234] 마저 뿌고, 사:무 나무[235] 집 도'르뎅'기다가 그 이' 지블, 혼'자 인 아너른 혼자 인'는데, 판다 그래가 내:가 이 지블 사가주고, 내 이 모: 친하고, 내 동상'들하고 머 두고, 그고 내가, 그 이'드매 뎀[236] 내가 군대'예 가찌, 가, 가찌.

그럼' 그 천 아'이를, 그 우리 어머'니미 처'다이 가'져쓸 때, 우이 어'르신께서 머 아'이, 천 애 가'져쓸 때, 머 어떤 느'낌이어꼬, 머 기'어기 난'는[237] 닐 이쓰' 면?

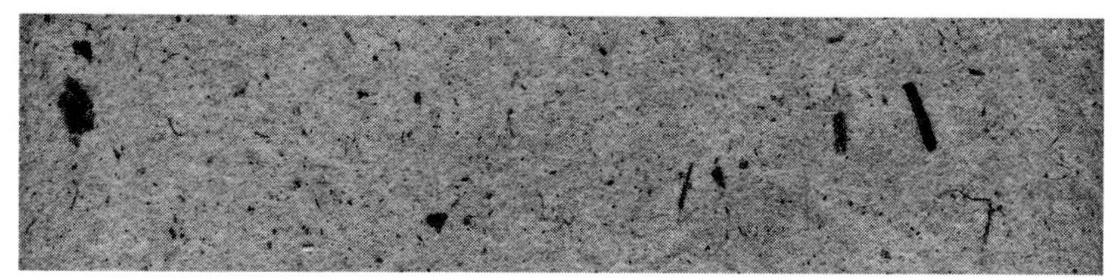

그 예를, 그 결혼하고, 그러면은 거기서 이리로 오셔서 어디서 살림을 차렸습니까?

￣ 살림은 바로 이 집이지요.

그 살림은 그러면 맏이시라서 어르신 그 부모님께 물려받아서 계속 이 집에서 사셨습니까?

￣ 아니요.

￣ 폭격을 맞아 버리고, 집에 어른 돌아가셔 버렸지, 모친 모시고 있었는데, 이 집은 내가 사서 왔지요.

￣ 내가 보태서.

￣ 내 군대 가기 전에.

￣ 이 집 사 놓고, 이 집 사 놓고, 이 집을 사 놓고 그 이듬해 대번에 군대에 가 버렸으니.

￣ 예, 이 집을 바로 사 놓고.

￣ 폭격을 맞아 버리고, 사뭇 남의 집을 돌아다니다가 이 집을, 혼자 사는 안어른이 혼자 있는데, 판다 그래서 내가 이 집을 사서 내 이 모친과 내 동생들을 뭐 두고, 그리고 내가 그 이듬해가 되어 바로 내가 군대에 갔지.

￣ 그럼 그 첫 아이를, 그 우리 어머님이 첫 아이 가졌을 때, 우리 어르신께서 뭐 아이, 첫 애를 가졌을 때, 뭐 어떤 느낌이었고, 뭐 기억이 나는 일 있으면?

= 우리'느 어'는 영:문'인또 머 모'리고 지내 나가도이[238] 떼'미네 몰'래요.

= 야., 참마리레요.

= 어'는[239] 염무'[240]인도 모'리고 지'내나나그.

어: 검' 어'디, 천 애 가'졀썰슬 때 어르시'느 구네 게셔씀미까, 앙 가'먼 제대 하'셔씀미까?

= 구'네 이'서써요.

⁻ 군데 이'서찌.

검' 어'르신 처' 애' 에 가'져셔따라능 거 모르'셔씀미까, 처'메느?

⁻ 몰:라'찌 머.

⁻ 글' 아이'래, 내가 그 결혼하고 할:빰'[241] 잔는지, 그'러고 다부'[242] 군:대' 를 가 뿌'러씨~이까.

⁻ 할빰 자고.

검' 애'는, 천 애'는 언제 보'셔씀미까?

⁻ 그거 머 언'제 그'랜노[243] 몰'래 내가 휴'가 와 와가주 머 이'렌는 지.

그 혹'시 머 어먼'니믄 천 애 가'지시고 어 머 입더'시나 머 그'렁 거는 마:니 안 하'셔씀미까?

= 아 핸니더.

아 으.

= 야.

십'게 하'셔씀미까?

= 예.

그: 그'암무[244] 그때 혹시 출산하'실 때, 산파'는 누'가 해 주'셔씀미까?

= 사'안파 머 지'베서 나'찌 머.

에'이, 지'베서 그'르도 누'가?

⁻ 모치~'이 그'래찌 머:.

누'가?

＝ 우리는 어떤 영문인지도 뭐 모르고 지내 나갔기 때문에 몰라요.

＝ 예, 참말이에요.

＝ 어떤 영문인지도 모르고 지내 나왔으니.

그럼 어디, 첫 애 가졌을 때, 어르신은 군에 계셨습니까, 안 그러면 제대하셨습니까?

＝ 군에 있었어요.

‾ 군대 있었지.

그럼 어르신 첫 애 가지셨다는 것을 모르셨습니까, 처음에는?

‾ 몰랐지 뭐.

‾ 그것은 아니야, 내가 그 때 결혼하고 하룻밤 잤는지, 그리고 도로 군대를 가 버렸으니까.

‾ 하룻밤 자고.

그럼 애는 첫 애는 언제 보셨습니까?

‾ 그거 뭐 언제 그랬나 몰라, 내가 휴가 와서 뭐 이랬는지.

그 혹시 뭐 어머님은 첫 애 가지시고 뭐 입덧이나 뭐 그런 것은 많이 안 하셨습니까?

＝ 안 했어요.

아, 음.

＝ 예.

쉽게 하셨습니까?

＝ 예.

그러면 그 때 혹시 출산하실 때, 산파는 누가 해 주셨습니까?

＝ 산파 뭐 집에서 낳지 뭐.

에이, 집에서 그래도 누가?

‾ 모친이 그랬지 뭐.

누가?

= 위:러~'이²¹⁵⁾ 그'래찌 머요.

= 예.

시'어'른, 시어머.

= 시'어르이.

어 머 그 다'으메 아'이, 천 애 나'아슬 때' 척'꾹'빠븐 머: 주'십띠까?

= 처'꾹'빱²⁴⁶⁾ 맹: 으 머 저'게 머 무꾸국²⁴⁷⁾ 끼'리고²⁴⁸⁾ 밥 해주고 하'제요, 처꾹'빠비사야²⁴⁹⁾.

그: 그 다'으메 처'꾹'빱 드'시고 나서 머 미'여꾹 꾸근 어치, 미'여꾹하고 그 래 주'심미까?

= 예예.

어: 검' 보통' 그 애 나코 그 스 조'리기가늘 어'뜨케 한 어 스 삼:칠 하'셔씀 미까, 머: 얼'마?

= 예, 잠머²⁵⁰⁾ 더 머 올캐 해 머건니더.

= 잘' 헨'니더.

= 조'레도²⁵¹⁾ 잘 하고 그'때는.

삼:칠' 하'셔씀미까?

= 예.

= 조'래느 올'케 모 헤'찌 머'.

어: 그 심:칠' 하'실 때'느, 그'럼며너 그 스 미, 애'을 드'리서 에 테어니'슬 때, 에 어 지'베 시'어머닝께서 먿 빌고, 삼신할머니한테 빌고 그래 함'미까?

= 예, 그'레 헨'니더.

그 어'떠케 하'는 지 함: 이야기 쫌' 해 주이소.

= 몰:레' 머 떠 올'케 먿, 글'뗀 드 드'러도 이'저뿌지 머'요.

그'엄녀며.

= 처름²⁵²⁾ 그'때 머 나'이 머 저레 스'무살이라 머 그'렌데요.

거문 예즈²⁵³⁾, 혹시 어머'니께서 딸'레분 결혼하'시고:, 어 손쫀 노'코 이럴 땐

= 어른이 그랬지 뭐요.

예.

시어른, 시어머님?

= 시어른이.

그 다음에 아이, 첫 애 나았을 때, 첫국밥은 뭐 주시던가요?

= 첫국밥 역시 뭐 저기 뭐 무국 끓이고, 밥 해주고 하지요, 첫국밥이야.

그 다음에 첫국밥 드시고 나서 뭐 미역국, 국은 어찌하여, 미역국하고 그래 주십니까?

= 예예.

그럼 보통 그 애 낳고 그 조리기간을 어떻게 한 삼칠일 하셨습니까, 뭐 얼마?

= 예, 전부 다 뭐 옳게 해 먹었어요.

= 잘 했어요.

= 조리도 잘 하고 그 때는.

삼칠일 하셨습니까?

= 예.

= 조리는 옳게 못 했지 뭐.

삼칠일 하실 때는, 그리면온, 그 뭐 예를 들이시 애가 대어났을 때, 집에 시어머님께서 무엇을 빌고, 삼신할머니에게 빌고 그래 합니까?

= 예, 그래 했어요.

그걸 어떻게 하는 지 한 번 이야기 좀 해 주십시오.

= 몰라, 뭐 또 옳게 뭐, 그 때 들어도 잊어 버렸지 뭐요.

그러면은.

= 철없던, 그 때 뭐 나이 뭐 저렇게 스무 살인가 뭐 그랬는데요.

그럼 예전, 혹시 어머니께서 딸네분 결혼하시고, 손자 놓고 이럴 때 그 한 번,

그 함 봉, 그럴 떼도 가서 이야[254] 한 번?

＝ 그 몰'레여 멍 기[255].

＝ 함마 머 오'래 데가 지'내너까꼬 몰'레요.

검 그'떼 머 얻 애'들 걷 돌'잔치나 머 그릉 거느 함'미까?

＝ 울 돌'차체도[256] 아' 해써요.

그 검 도:레' 그거 삼:신할'매한테 빌'고느 함'미까?

＝ 예.

어 그'를 때 상'은 어'떤 시'그로 보:통' 그어 차'림미까?

＝ 야?

사아, 돌: 그'떼, 앤 그 할' 떼', 삼신'할매하고 빌' 떼는 어'뜨케 차'림미까?

＝ 그 체'릴[257] 꺼 머' 임노 물 떠'노코 기'양 비지 머'요.

＝ 삼신할'매한테.

그 다'으메 어르'신 혹시 읻 이 마으레'서느 예'저네 인저 어 애'드리 인자 자'라가주고 그 성, 어'르'니 델' 때, 괄'레 함미까?

괄'레식 가'틍 거 함'미까?

어른, 어른 데'따고.

ˉ 야:, 괄레'시그는 마'저요.

ˉ 괄레'시근 금 마 한: 사람도 이'꼬, 아[258] 한 사람도 이'꼬, 괄레'시그는 인세 날: 바너 노'코, 은'세쭘[259] 은제 장게간다 그'몬, 글'떼 은제' 구 과식[260], 가'씨고, 근데 저: 두르막 이'꼬, 그 은제 어른'드른데이[261] 이어쓰 절' 하고, 예, 그래 하'긴, 예, 그'레 헨'니더.

어: 그 괄'레식 보통 한 멷' 살' 때쯤' 보:통 함'미까, 대개 한'시는 사'람드른?

ˉ 하 하능 거는, 건 머' 으으 언'제나 그 장게갈' 때 데'이 데.

ˉ 어 한 스물 메' 쌀.

ˉ 귿 글'뗀 또 어 우리 볼' 떼는 장게를 뜨 쫌 빨리 간 테'기지요.

ˉ 수물 수물 선 너이 다서쭘 데 가무 가니까.

그럴 때도 가서 이야기를 한 번?

= 그 몰라요 뭔 것인지.

= 벌써 뭐 오래 되어서 지나가지고 몰라요.

그럼 그 때 뭐 애들 그 돌잔치나 뭐 그런 것은 합니까?

= 우리 돌잔치도 안 했어요.

그러면 돌에 그거 삼신할머니한테 빌고는 합니까?

= 예.

그럴 때 상은 어떤 식으로 보통 그 차립니까?

= 예?

상, 돌 그 때, 애 그거 할 때, 삼신할머니에게 빌 때는 어떻게 차립니까?

= 거기 차릴 게 뭐 있나, 물 떠놓고 그냥 빌지 뭐요.

= 삼신할머니에게.

그 다음에 어르신 혹시 이 마을에서는 예전에 인제 애들이 인제 자라서 그 성인, 어른이 될 때, 관례(冠禮)를 합니까?

관례식 같은 것 합니까?

어른, 어른 됐다고.

ˉ 아, 관례식은 맞아요.

ˉ 관례식은 그럼 뭐 한 사람도 있고, 안 한 사람도 있고, 관례식은 인제 날 받아 놓고, 언제쯤 인제 장가간다 그러면, 그 때 인제 그 갓 쓰고, 갓 쓰고 두루마기를 입고, 인제 어른들한테 이어서 절하고, 예, 그렇게 하긴, 예, 그렇게 했어요.

그 관례식 보통 한 몇 살 때쯤 보통 합니까, 대개 하시는 사람들은?

ˉ 하는 것은, 그건 뭐 언제나 장가갈 때 되어야 돼.

ˉ 한 스물 몇 살.

ˉ 그 땐 또 우리 볼 때는 장가를 좀 빨리 간 셈이지요.

ˉ 스물, 스물 셋, 넷, 다섯쯤 돼 가면 가니까.

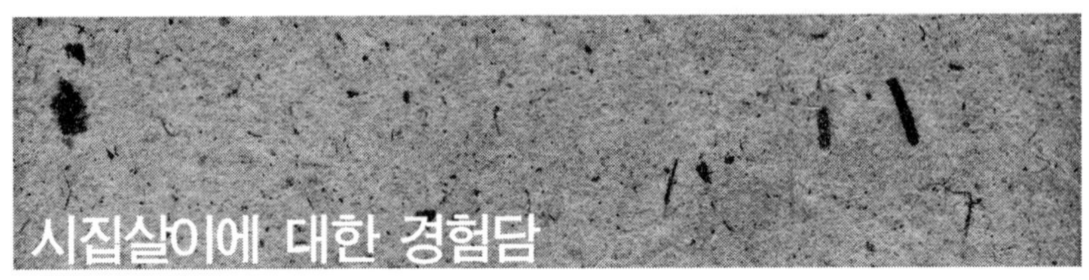

시집살이에 대한 경험담

그 혹'시 그 시'지블 가가주고 제:일 그 어'려워떤 저'므, 어'떵[262] 게 제일 어'
려씀니가?

아까' 여라'오베 이 쪼그로 시집오시 가 제'일 힘'드싱 거느 어'뜽 거[x여씀미
까x]?

 = 글'때는 글'때는 다 마카' 어'러부쩨요.[263]

 = 예, 다: 어'러번니더.

 = 다 어'러버꼬.

 = 그르이 머 어예[264] 머 어에 어예 지내 나간는 거'또 머 모'리고, 머 사
다가 보이 머 그'래여.

 ⁻ 멍능' 거 떼'미네 젤:[265] 에'로브도[266] 마네찌 머.

 = 우' 시'집 와가느 머 글떼는 마:이 어'러브쓰.

주'로 은제' 어 경'제저긴 그런 부분?

 ⁻ 예에, 머저[267] 마저.

 = 예.

머 그 혹'시 그런 부'분도 그 해'찜마느 예를 드러서 우리 어:르'시니 군대 가
가주 게셔서 혼'차[268] 그'레서 그런 어'려우믄 업'써씀미까?

 = 글 혼'차 여: 신'누하고[269] 자고 여 만:날 그'레찌.

 = 어:른'하고 자고 머.

어 그 그'때 머 어 실랑 첟'날빰 얼'굴만 보'고, 그'레 헤어저가주고, 어 그'러며
느 머 실랑 얼굴'도 몰르션는 거 아님미'까?

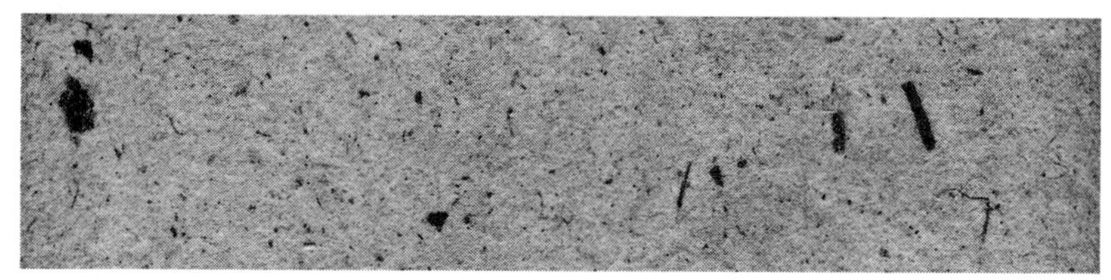

그 혹시 그 시집을 가서 제일 그 어려웠던 점은, 어떤 게 제일 어렵습니까?

아까 열 아홉에 이쪽으로 시집오셔서 제일 힘드셨던 것은 어떤 것[X이었습니까X]?

⁼ 그 때는, 그 때는 다 모두 어려웠었지요.

⁼ 예, 다 어려웠어요.

⁼ 다 어려웠고.

⁼ 그러니 뭐 어찌 뭐 어찌 어찌 지내 나아갔던 것도 뭐 모르고, 뭐 살다가 보니까 뭐 그래요.

⁻ 먹는 것 때문에 제일 어려운 것도 많았지 뭐.

⁼ 우리 시집와서는 뭐 그 때는 많이 어려웠어.

주로 인제 경제적인 그런 부분?

⁻ 예예, 맞아 맞아.

⁼ 예.

뭐 혹시 그런 부분도 그러했지만은, 예를 들어서 우리 어르신이 군대에 가서 계셔서, 혼자, 그래서, 그런 어려움은 없었습니까?

⁼ 그래 혼자 여기 시누이와 자고 여기 늘 그랬지.

⁼ 어른하고 자고 뭐.

그, 그 때 뭐 첫날밤 신랑 얼굴만 보고, 그래 헤어져서 그러면은 뭐 신랑 얼굴도 모르셨던 것 아닙니까?

= 모'리[270] 때도 이'써찌 머요.

어 어 그'암며는 아까 오'신는[271] 그 시'누부니 칭구처럼 머 그젤 그레 지내셔

따, 그지예?

= 예, 아 예.

= 예. 예.

예저'네 그 어머님 때' 시'집사리하고 요즘' 머.

= 오세'하고 처~'이[272] 차이시더.

예, 그 언즈[273] 어'떤 차'잉 꺼 까슴미, 함'[274] 이'야기 해주이'소.

= ***.

예, 천'지 차'이라능 거 함 이야기.

= 어'이고, 오세'사 저그[275] 머 지'[276] 마음데'로 하지 머 누' 실랑 마음데'

로 하'디껴?

= 오세'사 마카 예 아'느론[277] 마음데'로 하지.

멀 또 어'뜽 게 또 차'이 마능[278] 가'씀미까?

= 몰'[279] 그'런 영'분도 모'리고 그'레요.

엄 머 그'래도 아까 이야기하'셔씀미다마는 천'지 차'인데 하나느 실랑 마음대

로 어 모'타고 아 시 실'랑' 눈치 암 보고 혼자 다: 하'고.

= ****.

" ㄱ라잔'니껴?

= 오세 보'소, 번:하잔니'껴, 머'카[280].

= 세:워'리 그리 덴'는데 머.

또 머 어 머 먹'꼳 쯔 이'런 부'분도 예전하고는 마:니 달라저가'지고.

= 예, 먹'꼬 이'꼬 하능 거'느 옌:나레 데'니껴[281]?

= 옌:나레사 참 머 무'어께[282] 마넨니껴, 오'시 마'넨니껴, 머 글코, 그레

찌 머요.

그' 시'집사리 하'실 때, 옌:나'른 그'런며너 아 거이 머 어 삼녀'는 먼 어 기'도

= 모를 때도 있었지 뭐요.

그러면은 아까 오셨던 그 시누이 분이 친구처럼 뭐 그래 그래 지내셨다, 그렇지요?

= 예, 아 예.

= 예. 예.

예전에 그 어머님 때 시집살이하고 요즘 뭐.

= 요사이 하고 천지 차이에요.

예, 그 어떤 차인 것 같습니까, 한 번 이야기 해주세요.

= ***.

예, 천지 차이라는 것, 한 번 이야기.

= 아이고, 요새야 저희 뭐 자기 마음대로 하지 뭐 누구 신랑 마음대로 하던가요?

= 요새야 전부 여기 안사람은 마음대로 하지.

뭐 또 어떤 게 또 차이가 많은 것 같습니까?

= 몰라, 그런 영문도 모르고 그래요.

뭐 그래도 아까 이야기하셨습니다만은 천지 차인데, 하나는 신랑 마음대로 못하고, 아 신랑 눈치 안 보고 혼자 다 하고.

= ****.

= 그러지 않나요?

= 요새 보세요, 뻔하지 않나요, 모두?

= 세월이 그렇게 됐는데 뭐.

또 뭐 뭐 먹고 저 이런 부분도 예전하고는 많이 달라져서.

= 예, 먹고 입고 하는 것은 옛날과 같나요?

= 옛날이야 참 뭐 먹을 것이 많았나요, 옷이 많았나요, 뭐 그렇고, 그랬지 뭐요.

그 시집살이 하실 때, 옛날은 그러면은 거의 뭐 삼년은 뭐 귀도 막고, 눈도 막

마'꼬, 눈'도 마'꼬, 머 하'라고 헨'는데, 에 그'렁 거 비해서도 요즈'믄 쯤 마니 다름미'까, 어'떠씀미까?

　= 몰'씨, 난 그그또 모리[283], 이넝쩡하이[284] 어정쩡하이.

　¯ 그때는 어 시집사'리 사'러따고 바'이[285] 데'지요.

　¯ 어:른드'리 또, 마'저.

　그럼'며느 어 그 어'머닌, 그 시지블, 아까 아 저쭈 주'앙상 미테서' 여라'오베일로 오'션는데, 머 예'를 드'러서 요즘도, 저'도 그러씀미다마'는, 어디 나'썬 고'세 가'며너 참 힘'들거든뇨.

　왜 그라'만[286] 제' 생활하'다가 그 모르는 데 가'며느 영: 힘'들 뜨시, 어머님 예:저'네 거'기서 게:시다가, 이것도 한 이심 년 가까이 생활하시'다가 자'라서 일'로 오셔가'주고, 나'썽 고신데, 제:일' 그 어'려워떤 게 어'떵 거여씀미까?

　엔:날', 친'정에 이따'가 일'로 바로 시집 보'니까[287], 나'썬 고'세 오'시니까?

　= 머 마'카 나'써이께네 머 어정쩡:한 게 머 잘 몰'시더.

　= 그'떼는녀.

　예:.

　으 머 어 제:일 어 그거 아 엄 머 나'썬 부분 그'렁 거, 그 다'음메 또 제임 머 어 힘'든 게 얻떵 게 힘'드러씀미까?

　= 그'떼 힘'드능 건 여'어는 식'수감[288] 마:이 따레'끄등뇨.

　= 그'르이 비므로 물 이'러 뎅'기는 게 글'떼 게:일[289] 스거'퍼찌요[290].

　¯ 마저, 그뗀 주로, 이 마저 머 * ** **.

　= 예, 바'물[291] 물 이'러 뎅'긴니더.

　나'제는 이'를 하'시고?

　= 무'리 따래'이께네 머 바므럳[292] 뎅'기고.

　거머 어디 아까' 이 말씀하'션는?

　= 아이 요'게 이'써써요.

　= 도:램' 미, 건네' 요그 우'무리라.

고, 뭐 하라고 했는데, 그런 것에 비해서도 요즘은 좀 많이 다릅니까, 어떻습니까?

= 모르겠어요, 난 그것도 몰라, 어정쩡하니, 어정쩡하니.

- 그 때는 시집살이 살았다고 봐야 되지요.

- 어른들이 또, 맞아[293].

그러면은 그 어머니, 그 시집을, 아까 저쪽 주왕산 밑에서 열아홉에 이리로 오셨는데, 뭐 예를 들어서 요즘도, 저도 그랬습니다만은, 어디 낯선 곳에 가면은 참 힘들거든요.

왜 그러냐 하면 자기 생활하다가 모르는 데 가면은 영 힘들듯이, 어머님 예전에 거기서 계시다가, 거기도 한 이십 년 가까이 생활하시다가, 자라서 이리로 오셔서 낯선 곳인데, 제일 어려웠던 게 어떤 것이었습니까?

옛날, 친정에 있다가 이리로 바로 시집오니까, 낯선 곳에 오시니까?

= 뭐 전부 낯서니까 뭐 어정쩡한 게 뭐 잘 모르겠어요.

= 그 때는요.

예.

뭐 제일 그것 낯선 부분은 그런 거, 그 다음에 또 제일 뭐 힘든 게, 어떤 게 힘들었습니까?

= 그 때 힘들었던 건, 여기는 식수가 많이 달렸었거든요.

= 그러니 밤으로 물 이러 다니는 게 그 때 제일 서글펐지요.

- 맞아, 그 때는 주로, 이 맞아 뭐 * ** **.

= 예, 밤에 물 이러 다녔어요.

낮에는 일을 하시고?

= 물이 달리니까 뭐 밤에 다니고.

그러면 어디 아까 이렇게 말씀하셨던?

= 아니 요기 있었어요.

= 도로 밑, 건너 요기 우물이야.

= **도 우무리 하나 이'서찌.

아, 여 샘'매로[294] 하나 이'서씀미까?

= 옌, 예, 옌:나레 그 고 우'고리[295], 그 물 가주고, 그 물 가주고 사:무 이 동네 그 마:느 식'수를 하이 무'리 마:이 따레'찌[296].

‾ 우리 동네이[297] 물 저그 노'이 머, 모지래[298] 가지고 인제' 저'어[299] 가다가 여다 머'꼬, 저그더 여다 머꼬 ** ***.

= 예, 그랜니더.

아: 물' 물' 기'르러 가'는 그:기' 참 예저네 나'썬 데 와'서 제일 힘' 드'르따 그'지예?

= 예, 겔 힘드'러써여, 물 기'리러[300] 뎅기고.

아, 저'도 어'릴 때, 에 머 아버'지 이르가 가:끄'믄 시원:한 물, 새메', 저 이 가서 떠 가'지고 오'라 하며 아'주 시러헨'는데, 머 혹시 또 그그 말고는 먿 또 어'떵 거, 물' 기'로, 물' 이'로 간'는 거 하고 말:고는 또 다른 건 업'써씀미까?

= 그 보리바~'아 쩌'가 밥해 멍'는게 겔 힘'드러찌 머요.

아:, 마'씀미다, 어디?

보리빠~'아는 어'디?

‾ 음, 디'들빠~아[301], 마 디들빠~아.

= 바~아까'리[302], 디'들빠까리.

디'딜빙아낀.

‾ 우'리도 여: 디'들빠가 이'서꺼드요.

= 예.

아, 여기 이'써씀미까.

‾ 예.

= 예.

거'머 디'딜방아느: 머 어머'니미 디'딜빵아: 어 눌'러씀미까, 앙 카'마 호바'게 가서 헤'씀미까?

= **도 우물이 하나 있었지.

아, 여기 샘이 하나가 있었습니까?

= 옛, 옛날에 거기 거 우물이, 그 물 가지고, 그 물 가지고 사뭇 이 동네 그 많은 식수를 하니 물이 많이 달렸지.

‾ 우리 동네가 물이 적어 놓으니 뭐, 모자라서 인제 저기 가서 여다 먹고, 저기도 여다 먹고 ** ***.

= 예, 그랬어요.

아 물 길으러 가는 그것이 참 예전에, 낯선 데 와서 제일 힘이 들었다, 그렇지요?

= 예, 제일 힘들었어요, 물 길으러 다니고.

아, 저도 어릴 때, 뭐 아버지 이래서 가끔은 시원한 물, 샘에, 저기 위에 가서 떠서 오라고 하면 아주 싫어했는데, 뭐 혹시 또 그거 말고는 뭐 또 어떤 것, 물 길으러, 물 이러 가는 것 하고 말고는 또 다른 것은 없었습니까?

‾ 그 보리방아 찧어서 밥 해 먹는 게 제일 힘들었지 뭐요.

아, 맞습니다. 어디에?

보리방아는 어디에?

‾ 음, 디딜방아, 고만 디딜방아.

= 방앗간이, 디딜방앗간이.

디딜방앗간

‾ 우리도 여기 디딜방아가 있었거든요.

= 예.

아, 여기 있었습니까?

‾ 예.

= 예.

그러면 디딜방아는 어머님이 디딜방아를 눌렀습니까, 안 그러면 호박에 가서 일을 했습니까?

= 쩌'어쩨요.

을 직'쩝 **.

¯ 마저, 발브먼.

= 예, 야.

:아, 그그 디'딜빵아 거 뜨 예저'네 고추'도 그그 가추가?

= 꼬'치도 거 드르[303] 다 빡[304] 꼬치장: 꺼'리도 거 빠'아가 헤머'꼬 머 다: 그'렌니더, 옌:나레는 머.

¯ 예.

머 어: 그'릉까 머 시집오셔가주우 똠 만며'느리니까 더 마:니 하'셔께쬬?

= 예.

어 그 다'음 머, 어: 혹'시 머, 그런 머 물 이'로 가'능 거 하고, 여 머 방아 찐'는 거, 이렁거 말:고, 혹'시 머 어 어:르'신 안 게셔가주고 그런 부분 업'써씀미까?

= 건' 잘: 모'리지 머.

머 예 그르도, 에'를 드'러서 먼 저 가'트며는 누가, 어 여'페 실랑'이라도 게'신며느 훨:씬' 마으'미라도 편할' 꺼 가'튼데.

= 마'제요.

= 그레찌'요, 글'떼는.

어: 그럭 별'로 안, 머 실랑 안 게'셔도 머 어 겐차'느션는 모야~'이다.

¯ 시'동싱[305]들 마:이 이시'이끼[306].

= 시:동상'드리 다 이'선노이요, 시'동상들 너'이', 시'누하고 다'섣씨 이써 보소.

¯ 네치 이시'이까.

¯ 한 지'비 머 처 한 지'비 거치[307].

= 어:른'하고 그레가주 삼시 시'끼[308] 보리바~' 쩌가 밥해 멍'는 게 이'리고. 그'때 바~아' 찐'는 기 그기 체'고 애 머거찌 접'따[309].

머 요즈'므 방아까'네 가서 기'게로 쩌'으니까.

﹦ 찧었지요.

직접 **?

﹣ 맞아, 밟으면.

﹦ 예, 예.

아, 그거 디딜방아 그것, 또 예전에 고추도 그것 고추가?

﹦ 고추도 거기 들어 다 빻고, 고추장 거리도 거기 빻아서 해 먹고, 뭐 다 그랬어요, 옛날에는 뭐.

﹣ 예.

뭐 그러니까 뭐 시집오셔서 또 맏며느리니까 더 많이 하셨겠죠?

﹦ 예.

그 다음 뭐, 혹시 뭐, 그런 뭐 물 이러가는 것 하고, 여기 뭐 방아 찧는 것 이런 것 말고, 혹시 뭐 어르신 안 계셔서 그런 부분 없었습니까?

﹦ 그건 잘 모르지 뭐.

뭐 그래도, 예를 들어서 뭐 저 같으면은 누가, 옆에 신랑이라도 계시면은 훨씬 마음이라도 편할 것 같은데.

﹦ 맞아요.

﹦ 그랬지요, 그 때는.

어 그럼 별로 안, 뭐 신랑 안 계셔도 뭐 괜찮으셨던 모양이다.

﹣ 시동생들 많이 있으니까.

﹦ 시동생들이 다 있으니까요, 시동생들 넷, 시누이와 다섯이 있어 봐요.

﹣ 넷이 있으니까.

﹣ 한 집이 뭐 저 한 집 같이.

﹦ 어른과 그래서 삼시 세끼 보리방아를 찧어서 밥 해 먹는 게 일이고.

﹣ 그 때 방아를 찧는 게, 그게 최고 애 먹었지 싶다.

뭐 요즘은 방앗간에 가서 기계로 찧으니까.

＝ 예, 오세'서[310] 망:고 페찬니'껴?

그'떼늗 머 게:속 그거 매: 끼'니를 다 찌'어야 데'니까.

＝ 바~아 쩌'야 데이.

어: 그 다'으메 이거 머 시: 시'아버지느 일찍 도'라가셔따 하'셔꼬, 그 다'으메 시'어머니 하'고는 머 어'뜨케, 머 어'떼씀미까?

＝ 시어마'이[311]하고는 자[312] 치네'찌.

＝ 예, 시어마이하고 자 찌넨너더.

아, 예.

시어'머니께서 아'주 잘: 이꼬'러 주'시고?

＝ 예.

음 요즘' 그어 시'엄'머니, 이 동네에너, 요즘 에를 드러서 머 며'느리들 이래 보'고너 예:전'네 비해서느 어'뜨게 잘 해주능 거 가'씀미까?

시:어'머니드리, 요즘 시'어머니들 모하능거 가'씀미까?

＝ 오세' 시'어마이 몬' 헤주먼 데니'꺼?

＝ 잘: 해조'얘 데'제, 메늘[313] 할'때[314].

＝ 잘: 해조'야 데'니더.

＝ 잠모담[315] 밥또 몬' 어더 몽'[316] 껜'데, 잘 헤'조이 데'제요.

그' 그'때 그'르고, 아까 인제 시'동생들 마:느'시고, 시'누도 게'시고 그'런데, 업 그 이'르신 형제분들히'고는 이'뜨게, 시'이기 어'떠씀미끼?

＝ 사'이 잘: 지네써'요.

＝ 안주'꺼정[317] 잘: 지'내지더[318].

머: 또 우리 어'르시니 앙' 게:시니까 시'동생분드리 또 더 형수'니믈 또 더.

＝ 예, 잘: 하니'더, 예.

＝ 잘 하니더.

글: 요즘' 그 그 며'누니드른, 머 예를 드러서 아까 우리 어'르신께서 양자 두'셔따고 하'지마너, 머 그런 어 그 며'느리나 또는 머 아:니'며는 또 머 다른 지'

= 예, 요새야 만고(萬古) 편하지 않습니까?

그 때는 뭐 계속 그거 매 끼니를 다 찧어야 되니까.

= 방아를 찧어야 되니까요.

그 다음에 이것 뭐 시아버지는 일찍 돌아가셨다고 하셨고, 그 다음에 시어머니하고는 뭐 어떻게, 뭐 어땠습니까?

= 시어머니하고는 잘 친(親)했지.

= 예, 시어머니하고 잘 지냈어요.

아, 예.

시어머니께서 아주 잘 이끌어 주시고?

= 예.

요즘 그 시어머니, 이 동네에는, 요즘 예를 들어서 뭐 며느리들 이래 보고는 예전에 비해서는 어떻게 잘 해주는 것 같습니까?

시어머니들이, 요즘 시어머니들 못 하는 것 같습니까?

= 요새 시어머니가 못 해주면 됩니까?

= 잘 해줘야 되지, 며느리한테.

= 잘 해줘야 됩니다.

= 잘못하면 밥도 못 얻어먹을 건데, 잘 해줘야 되지요.

그, 그 때 그리고 아까 인제 시동생들 많으시고, 시누이도 계시고 그런데, 그 어르신 형제분들히고는 이렇게 사이가 어떻습니까?

= 사이 잘 지냈어요.

= 아직까지 잘 지냅니다.

뭐 또 우리 어르신이 안 계시니까 시동생 분들이 또 더 형수님을 또 더.

= 예, 잘 합니다, 예.

= 잘 합니다.

그 요즘 그 며느리들은, 뭐 예를 들어서 아까 우리 어르신께서 양자를 두셨다고 하지만은, 뭐 그런 그 며느리나 또는 뭐 아니면은 또 뭐 다른 집안에 며느리

바네 며'누리들 보'며너 며느리들리 쫌' 잘: 하'능거 가'씀미까 어'떠씀미까?

　= 우리 메'늘또 잘: 하니더.

　= 잘; 하니더.

　= 예, 하능' 거느 잘: 하니더.

　그: 예저'네 인제 그 어머'님 시집오셔가'주고 보'니니 그 며'느리 해시 때 하'시던 거' 하고[319] 에 요'즘 요 요.

　= 예', 그'하고 오세하고 데'니껴?

　그'르 으'뜬 차'이가 나능 거 가'씀미까?

　= 그'을' 때하고 오세'하곤 차'이가 마~이 나지요.

　그'엄 머:가' 차이 남'미까?

　= 오뚱이[320] 옌날거'치 하먼 누가 옐, 데니'껴?

　아니 그럼, 그'르도 머 어떤 부'부니 차'이 나느지 함 부[321] 이야기 해' 주'이소.

　머 어'뜨게 제:일 큰: 차'이나능 게', 어뜽 그, 차이, 큰 차이 남미까?

　= 그'께 오세'는 메'늘네가 언 글'떼그치 보리바~'아 쩌'가 밥' 해' 머'꼬 물' 리'고, 바므로 물' 리'고 하머, 누가 그라니'껴?

　= 오세'느 그 앙' 그러고, 차이가 마:이 나지.

　그'으기 머 혹'시 인제 그런 머 노동쩌인 그런 거'또 그러고, 시'부모에 대해서 어 예:저'네 공'손하게 핸'는 그런 부분 어'떵 가씀다.

　예:저'네 어머'니미 시'어머니한떼 아친 저'녀그로 머 행동하'시는 거'나 뚜는 요:즘' 며'느리가 어머님한테 하시능 거 하'고느 쫌' 차'이가 남'미까?

　= 차이 나지요.

　= 예.

　으깐 예:저'네 어뜨 시'그로 차'이 남'는가 함 이야기 해 주'이소.

　요즘, 그'래야 우리'가 알'지요.

　그'래요[322] 저'도 쫌' 알:고, 더 잘: 하'고.

　하'부 이야기 해주'시지요.

들 보면은 며느리들이 좀 잘하는 것 같습니까, 어떻습니까?

= 우리 며느리도 잘 합니다.

= 잘 합니다.

= 예, 하는 것은 잘 합니다.

그 예전에 인제 그 어머님 시집오셔서 본인이 그 며느리 때 하시던 거 하고 요즘..

= 예, 그 때와 요새와 댑니까[323]?

그럼 어떤 차이가 나는 것 같습니까?

= 그 때하고 요새와는 차이가 많이 나지요.

그럼 뭐가 차이 납니까?

= 어떻게 옛날같이 하면 누가 여기, 되나요?

아니 그럼, 그래도 뭐 어떤 부분이 차이 나는지 한 번 이야기 해 주십시오.

뭐 어떻게 제일 큰 차이나는 게, 어떤 게, 차이, 큰 차이 납니까?

= 그러니까 요새는 며느리들이 그 때같이 보리방아 찧어서 밥 해먹고 물을 이고, 밤으로 물을 이고 하면, 누가 그럽니까?

= 요새는 거기 안 그러고, 차이가 많이 나지.

거기 뭐 혹시 인제 그런 뭐 노동적인 그런 것도 그렇고, 시부모에 대해서 예전에 공손하게 했던 그런 부분은 어떤 것 같습니까?

예전에 어머님이 시어머니한테 아침 저녁으로 뭐 행동하시는 거나 또는 요즘 며느리가 어머님과 하시는 것과는 좀 차이가 납니까?

= 차이 나지요.

= 예.

그러니까 예전에 어떤 식으로 차이가 났는가 한 번 이야기 해 주십시오.

요즘, 그래야 우리가 알지요.

그래야 저도 좀 알고, 더 잘하고.

한 번 이야기 해 주시지요.

= 오세'느 시집 와도 머 여'내 머 그 저'래 하'지만, 옌:나 레'느 시집 오'머 아침 사꽌디'리고 머하'고 머 오세'르 그게' 업짠니껴?

늘: 인사올'리고?

= 예.

아 그 한 면'년 정도까지 하'셔씀미까, 그럼?

= 머' 오'래사 해' 내'니껴?

= 오'래스 몬 하지.

= 요새는 시집와도 뭐 바로 뭐 그 저렇게 하지만, 옛날에는 시집오면 아침 사관을 드리고 뭐하고 뭐 요새는 그게 없잖아요?

늘 인사올리고?

= 예.

아 그 한 몇 년 정도까지 하셨습니까, 그럼?

= 뭐 오래야 해 냅니까?

= 오래야 못 하지.

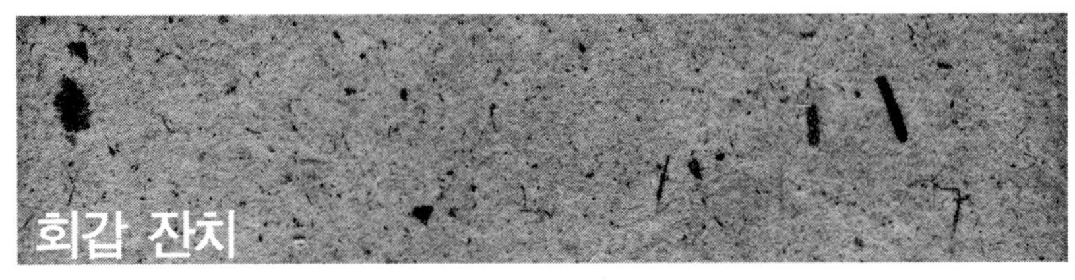

그 어'르신 그 헤'갑잔치와 괄련해'서 함 번 이야기 나눌'려고 함'니다.

보통:: 그 만 예순:니 데'며는 황갑잔치 하'지 안슴미까'?

⎯ 네.

그' 황'갑잔치은 보통 어'떠케 함'미까?

잔'치느 어'떤 시'그로 함'미까?

⎯ 항갑잔치[324]는 그 저'네 어른들 이'레 하시능 거 이 볼' 떼는 지'베서 주'로 마:이 헤'끄더~.

⎯ 지'베서 은제 참: 음세'글[325] 고기 사다가 그 음세'글 헤', 지'베서 해가 지고 인제 동네 사:람' 또 어'데 아는 사람인'데[326] 인제 이 참' 열'라글 해서 오'시라 그레가지고 함[327] 다~'일 이래 참 하루 먹'고 이레 이레 놀:고 이쩌 거[328] 헨'는데, 지금으넌 바서는 지'베 하는 사람 아무도 어'꺼더요.

⎯ 나도' 헤'가블 여'서 안 하고, 아:드리[329] 차 내 가지고 저어그 머'얼'리 가 헤'싸요.

마씸.

요즘 머 그 아'드님드리 편할려'고 하는 건지, 앙 그'려며느 더 잘: 할'려고 하' 는 지느 모르게스미다마'느 바'께서 잘 이근 머 저'나 누'구나 할: 꺼 어씨 요즘 사람들 그레 잘 하'능거 가'슴다.

⎯ 예.

⎯ 예.

⎯ 예.

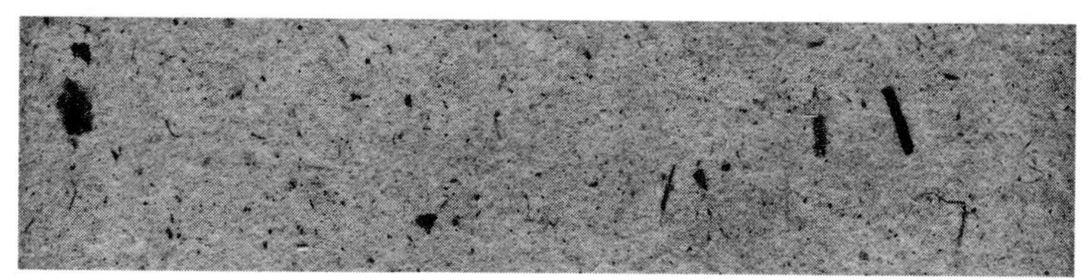

그 어르신, 그 회갑잔치와 관련해서 한 번 이야기를 나누려고 합니다.

보통 그 만 예순이 되면 환갑잔치를 하지 않습니까?

- 예.

그 환갑잔치는 보통 어떻게 합니까?

잔치는 어떤 식으로 합니까?

- 환갑잔치는 그 전에 어른들 이렇게 하시는 것, 이것을 볼 때는 집에서 주로 많이 했거든요.

- 집에서 인제 참 음식을, 고기 사다가 그 음식을 해, 집에서 해서 인제 동네 사람, 또 어디 아는 사람에게 인제 연락을 해서 오시라 그래서 하면 당일 이렇게 참으로 하루 먹고 이렇게, 이렇게 놀고, 이것 저것 했는데, 지금 봐서는 집에서 하는 사람이 아무도 없거든요.

- 나도 회갑을 여기서 안 하고, 아이들이 차를 전세내서 저기 멀리 가서 했어요.

맞습니다.

요즘 뭐 그 아드님들이 편하려고 하는 것인지, 안 그러면 더 잘 하려고 하는지는 모르겠습니다만은 밖에서 잘, 이건 뭐 저나 누구나 할 것 없이 요즘 사람들 그래 잘 하는 것 같습니다.

- 예.

- 예.

- 예.

⌐ 알긴 머 또: 수께[330] 할, 또 그으또 그'레 하'면 도~'이 드러 글'치 수'끼
숩'찌요.
⌐ 머 지'비 으'음'석 안 장'만치, 머 손'님 머 그 딴 손'니믄 앙 가고 머
우리 참 대:수[331]가 손'님네 차 한 내 내'가지고 인제 어데 멀:리 가서 참
이'레 하'고 **.
그'으'기 머 옐' 드'러 그'런며느 에전네 지'베 지'반에서 해갑잔치를 하'신며느
주'로 음'시'근 누'가 함'미까?
⌐ 본'지베서 해'야지.
⌐ 전'부 해'가'지'거[332].
⌐ 그'르'머 아들'드리?
⌐ 예예, 머' 아들'딸'레 딸'레들하고 머 대:소'가 마굼'움[333] 네'가 울 찌'베서
네'가 네'가 헤'갑잔치 한다 커'머 울:찌'비[334] 점'부 다 와서 점'부 음:서'글
하고 다 그레 헤.
그'으므 해'갑잔치 때 보통 초'대하는 그런 머 일가 친'척은 어디까지 보통 보
통 모'심미까?
오시러 칼' 때.
⌐ 아:: 머' 일가친'측은 머 물로~'이고, 또 칭'구라든지, 또 알: 만한데 암
만 머'러도, 머:디'라도[335] 안: 사람 이시'면, 오늘 내'가 그래 하얌 놀러오'
리'꼬 또 이 청아[336]'가지고, 그'레므 또 다 와'요.
⌐ 우: 와'서 와'서 은제 저'레가주 가치 놀:고.
회'갑 머 그 예:저'네 헤갑잔치하'며는 주'로 회갑상'을 차'림미까?
아'들레드리?
⌐ 예:, 글'치여.
⌐ 스 상'을 체'레지요[337].
상'은 어떤 시그로 차'림미까?
⌐ 보통?

˝ 아 이게 뭐 또 쉽게 할, 또 그것도 그래 하면 돈이 들어서 그렇지, 쉽
긴 쉽지요.

˝ 뭐 집에서 음식 안 장만하지, 뭐 손님 뭐 그 다른 손님은 안 가고 뭐
우리 참 대소가 손님들 차 한 대 전세내서 인제 어디 멀리 가서 참 이렇게
하고 **.

거기 뭐 예를 들어, 그러면 예전에 집에, 집안에서 회갑잔치를 하시면 주로
음식은 누가 합니까?

˝ 본집에서 해야지.

˝ 전부 해서.

그러면 아들들이?

˝ 예예, 뭐 아들 딸네, 딸네들과 뭐, 대소가 마구, 내가 우리 집에서, 내
가 내가 회갑잔치한다고 하면 우리집에 전부 다 와서 전부 음식을 하고
다 그래 했어요.

그러면 회갑잔치 때 보통 초대하는 그런 뭐 일가 친척은 어디까지 보통, 보통
모십니까?

오시라고 할 때.

˝ 아 뭐 일가친척은 뭐 물론이고, 또 친구라든지, 또 알 만한 데 아무리
멀어도, 멀더라도 아는 사람이 있으면, 오늘 내가 그렇게 해서 놀러 오라
고 또 이 청(請)하여서 그러면 또 다 외요.

˝ 우 와서 와서 인제 저래서 같이 놀고.

회갑 뭐 그 예전에 회갑잔치하면 주로 회갑상을 차립니까?

아들네들이?

˝ 예, 그렇지요.

˝ 상을 차리지요.

상은 어떤 식으로 차립니까?

˝ 보통?

- 상으는 머 주'로 은제 이 초네'는 떡', 이 시르떠'글 해가'지고 인제' 다
머서 하곡, 과일 일'절[338], 그'릉 그하'고 은제 해:서 내 망흔, 내'가 은제 헤'
갑한다 그'믄 네 아'페다 사~'을 차리[339] 노'코 저어'가[340] 날 보'고 은저 술
한'잔슥 버' 노'코, 절'로 떠 아'들레 딸'레든지 누'[341] 가까은 사'라믄 저'를
함븐슥 다: 다: 하고, 그레 하'고는 은제 동네 사'라미든지 누간 인 이'우스
머 저 멀:레'서 손'니미라든지 글뗀 은제 한:데 마다~'서 참:: 피 노'코, 인제
술하'고 이 나누'고, 그 또 머 점:두러[342] 머'꼬는, 저데로 은제 또 진'풍'물
가따 노'코 은제 뚜'들고 마구 놀건 그래하지요.

- [x흐글 네서요x].

그 상' 헤갑상'은 그'러며는 아까 말슴하신 데'로 언제 아침 즈'으메 아치'메 함
'미까, 언제 보통 상' 차'리므 언'제 함'미까?

- 아치'메 헤'찌요.

- 아 아직'[343] 머'꼬 아직' 머'꼬 은제 손'님들 처~'해 노음 은젬 아 거이
와'따 시프모 은제 그 체'리 노콘 그레 하'고는 그 사~'을 네'다가 인제 가
치 인제.

그:: 그 보통 헤'갑상 차'리나 노코 저'른 머 며'쁜 함'미까?

- 함 분.

= 투 뿌, 투 분 아이라, 함 버이라?

- 이이'라, 함 분쓰기라.

- 함 분'쓱 하지.

= 함 분쓰기지.

함분'식 함'미까? 예.

그'러며느 그 아까' 헤'갑상 그 음식뜨'른 주'로 머 아'들레나 딸'레드리 하'는
데, 보통 머 어'떵 거 마니 함'미까?

해:서 나누어 드'심미까?

- 어: 머 여 바서는 고마 제:사, 제:사 지'낼 떼 그 상 체'리드시 일 과일,

‐ 상은 뭐 주로 인제 이 촌에는 떡, 이 시루떡을 해서 인제 담아서 하고,
과일 일체, 그런 것을 하고 인제 해서 내 만약, 내가 인제 회갑한다고 그
러면 내 앞에다 상을 차려놓고 저희가 나를 보고 인제 술 한 잔씩 부어 놓
고 절을 또 아들네 딸네든지, 누구 가까이 있는 사람은 절을 한 번씩 다
다 하고, 그렇게 하고는 인제 동네 사람이든지 누가 이웃이, 뭐 저 멀리서
온 손님이라든지, 그 때는 인제 한데, 마당에서 참 펴 놓고 인제 술하고
나누고, 그것 또 뭐 저물도록 먹고는, 저희대로 인제 또 풍물을 갖다 놓고
인제 두드리고 마구 놀고, 그렇게 하지요.

‐ [x흥을 냈어요x].

그 상, 회갑상은 그러면 아까 말씀하신 대로 언제 아침쯤, 아침에 합니까, 언
제 보통 상차림은 언제 합니까?

‐ 아침에 했지요.

‐ 아침, 아침을 먹고 아침을 먹고 인제 손님들 청해 놓으면 인제, 아 거
의 왔다 싶으면 인제, 그 차려 놓고는, 그렇게 하고는 그 상을 내다가 인
제 같이 인제.

그 그 보통 회갑상 차려 놓고 절은 뭐 몇 번합니까?

‐ 한 번.

= 두 번, 두 번 아니야, 한 번이야?

‐ 아니야, 한 번씩이야.

‐ 한 번씩하지.

= 한 번씩이지.

한 번씩 합니까, 예.

그러면 그 아까 회갑상 그 음식들은 주로 뭐 아들네나 딸네들이 하는데, 보통
뭐 어떤 것을 많이 합니까?

해서 나누어 드십니까?

‐ 어 뭐 여기를 봐서는 고만 제사, 제사지낼 때 그 상 차리듯이 과일, 과

과이라 등 머 일'절, 머 적' 부'치등가, 그럼 짐' 머 제사상 가치 똑: 가테.

⎺ 그레 인제 체'리 노'코 저레 하고.

머 떡 쭝뉴도 하'고?

⎺ 예아, 떠'[311] 그인 물론 머 떠'근 아주 고마 참 필'히 또 헤'야 데고.

머 또 혹'시 머 예'전네느 그'러며느 주로 밥 가튼 거느 머로 데접함'미까?

⎺ 아: 지'그믄, 지'금이사 오세' 기양 사이[315] 밥 하지만 글'떼도 맹 저게'래요.

= 바브'는 머:.

⎺ 국'수라요, 국수수 **.

⎺ 정슴할'[316] 때'는 은저 저르'[317] 은저 국수로 해'고, 앙 그'러먼 인는 사라므는 바블 해서 머 참 소'머리라도 가주구 사'다가 꽈' 가주고, 그거 은제 국'하고 은제 이'제 바블 주로 이'헨다고.

그 요즈'믄 그'러며는 지'베서 헤'갑 하시는 분'드른 잘 업'슴미까?

= 업:서'요.

⎺ 요시'는[348] 또 헤'갑또 하는 사람 어'꼬, 주로 고'마 칠'수늘:: 마이, 마이 하지.

칠'순, 그거'또 머 지'바네서 잘: 안하'고?

⎺ 오버쭈언[349] 머'야 아나'고, 어 고마 하더 하먼 은제 식따~'아[350] 가이[351] 하든지, 앙 그'레머 어데 어어 참 야:들[352] 마꺼[353] 머 하기가 귀'차나 그'른지 즈거 돈 내가지고 고'머 두:리'[354] 어'델 보내' 뿌든지.

⎺ 으'디 놀:러' 가따 오'라카고.

⎺ 그'른 수가, 예.

머 어'르시느 뭐 그: 예전'처럼 회'가블 지'베서 이래 머 어'른들 또는 아는 일가 친'척뜰 모'아서 헤'갑잔치 하'능게 조'슴미까, 앙가'며 요즘 방식떼로 머 그'냥 어'디 가서 하'능게 나'스미까?

⎺ 아이' 햐: 지금 네어이 나는 바서는 야:드리 힘'드이까 차라리 고'마 헤

일이라든지 뭐 일체, 뭐 적을 부치든가, 그러면 지금 뭐 제사상 같이 똑 같아요.

ꟸ 그래 인제 차려 놓고 저렇게 하고.

뭐 떡 종류도 하고?

ꟸ 예, 떡 그것은 물론 뭐, 떡은 아주 고만 참 반드시 또 해야 되고.

뭐 또 혹시 뭐 예전에는 그러면 주로 밥 같은 것은 무엇으로 대접합니까?

ꟸ 아 지금은, 지금이야 요사이 그냥 사니까 밥을 하지만 그 때도 맨 저것이에요.

= 밥은 뭐.

ꟸ 국수에요, 국수 **.

ꟸ 점심할 때는 인제 주로 인제 국수를 하고, 안 그러면 있는 사람은 밥을 해서 뭐 참 소머리라도 가지고 사다가 고아서 주고, 그것을 인제 국하고 인제 이제 밥을 주로 이랬다고.

그 요즘은 그러면 집에서 회갑을 하시는 분들은 잘 없습니까?

= 없어요.

ꟸ 요새는 또 회갑도 하는 사람이 없고, 주로 고만 칠순(七旬)을 많이, 많이 하지.

칠순, 그것도 뭐 집 안에서 잘 안하고?

ꟸ 요즘에는 뭐야, 안 하고, 어 고만 한다 하면 인제 식당에 가서 하든지, 안 그러면 어디 참 아이들이 모두 뭐 하기가 귀찮아서 그런지 저희 돈을 내서 고만 둘을 어디에 보내 버리든지.

ꟸ 어디 놀러 갔다 오라고 하고.

ꟸ 그런 수가, 예.

뭐 어르신은 뭐 그 예전처럼 회갑을 집에서 이렇게 뭐 어른들 또는 아는 일가 친척들 모아서 회갑잔치를 하는 것이 좋습니까, 안 그러면 요즘 방식대로 뭐 그냥 어디 가서 하는 것이 낫습니까?

ꟸ 아니, 아 지금 내가 봤을 때는 아이들이 힘드니까 차라리 고만 회갑은

가븐 동 가주고 차 한 대 내'가이[355] 가능 게 가머 가마[356] 안자:시믄 그
동'마 주'믄 다: 해 들라주'고 가는데 그게' 조'흐' ㄲ때.

돈 가지고 차 한 대 전세 내어서 가는 것이, 가면 가만히 앉아 있으면, 그 돈만 주면 다 해서 들여다 주고 가는데, 그것이 좋을 것 같아.

　어 므 또 그 인제' 그 사:라'미 인제 도라가:시'며느 그 주로 장:네'를 치'르게 데는데, 그 무어 지'여게 따라서 이 장:네가 조금'씩 다르'기 때'무네 함 분 여쭈'어 봄'미다.

　그'래서 음: 그 어'르신 이 동:네'에서 장네' 치를' 때 어떤 시'그로 헤' 안'는지에[357] 대애서 제:가 함'[358] 여쩌' 보게씀미다.

　그'래서 그 우리 엔:나'레 보통 어'른드리 이거 초상::이 나'며느 보통 그 어머 초상'나고 나'서 어'떤 시'그로 스 함'미까?

　예를 드러 사'람미 수믈' 거두'고 나면 머 바로 하'능 게 머 함'미까?

　˹ 지'그미나 머 그 저'니나 멩: 가찌 시'픈데, 그 사:라'미 아 어른들 참 도'라가시든동 하'른, 보'이까 우'리는 그글 모르는데, 이 참 야:는 사'라므는 그: 머 이 무조'끈 마구 우'름 내 가주, 주거따'꼬 막: 우'름 내 가이 우능 거또 아이고, 거:서[359] 또 한 사람 멀 머 헤'가지고 머 불러 가주고 초온[360] 부'르고 머 불러 가주고 그거 다: 헤' 노코느, 글'때는 이제 곡소리 네'고 우'라꼬, 그레 그레 하더우만[361] 그'아 보~'이.

　그'러며느 예를 드'러서 인제 그 보통:: 그 이 마으'레서느 그'러케, 에을 드'러서 어 또 누'가 도러가'시며느, 상 나'면 누가 그'런 절'차를 쫌 진행하'고 알려 주'시는 부'니 이씀미'까?

　˹ 다 글'때는 여 다 이'산는데[362], 지'그므는 보'이[363] 머 그' 어른, 그'런 어른들 다: 도'라가시고 업'서.

　˹ 그'러이까 오세'는 지'그믈[364] 바서는 머 아프'이까 지'비서[365] 죽는 사

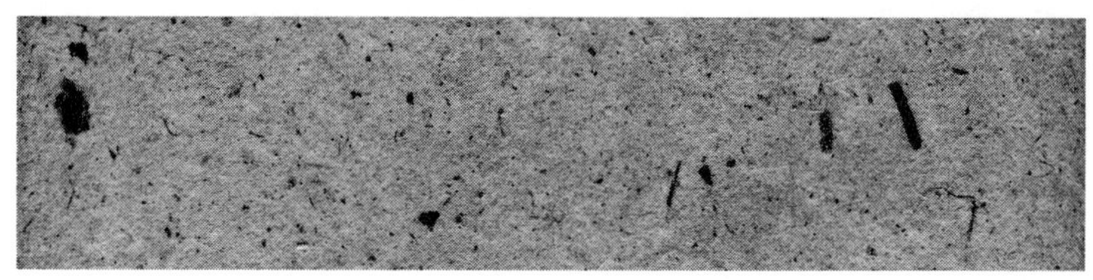

　뭐 또 그 인제 그 사람이 인제 돌아가시면은 그 주로 장례를 치르게 되는데, 그 뭐 지역에 따라서 이 장례가 조금씩 다르기 때문에 한 번 여쭈어 봅니다.

　그래서 음 그 어르신 이 동네에서 장례를 치를 때, 어떤 식으로 해 왔는지에 대해서 제가 한 번 여쭈어 보겠습니다.

　그래서 그 우리 옛날에 보통 어른들이 이거 초상이 나면, 보통 그 뭐 초상나고 나서 어떤 식으로 합니까?

　예를 들어 사람이 숨을 거두고 나면, 뭐 바로 하는 것이, 뭐 합니까?

　˥지금이나 뭐 그 전이나 맨 같지 싶은데, 그 사람이 아 어른들 참 돌아가시든지 하면 보니까 우리는 그것을 모르는데, 이 참 아는 사람은 그 뭐 이 무조건 마구 울음을 내어서 죽었다고 막 울음 내어서 우는 것도 아니고, 거기서 또 한 사람 뭘, 뭐 해서 뭐 불러서 초혼을 부르고 뭐 불러서 그것을 다 해 놓고는 그 때는 이제 곡소리를 내고 울으라고, 그래 그래 하더구만, 그래 보니까.

　그러면 예를 들어서 인제 그 보통 그 이 마을에서는 그렇게, 예를 들어서 어 또 누가 돌아가시면, 상 나면 누가 그런 절차를 좀 진행하고 알려주시는 분이 있습니까?

　˥다 그 때는 여기 다 있었는데, 지금은 보니 뭐 그 어른, 그런 어른들 다 돌아가시고 없어.

　˥그러니까 요사이는, 지금으로 봐서는 뭐 아프니까 집에서 죽는 사람이

람 별'로 엄:는 거'테요.

　마'씀니다. 예, 병어네 가'이.

　⌐ 예.

　⌐ 그'르이 오세' 초:네 머 뜨'급찌, 머 방, 지'비 소:지[366], 이'레이까[367] 고'마 주'로 이 병워네로, 오세' 대락 바서는 병'워네 가요.

　⌐ 지'비서[368] 중는 사'람 별'로 엄는 거테.

　그 장이'사드리 요즈'믄.

　⌐ 예예, 머 거서 먼 먼 머 다: 다 해 주'이까.

　그 보'툼 그 혹시: 금 어 인저 어르, 누가, 머 엄 머 보통 우리 사능 그른 데'도 보'며너, 어:른 도라가'시고 나'며너,[369] 머 바로 처:으메 머 어'른 입뜬 옫'하고, 이'렁 걸 머 지붕'이나 이'른데 올'리고 하'는데, 여기도 함'미까?

　⌐ 예예예예, 야 여'기 미[370] 여도 맹 맹 그'래 [X함니다X].

　어'떠케 함'미까?

　⌐ 그'래 은제' 그'케 은제' 그걸 아는 사람, 그거 머가, 초'오'잉가 그거 불'러야 데'요.

　⌐ 여'게 호'슬[371] 언젤'라카면, 예.

　호'늘, 초'혼?

　⌐ 예, 그 불러, 부'르머 은제 오'슬 엉'꼬, 오'슬 언저 노'코 은제 글떼 바~아 드러와서 은제 머: 고'글 하고 저 울'고 인 마저.

　그으는 그는 ** ** **.

　그'앙' 움'마[372] 언'슴미까 그'때느?

　⌐ 예, 움'마 언'저찌요.

　머 혹'시 머' 다릉 거'는, 머 머 혹'시 머 상'이나 이렁 거 차'리가 길'모기나 이른데 가따 노'코, 그릉 건 업'스미까?

　⌐ 안주 그 그릉건 [x아나고x].

　⌐ 머 가고[373] 아침 저'녀그로 떼'가 데'믄 그 참 상하고, 은제 머 뭉는'[374]

별로 없는 것 같아요.

　맞습니다. 예, 병원에 가니까.

　￣ 예.

　￣ 그러니까 요사이 촌에 뭐 뜨겁지[175], 뭐 방, 집이 좁지, 이러니까 고만 주로 이 병원으로, 요새 대략 보면 병원에 가요.

　￣ 집에서 죽는 사람은 별로 없는 것 같아.

　그 장의사들이 요즘은.

　￣ 예예, 뭐 거기서 뭐 뭐 뭐 다 다 해주니까.

　그 보통 그 혹시 그럼 인제 어른, 누가 뭐 뭐 보통 우리 사는 그런 데도 보면, 어른이 돌아가시고 나면은, 뭐 바로 처음에 뭐 어른 입던 옷하고, 이런 것을 뭐 지붕이나 이런 데 올리고 하는데, 여기도 합니까?

　￣ 예예예예, 아 여기 맨 여기도 맨 맨 그렇게 [x합니다x].

　어떻게 합니까?

　￣ 그래 인제 그러게 인제 그것을 아는 사람, 그거 뭐냐, 초혼인가 그거를 불러야 되요.

　￣ 여기에 옷을 얹으려고 하면, 예.

　혼을, 초혼?

　￣ 예, 그 불러, 부르면 인제 옷을 얹고 옷을 얹어 놓고 인제 그 때 방에 들어와서 인제 뭐 곡을 하고, 저 울고 인제, 맞아.

　그것은 그것은 ** ** **.

　그러면 옷만 얹습니까, 그때는?

　￣ 예, 옷만 얹었지요.

　뭐 혹시 뭐 다른 것은, 뭐 뭐 혹시 뭐 상이나 이런 것을 차려서 길목이나 이런 곳에 갖다 놓고, 그런 것은 없습니까?

　￣ 아직 그 그런 것은 [x안 하고x].

　￣ 뭐 그리고 아침, 저녁으로 때가 되면 그 참 상과 인제, 뭐 먹는 대로 갖

데'로 가따 체'리 노'코 은제 그 또 고'글 하고 그'레찌.

그르:며'는 그기 에 인제 그 도'러가'시고 그: 여:믈 하'지 안씀'미까?

⁻ 예.

그 염:믈' 할' 때너, 그 염'믄 부 보'통 머 어'떤 시'그로 하는, 어'떤 시'그로 함'미까?

⁻ 여'므는 저:기 주'로 은제 베'로 가주 하자'네요, 베'.

⁻ 베'가 그게' 열'두' 자 전'다, 그 자 열' 두'자.

⁻ 마'지르 해'가주 엉'꼬, 일곰[376] 무께'미[377]로 무'꺼이[378] 데'이.

⁻ 일곰 무께'이로[379] 맹: 그'거 머 여, 안주까지[380] 여'그는 지'베서 하'만[381] 맹 그'레 하'는데.

⁻ 그레 헤 해가'주고 은제 참' 은젠.

⁻ 과가'네 여'코, 이레 헨'는데.

그'르며너 예'를 드'러 염:하'고, 머 소령'[382]하고, 그'럼 그 염'믈 해서 과가'네 너'으면, 인제 대렴므 입관하'자나에?

⁻ 예예예, 마'저요, x[이깐x.

그'러면 익 이'깐 하고 나'며너 으 그 상'보근 언'제 입슴'미까?

⁻ 상보'그는 그.

= 주'우[383] 추'혼[384] 부'리모 입짠나?⁻ 주로 초혼 부르면 입잖아?

⁻ 그 추'운, 그 추'혼 부리'고, 초'혼 부리'고 인제 고갈' 때는 글'땐 은제 아: 한 짜, 웬 짜, 아 이'자[385] 브란네.

⁻ 웬'짜긴동, 이거 한짜'네 사매[386]를 앙' 끼고, 기'양 이래 메'고, 글'떼 은제 아 그' 그'를 쓰'고, 은저 고'글.

그어'며느 으 완저'니 그럼 이러 오'스 다: 임'블 땐' 은제?

⁻ 다 이'블 때는 인제' 과게 여어가지고 완전 저레 해어 해'뿌고느 은제.

아: 그'럼 인제 관' 아네 너어가'즈고 입관하'고 난' 다'으메 은제 오 오'슬 입'꼬.

⁻ 예예, 글'치요. 오'슬 은제 이꼬.

그'때 인제 제'사' 지'네미까?

다 차려 놓고 인제, 그 또 곡을 하고 그랬지.

그러면은 거기 인제 그 돌아가시고 그 염(斂)을 하지 않습니까?

ˉ 예.

그 염을 할 때는, 그 염은 보통 뭐 어떤 식으로 하는, 어떤 식으로 합니까?

ˉ 염은 저기 주로 인제 베를 가지고 하잖아요, 베.

ˉ 베가 그게 열두 자 든다, 그 자가 열두 자.

ˉ 마지(麻紙)를 해 서 얹고, 일곱 묶음으로 묶어야 돼.

ˉ 일곱 묶음으로 역시 그거 뭐 여기, 아직까지 여기는 집에서 하면 역시 그래 하는데.

ˉ 그래 해서 인제 참 인제는.

ˉ 곽(槨) 안에 넣고, 이렇게 했는데.

그러면은 예를 들어 염하고 뭐 소렴(小殮)하고 그럼 그 염을 해서 곽안에 넣으면, 인제 대렴(大斂)을, 입관하잖아요?

ˉ 예예예, 맞아요, 입관.

그러면 입관(入官)을 하고 나면 그 상복(喪服)은 언제 입습니까?

ˉ 상복은 그.

ˉ 그 초혼, 그 초혼 부르고, 초혼 부르고 인제 곡할 때는, 그 때는 인제 아 한 쪽, 왼 쪽, 아 잊어 버렸네.

ˉ 왼쪽인지, 이것 한 쪽에는 소매를 안 끼고, 그냥 이렇게 매고, 그 때 인제 그 두건(頭巾)을 쓰고, 인제 곡을.

그러면은 완전히 그럼 이렇게 옷을 다 입을 때는 언제?

ˉ 다 입을 때는 인제 곽에 넣어서 완전 저렇게 해버리고는 인제.

아, 그럼 인제 관 안에 넣어서 입관하고 난 다음에 인제 옷을 입고.

ˉ 예예, 그렇지요. 옷을 인제 입고.

그 때 인제 제사 지냅니까?

⌐ 안주.

⌐ 글'떼 나이[387] 제사 안지네오, 안 지네고 은제', 아 토~'을 올린다 그'지, 인제 베'께, 바~'아는, 나'를[388] 추'우문 모'지마는[389] 더'블[390] 뗀 은제 주'로 은제 입관헤'가주 인제 배'께 내, 나간 다무[391], 나가먼 바~' 은제 상을 체리 노'코, 바~'을 사~'을 체리 노'코 은제 오[392] 손'님, 오는 손'님 바다야데'그더~

조문 바'꼬?

⌐ 예예, 그래 그래 헤찌.

그 다'으메, 그르가' 보통:, 그르 인제 저 빈소' 차'려나 노'코 어 조문'도 바'꼬, 그'러케 하고 은제, 함'며너 보통 그 바'린은 한 언'제 함'미까?

함 며치?

⌐ 아:: 머:: 바른[393] 카능 거'는 그 은제: 사'밀짜'이든지, 머 머 아:주 오일짜~', 은제 으 그 장사' 그안 나간: 나리, 나간 날 은제 발헌, 네.

보통 여'기는 메'칠' 장'을 함'미까, 보통:?

= 오세'사 다: 사'밀짜이지 머'요.

예:저'네너여?

= 예저'네너 오일짱' 머' 치'릴짱 해'꼬.

⌐ 머 오일짱, 치'릴짱꺼즘[394] 하고 머.

에저느 사밀'짜은 아 해선?

= 아 헤찌여. 엔날 사미짜이라곤 업'서써.

⌐ 참 사'밀짜'는 [x업서찌x].

예'저네 어르신 시'어머니나 그저'네 그 어'르신들 하'실 땐 거이 오'일, 짤'바도 오일짱'임미까?

그 그럼'며너 인제' 그 바'린'늘 하는데, 이 예'를 드'러서 그 바'린제는 어디서 보통 지'냄미까?

⌐ 바'런제는 인제 에야:.

˭ 아직.

˭ 그 땐 아니, 제사를 안 지내고, 안 지내고 인제, 아 통을 올린다고 하지, 인제 밖에, 방에는, 날이 추우면 모르지만 더울 때는 인제 주로 인제 입관해서 인제 밖에 내서, 나간 다음 나가면 방에 인제 상을 차려 놓고, 방에 상을 차려 놓고 인제 손님, 오는 손님 받아야 되거든.

조문(弔問)을 받고?

˭ 예예, 그래 그래 했지.

그 다음에, 그래서 보통, 그래 인제 저 빈소(殯所)를 차려놓아 놓고 조문도 받고, 그렇게 하고 인제, 하면은 보통 그 발인(發靷)은 한 언제 합니까?

한 며칠?

˭ 아, 머 발인이라고 하는 것은 그 인제 삼일장이든지, 뭐 뭐 아주 오일장, 인제 그 장사가 나가는 날이, 나가는 날이 인제 발인, 예.

보통 여기는 며칠 장을 합니까, 보통?

゠ 요즘이야 다 삼일장이지 뭐요.

예전에는요?

゠ 예전에는 오일장, 뭐 칠일장 했고.

˭ 뭐 오일장, 칠일장까지 하고 뭐.

예전에는 삼일장은 안 했었습니까?

゠ 안 했지요. 옛날에 삼일장이라고는 없었어.

˭ 참 삼일장은 없었지.

예전에 어르신 시어머니나 그전에 그 어르신들 하실 땐, 거의 오일, 짧아도 오일장입니까?

゠ 예, 이 마제요. ゠ 예 맞아요.

그러면은 인제 발인을 하는데, 예를 들어서 발인제는 어디서 보통 지냅니까?

˭ 발인제는 인제.

= 으음사[395] 뜰' 째' 바'린제 아이라?

￢ 그 인 행사[396] 은제 꾸며 노'코, 그 은제 그 지'믈 다: 메 노'코, 은제 웅' 가글 더'플 떼 한 짜글 안 더'꼬, 인제으 발헌쩨사 지내'고, 글'떼 인제 인제 마'저 접 더'퍼가주오 은제 참 즈'물[397] 머실[398] 헤가주어 은제.

그엄'며느 인저 바'린해가'주고 으 장:지'로 양 감'미까, 그'지예?

그러'며너 장지:: 가'기 정까지 이 머 보통: 상여 메'고 인제 이래 가'는데, 여기도 상여 메'지예?

￢ 예, 상염 메.

그얼'며너 갈 똥'아네도 머 그 쓰 은제 그이 가서 검', 장:지에 가'스너 머 주'로 어떤 시'그로 엄 그 매'장까지 함'미꺼?

￢ 인제 사네 가서는 이 오세 주로 코:쿠레[399] 다 씨'는데 글'떼는 머 코:구레 올' 떼는 우 일'려글 다 헨'는데 요는 코그레인 가머 하마 어즈끈 다 해나'따고 코:꾸레 하기 떼메.

￢ 가머 은제 그 시'가 이'서 머 열:뚜'시라등강 열'시라등강.

￢ 그 시'가 은제 데'므 은제 글'떼는 지'믈 다: 풀'고 은제 그 은제 화간 이하고, 예.

그'러며느 그 하관하'기 위'애서 그 머 묘:를, 터'를 자'꼬 하고, 이'렁 거는 주로 누'가 함'미까?

￢ 으:: 지과~'이라고 은제 풍'수지요.

￢ 풍'수가 은제 점'부 다.

검 인제 풍'수는 누구 모:셔와'야 데'는데[400],

￢ 글'치, 우리'가 사 와야지.

예, 혹시 인제 인제 머 제:가 상'주다 그'러며느 상'주가 할기느[401], 뜨 장 머 사'네 산'소가 어디에 하'랄고너[402] 이야기 할 수 이'찌마너 모 까본다 아님미까?

그릉 거'는 누:가'?

머 터' 가서, 지, 풍'수 데리고 가서, 아 일하'고 그릉 근 누'가 함'미까?

= 음사(陰祠) 뜰 때 (지내는 것이)발인제 아니야?

˘ 그 인제 행상을 인제 꾸며 놓고, 그 인제 그 짐을 다 매어 놓고, 인제 운곽을 덮을 때 한 쪽을 안 덮고, 인제는 발인제사를 지내고, 그 때 인제 인제 마저 덮어서 인제 참 짐을, 무엇을 해서 인제.

그러면은 인제 발인해서 인제 장지(葬地)로 안 갑니까, 그렇지요?

그러면은 장지 가기 전까지 뭐 보통 상여 메고, 인제 이렇게 가는데, 여기도 상여메지요?

˘ 예, 상여 메지요.

그러면은 가는 동안에도 뭐, 그 인제 거기 가서 그럼, 장지에 가서는 뭐 주로 어떤 식으로 매장까지 합니까?

˘ 인제 산에 가서는, 요사이 주로 포클레인 다 쓰는데, 그 때는 뭐 포클레인 올 때는 우리는 인력으로 다 했는데, 요새는 포클레인 가면 벌써 어쨌든 다 해 놨다고, 포클레인이 하기 때문에.

˘ 가면 인제 그 시(時)가 있어, 뭐 열두시라든가 열시라든가.

˘ 그 시가 인제 되면 인제 그 때는 짐을 다 풀고 인제 그 인제 하관을 이렇게 하고, 예.

그러면은 그 하관하기 위해서 그 뭐 묘를, 터를 잡고 하는 이런 것은 주로 누가 합니까?

˘ 어 지관(地官)이라고 인제 풍수이지요.

˘ 풍수가 인제 전부 다.

그럼 이제 풍수는 누구가 모셔와야 되는데,

˘ 그렇지, 우리가 사 와야지.

예, 혹시 인제 인제 뭐 제가 상주다 그러면은 상주가 말하기는, 또 뭐 산에 산소를 어디에 하라고는 이야기를 할 수 있지만은 못 가보지 않습니까?

그런 것은 누가?

뭐 묘터에 가서, 지관, 풍수를 데리고 가서 일하고 그런 것은 누가 합니까?

시'키는 사'람, 풍'수한테 시'키는 사람 누'가 함'미까?

‾ 그건 인제 상주가 하나'이라도, 오새 보섬[03].

‾ 머 지'금 아들 머 하나베'끄[04] 안 노~'니[05], 머 하내'라도 그 상주로 데'루 가예지.

‾ 이 자리가 조'우나[06], 안 데수[07]나 상주가 그글, 그 인네[08] 그 맘 마으미 이'서야 데그더[09].

‾ 그 상주를 데루 가서 인제 그 터'를 비'에코[10], 보'고 여 조'타 그'머 은제 거서 은제 그 ***.

터'느' 그라'며느 보통 도러가시기 저'네 어'르'시니 자'바 노'씁미까, 앙 그라'며느 도러가'시고 나'서 아'들레드리 잡'슴미까?

‾ 그른데 그 저'네는 트'를 안 자'꼬 운제드이든[11] 도라가서야 도러가시믄 이 서 사네 갈, 가이 델 파~'이, 도러가시므 인제 그그 가가가 잡'찌요.

‾ 지'그믄 앙 글'치만.

‾ 지'그믄 다 터'를 사 노'코, 바치라 사 노'코, 지금 저'레 하지만, 글'떼는 주'거야 인제 그 사네 가서 은제 터를 어데가 데노 카머, 글떼는 상주가 피'리 따라 가이 데죠.

‾ 마상주 안 갸'드먼[12] 둘째 상주 가든 가네 접 피'리 따르 가서 은제 보고 ***.

그 그'레서 그'럼머느 인제, 에 그'르서 그 그기 가서 은제: 묘:를' 인제 하'과늘, 시르, 하관 시 시'가늘 자'버가'주고 풍수 하에 인제 하'강하지 안'씀미까?

하간할' 때'느 그 머 주'로 어'뜨케 함'미까, 하관은?

‾ 화가는 씨 대'씨믄, 화가는 끄 은제 다 해 가주고, 그 은제 마상주가 그 상오설[13] 이래 해가주고 누 홀'글 뜨 브'[14] 떠 버어죠, 세 분.

‾ 그레 취:토'[15].

‾ 또 떠 버 줌[16] 취'이또, 칩'또', 인제 세 분 하고, 그래고는 젠 머 코쿠래이가 은제 저레 할라 **.

시키는 사람, 풍수한테 시키는 사람은 누가 합니까?

˝ 그건 인제 상주가 하나라도, 요사이 보소.

˝ 뭐 지금 아들 뭐 하나밖에 안 놓으니, 뭐 하나라도 그 상주를 데리고 가야지.

˝ 이 자리가 좋은가 안 대수인가, 상주가 그것을 그 인제 그 마음, 마음이 있어야 되거든.

˝ 그 상주를 데리고 가서 인제 그 터를 보이고, 보고 여기가 좋다고 그러면 인제 거기서 인제 그 ***.

터는 그러면은 보통 돌아가시기 전에 어르신이 잡아 놓습니까, 안 그러면은 돌아가시고 나서 아들네들이 잡습니까?

˝ 그런데 그 전에는 터를 안 잡고 언제든지 돌아가셔야, 돌아가시면 산에 갈, 가야 될 판이니, 돌아가시면 인제 그 가서 잡지요.

˝ 지금은 안 그렇지만.

˝ 지금은 다 터를 사 놓고, 밭이라도 사 놓고, 지금은 저렇게 하지만, 그때는 죽어야 인제 그 산에 가서 인제 터를 "어디가 되느냐"라고 하면, 그때는 상주가 필(必)히 따라 가야 되지요.

˝ 맏상주가 안 가게 되면 둘째 상주가 가든지 간에 인제 필히 따라 가서 인제 보고 ***.

그래서, 그러면은 인제, 그래서 거기 가서 인제 묘를 인제 하관을, 시를, 하관 시간을 잡아서 풍수의 지시 아래 인제 하관하지 않씁니까?

하관할 때는 그 뭐 주로 어떻게 합니까, 하관은?

˝ 하관은 때가 되었으면, 하관은 그 인제 다 해서 그 인제 맏상주가 그 상복을 이렇게 해서 누가 흙을 떠 부어, 떠 부어줘, 세 번.

˝ 그래 취토(取土).

˝ 또 떠 부어 주면 취토, 취토, 인제 세 번 하고, 그러고는 인제 뭐 포클레인이 인제 저렇게 하고 **.

맏상'주 말:고 다른 머 상'주는 아남'미까?

⌐ 마상주가 그 피'리 여 보'이까, 마상주가 하'는데, 마상주 업'씨먼 머 머 두쩨상'주러도 하고 머.

아 마'상줌 웨 이'쓰며느 다른 상주르 아'나고, 마상'주마 하'고?

⌐ 마'저, 암, 머 예, * **.

금' 에'를 드'르서 그 하관할' 때 이 동네느 어'뜨케 관까지 가'치 하간함'미까, 앙 그러'며느 이 그거 염 핸'는 고 시'신만 함'미까?

⌐ 그'으는 머 거 저 건 그 지'베[17] 따러서, 그 지'비가 머, 앙 그러믄 그 가서 은제 이 과'늘 다 빼' 뿌고, 초석짜'리, 초성, 옌나르 초'석, 와 왕거자리 그거 하나 피고 그양 운[18] 사암 이'꼬, 대략 고마 관 째'로 기양 ***.

이 근'처에는 주로 관'하고 가치 그 화'과늘 하느 그는 방'시기다, 그지예?

⌐ 예, 네, 마저, 예, 예.

거며 예르 드'러서 인제 어 하'관하고 나'며느 그 봉:부'늘 만'들지예, 그지예?

⌐ 예.

검' 봉분 만들고 나서 어 상'주드른 그럼 머 하가나'고 바로 도라옴'미까, 앙 그람머 언'제쯤 도루옴미까?

⌐ 그그 인제'

장:지에서 일로 지'베 드롤 때'느?

⌐ 화:간, 화:간 해' 뿌고는 저따'[19] 상을 따로 체'르나[20] 저ㄱ가 한 짜게.

⌐ 체'르 노'콘 은제 또 지'베서 아'[21] 온 손님 사네도 마이 올'그든.

⌐ 그 인제 손님 빠'끼 왜슨 글 또 상올 체려 노'코 상주는 거 가 거 가 이'꼬.

⌐ 그 은제 들'구'려 이'찌, 들'구'?

⌐ 들구'로 보'머, 대략 보'믄 세 세 분, 세 체'르 찐'는데, 들구 찌'을 때 인제, 그 미게'는[22] 사라미 상주르 차즈믄 그 상주 그 이따가 여 와서 은제 고'글 하고 머 다므[23] 얼'매도 이레 척 내' 노코 음, 예, 그래 핸니더.

맏상주 말고 뭐 다른 상주는 안 합니까?

˗ 맏상주가 그 필히 여기 보니까, 맏상주가 하는데, 맏상주가 없으면 뭐 뭐 둘째 상주라도 하고 뭐.

아 맏상주가 있으면은 다른 상주는 안 하고, 맏상주만 하고?

˗ 맞아, 암, 뭐 예, * **.

그러면 예를 들어서 그 하관할 때 이 동네는 어떻게 관까지 같이 하관합니까, 안 그러면은 그것 염을 했던 그 시신만 합니까?

˗ 그것은 뭐 그 저 그것, 그 집안에 따라서, 그 집이 뭐, 안 그러면 거기 가서 인제 이 관을 다 빼 버리고, 초석자리, 초석, 옛날에 초석, 왕골자리, 그것 하나를 펴고 그냥 묻는 사람 있고, 대략 고만 관 채로 그냥 ***.

이 근처에는 주로 관(棺)하고 같이 하관을 하는 그런 방식이다, 그렇지요?

˗ 예, 예, 맞아, 예, 예.

그러면 예를 들어서 인제 하관하고 나면 그 봉분을 만들지요, 그렇지요?

˗ 예.

그럼 봉분을 만들고 나서 상주들은 그럼 뭐 하관하고 바로 돌아옵니까, 안 그러면 언제쯤 돌아옵니까?

˗ 그거 인제

장지(葬地)에서 이리로 집에 들어올 때는?

˗ 하관, 하관 해 버리고는 저기다 상을 따로 차려놔, 자기들이 한 쪽에. 차려 놓고는 인제 또 집에서 안 온 손님 산에도 많이 오거든.

˗ 그 인제 손님을 받기 위해서 또 상을 차려 놓고 상주는 거기 가, 거기 가 있고.

˗ 그 인제 달구라고 있지, 달구?

˗ 달구를 보면, 대략 보면 세 번, 세 차례 찧는데, 달구 찧을 때 인제, 그 메기는 사람이 상주를 찾으면 그 상주가 거기 있다가 여기 와서 인제 곡을 하고 뭐 다만 얼마라도 이렇게 척 내 놓고 음, 예, 그래 했어요.

그'어믄 글 또 인제 하관하'고 발, 바'로 더르오심미까?

⁻ 아이'지요.

⁻ 그그 은제 완저~'이.

봉분 다 데'야?

⁻ 예.

⁻ 다: 마'쳐야.

⁻ 보'고 은제 상주간 또 이레: 도르보'고 어디 미심다와[24] 인 데 이'시믄 여그 쫌 미시따따[25] 여 쫌 더 해 다, 보고 머 괜차늘 마느믄[26] 아으 데'따.

⁻ 그래 데고 인제 그 이'라는 사'암도 다 치'우고 은제 글'떼느 은저으 그어서 은제 또 평'토라꼬 이'서요.

⁻ 펭'토[27].

⁻ 평토 제:사'.

그람 평토, 그 봉분 만드러 노코?

⁻ 예, 다 헤 노코.

⁻ 다 헤' 노코 인제 글 편'토을 지네고'오' 지'네고는 은제 상주는 지비로 은제 다 와이 데'지.

⁻ 다 오꾸고.

⁻ 그른'제 그 또 동:군'드른 그으스 그 또 음'식, 그으 그 그 글 평'토 지'낸느 그 그근 또 가마[28] 고대:로 나' 두고 간다 마리.

⁻ 그'레이 또 그 이'라는 사'암드리 그어 즈 그어 한참 시'이므 또 먹'꼬 머 글지 인제.

아:, 그'엄 그 일'단 평'토제 지'내기 정까'지는 어 상'주드른 거'기 이'써야 덴'다, 그지예?

⁻ 예, 사'무[29], 사무 이래지.

그아므 여'기느, 이' 동'네느 그럼며느, 어: 장:네할' 때, 바'린하는 날 어: 바

그러면 또 인제 하관하고 바로 들어오십니까?[430)

ᵀ 아니지요.

ᵀ 그거 인제 완전히.

봉분이 다 돼야?

ᵀ 예.

ᵀ 다 마쳐야.

ᵀ 보고 인제 상주가 또 이래 돌아보고 어디 미심쩍다 싶은 곳이 있으면 여기 좀 미심쩍다 여기 좀 더 해다오, 보고 뭐 괜찮을 만하면 아이고 됐다.

ᵀ 그렇게 되고 인제 그 일하는 사람도 다 치우고 인제 그 때는 인제 거기서 인제 또 평토(平土)라고 있어요.

ᵀ 평토.

ᵀ 평토 제사.

그럼 평토, 그 봉분을 만들어 놓고?

ᵀ 예, 다 해 놓고.

ᵀ 다 해 놓고 인제 그 평토를 지내고, 지내고는 인제 상주는 집으로 인제 다 와야 되지.

ᵀ 다 올 것이고.

ᵀ 그런데 또 동네일꾼들은 거기서 또 음식, 그 평토 지낸 그것[431)은 또 가만히 그대로 놔두고 간다 말이야.

ᵀ 그러니 또 거기서 일하는 사람들이 거기 인제 거기 한참 쉬면 또 먹고 그러지 인제.

아, 그럼 그 일단 평토제를 지내기 전까지는 상주들은 거기 있어야 된다, 그렇지요?

ᵀ 예, 사뭇, 사뭇 있어야지.

그러면 여기는, 이 동네는 그러면은, 장례할 때, 발인하는 날 바깥상주만 장

깐상'주만 장지'에까지 감'미까, 앙 가'마 안'상주도 다: 감'미까?

자:[432], 그'러이까 산'소에까지?

￣ 지'금 야야, 그 저'네는, 옌나'렌 앙 간는데, 바까상주마 점'부 다 가'는데, 지'그믄 안상주 다 가는 기여.

￣ 웨'냐 그른 지'비서 이그 이그, 정'심[433], 이글 사네 가 이라 삼[434] 정습해 조'이 데'거던.

￣ 정'서'믈 점:부 아나갇 점부 다 씨'게다[435] 멍'는다 마리.

￣ 이그 그르~'이 안상주들 다: 가이 데이.

￣ 오세 줌[436] 지금 보, 오세 보'이 덤 다 가는데, 옌나레는 안상주라그는 점 앙 가끄드.

￣ 지'비서 으제 음식하고 인제 해가즈 은제 보내 조'야 우리가 그 일' 하은 사'암 점슴 머꼬 하기 떼'미네.

￣ 근데 지'그므느 보'이 점:부' 다 와이.

￣ 딸'래고 머 메'늘래고 다: 거 와서 그 은제 음식 헨'는 걸 가주 완는 걸 딱 그 필'레르 해 조이 데'이까.

￣ 다 와 다.

그'엄 어 예'저네는 머 어'째뜬 안'상주드른 머 음식또 장만해'야 데'고, ***를 해가?

￣ 예, 그르 점'부 앙 가찌 머.

￣ 예, 점부 아 나쓰여.

그'르가'주 인제'에' 에 도러오'셔 가'주고, 언제[437] 평토제 지내곤 도러 오'셔가'주고, 그 그 다'음에느 언 머 도르오시[438] 가'주고느 머 제사를 지'냅미까?

￣ 예예.

도러오셔 가주고?

￣ 즈 와가'주고는 제 반노~'[439]이라꼬, 또 반홍'.

￣ 반호~'이라꼬, 지바서는 제 글 다: 체'르 노코, 은 떠[440] 제:사를, 은 떠

지까지 갑니까, 안 그러면 안상주도 다 갑니까.

장지, 그러니까 산소에까지?

ⁿ 지금 아, 그 전에는, 옛날에는 안 갔는데, 바깥상주만 전부 다 갔는데, 지금은 안상주도 다 가는 거야.

ⁿ 왜냐 그러면 집에서 이거, 점심, 이걸 산에 가서 일하는 사람 점심을 해 줘야 되거든.

ⁿ 점심을 전부 안 하고 전부 다 시켜서 먹는다 말이야.

ⁿ 이거 그러니 안상주들 다 가야 되지.

ⁿ 요새 좀 지금 보니, 요새 보니 전부 다 가는데, 옛날에는 안상주라고는 전부 안 갔거든.

ⁿ 집에서 이제 음식하고 인제 해서 인제 보내 줘야 우리가 그 일하는 사람이 점심을 먹고 하기 때문에.

ⁿ 그런데 지금은 보니 전부 다 와요.

ⁿ 딸네고 뭐 며느리네고 다 거기 와서 그 인제 음식을 했던 것, 가져왔던 것을 딱 분배를 해 줘야 되니까.

ⁿ 다 와, 다.

그럼 예전에는 뭐 어쨌든 안상주들은 뭐 음식도 장만해야 되고, **를 해서?

ⁿ 예, 그래서 전부 안 갔지 뭐.

ⁿ 예, 전부 안 왔어요.

그래서 인제 돌아 오셔서 평토제 지내고 돌아오셔서 그 다음에는 뭐 돌아오셔서는 뭐 언제 제사를 지냅니까?

ⁿ 예예.

돌아오셔서?

ⁿ 인제 와서는 이제 반혼이라고, 또 반혼.

ⁿ 반혼이라고, 집에 와서는 이제 거기 다 차려 놓고, 인제 또 제사를, 인

올'케 인제, 글'떼는 제 참말로 오른 제사'라.

‑ 저 은제 사 삼몬[141] 제:살 은제, 제:사를 지'네고.

‑ 지:네'고 은제 또 글 동'군들, 일 하는 사'래미[142], 또 이 지'비가 그거 인, 또 올[143] 니 수고헤'꼬 하이, 올 또 인진 제사 지내 거 집 또 글로 또 디 일:꾼'들로 전부 닫 청'해요, 본'지'브로.

‑ 인제으.

‑ 그 은저으 다: 청'하므, 가므 은제 그 제아[144] 지'내느 음슥[145]하고, 술 하고, 다: 내노'코, 오온[146] 욕' 바서'기[147] 쫌 음시글 마~이 자:시'고 가라꼬 이래 그래 머.

일'딴 그래 다 그걸 한'다, 그'지예?

‑ 예, 예.

어: 그'럼며느 그'르케 인제 워'러르이 일'꾼들한테 인제 그거, 어 제'사 지낸 는 거 인제 또 드리고, 그 담 지'베도 인제 빈'소를 차'림미까?

‑ 그어 인제: 오세'는 쯔, 글'떼는, 아 엔'나레는 이그 삼년 내'은 사'암드 리'꼬, 일'런 내은 사'암들 이'선는데, 지'그므는 사'미리지요.

‑ 사밀 또'아는[148] 인제 그그 거 은제 그 그 용'애르[149]르 그 채리 노'코.

‑ 인제 사밀, 어 사무' 떼는 또 점부 그 모:시'그 가야 인제 다 은제 그 사리고 오고 마 그 크 머고 ** ****.

그'럼며느 예'를 드'러서 지금: 인제 그 아꺼 말씀드'린 대'로 어 인주 도러 오' 셔가'주고 삼년상'을 하'든, 또 일'련상을 하'든, 요즘 사'밀은 머 그글'로 끈'내는 경'우가 마'는데, 그 다'으메 에 묘'지에 다시는 언'제 감'미까?

‑ 예예.

‑ 사밀마네.

사'밀마네?

‑ 은제 사무'우르 카는데, 사무'러 카는데, 사밀마네 어 인데 글'떼는 그 상주네드리고 그 집 대:수'가 점부 다 가지요.

‑ 가가주고 산소가 머 어'예 잘 쓰엔'나[150], 몬 쓰'엔나 그 다: 도로보'고

제 또 옳게 인제, 그 때는 인제 참말로 옳은 제사야.

― 저 인제 삼우(三虞) 제사를 인제, 제사를 지내고.

― 지내고 인제 또 그 동네일군들, 일 하는 사람이, 또 이집이 그것 인제, 또 오늘 너 수고했고 하니, 오늘 또 인제 제사를 지낸 그 집, 또 거기로 또 일꾼들을 전부 다 초청해요, 본집으로.

― 인제는.

― 그 인제는 다 초청하면, 가면 인제 그 제사 지낸 음식과 술과 다 내 놓고 오늘 수고했으니 좀 음식을 많이 드시고 가라고 이렇게 그래 뭐.

일단 그렇게 다 그걸 한다, 그렇지요?

― 예, 예.

어 그러면은 그렇게 인제 어른이 일꾼들한테 인제 그것, 제사를 지낸 것 인제 또 드리고, 그 다음에 집에도 인제 빈소를 차립니까?

― 그 인제 요사이는 쫌 그 때는, 아 옛날에는 이것을 삼년 내는 사람들이 있고, 일년 내는 사람들이 있었는데, 지금은 삼일이지요.

― 삼 일 동안은 그것 인제 그 영좌(靈座)를 차려 놓고.

― 인제 삼일, 삼우 때는 또 전부 그 모시고 가서 인제 다 인제 그것을 불사르고[51] 오고 뭐 그 무엇이냐 ** ****.

그러면은 예를 들어서, 지금 인제 그 아까 말씀드린 대로 인제 돌아 오셔서 삼년상을 하든, 또 일년상을 하든, 요즘 삼일은 뭐 그걸로 끝내는 경우가 많은데, 그 다음에 묘지에 다시 언제 갑니까?

― 예예.

― 삼 일만에.

삼 일만에?

― 인제 삼우라고 하는데, 삼우라고 하는데, 삼 일만에 그 인제 그 때는 그 상주들뿐만 아니라, 그 집 대소가 전부 다 가지요.

― 가서 산소가 뭐 어찌 잘 섰나, 못 섰나 그거 다 돌아보고 그 인제 또 삼

그 은제 또 사무'우 거'어서 가 또 체린 노'코 또 절하고, 예, 그'래고느 인제 다 마치고.

　사'무, 사무제'사는 그'럼며느 어디 치'베서[452] 지'냄미까, 앙 그람며너 저 산'소에 가서 지'냄미까, 보통어?

　￣ 아 인 지비셔도, 지베서 인제 어 사무제어즈 지베선 또 지내요.

　￣ 웨'냐 그'믄 거: 인 머 어'른들 말: 드르 볼' 떼'는, 이 인제 우'떼 어:르~'이 이 아리'떼를[453] 도르 가사'신니 잘: 모:시'구[454] 가소:, 고 은제' 그'레 체리 노'코 인제 또 그 우'때 어'른하고 그 망호'네, 그 또 우여[455]카고 은제 따'리 체'리 노'코 은제 제:사로 지:내'고, 글 또 사네 가서 은제 머, 그'거는 머 제사 그'르 안 지내저 머 자~이나 한 잔 버' 노'코, 절'하고 머 머 그'렌니더.

　어 그럼 인제' 사'무제 그아'고, 예'저네 머 삼'년상 하'시는 그'렁 경우에너 머, 삼년상'으 어'떠케 함'미까, 보통?

　머 그'암며 제사, 제물, 아 장네 치'르고 나'선느 삼년상 똥'아네 머 어'떤 시'그로 함'미까?

　￣ 삼'년.

　탈상할' 때 까지?

　￣ 예, 탐녕상[456]을, 삼년상'을 낼' 때는 올'게 도르가서시믄 맹'년[457] 저맨'넌끼이[458] 이'서지자네어.

　그레'이께네 네~여'네 가 가서 글 도'르가신 날'짜르데'로[459] 또 제사르 지'내여.

　￣ 제'사 지'내면 머 도 참 머 대소 가'이라든지 머 아는 사'라므는 또 제사 물로[460] 다 오'지여.

　￣ 오'고, 그'레곤 똑 그그 그대르 사~'을, 제:상' 다 체'르 노'코[461], 상주는 삼 년 또'아는 맹 거'늘 씨'고[462], 그 아침 저'너그로 그 어이 참 아 인 체'리 노'코, 또 고'글 하고 삼 녀'늘 그리 제'사를 글기 그레' 찌' 지'내서요.

우 거기서 가서 또 차려 놓고 또 절하고, 예, 그리고는 인제 다 마치고.

삼우, 삼우제사는 그러면은 어디 집에서 지냅니까, 안 그러면은 저 산소에 가서 지냅니까, 보통은?

‾ 아, 인제 집에서도, 집에서, 인제 삼우제사를 집에서 또 지내요.

‾ 왜냐 그러면 그 인제 뭐 어른들 말을 들어 볼 때는, 이 인제 "윗대 어른이 아랫대가 돌아 가셨으니 잘 모시고 가십시오"라고 인제 그렇게 차려 놓고 인제 또 그 윗대 어른하고 그 망혼(亡魂)에, 그 또 어찌하고 인제 따로 차려 놓고 인제 제사를 지내고, 그걸 또 산에 가서 인제 뭐, 그거는 뭐 제사 그래 안 지내지요. 뭐, 잔이나 한 잔 술을 부어 놓고, 절하고 뭐 뭐 그랬어요.

그럼 인제 삼우제 그리하고, 예전에 뭐 삼년상 하시는 그런 경우에는, 뭐 삼년상은 어떻게 합니까, 보통?

뭐 그러면 제사, 제물, 아 장례를 치르고 나서는 삼년상 동안에 뭐 어떤 식으로 합니까?

‾ 삼년.

탈상할 때 까지?

‾ 예, 삼년상을, 삼년상을 낼 때는 올해 돌아가셨으면 명년, 후년까지 있어야 되잖아요.

‾ 그러니까 내년에 가, 가서 그 돌아가신 날짜대로 또 제사를 지내요.

‾ 제사를 지내면 뭐 또 참 뭐 대소 간이라든지 뭐 아는 사람은 또 제사 먹으러 다 오지요.

‾ 오고, 그리고는 또 그, 그대로 상을, 제사상을 다 차려 놓고, 상주는 삼년 동안을 역시 두건을 쓰고, 그 아침저녁으로 그 어찌 참 인제 차려 놓고, 또 곡을 하고, 삼 년을 그리 제사를 그렇게, 그렇게 지냈어요.

그엄 삼 년 똥'안 인제 아침 저녀'그로 상:석⁴⁶³⁾ 올'리고 곡' 하'고?

￣ 예에예예, 예.

끄언 머 사 상'주 상, 그라'마 인제 삼년똥'안 어'디 웨'출, 출'타도 모 함'미까, 어'떠씀미까?

￣ 글'떼는 다: 엔:나'레는 상주는 워'레 월'레 어디든 볼: 릴'도 보롬 안 뎅'겨찌요.

￣ 금 마돕⁴⁶⁴⁾ 엔:나레 그'랜는데, 그 중'녀네 볼' 때, 삼년 낸 삼, 꾸만 볼: 일' 안 보'고 안 데'저, 금 이'발또 아 나고 할 수 업, 삼녀느 이'발 아 할 순 어'꼬, 그르 인'저 상'보글 다: 버서 노'코 맹 이런 평'보글 이'꼬, 인제 볼' 릴 볼 볼 때 이'심 보'고, 종:에'이 볼 릴 보'런 안 나가자, 안 나서지 머 상주는 삼 년 또'안.

그은느 인저 그 그글 인제 탈상:할' 때느 보통 어'뜨케 함'미까?

머 일' 려늘 하'든 삼년상'을 하'든 또느 머 탈'상을 할' 꺼 아님미'까, 그'지예?

￣ 글'치요, 탈상'을 해이 데지.

그 그때느 어'뜨케 하'미타⁴⁶⁵⁾?

그'엄 머 탈상'이라 그'럼미까, 머:라고 부'릉까?

￣ 여여 예, 탈상, 예, 탈상'이라 그'지여.

￣ 탈사~'인데 삼 녀'늘 삼 녀'늘 낼 끄'뜨며는⁴⁶⁶⁾ 또오 인제 그 무, 그 글' 떼는 인제는 자 이른'이이끼, 인제'는 마지막, 긍 참'말로 1 ㅏ 안니는⁴⁶⁷⁾ 머 암' 모시고 하'이 마지마'그로 가신 어르'인데, 그'땐 아:주' 참 머 잘: 체'르 노'코, 제'사르 아주 참' 크'게 아주 이레 지'내지어.

￣ 글'떼은 또 야:는 사'라믄 다: 오니까.

￣ 그뗌 므 제'사는 이그 열'라글, 열'라글 모 하'지.

￣ 열'라그 할' 수느, 안 호고 나'무는, 타'성'은.

￣ 아'아는 사'라무느⁴⁶⁸⁾ 은제 아 이 지'비가 온'⁴⁶⁹⁾ 제사다 그고 와가서 은제 무사~'을⁴⁷⁰⁾ 하고, 그래고 인제 제사를 다 지'내고는 거 또 사네 가서 은제

그럼 삼 년 동안 인제 아침 저녁으로 상식(上食)을 올리고 곡을 하고?

￣ 예예예예, 예.

그럼 뭐 상주, 그러면 인제 삼 년 동안은 어디 외출, 출타도 못 합니까, 어떻습니까?

￣ 그때는 다 옛날에는 상주는 원래 어디든 볼 일도 보러 안 다녔지요.

￣ 그럼 맞아, 옛날에 그랬는데, 그 중년에 볼 때, 삼년상을 낸 사람, 그만 볼 일 안 보고는 안 되지요, 그럼 이발도 안 하고 할 수 없고, 삼년을 이발 안 할 순 없고, 그러니까 인제 상복을 다 벗어 놓고 역시 이런 평복을 입고, 인제 볼 일 볼 때 있으면 보고, 종일을 볼 일 보러는 안 나가지, 안 나서지 뭐 상주는 삼 년 동안.

그럼 인제 그거 인제 탈상할 때는 보통 어떻게 합니까?

뭐 일 년을 하든 삼년상을 하든 또는 뭐 탈상을 할 것 아닙니까, 그렇지요?

￣ 그렇지요, 탈상을 해야 되지.

그때는 어떻게 합니까?

그럼 뭐 탈상이라 그럽니까, 뭐라고 부릅니까?

￣ 여기, 여기 예, 탈상, 예, 탈상이라 그러지요.

￣ 탈상인데 삼 년을, 삼 년을 지낼 것이면은 또 인제 그 뭐, 그 때는 인제는 어른이니까[71], 인제는 마지막, 그 참말로 나 이제는 뭐 안 모시고 하니까 마지막으로 가신 어른인데, 그 때는 아주 참 뭐 잘 차려 놓고, 제사를 아주 참 크게 아주 이렇게 지내지요.

￣ 그 때는 또 아는 사람은 다 오니까.

￣ 그 때 뭐 제사는 이거 연락을, 연락을 못 하지.

￣ 연락은 할 수는[72], 안 오고, 남은, 타성(他姓)은.

￣ 아는 사람은 인제 아 이 집이 오늘 제사다 그러고 와서 인제 문상을 하고, 그리고 인제 제사를 다 지내고는 또 산에 가서 인제 완전히 절 하고는

완저'이 절 하곤 은제 상복하고 머 암 모지므⁷³⁾ 거선 다 샤:리'고 이거 그래.

그'으' 인제 그'럼며느 상복'하고 머 그'렁 걸 그 산'소에 가서 태'웁미까?

￢ 녜예.

￢ 태'우고 이그 삼 년 뚱'아는 이글 쁘 적 글'떼는 점부 베'로 가주고 이 그 상오슬⁷⁴⁾ 해' 해이비 해 해이그 때'미네, 옌:나'레느 아즈 글 다 태'온데, 구끄⁷⁵⁾ 그 중녀'네 보'니까 이그 안 태'우고, 또 어른 이시~'이까, 모'치레든 지 머 부'치라든지 게:시'믄, 그글 점'부 빠'라가주곤 다 보간해 낟'따고, 인 녜 고 고 다'으메 어른 도가시믄.

￢ 어른 업'시므⁷⁶⁾ 아주 고마 사'네서 달 태'우고, 예.

￢ 어른 계:시'믄 점'부 다 저 빠'러서 은제 보관해 나따가 은제 뜨' 어른 도러가'시믄 그 온 이'꼬, 그래.

그아'면 그'기 인제 삼년상: 그 탈상할' 때 제사 아까 제:사'니까 어'뜨게 초'대 는 모 하능 거고?

￢ 예.

그 아 일'가라든지 머 아응 가까'운 분'드른?

￢ 예, 아:는 사'라므는 다 오지.

오'는데, 그'럼며느 보통 올' 때 머 그냥 옴'미까, 앙 그러면 머 쭈 머 하'나, 제 수(祭需) 하'나씩 들'고 옴미까?

￢ 이, 그 그 먹 칭그러⁷⁷⁾ 쪼 쫌 다 하작찌.

￢ 그'드이 그끄 부'다미 쩌'금.

￢ 삼 녀'늘, 삼 년 넨다 캄, 그 지'이⁷⁸⁾, 한 지'비, 삼 년 넨다 카먼, 삼 녀' 늘 아:는 사'란믄 다: 와'이 덴'단 마리.

￢ 그르이 그그또 머 저'금⁷⁹⁾ 저'근 일'또 아이'라.

그라믄.

추' 추이그는 다 갑⁸⁰⁾ 얼'메다 가주 와'이 덴'다고.

￢ 기'양 오'진 아 하지.

˗ 인제 상복하고 뭐 못 입을 것을 다 사르고 이거 그래.

그 인제 그러면은 상복하고 뭐 그런 것을 그 산소에 가서 태웁니까?

˗ 예.

˗ 태우고 이거 삼 년 동안은 이것 저 그럴 때는 전부 베를 가지고 이거 상복을 해 입었기 때문에, 옛날에는 아주 그것을 다 태웠는데, 그리고 그 중년에 보니까 이거 안 태우고, 또 어른이 있으니까, 모친이라든지 뭐 부친이라든지 계시면, 그걸 전부 빨아서 다 보관해 놨다가, 이제 고 다음에 어른이 돌아가시면.

˗ 어른이 없으면 아주 고만 산에서 다 태우고, 예.

˗ 어른 계시면 전부 다 빨아서 인제 보관해 놨다가 인제 또 어른 돌아가시면 그 옷 입꼬, 그래.

그러면 거기 인제 그 삼년상을 탈상할 때 제사, 아까 제사니까 어떻게 초대는 못 하는 것이고?

˗ 예.

그 일가라든지 뭐 아는 가까운 분들은?

˗ 예, 아는 사람은 다 오지.

오는데, 그러면은 보통 올 때 뭐 그냥 옵니까, 안 그러면 뭐 하나, 제수 하나씩 들고 옵니까?

˗ 아, 그 뭐 챙겨서 좀 다 해야지.

˗ 그 때는 그것이 부담이 조금.

˗ 삼 년을, 삼 년을 낸다고 하면, 그 집이, 한 집이 삼 년을 낸다고 하면, 삼 년을 아는 사람은 다 와야 된단 말이야.

˗ 그러니 그것도 뭐 적은, 적은 일도 아니야.

그러면.

˗ 부의금은[181] 다 값으로 얼마쯤은 가지고 와야 된다고.

˗ 그냥 오지는 안 하지.

아, 그'럼 제사', 인제 탈상할' 때'느 쩜 머 멍'가, 오'시는, 들다 보'러 가는 일 가드리든, 아는 사'암드른?

 ̄ 이어예, 예.

머 다:무' 술 한' 병'이라 들'고?

 ̄ 글'치, 그'르치요, 마'저요.

아이'레 머 삼 년', 삼년사~'을 그릉 그 아이'레.

 ̄ 그어 떰 삼년상을 내'서믄 두 해', 예, 두 해' 또아는 삼믄[182] 맹 어 그'레찌.

 ̄ 담 수'리라도 함 명'[183] 갇 들고 와'이 데이.

 ̄ 들'고 오'도구마[184] 다우[185].

 ̄ 기양 모: 노'고.

그럼'며느 인제' 그 보:통 제:수, 제::수가튼 경'우는, 제:물'가튼 경'우는 탈상하'고 이'를 때'는 누가 장만함'미까?

 ̄ 으그 그으는 제 그 대:수가, 그 입 대소, 가까운 사람 머 사초~'이든 지 머 음 육초~'이든지 금 마~'인[186] 대소가 이스 까레예[187].

 ̄ 그 인제 일: 보'는 사름 머 장, 므 장 그튼 그 이 볼: 사람 이'시믄, 니: 가 즘' 앞짜~'아 서가 저그 쫌' 바: 조'라 캄 그 사래민 제 절'쩌그[188] 은제 체금[189] 지'고 은제 딱 하고.

그 뚜 걸 그 돈: 가'튼 거, 경제저'그로 돈: 지원 가튼 경'우느 상'주가 함'미 까, 앙 그러'며는 누가 따'로, 머 어떤 두, 어떤 지'방에느 어 보'며느 머 딸래:드' 리 하는 집, 동네'도, 동네'들도 이'꼬 머 그러튼데, 이 이쪽: 고'장에서느 어'뜨 게 상'주가 다 함'미까, 앙 그아'면 딸래들'도 하'고 그래 함'미까?

 ̄ 그 은제: 그'그는 머 형'제가 만튼'지 딸'레가 이'시믄, 인제 머 제사 다 가오'면 머 답 얼'매라도, 멈 머 심마이[190] 데든지 머 마인 사르더 뱅마넌 써'든지, 그 은제 마쌍주르 즌 저 가떠 주'지요.

 ̄ 그으 가주 보태 쓰'라꼬.

 ̄ 그래분 제 머 그 돈 머 드'로믄 인제 마상'주가 잠 장보'러 갈 떼는 마상

아, 그럼 제사, 인제 탈상할 때는 좀 뭐, 뭔가, 오시는, 참여하러 가는 일가들이든, 아는 사람들은?

  ˉ 예, 예.

뭐, 다만 술 한 병이라도 들고?

  ˉ 그렇지, 그렇지요, 맞아요.

  ˉ 아니야, 뭐 삼 년, 삼년상을 그런 게 아니야.

  ˉ 거기 또 삼년상을 내었으면 두 해, 두 해 동안은 사뭇 맨 그랬지.

  ˉ 다만 술이라도 한 병 들고 와야 되니.

  ˉ 들고 오더만, 다만.

  ˉ 그냥 못 오고.

그러면은 인제 그 보통 제수, 제수 같은 경우는 제물 같은 경우는 탈상하고 이럴 때는 누가 장만합니까?

  ˉ 그, 그것은 인제 그 대소가, 그 집 대소, 가까운 사람, 뭐 사촌이든지 육촌이든지 그 많이 대소가 있을 것이어요.

  ˉ 그 인제 일 보는 사람 뭐 시장, 뭐 시장 같은 그 일 볼 사람이 있으면, 네가 좀 앞장을 서서 저것 좀 봐 줘라고 하면 그 사람이 인제 전적으로 인제 책임을 지고 인제 딱 하고.

그 또 그 돈 같은 것, 경제적으로 돈 지원 같은 경우는 상주가 합니까, 안 그러면은 누가 따로, 뭐 어떤 두, 어떤 지방에는 보면은 뭐 딸네들이 하는 집, 동네도, 동네들도 있고 뭐 그렇던데, 이 쪽 고장에서는 어떻게 상주가 다 합니까, 안 그러면 딸네들도 하고 그렇게 합니까?

  ˉ 그 인제 그거는 뭐 형제가 많든지 딸네가 있으면, 인제 뭐 제사가 다 가오면 뭐 다만 얼마라도, 뭐 십만 원이 되든지 뭐 많은 사람은 백만 원을 쓰든지, 그 인제 맏상주를 인제 갖다 주지요.

  ˉ 그거 가지고 보태 쓰라고.

  ˉ 그러면 인제 뭐 그 돈 들어오면 인제 맏상주가 장보러 갈 때는 맏상주

주가 인제 그' 도늘 가주고 은제 장 봅 보러 그'곤[191] 예, 그'르케 하고.

　어 예:저'네 인제, 어'르신 말씀하'셔씀다마느 예:저'네느 이'르케 그거 아 장 레절'차도 복짭해'꼬 머 한 삼년상' 하'시는 분'들도 이'꼬, 또늠 일련 하시는 분 들도 이꼬 그런데, 요즘'믄 이 마으'레서 그'럼며느 으 장레할' 때느 거이 어'뜨케 머, 삼년상'이나 일련:상' 이'르케 하는 경'우는 잘 업'씀미까, 앙 그'람 어'떠 슴미까, 옌날하고 마니 달'라져씀미까?

　‾ 마:이 달'라져찌요.

　‾ 지'금 아: 네 금녀'네도 누가 참 네:가 저 찌 이 문'상 가 보'이까, 으 멀: 리 또 머 또 데구 인는 사래민데 여' 와선는데, 다~'이레, 당'이레 고마 ***.

　아이'래 그근 내 페'는[192] 끄테, 다~'이레.

　‾ 그걸.

　아, 당'이레?

　‾ 예, 당일에 고마 그날 장산나리 그으서 굼마 이으 보이, 머 축 추기짜 네요.

　‾ 충'마[193] 그래 씨'므 덴다 드레.

　‾ 충마.

　‾ 그 씨'가주구 곰머[194] 다~'이레.

　머 탈상까지?

　‾ 예, 당'이레 고마 싹 다 혜' 뿌리.

　건 탈상할' 때 그 혼'백함 가튼 경우느 어'뜨케 함'미까?

　‾ 그'으는 혼'배[195] 그튼 그는 그 은제 미:[196] 여'페 이 파고, 은제 고 여'페 가따 모 오르 오'른쪼긴드 웬'쪼긴드 근 모레.

　‾ 그그 가따 인즈 무'꼬.

　그걸, 머 그'렁걸 머:한'다 그렁검미까, 그걸?

　홈배 문는' 걸?

　홈'배캄 문는' 걸?

가 인제 그 돈을 가지고 인제 장 보라 그러곤 예, 그렇게 하고

예전에 인제, 어르신께서 말씀하셨습니다만은 예전에는 이렇게 그거 장례절차도 복잡했고 뭐 한 삼년상 하시는 분들도 있고, 또는 일 년 하시는 분들도 있고 그런데, 요즘은 이 마을에서 그러면은 장례할 때는 거의 어떻게 뭐, 삼년상이나 일년상 이렇게 하는 경우는 잘 없습니까, 안 그러면 어떻습니까, 옛날하고 많이 달라졌습니까?

ˉ 많이 달라졌지요.

ˉ 지금 내가 금년에도 누가 참 내가 저 쪽에 문상을 가보니까, 멀리 또 대구에 있는 사람인데 여기 왔었는데, 당일에, 당일에 고만 ***.)

ˉ 아니야 그건 내가 편한 것 같아요, 당일에.

ˉ 그것.

아, 당일에?

ˉ 예, 당일에 고만 그 날 장삿날에 거기서 고만, 이거 보니 뭐 축 있잖아요?

ˉ 축만 그래 쓰면 된다 그래.

ˉ 축만.

ˉ 그걸 써서 고만 당일에.

뭐 탈상까지?

ˉ 예, 당일에 고만 모두 다 해 버려.

그 탈상할 때 혼백함 같은 경우는 어떻게 합니까?

ˉ 그것은 혼백 같은 거는 그 인제 묘 옆에 파고, 인제 그 옆에 가져다, 뭐 오른쪽인지, 왼쪽인지 그건 몰라.

ˉ 거기 갖다 인제 묻고.

그걸, 뭐 그런 걸 무엇을 한다고 그럽니까, 그걸?

혼백함을 묻는 걸?

혼백함을 묻는 걸?

⌐ 그'응 거 문는' 거는 머.

매'혼한다 함'미까?

⌐ 쓰 이거 싸 다~'이레 하능 거 그그치 자시^(") 모'르겐네, 그 그 머여.

당'일 랄도 그렁 거 함'미까?

⌐ 여, 하'지요.

그아므 근 바로?

⌐ 그 오세'는 그 홈'배 그튼 그 업짜'네.

⌐ 고'마 이그 스 사지~'이자네.

영정 이쓰'이까?

⌐ 예.

⌐ 영정 가즈 하기 떼'미네.

그르가 에 요즈'므 당'일 랄 머 해버'리고 머.

⌐ 여아, 머 다~'일: 점부 하'데여.

그'엄며느 예전:네느 머 문'상 가튼, 요즘: 문상하는 사'암들하고 예전 문:상'하는 거하고 쫌' 다름미'까, 어'떠씀미까?

문상 방'시기?

⌐ 방'스근 또까'쩨여.

⌐ 또 까테'이.

또: 까'꼬에?

⌐ 여아.

그 다'음 머 예 요즘' 멈 부고, 부고 가튼 거느, 예저네느 부:고'를 만드러가 돌'려씀미까?

⌐ 예', 돌'려쩨요.

부고를 누'가 만듬미'까?

⌐ 그어 저 이 여 그 웨 저 크 큰'닐, 그 워 첩'찝 하는데 이짜'네요?

⌐ 그어 가믄 그 사'암들 다 헤 조, 그 머.

- 그런 것을 묻는 것은 뭐.

매혼(埋魂)한다 합니까?

- 이거 싹 당일에 하는 거, 그거 자세히 모르겠네, 그 그 뭐야?

당일 날도 그런 거 합니까?

- 예, 하지요.

그러면 거기는 바로?

- 요새는 혼백함 같은 거 없잖아.

고만 이거 사진이잖아.

영정이 있으니까?

- 예.

- 영정 가지고 하기 때문에.

그래서 요즘은 당일 날 뭐 해버리고 뭐.

- 예, 뭐 당일 전부 하더래요.

그러면은 예전에는 뭐 문상(問喪) 같은, 요즘 문상하는 사람들하고 예전 문상하는 거하고 좀 다릅니까, 어떻습니까?

문상 방식이?

- 방식은 똑 같지요.

- 똑 같아요.

똑 같고요?

- 예.

그 다음에 뭐 요즘 뭐 부고, 부고 같은 것은 예전에는 부고를 만들어 가지고 돌렸습니까?

- 예, 돌렸지요.

부고를 누가 만듭니까?

- 그 저 여기 그왜 큰일,[198] 그 왜 첩집[199] 하는데 있잖아요?

- 거기 가면 그 사람들 다 해 줘, 그 뭐.

그엄 무 그엄 인조 장:네' 그거 총괄 채'김자가 이'씀미까?

총:괄해'서 지 장네절차 지'히하는 사'라미?

‑ 아, 그 인'제 그 부고 씨'는데[500]?

‑ 여, 이'찌요.

‑ 그 저 그 지'비, 그 지'비 고마 항여리 게일 노픈 사람.

‑ 그 집 지'반네:.

‑ 항열 겔 노픈 사람이든지, 그그 인제 저 저 저걸 아 안체'코[501] 좌:사르 안제'코 여 그 그러고 인제 고 초 자잘 헤쓰코.

요즈'믄 부고 가튼 걷 돌'림미까?

‑ 지'금두 야, 지'금두 돌'리지.

지'금도 돌림미까?

‑ **.

그은느 그 옌 그 우 이 웅:구'하'거나[502] 이렁 거 할' 때, 옌'날하고 요즘하'고는 머 아 비슫함미까, 머 다름미까?

‑ 지금은 쫌' 틀레'치여.

‑ 웬'냐 그먼 옌'나레능 저 서'른둘'잉 기 이따 마리야.

‑ 카주 큰 뜰[503] 서'른두른데, 오세'는 아 여러'서시, 심늉 명.

‑ 심늉 명 틀로 고'레 멩그'러꼬.

‑ 어쯔 지'그므는 모르 팔 명 틀' 멩'근다 그래이, 지'그므느.

‑ 아주 자꾸 이너'이[504] 작 벨'로 하이~까[505] 은제 팔 문[506] 매도 반빤[507] 미고 갈 수 이'끄든.

영구::, 웅구하'능게?

‑ *** ****.

그 다'인 머 머고 이 하관할' 때나 어 봉:분 만'들 때, 옌날하'고 요즘하고 쫌 달'라진 거 이씀미까?

‑ 그'릉 거 안 달러징[508] 건 업'써이, 예전부터.

그럼 뭐 그럼 인제 장례 그것 총괄 책임자가 있습니까?

총괄해서 장례절차를 지휘하는 사람이?

¯ 아, 그 인제 그 부고 쓰는데?

¯ 예, 있지요.

¯ 거기 저, 그 집이, 그 집에서 고만 항렬(行列)이 제일 높은 사람.

¯ 그 집, 집안에서.

¯ 항렬이 제일 높은 사람이든지, 그거 인제 저걸 앉히고, 좌사(左史)를 앉히고 여기 그리고 인제 고것 조절을 했었고.

요즘은 부고(訃告) 같은 거 돌립니까?

¯ 지금도 예, 지금도 돌리지.

지금도 돌립니까?

¯ **.

그러면 그 옛날 이 운구하거나 이런 거 할 때, 옛날하고 요즘하고는 뭐 비슷합니까, 뭐 다릅니까?

¯ 지금은 좀 다르지요.

¯ 왜냐 그러면 옛날에는 저 서른둘인 것[509]이 있었단 말이야.

¯ 아주 큰 틀, 서른둘이 들었는데, 요새는 열여섯이, 십육 명[510].

¯ 십육 명 틀을 그래 만들었고.

¯ 어쩌면 지금은 모두 팔 명 틀을 만든다고 그래요, 지금은.

¯ 아주 자꾸 인원이 별로 없으니까 인제 팔 명이 메도 즉 절반의 인원으로도 메고 갈 수 있거든.

영구를 운구하는게?

¯ *** ****.

그 다음에 뭐 무엇이냐, 이 하관할 때나 봉분을 만들 때, 옛날하고 요즘하고 좀 달라진 게 있습니까?

¯ 그런 것은 달라진 것은 없어요, 예전부터.

하과는 머 거이 가'꼬예?

‑ 예, 두[511] 맹 가테요.

봉:분' 만들 때도 머 거이 비슫함'미까?

‑ 아이, 여, 봉구[512]?

예, 봉분 올'릴 때?

‑ 올릴 때 이그 옌늘보단 더 말 모으지요.

‑ 오센' 이그 이 일'려글 안 하고 꼬:구레이 하기 떼미네.

‑ 누 우르[513] 아~히[514] 누글 봉'구늠 마이 마사[515], 그른니 이쓰모 마~이 모'으디[516].

아, 예'저넵 비해서 봉분 크'기가?

‑ 예. 하으[517] 더 크'지 머'.

마니 커'져꼬?

‑ 야.

예저네 일'려그로 하'다 보니 히미 드르석[518] 자간'는데?

‑ 예예, 마'저요.

요즘 마니?

‑ 머.

예.

‑ 마'너.

그 봉붐[519] 만드러 노'우[520] 튼튼하'기도 예전보다 더 튼튼함'미까?

‑ 아이, 근 튼튼항' 그는 맹' 똑까'꼬.

‑ 맹 우리'간 올르가 가 이 들구 찌'고, 이 발:끼 떼때'미네[521] 이그는 코쿠레이 가지 망 눌리는 그 아이고 우리'가 올르가가즈 이 들구 찌'꼬 발:꼬 하기 떼'미네 그으는 머 옌나리나 오세나 근 또' 까테여.

그게 혹'시 그 방금 그 봉분 만들' 때 급 머 찡'는 거 머 들:구 찡'는다 그'럼미까?

‑ 예예, 그 들구 찌그.

하관(下官)은 뭐 거의 같고요?

　ᄀ 예, 둘은 맨 같아요.

봉분(封墳)을 만들 때도 거의 비슷합니까?

　ᄀ 아, 여, 봉분?

예, 봉분 올릴 때.

　ᄀ 올릴 때 이것이 옛날보다는 더 많이 모으지요.

　ᄀ 요사이는 이것을 인력으로 안 하고 포클레인이 하기 때문에.

　ᄀ 누구가 우리는 안 하니까 누구가 봉분은 많이 모아다오, 그러니 있으면 많이 모으지.

아, 예전에 비해서 봉분 크기가?

　ᄀ 예. 더 크지 뭐.

많이 커졌고?

　ᄀ 예.

예전에 인력으로 하다 보니 힘이 들어서 작았는데?

　ᄀ 예, 맞아요.

요즘 많이?

　ᄀ 뭐.

예.

　ᄀ 많아.

그럼 봉분 만들어 놓으면 튼튼하기도 예전보다 더 튼튼합니까?

　ᄀ 아니, 그건 튼튼한 그것은 맨 똑같고.

　ᄀ 역시 우리가 올라가서 이 달구를 찧고, 밟고 하기 때문에 이것은 포클레인을 가지고 막 누르는 게 아니고 우리가 올라가서 달구를 찧고 밟고 하기 때문에 그거는 뭐 옛날이나 요새나 그건 똑 같아요.

그게 혹시 그 방금 그 봉분을 만들 때 다지는 걸 뭐 '달구찧는다' 그럽니까?

　ᄀ 예, 달구를 찧고.

그'때' 부르는 노'래가 이씀미'까'?

￣ 부른 노래 이'찌요.

그 무슨 노'래라 그럼미'까?

￣ 하 무느 그 노'레는 모'르는데, 요세'는 이그 노'그믈 헤가주고 노'금기로 갇 다르 노'코, 요 유요 아'페 차고, 이 사'레미 하넹 거 아이고 노'그므로 고마 하기 떼'미레.

￣ 아:주 오세'는 점부 노'그므로 해가가주.

아, 사'라'미 직쩝 부르능' 게 아니'고예?

￣ 으, 아이지 머.

아: 그 그 노'래를 무슨 노'래라고 함'미꺼?

￣ 그 머 근 노'레라꼰 땅 건 어'꼬 그은 머 들구' 저 찌'일 때 그 노'레이까 금 머 들구노'레라고 바야지.

머 들구노'래 혹시 항 구'절 기엉나능 거 업'슴미까?

￣ 머 운'네[522] 금 머 그 소'리라건[523] 머 그건 머, 그릉 건 우리가 머 또기[524] 다머 머 드릴[525] 릴또 어'꼬 멍 마 머 이기 잘 모르겐니더.

혹'시 그 머 어'르신, 으 저도 머 어 칭구 엄 아브지 도'러가셔슬 때 머 상여'를 매' 바'씀다마'느, 어'르신도 상에[526] 함 매' 보'셔씀미까?

￣ 안주까지 메'찌요.

으, 아'이우, 지금 연세 이래 마'느신데도예?

￣ 예, 그 사:래'미 업씨~'이까.

￣ 그르이 이 동서'부로 울 아께디[527] 이 저, 동서'우로[528] 갈라나기 떼'미리 우리 여이 인노이[529] 겡'자~이[530] 저거 마~'이 사'이 데'이.

￣ 그르이 아주 참 내가 몽: 꿈'지기고, 몬: 나갈 행페~'이 데'믄 먹 골'또~[531]이라도 넨, 몬: 나그믄 골'똔 네'이 데이.

￣ 골'똔 내:지마'느, 내그 지'브서 여 굼'니고[532] 하머는 골'똔 내' 뿌먼 저 사암드리 저 지'비서 저레 하머서 웨이 이른 델 안 나오노 카기 떼'미 나

그 때 부르는 노래가 있습니까?

˚ 부르는 노래 있지요.

그걸 무슨 노래라고 그럽니까?

˚ 아, 무슨, 그 노래는 모르는데, 요사이는 이거 녹음을 해서 녹음기를 갖다 놓고, 요기 앞에 차고, 이 사람이 하는 게 아니고 녹음으로 고만 하기 때문에.

˚ 아주 요사이는 전부 녹음을 해서.

아, 사람이 직접 부르는 게 아니고요?

˚ 예, 아니지 뭐.

그 노래를 무슨 노래라고 합니까?

˚ 그 뭐 노래라곤 다른 건 없고 그것은 뭐 달구를 인제 찧을 때 그 노래니까 그럼 달구노래라고 봐야지.

뭐 달구노래 혹시 한 구절 기억나는 것 없습니까?

˚ 뭐 우리네 그럼 뭐 그 노래라고는 뭐, 그런 건 우리가 뭐 또 귀 담아 뭐 들을 일도 없고 뭐, 이거 잘 모르겠어요.

혹시 어르신, 저도 친구 뭐 아버지께서 돌아가셨을 때 뭐 상여를 메어 봤습니다만은, 어르신도 상여 한 번 메 보셨습니까?

˚ 아직까지 메지요.

으, 아이구, 지금 연세가 이래 많으신데도요?

˚ 예, 그 사람이 없으니까.

˚ 그러니 이 동서부로 우리 아까도 이야기 했지만, 동서부로 갈라놓았기 때문에 우리 여기 인원이 굉장히 적어서 사람을 많이 사야 되요.

˚ 그러니 아주 참 내가 못 꿈적이고, 못 나갈 형편이 되면 뭐 벌금이라도 내고, 못 나가면 벌금을 내야 돼요.

˚ 벌금을 내지만은 내가 집에서 꿈적이고 하면은 벌금 내 버리면 저 사람들이 저 집에서 저렇게 하면서 왜 이런 데는 안 나오느냐 하기 때문에 나,

나가이 데.

￢ 히'미 드'러도 나가서 은제 으 가치 헤'야 데.

얼거 머 으 힘', 머 그글, 도:늘' 뜨'나서?

￢ 어, 그 돈' 문제 아'이라.

￢ 여가 앙' 그'러머 가 돈 머 음 므 내' 뿌고 앙 가지요.

￢ **마느 그그 그 그'래 모' 함' 모' 한다 카이.

그 혹'시 그 인제 웅:구할' 때, 상여 매'고 갈' 때', 머 저'도 머 따'러 함 분씩 불러 봐씀미다마'너, 호'시 그 노'래 함 불'러 보'셔씀미까?

￢ 예', 불'러 바쩨'요.

그 머 함 부 하워 항 구'절 기'엉나능 거 이씀미까?

￢ 그그'능.

아니 노'래는 암' 부르시도, 그냥 말:로라도.

￢ 그으 그 그그는 너::허, 너::허, 너:허넘:차 너허 인제 이기 예.

￢ 그'래 은제' 양짜' 그 은제 이'짜 부'르믄 이'짜 인제 너:허, 이짜 너허넘 처, 이리이리 이 자꾸 ****.

검 그 혹'시 머 머 거 소'리 매'기는 사'람도 이씀미까?

￢ 며그 사'임 이찌요, 곰.

￢ 이, 저, 너, 아, 우:리가 인제 인제 인제 노옹기 카능 거는 우 우리 동네 사레미 인 하고 은제 지 그 지낀 풍'수인데 이 얘기 헤' 뿌믄 근 한' 구'치 이'서.

￢ 머 한' 사아미.

￢ 그 사'암드리 오'머 점:[533] 노'그믈 해가주구 하'고.

￢ 아: 머 그그 아'이구 우리 동'네서 하'먼 우리 동:네' 사'레미[534] 그그 인 제 압짱서가'주고 인제 그 덜구'르 미게'는 사'래미 이'꼬.

이 응:네'[535]에도 아까 머 덜구: 어 거 머 노래 부'를 때, 덜굼, 아'직또 부'른 분도 게:시'기는, 부, 게시능, 그 메'기는 사'암도 이씀미'까?

￢ 머 예 이띠[536], 아, 마저 이찌, 예, 이써여.

나가야 돼.

－ 힘이 들어도 나가서 인제 같이 해야 돼.

뭐 힘, 뭐 그걸 돈을 떠나서?

－ 아니, 그 돈 문제가 아니야.

－ 여기 안 그러면 가서 돈을 뭐 내 버리고 안 가지요.

－ **만은 '그 그래 못 한다, 못 한다'라고 하니까.

혹시 인제 운구할 때 상여 메고 갈 때, 뭐 저도 따라 한 번씩 불러 봤습니다만은, 혹시 그 노래를 한 번 불러 보셨습니까?

－ 예, 불러 봤지요.

뭐 한 번, 한 구절 기억나는 것 있습니까?

－ 그거는.

아니 노래는 안 부르시더라도, 그냥 말로라도.

－ 그거는 "너허 너허 너허넘차 너허", 인제 이게, 예.

－ 그래 인제 양쪽에서 그 인제, 이쪽에서 부르면 이쪽에서 인제 "너허", 이쪽에서 "너허넘처", 이래 이래 자꾸 ****.

그럼 그 혹시 소리를 메기는 사람도 있습니까?

－ 메기는 사람이 있지요, 거기.

－ 아, 우리가 인제 녹음기라고 하는 것은 우리 동네 사람이 안 하고 인제 저 지관, 풍수에게 이 이야기를 해 버리면 거기 한 규칙이 있이.

－ 뭐 하는 사람이.

－ 그 사람들이 오면 전부 녹음을 해서 하고.

－ 아, 뭐 그것 아니고, 우리 동네에서 하면 우리 동네 사람이 인제 앞장서서 인제 달구를 메기는 사람이 있고.

이 동네에도 아까 뭐 달구노래 부를 때, 달구, 아직도 부르는 분이 계시기는, 그 메기는 사람도 있습니까?

－ 뭐 예 있지 아, 맞아 있지, 예, 있어요.

하시고, 잘: 하'심미까, 그 분?

⁻ 예, 잘 헤여.

그 다'음메 머 저 그럼 에'를 드'러서 상여매'고 갈 때'도 어 어이 그거 상여노래 매'기는 분'도 게'심미까?

⁻ 예.

그 분'도 잘: 하'심미까?

⁻ 잘: 해'여.

⁻ 그 사'래미.

연'세가 한 드 어'뜨게 뎀'미까?

⁻ 거근 머', 그 사람도 머 참' 내하'곤 맹 동'가, 동'가빈데, 그 사른[537] 그, 그 사라믈 참' 머 아주 머 이 동네 꼬페'이데음[538], 뽀'페 뎅'기므[539] 아주 미게'는[540] 사'르미라.

싸우[541] 급 브 메기는 으 쏘리를 잘: 하'신다 그'지예?

⁻ 예, 예, 아주 잡 자'래여[542].

금' 머 혹'시 메'기능 구'절 항 구'절 기엉나능 거 아 우씀미까[543]?

⁻ 그 우'르느[544] 그 그.

$ 웃음, 조사자 이야기

⁻ 그'은뎀 미 사람 미'긴다가 압짜'아[545] 서'아[546] 기양 쓰그 구 가머서 미'게느 거 아:이'고 쓰 이 차례 데'믄 이근 미:고 맹 소'르를 해'이 데이.

⁻ 근 내' 차례 데'먼 내 빠'져가주고 압짜'아 서'가주고 머 아 소'리 미게'능 거 아이고, 내가 차례 뎀' 맹: 에께[547] 미:고'도 맹: 소'리 해'이 데이.

⁻ 미게' 조이 데'그던.

아'이구, 그'어므 그 힘드 히 정'말 힘'드시겐네?

⁻ 한 힘' 드'고 막 그래 어뜬 때'느 데빠마 아그 고만 빠'자라 하내이' 빠즈 가잔 머 암: 미'고 하겐나 그 아페 서'가주 미'게라 카므 그래 모.

워'낙 끄 동:네'에 절'믄 부'니 앙 게셔가 그'러타, 그'지예?

⁻ 예, 예.

하시고, 잘 하십니까, 그 분?

⁻ 예, 잘 해요.

그 다음에 뭐 그럼 예를 들어서 상여 메고 갈 때도 그것 상여노래 메기는 분도 계십니까?

⁻ 예.

그 분도 잘 하십니까?

⁻ 잘 해요.

⁻ 그 사람이.

연세가 어떻게 됩니까?

⁻ 거기는 뭐, 그 사람도 뭐 참 나하고 맨 동갑, 동갑인데, 그 사람은 참 뭐 아주 이 동네 뽑혀다니면서 아주 잘 메기는 사람이야.

아직 그 뭐 메기는 소리를 잘 하신다 그렇지요?

⁻ 예, 예, 아주 참 잘 해요.

그럼 뭐 혹시 메기는 구절, 한 구절 기억나는 거 없습니까?

⁻ 그 우리는 그걸.

$ 웃음, 조사자 이야기

⁻ 그런데 이 사람 메기다가 앞장을 서서 그냥 쓱 그 가면서 메기는 게 아니고, 차례가 되면 이것을 메고 맨 소리를 해야 되니.

⁻ 그는 내 차례가 되면 내가 빠져서 앞장을 서서 뭐 소리를 메기는 것이 아니고, 내가 차례 되면 맨 어깨에 메고도 역시 소리해야 되니.

⁻ 메겨 줘야 되거든.

아이구, 그러면 그 힘드시겠는데, 정말 힘드시겠네?

⁻ 아 힘이 들고 마구 그래서 어떤 때는 "되었다, 아이고 고만 빠져라, 하나가 빠져서는 뭐 안 메고 하겠나, 그 앞에 서서 메겨라" 하고 그래 뭐.

워낙 거기 동네에 젊은 분이 안 계셔서 그렇다, 그렇지요?

⁻ 예, 예.

아이고, 이 그 그 혹'시 그' 부'는 머 언제 함 다'으메, 그 분 함 부, 소'리 함 분 드'를 수 이께씀미까?

‾ 모'르지, 그의'는 머 이 어'디 누'가 어 지 진 머'시 한 나는 모'르까, 앙 그르므 그.

그 그냥 이래 모셔가'주고느 근 던 매'기는 소리 한 분 쯤 해 달'라고 하'며너 해주실랑가요?

‾ 으에, 머, 그 모'르:게찌요, 그건 머 *** ****.

아이고, 이 그 혹시 그 분은 뭐 언제 한 번 다음에, 그 분 한 번, 소리 한 번 들을 수 있겠습니까?

ㅡ 모르지, 그거는 뭐 어디 누가 진짜 무엇이 한 날[518]은 모를까, 안 그러면 그걸.

그냥 이렇게 모셔서는 메기는 소리 한 번 좀 해 달라고 하면 해 주실까요?

ㅡ 예, 뭐, 그건 모르겠지요, 그건 뭐 *** ****.

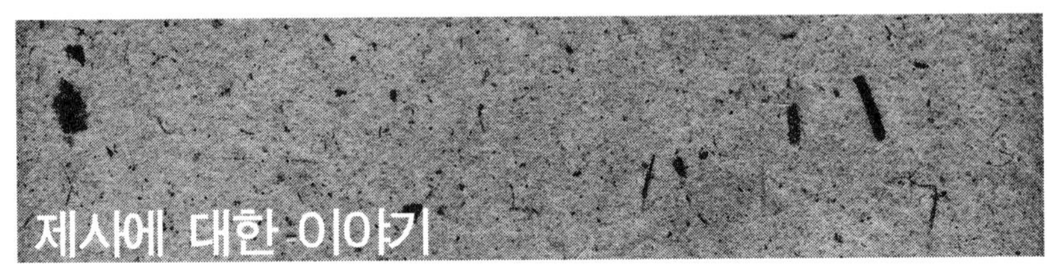

제사에 대한 이야기

그'엄 이 머 제사'아'에 대항 거 하는 쯤 여쭤 보'게씀미다.

그: 보통 제사'는, 머 어이 여'기서느 얻 주'로 언제 언제 지'냄미까, 제사'느?

은 초상나'쓸 때 말:고'.

초상 인제.

─ ** ** 기'지사[549] 은젬 ** ** 마저.

기'제사 이'꼬예?

─ 기'지'사 지'낼 떼'느 인제: 우르는[550] 그 멈 머 여 대략 바서 글'치, 저 서산: 날로, 오늘 도러가서시믄 어'제날로 은제 지여'게 제사를 인제 올'리고.

기'제사 이'꼬 또또 또 머 언제 또 제사 올'림미까?

─ 기'제사하고 은제 그 은제 파'럴 추'성날하고[551].

추성'날?

─ 또 인제 여이 음녁 설라리.

에, 설·랄'?

─ 예.

─ 글'떼느 설라'리, 추'석 떼넌 은제 조상제사 은제 하:묵[552] 다 모'서 노'코 은제 글'떼 인제 차'레를 인제 차레 제사를 진 찌내고.

그어'느 어 머 설:제사' 이'러케 안 하'고 차'레라고 함'미까?

─ 아:, 여'그는 머 우리'는 머 으 저게 설:랄' 금 제사'라 그'렌데, 머 우 이 딴 데르 보'이 먹 차레라 그런데, 우릴 안즈 여 제사'르 지내.

아, 여기는 설'이든 추'서기든 그냥 차'레라고 아나'고 제스?[553]

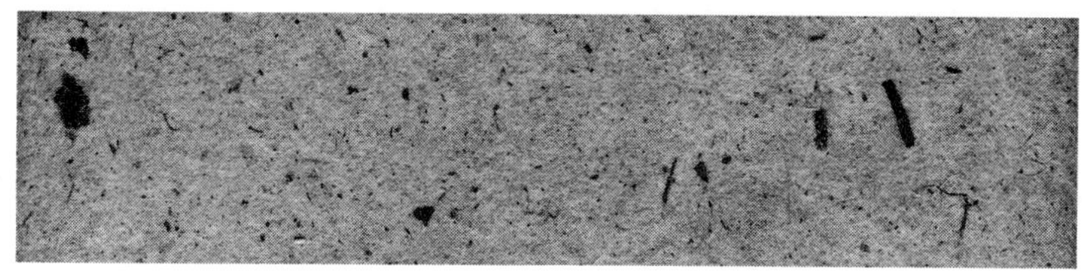

그럼 뭐 제사에 대한 것 하나 좀 여쭈어 보겠습니다.

보통 제사는, 뭐 어떻게 여기서는 주로 언제, 언제 지냅니까, 제사는?

초상났을 때 말고.

초상 인제.

￣ ** ** 기제사 인제 ** ** 맞아.

기제사 있고요?

￣ 기제사 지낼 때는 인제 우리는 그 뭐 여기 대략 봐서 그렇지, 저 살아 계신 날로, 오늘 돌아가셨으면 인제 어제 저녁에 제사를 인제 올리고.

기제사가 있고 또 뭐 언제 또 제사를 올립니까?

￣ 기제사와 인제 그 인제 팔월 추석날과.

추석날?

￣ 또 인제 여기 음력 설날이.

예, 설날?

￣ 예.

￣ 그 때는 설날이, 추석 때는 인제 조상제사를 인제 한꺼번에 다 모셔 놓고 인제 그 때 인제 차례를 인제 차례 제사를 지내고.

그건 뭐 설날 제사는 이렇게 안 하고 차례라고 합니까?

￣ 아, 여기는 뭐 우리는 뭐 저기 설날 제사라고 그러는데, 뭐 이 다른 데 를 보니 뭐 차례라 그러는데, 우린 아직 여기는 제사를 지내.

아, 여기는 설이든 추석이든 그냥 차례라고 안 하고 제사?

￣ 아이'래이, 예예, 제사 허'지 마저.

그 으 그'리곰 머 예'을 드'러서 어 슬랄' 추성날' 그 다으메이 기'제사 어 말:고 혹시 또 머 다른 제사'느 업'슴미까?

￣ 딴 딴 제사른 ***.

예를 드'러서 머 한 사대조'오'까지 보통 기'제사는 언지 멛'때조까지 모'심미까?

￣ 아:: 지금 메테 전'마 헤'도 우리'도 그'레꼬 참 오대조까지 제살' 사문 모'산는데, 지'금도 나도 맹 우리 참 큰' 큰지'비, 큰 대가~'이[554] 저 짐'보[555] 인'는데 인 사암도 참 안 참 내 참 종:제'지만 마:이 배'운 사레미고, 또 전 두한 대통녕 할' 레'[556] 그 저 대이'원꺼징 한 사레미, 출마레'[557] 가주고, 그 큰지비기 때메 쿵기'배서[558] 점 다 지'낸는데 지그므는 이야 볼 레는 그어 저 매'온 카'제 인 제사 안 지내고 ****.

￣ 그 멈 멈 올' 쩌 지'네고 올 보 올'게버'듬[559] 지'네고 다음부텀 안 지'네 이더, 그 째가이[560] 추'글 해가주 일'꼬 인제 그 제사를.

￣ 지'금 바가는 마 점 대럭 조'보'까지마[561] 제사를 다 지'네는 그'테요.

거므 그 위'때 조느 머 혹'시, 기'제산 안 지'내지마느 다른 머 혹시 은제 함 머 제사' 안 지'냄미까?

다: 모'아서?

￣ 안:, 그 좀매'사르[562] 지'내 뿌믄 그' 으른 제사는 사:무 아' 지네 뿌지.

혹'씨 머 어 가을 추수 끈'나고 나서 머 시'제나 이'릉 거 안 함'미까?

￣ 그'렁 거는 여쓰 아 안 해여.

어 머 묘:사가'튼 거 안 함'미까?

￣ 그 저'네는 옌나레는 걸 인제 아 사네 뎅김 제:사를 인제 그 이 시'월 시'사라 그'는데, 시사, 시월따'레능 제 시'사로 은제 꼭 사네 데금, 떠'글 해'석 과일하고 머 한 짐수 질므지으 가서 은제 제사 즈 다 지'내서요.

￣ 지'그므는 인제' 고마 이 산소 푸르'를 때 포: 포'나 머 과:'이'리나 하고 은지 술' 한 잔 하 가져가스 잠[563] 한 제 버 노코 산소 푸르'을 때때, 고

˘ 아니에요, 예예, 제사라고 하지, 맞아.

그리고 예를 들어서 설날, 추석날 다음에 기제사 말고 혹시 또 뭐 다른 제사는 없습니까?

˘ 다른 제사는 ***.

예를 들어서 뭐 한 사대조까지, 보통 기제사는 몇 대 조까지 모십니까?

˘ 아, 지금 몇 해 전만 해도 우리도 그랬고 참 오대조까지 제사를 사뭇 모셨는데, 지금도 나도 맨 우리 참 큰집이, 큰 대가가 저 진보에 있는데, 이 사람도 참 내 종제지만 많이 배운 사람이고, 또 전두환 대통령 할 때 거기 저 대의원까지 한 사람이, 출마를 해서 거기가 큰집이기 때문에 큰집에서 전부 다 지냈는데, 지금은 인제 볼 때는 매혼이라고 하지, 인제 제사를 안 지내고 ****.

˘ 그 뭐 올해 지내고 올해까지 지내고 다음부터 안 지냅니다, 그 제관이 축(祝)을 해서 읽고 인제 그 제사를.

˘ 지금 봐 서는 고마 전부 대략 조부까지만 제사를 다 지내는 것 같아요.

그러면 그 윗대 조는 뭐 혹시, 기제사는 안 지내지만은 또 다른 뭐 혹시 인제 한 번 제사 안 지냅니까?

다 모아서?

˘ 아니, 그 종매제사를 지내 버리면 그 어른 제사는 사뭇 안 지내 버리지.

혹시 뭐 가을 추수 끝나고 나서 뭐 시제나 이런 거 안 합니까?

˘ 그런 것은 여기서 안 해요.

뭐 묘사같은 것은 안 합니까?

˘ 그 전에는, 옛날에는 그 인제 산에 다니면서 제사를, 인제 그 시월 시사(時祀)라고 그러는데, 시사, 시월 달에는 인제 시사를 인제 꼭 산에 다니며, 떡을 해서 과일과 뭐 한 짐씩 짊어지고 가서 인제 제사를 인제 다 지냈어요.

˘ 지금은 인제 고만 이 산소가 푸를 때, 포(脯)나 뭐 과일이나 하고 인제 술 한 잔 가져가서 잔 한 잔 부어 놓고 산소 푸를 때, 고만 거기서 그래 인

막 거어선 그래 이제 제사를 지'네 뿌고는 고만 다 끈'나 뿌쩨.

⌐ 점'부 다 그'래여.

⌐ 그'레고 은제 또 으뜬 지입 보'면 파럴 추'석나린 지'베서 안 지내고 인제 묘에 가서 은제 제사 지'낸 사'암도 이'꼬.

그럼'며느 그 벌'초하러 가'서 마?

⌐ 네예.

시사대신 하 제사?

⌐ 예예, 글 글'치요, 마저, 예, 하, 예.

⌐ 지금 마저 이거 이 흉'사는 간소가 마::이 데'찌여.

⌐ 엄청나게 데' 뿌러찌.

옌나레 비해서?

⌐ 예, 마이 데' 뿌르고 말'고지.

혹'시 여이 이 동네뿐'드른 그어 우리가 보통 그거 가을'레 추석 저'네 보통 벌초하러 앙 감'미까 그'지예?

⌐ 예.

벌초하'고 혹'시 보'메도 머 스 성, 묘: 돌보'러 감'미까?

⌐ 모:리, 인 인 도'이지는 모 여 이'른 데는 다름[564] 안 가.

⌐ 앙 가고 인제 도'헤지 인지 이따가 아:들 함 부'썩 오'므 은제 머 어른 산소라등가 인제 산소 함 차저보'러 가믄 가까 앙 그'르무 조:매[565] 앙 가지.

한:식 때 혹'시?

⌐ 한식 때도 암 머.

여기느 예?

⌐ 예.

⌐ 하 한식 때는 머.

보톤' 잘 안?

˝ 제 제사를 지내 버리고는 고만 다 끝나 버리지.

˝ 전부 다 그래요.

˝ 그리고 인제 또 어떤 집을 보면 팔월 추석 날 집에서 안 지내고 인제 묘에 가서 인제 제사 지내는 사람도 있고.

그러면은 벌초(伐草)하러 가서 뭐?

˝ 예.

시사대신 제사를?

˝ 예, 그렇지요, 맞아, 예, 아, 예.

˝ 지금 맞아, 이거 이 흉사(凶事)는 간소화(簡素化)가 많이 됐지요.

˝ 엄청나게 돼 버렸지.

옛날에 비해서?

˝ 예, 많이 돼 버리고 말고지.

혹시 여기 이 동네분들은 우리가 보통 가을에 추석 전에 보통 벌초하러 안 갑니까 그렇지요?

˝ 예.

벌초하고 혹시 봄에도 뭐 묘를 돌보러 갑니까?

˝ 몰라, 인제 도회지는 몰라도 여기 이런 데는 다른 때는 안 가.

˝ 안 가고 인제 도회지 인제 있다가 아이들 한 번씩 오면 인제 뭐 어른 산소라든가 인제 산소를 한 번 찾아보러 가면 갈까, 안 그러면 좀처럼 안 가지.

한식 때 혹시?

˝ 한식 때도 아무 뭐.

여기는 예?

˝ 예.

˝ 한식 때는 뭐.

보통 잘 안 하고?

‑ 예.

쓰 벌초하'러 가으'레 주'로 가'신다 그'지예?

‑ 예예.

그 다'으메 보'통' 그 엄 기'제사, 머 어르신 요즘 지'내심미까?

‑ 예예, 지굼⁵⁶⁶⁾.

‑ 마저, 어른'하고 인제 *** 이시.

검' 기'제사 지내실' 때 어'떤 어'떤 순서대'로 함'미까?

기'제사 지'반마다, 제사 방'식또 지'방마다 쪼금씩 다'른데.

‑ 제물 채'리능⁵⁶⁷⁾ 말 하능 기 멀 멀 마라노?

제물 채'리능 거'또 그'르코.

‑ 아!

그 다'음미 제'물 차'리고 그 다'으메 머 머 절하'는 거'또 순서가 안 이씀미까?

‑ 예, 글 순서 이'찌.

예, 그 함' 부 제'물 차'르능 거부'틈 머 한 자⁵⁶⁸⁾ 함 이야기해' 주'십시오.

‑ 우리'는 우:슬'로⁵⁶⁹⁾ 체'리은데, 우:슬'로 은제 이 그어' 저⁵⁷⁰⁾ 바다 자신 어른 우:추'그로⁵⁷¹⁾ 은제, 우:츠'그로 인제 논'는 거 은제, 어 대:추', 밤:, 그 은제 배', 조율이시, 예, 고 고대'로 고 고래 디 쭈욱 체'리⁵⁷²⁾ 나가'고 거 인 제, 우:슬'로 체'른 사'람도 이'꼬, 이그 제사 저 사라믄 다: 틀'래요.

‑ 그 또 죄:슬'로⁵⁷³⁾ 테'리는⁵⁷⁴⁾ 시'암도 이'꼬 머 머 인제 틀'래는데.

그럼'며느 그 인제 저 보통 이 으 쩨 그 스 제사상'에 인'제 음'시글 올'려서 인 제 이 진:서'를⁵⁷⁵⁾ 해 노'앝씀더 이저 음식 올'리고 그 다'임 머 함'미까?

‑ 그 다'으미느⁵⁷⁶⁾ 인제: 글 다 체'리노콘 은제 주'소~이⁵⁷⁷⁾ 인제, 그 그 그 집 바서는 머 아들, 마'지라덩가, 인제 그'런 사:레'미 인제 아 인제 강:신 ⁵⁷⁸⁾, 인제 이 우리'느 여 마쓰'메 강신베레카능 건 은제 요 마다'라드'리등가 은제 어른'등 가페'⁵⁷⁹⁾ 인젠 제사지널 땐 마'지가 겔: 아페 안자가주고 술 자'늘 한 잔 버'어가주고, 버: 노'콘 은제 절'루 두 분 헤', 그를 그게 은제

 예.

벌초하러 가을에 주로 가신다 그렇지요?

 예.

그 다음에 보통 그 기제사, 뭐 어르신 요즘 지내십니까?

 예, 지금.

 맞아, 어른과 인제 *** 이시.

그럼 기제사를 지내실 때 어떤, 어떤 순서대로 합니까?

기제사는 집안마다, 제사 방식도 지방마다 조금씩 다른데.

 제물을 차린다는 말이라고 하는 것이, 뭘 말하는가요?

제물을 차리는 것도 그렇고.

 아!

그 다음에, 제물을 차리고 그 다음에 뭐 절하는 것도 순서가 안 있습니까?

 예, 그 순서가 있지.

예, 그거 한 번 제물을 차리는 것부터 뭐 한 번, 인제 한 번 이야기해 주십시오.

 우리는 우측으로 차리는데, 우측으로 인제 그 저를 받아 잡수시는 어른 우측으로 인제, 우측으로 인제 놓는 것은 인제 '대추, 밤, 그 인제 배, 조율이시(棗栗梨柿)' 예, 고대로 그렇게 차례로 차려 나가고 그 인제, 우측으로 차리는 사람도 있고, 이거 제사는 사람마다 다 달라요.[580]

 ㄱ 또 좌진설로 차리는 사람도 있고 뭐 인제 다른데.

그러면은 그 인제 저 보통 제사상에 인제 음식을 올려서 인제 이 진설을 해 놓았을 때, 이제 음식 올리고 그 다음에 뭐 합니까?

 그 다음에는 인제, 그것을 다 차려 놓고 인제 주손이 인제, 그 집에서 봐서는 뭐 아들, 맏이라든가, 인제 그런 사람이 인제 강신, 인제 우리는 여기 말로 '강신배례(降神拜禮)'라고 하는 것은 인제 이 맏아들이라든가 인제 어른들 그 앞에 인제 제사지낼 때는 맏이가 제일 앞에 앉아서 술 잔을 한 잔 부어서 부어 놓고 인제 절을 두 번 해, 그것을 그것이 인제 강신배렌데,

강:신베렌'데, 두 분 하고, 두 분 하곤 은제 그 나머지는 머 지'손들[581] 머
이 머 형'이라등가 머 마~'이 이시'먼 그' 떼는 인제 가체 인제 참 참'씬는
데[582], 글떼는 가치 인제 절 은제 다: 하고.

　검' 강:신하'고 그 다'으메 글 점부 다 모'여서 인지 참신배레함'미까예?

　⌐ 예예, 참신해'여. **** *** ** **.

　검 혹'시 머 여:기'느 어 신'주[583]를 모'심미까, 앙 그라면 지'방[584]을 씀'미까?

　지'방을 쓰지.

　감' 집[585] 강신하'기 저'네 지'방을 모'심미까, 앙 감며 강:신하'고 나'서 지방
모'심미까?

　지방?

　⌐ 머 뭄 모심, 아이레.

　지방을 써 가'주고?

　⌐ 아 머 그 아주 제사상 체'르[586] 놀' 때 아주 사저'네 가따 지브 너'여
x[저서]x.

　그엄 상' 채'리고 인제 지방 썬'는 걸' 그얼 어 병풍 쪼'게 모:시'고.

　⌐ 예예, 예.

　그 다'으메 강:신하'고?

　⌐ 에예.

　다'으메 그 멈미'까 이 참심베레 점부 다 하고?

　⌐ 아아, 제:사 지'내능 그 그므 다 은제 저'리[587] 해 달라 마'리지요?

　⌐ 그래 은제: 그그 은제 맏주소~'이 인제 절 두 분 머여[588] 한 다'으메
인제 그 지'손들 마~:이 이'시믄 그 인제 글뗀 참시느[589] 은제 가치 함 번
하고, 또 그 다'으메 인제 그걸 뜨 아 그어 저'게 참신한 사'레미, 주소~'
이 두 분[590] 그'트믄 자늘 두 잔 다: 버 노'코 이 사래미 또' 절 두 분[591]
또 해'여.

　⌐ 또 하고 인제 그 다'으메느 이제 그 그 저:게[592] 그그 머러카노, 그으

두 번 하고, 두 번 하고는 인제 그 나머지는 뭐 지손(支孫)들 뭐 형이라든가 뭐 많이 있으면 그 때는 인제 같이 인제 참 참신하는데, 그 때는 같이 인제 절 인제 다 하고.

그럼 강신하고 그 다음에 그 전부 다 모여서 인제 참신배례(參神拜禮)합니까 예?

￣ 예, 참신해요. **** *** ** **.

그럼 혹시 뭐 여기는 신주를 모십니까, 안 그러면 지방을 씁니까?

￣ 지방을 쓰지.

그럼 강신하기 전에 지방을 모십니까, 안 그러면 강신하고 나서 지방을 모십니까?

지방?

￣ 뭐, 뭐 모심이 아니야.

지방을 써서?

￣ 아 뭐 그 아주 제사상을 차려 놓을 때, 아주 사전에 갖다가 집어 넣었어, x[저서]x..

그럼 상을 차리고 인제 지방 쓴 것을 병풍 쪽에 모시고.

￣ 예, 예.

그 다음에 강신하고?

￣ 예.

다음에 그 뭡니까, 참신배례 전부 다 하고?

￣ 아, 제사지내는 거 그러면 다 인제 저렇게 해 달라는 말이지요?

￣ 그래 인제 그 인제 맏주손이 인제 절을 두 번 먼저 한 다음에 인제 그 지손들이 많이 있으면 그 인제 그 때는 참신을 인제 같이 한 번 하고, 또 그 다음에 인제 그거 저기 참신한 사람이, 주손이 조상이 두 분이면 잔을 두 잔 다 부어 놓고 이 사람이 또 절을 두 번 또 해요.

￣ 또 하고 인제 그 다음에는 이제 그 저것이 그 뭐라고 하나, 그 저기에

저게[593] 여 밥'하:고 은제 뚜껑[594] 다 이'[595] 걸:고, 은제 구'게 인제 밥 세 술 떠' 노'코, 이레 히레[596] 헤가주고, 그너그[597] 그르 노'콘 은제 글떼느 인제 가치 인제 우 국'꿍'을[598] 은제 이 함묵[599] 하고.

국꿍하'고 하'지예?

‐ 예.

‐ 그레:고 인제 또 어 이 그 저: 구꿍하고 은제 구꿍 다으메느 은제 인저 부보'기라고 이래 허리 반 꾸'우서 가 이 저 이 절' 하지요.

‐ 고래하'고, 고래한 다으메 인제 수저 은제 나으 나세[600] 다: 하고는 그 인제 절: 고만 함목 두 분 다 하믄 글뗀 인제 제살 은제.

끈나 끄다[601]?

‐ 예예, 마치고.

그아'고 인제 끈'나고 나서 음복함'미까?

‐ 녀 글'떼느 인제 다: 내'가 뿌지, 인제 땅 근[602], 즈아[603] 지넨능 거 다 네 가고 인제 상 이 짜로 뗑기 노'코, 글'떼는 제 점부 이 꾸르안자서 이언 기'양 안즈머 안 데'고 꾸르안자가즈고 한 잔 스 인제 복쭈'카제요?

‐ 제사 지'넨느 복쭌제 복쭈' 한 잔 하고 글'떼느 인제 복쩝찔[604] 한 자 스 다 하므 인제 글때 은제 페'께[605] 안자가주 인제 머 이 지 지 머 술 량 대'로 머거[606] 주븐[607] 대'로 인제 즈 자꾸 인지 **.

그 복'쯔' 내'릴 때는 누간 쯔 따라 줌'미까?

‐ 그'그능 맹 미'테 고'마안 막 게:일 나이 저근 사르미 자꾸 음제 홀 따 라줌[608] 테기지요.

호쓰으 그 혹'시 찜[609] 머 축'또 함'미까?

‐ 축또 이름미'까?

‐ 아:: 이 금 어뜬[610] 축'또 이른 사람 인:데 우리'는 우리'넌 추'근 추근 아[611] 이'고[612] 마 지방마 써'서 이란데.

거머 혹'시 그 어 아까 그 음복하'거나 또'은느 음복하'기 저'네 혹시 그 음:시'

밥과, 인제 뚜껑을 다 열고 이것을 걸고, 인제 국에 인제 밥 세 술을 떠 넣고, 이래 이래 해서 그리고 그래 놓고 인제 그 때는 인제 같이 인제 국궁을 인제 한꺼번에 하고.

국궁하고 하지요?

¯ 예.

¯ 그리고 인제 또 국궁하고 인제 국궁 다음에는 인제 부복(僕伏)이라고 이래 허리 반을 굽혀서 이렇게 절을 하지요.

¯ 그래하고, 그래한 다음에 인제 수저를 인제 놓아 놓아서 다 하고는 그 인제 절을 고만 한꺼번에 두 번 다 하면 그 때는 인제 제사를 인제.

끝난 것이다?

¯ 예, 마치고.

그리하고 인제 끝나고 나서 음복(飲福)합니까?

¯ 여기 그 때는 인제 다 내어가 버리지, 인제 다른 것은, 제사지낸 것을 다 내어 가고 인제 상을 이 쪽으로 당겨놓고, 그 때는 이제 전부 꿇어앉아서, 이건 그냥 앉으면 안 되고 꿇어앉아서 한 잔씩 인제 복주(福酒)라고 하지요?

¯ 제사를 지냈는 복주인데 복주를 한 잔 하고, 그 때는 인제 복잡하지, 한 잔씩 다 하면 인제 그 때 인제 편하게 앉아서 인제 뭐 이 술 양대로, 먹고 싶은 대로 인제 저 자꾸 인제 **.

그 복주를 내릴 때는 누가 따라 줍니까?

¯ 그것은 맨 밑에 고마 막 제일 나이가 적은 사람이 자꾸 인제 따라주는 턱이지요.

혹시, 그 혹시 지금 뭐 축도 합니까?

축도 읽습니까?

¯ 아, 이 그럼 어떤 이는 축도 읽는 사람이 있는데, 우리는, 우리는 축은 안 읽고 고만 지방만 써서 이렇게 하는데.

그러면 혹시 그 아까 음복하거나 또는 음복하기 전에 혹시 그 음식이나 술

기나 술: 가튼 거 들'고 바까'테 가서 어'뜨케 머 함'미까?

  ‾ 어군느[615] 그릉 거느.

  어쓰 저승사자느한테 이'러케 주기 위'에서 머 바'비나 나 머 떡가'튼 거나 앙 가'머 어 술: 가튼 걸 어'뜨게 바끼 내' 노커'나 어'뜨게 그렁 거 함'미까?

  ‾ 이 꺼 그'릉 건 업써여.

  이 동네느 그'렁 거느 안 함'미까?

  ‾ 예. 예. 예. [x그렁거 점부x].

  그: 으뜬 동'네에 또 그'렁 거 따'는[614] 동네도 예.

  아이고 마저요, 이그는 제:사를 참' 머 가가[615] 매영 엄 머 가가 창 혬'제르 칸데, 금 머 그른 사람도 이실란도 오르[616] 우리'는 마저요, 그르지.

  만심'더, 쯤 머 하는 지반마'다 뚜 다 드러'고[617].

  ‾ 예, 예, 다 틀'레요.

  그'엄 제사음'시근 보통 그거 누구 주 줌비함'미까?

  그 어'뜨게 음 마지 마지가 줌비함미까, 다 모여서 함미까?

  ‾ 주 주'로 은젠 내'가 제사 지'네믄, 내가 겔: 큰지'비다 보~'이 점부 다: 오'지, 울 찌비.

  ‾ 와가제[618] 은제 가:치.

  ‾ 머 그 머 자~'은 또 우리'가 우리대'로 내 혼'차 가가준 장을 다 이 바다가 인제 고기 시'고 머 이렁 거 다 해'가꼬 떡하'고 머 다 한 껀 다 해 노'코 인제 곧 점보 인제 지여'게[619] 다 여[620] 오주 오'지, 다 해 노'우면.

  ‾ 지여'게 와서 은제 밤마[621] 해가주 은제 가치 제사 지'내고.

  으 금 머 아까 어머'니께서 쯔[622] 그'르케 엠 머 일'찍 시집 오셔가'주고 아 쯔 마'지, 맏종'부다 보니까 제:수도 혼저 줌비하'시고 애:를 마:니 잡수셔께씀미다.

  ‾ 제사는 마저 혼저 **** **.

  그 호'씨 그: 멈미'까, 제수씨'나 이런 분'드르 오'셔가, 으 저 그 차[623] 일찍 오시간 전: 부'치고 이'를 때 장만 안 도'움미까?

같은 걸 들고 바깥에 가서 어떻게 뭐 합니까?

⎯ 우리는 그런 것은.

어, 저승사자한테 이렇게 주기 위해서 뭐 밥이나 뭐 떡 같은 것이나 안 그러면 술 같은 것을 어떻게 밖에 내어 놓거나 어떻게 그런 것을 합니까?

⎯ 이 그, 그런 것은 없어요.

이 동네는 그런 것은 안 합니까?

⎯ 예. 예. 예. [x그런 것은 전부x].

그 어떤 동네에는 또 그런 것을 따르는 동네도 예.

⎯ 아이고 맞아요, 이것은 제사를 참 뭐 집집이 뭐야 뭐, 집집이 참으로 형제라고 하는데, 그런 사람도 있을지 모르지만 우리는 맞아요, 그렇지.

많습니다, 좀 뭐 하는 집안마다 또 다 다르고.

⎯ 예, 예, 다 달라요.

그럼 제사음식은 보통 그것을 누구가 준, 준비합니까?

그 어떻게 맏이, 맏이가 준비합니까, 다 모여서 합니까?

⎯ 주, 주로 인제는 내가 제사를 지내면, 내가 제일 큰집이다 보니 전부 다 오지, 우리 집에.

⎯ 와서 인제 같이.

⎯ 뭐 그 뭐 장은 또 우리가, 우리대로 내 혼자 가서 온갖 장을 다 이렇게 봐서 인제 고기 사고, 뭐 이런 거 다 해서 떡과 뭐 더 할 건 다 해놓고 인제 전부 인제 저녁에 다 여기에 오고 오지, 다 해놓으면.

⎯ 저녁에 와서 인제 밥만 해서 인제 같이 제사 지내고.

그럼 뭐 아까 어머니께서 인제 그렇게 뭐 일찍 시집 오셔서 맏이, 맏종부다 보니까 제수(祭需)도 혼자 준비하시고 애를 많이 잡수셨겠습니다.

⎯ 제사는 맞아, 혼자 **** **.

그 혹시 그 뭡니까, 제수씨나 이런 분들은 오셔서 저 그 때에 일찍 오셔서 전 부치고 이럴 때 장만을 안 돕습니까?

˜ 웨' 옴 머 가까'이 이'시면 또 와가줌[624] 전:도 부'치고 ** *.

검 도 머 에'를 드'러서 돈 가튼 경우너 머 쯤 그 어 동생부니느[625] 이런 분'드리 버어 쯤 그어 보토 떠 제수 장'만하는데 보테'라고 쯤' 주'심미까 앙 그'아'며 어르'신: 혼자 다 감당해 그'래 하'심미까?

˜ 뭐 딴 지'비는 머 그랜'드[626] 안 그랜'도 몰떠.

˜ 우리는 우리 은네 제사든'다 그'먼 머 참 다:매[627] 얼'매꿈 서~'이대로, 오~을[628] 쩌[629] 여거 보테 쓰'라 카'고 머 서로'가 은제 주'고 바꼬 그고 마저, 그리 히[630] 예.

아 형제 형젝 우:예'가 조으시[631] 가'주고 예.

˜ 야, 그러고 머 우리'는 머 새~'일 때'라도, 아 해 머'거도 그 마이 여 쩌 끔스근[632] 조가자[633] 이그 가, 가즈엄 머 응 고'게도 상 근[634] 사다 고기르 한 그르 끅' 끼르[635] 머'거라 카'고 머 그래 하지.

˜ 끔 우리는 마저, 그래 그래.

인제 이'그또 머 지반마'다 다 다른 이'야긴데 제사'가 월'래 앙 그'러슴미?

지반마'다 다'르고 동네마'다 다'른데, 예를 드'러서 이 어'르'신 지'바니나 또느 어르'신 이 동네에서 제사상'에 올'리지마:는, 아 올'리면 안 데는 음'식뜰 이씀미'까?

˜ 예, 그 마이 달'라요.

머: 물꼬'기라든지 음식 쭌'에서 안 올리는 음식 까'튼기 이씀미까?

평소'에 드'시는 걷 중'에서?

˜ 머 딴 닐 먼 우리'는 머 그'릉 거는 엄는 거테.

˜ 고'기는 머 야:무 고'기라도 다 사 쓰'이께.

물'꼬기, 머 에'를 들머 칼'치나 이'렁 거또 올리.

˜ 어 끄 칼'치 그튼 그'느, 그'으난[636] 누우'라도[637] 그는, 칼친 안 써'찌.

그이가[638] 그'릉 거, 안 올'리는 거예?

˜ 아아아아아, 안 쓰는 고'기로.

˭ 왜 뭐 가까이 있으면 또 와서 전도 부치고 ** *.

그럼 또 뭐 예를 들어서 돈 같은 경우는 뭐 좀 그 동생분이나 이런 분들이 좀, 보통 때 제수를 장만하는데 보태라고 좀 주십니까, 안 그러면 어르신 혼자 다 감당해서 하십니까?

˭ 뭐 다른 집은 뭐 그러는지, 안 그러는지 몰라.

˭ 우리는 우리 인제 제사 든다고 그러면 다만 얼마라도 성의대로, 오늘 저녁에 여기 합쳐 쓰라고 하고 뭐 서로가 인제 주고 받고 그리고 맞아, 그래 해, 예.

아, 형제, 형제가 우애가 좋으셔서 예.

˭ 예, 그리고 뭐 우리는 뭐 생일 때라도, 안 해 먹어도 그 많이 여기 조금씩은 줘서 이것을 가, 가지고 뭐 고기도 한 근 사다가 고기를 한 그릇 국을 끓여 먹으라고 하고 뭐 그래 하지.

˭ 지금 우리는 맞아, 그래 그래.

인제 이것도 뭐 집안마다 다 다른 이야긴데, 제사가 원래 안 그랬습니까?

집안마다 다르고 동네마다 다른데, 예를 들어서 어르신 집안이나 또는 어르신 이 동네에서 제사상에 올리지 말아야 되는, 올리면 안 되는 음식들이 있습니까?

˭ 예, 그 많이 달라요.

뭐 물고기라든지, 음식 중에서 올리지 않는 음식 같은 것이 있습니까?

평소에 드시는 것 중에서?

˭ 뭐 다른 일, 뭐 우리는 뭐 그런 것은 없는 것 같아.

˭ 고기는 뭐 어떤 고기라도 다 사서 쓰니까.

물고기, 뭐 예를 들어 갈치나 이런 것도 올립니까?

˭ 아 그 갈치 같은 것은, 그것은 누구라도 그거는, 갈치는 안 썼지.

거의 모두가 그런 거, 올리지 않는거요?

˭ 아, 안 쓰는 고기로.

⁻ 옌:나'레느 우'루 구 월'레 비늘 이능[639] 거'느 점부 안 써찌요.

비늘 인는 거는에?

⁻ 예, 비늘 인는 거너.

⁻ 그'른덴 지'그므는 머 금 머 이젠 머 머 바다 자:신 어른보다 고등[640] 해 노~'이 여 우리 미'테 사'레미 잘 머'그이까, 이그 마디'따 마따 거'니 점부 고데'이로 사주 이셈.

⁻ 칼'치는 절:때' 암 머[641].

⁻ 칼'치, 공:치', 치'짜 등' 거'느 월'레 안 스지.

아'직또.

⁻ 아이 안 쓰자이간

아 머 고등'어는 예저'네도 안' 써'찌마느 요즘.

⁻ 안 머건는데.

사'암드리 조아하'니까.

⁻ 으, 그'르치.

쓰'지마느, 칼'치, 꽁'치르 아직또.

⁻ 으.

⁻ 치'짜 등 '거느 그는 월'래 알리고 아 안 쓰고, 고드'어도 월'래 안 써' 써요.

⁻ 으그 미'니룽[642] 월'래 인' 씬는데.

⁻ 그: 지'근먼[643] 모우[644] 무 제사 지내이께'넨 멈 움 머 그' 어른도 안 자시고, 맹 우리가 다 머거야 데'이깐, 그 머'어보이, 마시쓴'니 그거 사줌 머.

혹'시 또 그 그'른 물꼬기 말:고 어 또'는 그거 멈미'까, 반드시 또 빠지면 안 데능 거'또 이쓰'미까?

제사상'에 머 이'런 음시금 꼭: 꼴'러가여[645] 데'는데, 빠'지며느 에전 가'트며 어른드리 막 호'늘 내'고 이런 머가 장'만 뭐 안 해'따곤 나무라'고 이런 음식또 이쓰미까?

  ⌐ 옛날에는 우리 그 원래 비늘이 있는 것은 전부 안 썼지요.

  비늘이 있는 거는요?

  ⌐ 예, 비늘 있는 것은.

  ⌐ 그런데 지금은 뭐 그럼 뭐 이제는 뭐 받아 잡수시는 어른보다 고등어
해 놓으니 여기 우리 밑의 사람이 잘 먹으니까, 이거 맛있다고, 맛있다고
그러니까 전부 고등어를 사지 요사이는.

  ⌐ 갈치는 절대 안 뭐.

  ⌐ 갈치, 꽁치, '치자'가 든 것은 원래 안 쓰지.

  아직도.

  ⌐ 아니 안 쓰지.

  아, 뭐 고등어는 예전에는 안 썼지만은 요즘.

  ⌐ 안 먹었는데.

  사람들이 좋아하니까.

  ⌐ 으, 그렇지.

  쓰지만은 갈치, 꽁치는 아직도.

  ⌐ 예.

  ⌐ 치자 든 것은, 그것은 원래 안 올리고 안 쓰고, 고등어도 원래 안 썼어
요.

  ⌐ 이거 비늘 있는 것은 원래 안 썼는데.

  ⌐ 지금은 모두 뭐 제사 지내니까는 뭐 그 어른도 안 잡수시고, 역시 우
리가 다 먹어야 되니까는, 그 먹어보니, 맛있으니 그거 사 주면 뭐.

  혹시 또 그런 물고기 말고 또는 그거 뭡니까, 반드시 또 빠지면 안 되는 것도
있습니까?

  제사상에 뭐 이런 음식은 꼭 올라가야 되는데, 빠지면은 예전 같으면 어른들
이 막 혼을 내고 이런 뭐가 장만을 뭐를 안 했다고 나무라고 이런 음식도 있습
니까?

반드'시 올라가'야 데능 거'또?

아까' 이야기해'떤 머 과일 가'튼 거, 조율이시, 이'릉 거느 반드'시 올러간?

ᄀ 거 그렁 거는 머, 그렁 건 업시마 안 데'지요.

그러 과이'리 그르트'시 머 혹시 탕'이라든지 정'이나[646] 이렁 거 중'에 빠지으면 안 데능 기 이씀미까?

ᄀ 아: 빠'짐 안 데능 거' 이'찌요, 그 은제.

ᄀ 뚜 우릴' 바서'는 탕', 탕 그거 세 접시, 세 세 세 공기, 불매~'이[647] 그 이'서이 데'고 간:장' 이'서이 데'고 그 그'릉 그 빠'지머넘 제 쪼 즈 즈 절'때로 안 데.

ᄀ 땅 그'는 머 해 머 이 장 보다 돔[648] 빠'지 수 이 그레 그릉 건는 머 고마 저레 하'는데 그그는.

간'장'은 반드시 오라제?

ᄀ 예, 간:장' 은제 그 탕'하고 머.

혹'시 머 제사 음식 고추 까'루 씀'미까?

ᄀ 고주 갈[649] 안 쓰지.

고즈 가루 씀' 안 뎀미까?

ᄀ 예, 야, 앙 그 안 서찌.

ᄀ 꼬치 가린[650] 절'때로 안 써찌.

검' 김'치느 올'림미까?

ᄀ 김'치느 절'때르 아 올'리지.

업 버 혹'시 백김'치나 이렁 거또?

ᄀ 아 김'치는 월'래 하'죠[651].

아예 머?

ᄀ 아, 여 우리는 머.

올리슨 안 데는?

ᄀ 예.

반드시 올라가야 되는 것도?

아까 이야기했던 뭐 과일 같은 거, 조율이시(棗栗梨柿), 이런 것은 반드시 올라가야?

￣ 그거 그런 것은 뭐, 그런 것은 없으면 안 되지요.

그럼 과일이 그렇듯이 뭐 혹시 탕이라든지 전이나 이런 것 중에 빠지면 안 되는 게 있습니까?

￣ 빠지면 안 되는 게 있지요, 그 인제.

￣ 또 우리를 봐서는 탕, 탕 그것은 세 접시, 세 공기가 분명히 있어야 되고, 간장이 있어야 되고, 그런 것은 빠지면 인제 절대로 안 돼.

￣ 다른 것은 뭐 이 시장을 보다 보면 또 빠지는 수가, 이 그래 그런 것은 고만 저래 하는데, 그거는.

간장은 반드시 올라가야?

￣ 예, 간장 인제 그 탕하고 뭐.

혹시 뭐 제사 음식에 고추 가루를 씁니까?

￣ 고추 가루를 안 쓰지.

고추 가루를 쓰면 안 됩니까?

￣ 예, 예, 안 그건 안 썼지.

￣ 고추 가루는 절대로 안 썼지.

그럼 김치는 올립니까?

￣ 김치는 절대로 안 올리지.

아 뭐 혹시 백김치나 이런 것도?

￣ 아 김치는 원래 하죠.

애초에 뭐?

￣ 아, 여기 우리는 뭐.

올려선 안 되는?

￣ 예.

‑ 백김'치 아이라 그'어는 머 생 거 그 그언나 그릉 근는 아주 고마 아주 안 써찌.

호:씨 그 뭐 이 동'네는 머 무너'나 이'렁 거느 빠'져도 뎀미'까?

‑ 무너'도 업시 머머 빠'질 수드 이'꼬 그어'는 머 이심'머는, 피료⁶⁵²⁾ 머 거 무너는.

명'태는녀?

‑ 명'태느 그 포'이까, 포'이까 그건 마.

반드시 드르가'이 데고?

‑ 예, 써이 데고.

‑ 글 으찌 머.

탕:은 머'르로 만듬미'까, 주로?

‑ 탕 주'로 은제 음: 무수', 인제 소:고'기 인제 그래 써러가 이래 여코 그래찌.

그 무수'하고 소고기 해?

‑ 예예예.

그은데 에를 드'러서 탕:하'고 그 담'메 나무'른 머 어'떵 거 올림미?

나문' 안 올려 뎀미'까'?

‑ 웨 나물흔⁶⁵³⁾, 나물 업'시마 안 데'지여.

‑ 나물토 꽁'⁶⁵⁴⁾ 이스 데'지요.

나물' 어떤 거 올'림미까?

‑ 그 꼬 콩:나'물 이'스야 데지요.

‑ 그 저 배'애추 그어 은제 금 머 쌈마삼⁶⁵⁵⁾ 무'짜이 데지요.

‑ 또 머 어 나물'또 꼭 세 가'진 데'이 데이.

‑ 예, 글까즌.

세 무'슨 나무'리든?

‑ 예예.

‑ 무'슨 나무'리든지 꼭 세 가'진 데'이 데.

⎯ 백김치가 아니라 그거는 뭐 생 거 그거는, 그것은 아주 고만 아주 안 썼지.

혹시 뭐 이 동네는 뭐 문어나 이런 것은 빠져도 됩니까?

⎯ 문어도 없으니까 뭐 빠질 수도 있고 있으면은, 필요하지 뭐 문어는.

명태는요?

⎯ 명태는 포니까, 포니까 그건 고만.

반드시 들어가야 되고?

⎯ 예, 써야 되고.

⎯ 그걸 어찌 뭐.

탕은 뭘로 만듭니까, 주로?

⎯ 탕은 주로 인제 무, 인제 쇠고기 인제 그렇게 썰어서 이래 넣고 그랬지.

그 무하고 쇠고기 해서요?

⎯ 예.

그런데 예를 들어서 탕하고 그 다음에 나물은 뭐 어떤 거 올립니까?

나물은 안 올려도 됩니까?

⎯ 왜 나물은, 나물은 없으면 안 되지요.

⎯ 나물도 꼭 있어야 되지요.

나물은 어떤 거를 올립니까?

⎯ 그 콩나물은 있어야 되지요.

⎯ 그 저 배추 그거 인제 그럼 뭐 삶아서 무쳐야 되지요.

⎯ 또 뭐 나물도 꼭 세 가지는 돼야 돼요.

⎯ 예, 그것까지는.

세 가지 무슨 나물이든?

⎯ 예.

⎯ 무슨 나물이든지 꼭 세 가지는 돼야 돼.

탕:도 세가지 이상?

⎺ 예예.

⎺ 아이래.

⎺ 세 가지 아:이'고 두 우르[656] 두 러:른' 자:시'믄 두 그럭, 세 어:른' 자:시'믄 세 그'르 인제 요로 따로따로 은제 그리 그래 하니더.

반드시 잉 올라가야?

⎺ 예.

뜩'또' 반드'시 올러감'미까?

⎺ 야, 떠'그는 피'리 올'러가이지.

⎺ 떠그는 머 머 아주.

뚝' 빠'지며는 이'그는 나이[657]?

⎺ 떠'근 빠'지므 안 데'지요.

⎺ 머 암:만 업'서도 떠'근 머 어예 해'도.

날:리' 남'미가?

⎺ 예.

보통 어'뜬 떡 올'림미까?

⎺ 보통:은 마 떠'근 이그 머'로 머 시륵'또근 시리떠'기라 카고, 머 이근 머 절펴~'이라 카'나, 그하고 찰'떡' 머 해 떼고, 떠근 머 아무 떠'기라도 금 머.

떠'근 예를 드'러슴 머 이레가 써'르서 올'림미까, 앙 그암'며느 이'르케 그데'로 이'르케?

⎺ 그대'로.

⎺ 큰 데, 아이'래.

⎺ 인제 으 쌀까루르 은제 빠'아다 지'비서 떠'글 찌'자네요?

⎺ 찌'므 인제 시르떡 찌'므는 그 은제 요레 요레 헤가주고는 이근 여 하베다 다머.

탕도 세 가지 이상?

￣ 예.

￣ 아니야.

￣ 세 가지가 아니고 두 어른, 두 어른이 잡수시면 두 그릇, 세 어른이 잡수시면 세 그릇 인제 요래 따로따로 인제 그래 합니다.

반드시 이는 올라가야?

￣ 예.

떡도 반드시 올라갑니까?

￣ 예, 떡은 필히 올라가야지.

￣ 떡은 뭐 아주.

떡 빠지면은 이거는 난리?

￣ 떡은 빠지면 안 되지요?

￣ 뭐 아무리 없어도 떡은 뭐 어찌 해도.

난리 납니까?

￣ 예.

보통 어떤 떡을 올립니까?

￣ 보통 고만 떡은 이것 무엇이야, 뭐 시루떡은 시루떡이라고 하고, 뭐 이건 뭐 절편이라고 하나, 그거하고 찰떡을 뭐 해도 되고, 떡은 뭐 아무 떡이라도 그 뭐.

떡은 예를 들어서 뭐 이래 가지고 썰어서 올립니까, 안 그러면은 이렇게 그대로 이렇게?

￣ 그대로.

￣ 큰 데, 아니야.

￣ 인제 쌀가루를 인제 빻아다가 집에서 떡을 찌잖아요?

￣ 찌면 인제 시루떡을 찌면 그 인제 요래 요래 해서는 이걸 여기 합(盒)에다 담아.

네모 반드타게?

⎯ 예예, 다머가주고 인제 그 ***.

금 머 에 찰뜩 가튼 경우느 어'떠케 올, 어뜬 형'태로 올'림미까?

⎯ 찰떠근 지'비서 몬 타고 인제 저'어서 바~까'네[158] 가서 인제 그 헤 달라 카므 은제 그 요마쿰하게 해가주, 끼'리 이 막화 오자네요.

⎯ 끼리 이마큼 하믐 그대'르 하베 인제 거다가.

그 담'메 엠 머 쪼금 이야기느 해 주'셔씀미다마느 엔날뽀'다 요즘 제사는 쫌 쫌 달라져'씀미까?

⎯ 제사'른.

별'로?

⎯ 예'.

⎯ 제 제사는 낸' 내' 서~'이꺼.

⎯ 그는 머 별로.

검 제사 지내늠 방'시근 예저니나 지그미나 똑: 가'꼬?

⎯ 예, 마저 지그므 머, 예.

음식 종:뉴'느 쪼끔씩 달'러지고, 그지예?

⎯ 아이 그 글 달'려잉 거 어'서.

⎯ 그는 머 네', 네'가 그느 제사는, 내 성'이끈 헤 헤 헤이 데이까 마저.

⎯ 이그 이그'는 별 달'르징 ㄱ 업'써.

머 혹'씨 인제 어르'시니 지금 게:속 인제 머 절머셔쓸 때부터 제삳 쫌 보'니니 어르신께서 물려바'드서부터 지금까지 쭉: 일관데'게 성이'껌 하셔찌마'너 혹'시 다른 엽찌'비나 이'런데 어 머 예저네 머 누걷 도르가'시고, 어:른' 도르가'시고 나서 점'믄 사'라미 제사 물려 바드 가'주고 제:사'가 쫌 바낑금 그른 지'반도 이씀미'까?

⎯ 나무 제:사는 이거 기'지사는 앙 가보~'이까 이글 뜨 근 모리'지요.

⎯ 이금 저금 전'녀 모르지.

네모가 반듯하게?

－ 예, 담아서 인제 그 ***.

그럼 뭐 예를 들어 찰떡과 같은 경우는 어떻게 올리고, 어떤 형태로 올립니까?

－ 찰떡은 집에서 못 하고 인제 방앗간에 가서 인제 해 달라고 하면 그 인제 요만큼하게 해서 길이 이 모두 오잖아요.

－ 길이가 이만큼 하면 그대로 합에 인제 거기다가.

그 다음에 뭐 조금 이야기는 해 주셨습니다만은 옛날보다 요즘 제사는 좀 달라졌습니까?

－ 제사는.

별로?

－ 예.

－ 제사는 내, 내 성의껏.

－ 그거는 뭐 별로.

그럼 제사 지내는 방식은 예전이나 지금이나 똑같고요?

－ 예, 맞아 지금은 뭐, 예.

음식 종류는 조금씩 달라지고, 그렇지요?

－ 아니 그것도 달라진 것 없어.

－ 그것은 뭐 내, 내가 그거는 제사는, 내가 성의껏 해야 되니까 맞아.

－ 이것, 이거는 별로 달라진 게 없어.

뭐 혹시 인제 어르신이 지금 계속 인제 뭐 젊으셨을 때부터 제사를 좀 본인이, 어르신께서 물려받아서부터 지금까지 쭉 일관되게 성의껏 하셨지만은 혹시 다른 옆집이나 이런데 뭐 예전에 뭐 누가 돌아가시고 어른 돌아가시고 나서 젊은 사람이 제사 물려 받아 가지고 제사가 좀 바뀐 그런 집안도 있습니까?

－ 남의 제사는 이것, 기제사는 안 가 보니까 그건 잘 모르지요.

－ 이거는 지금 전혀 모르지.

■ 주석

1) 이는 연구개음화의 예로서 이 지역어에서는 일반적인 현상이다.
2) 이는 연결형 어미 '-고'에 고장조가 실현된 예이며, 성조의 표시에 대해서는 일러두기를 참고하기 바람.
3) 여기는 경상북도 청송군 진보면 괴정2리이며, 자연부락 이름은 이무골이다.
4) 이는 부사 '사뭇'에 대응되는 예로서 어절말 자음 'ㅅ'이 탈락된 예이다. 이 지역어에서는 이처럼 'ㅅ'이 탈락된 형과 탈락되지 않은 형 '사묻'이 공존한다.
5) 이는 한자어 '계속(繼續)'의 음절말 자음이 탈락된 예이다.
6) 이는 표준어의 기본형 '자라다'가 아니라 이 지역어에서는 '자러다'인 것으로 판단된다. 이 어형은 '자러(育)- + -었- + -고'의 결합형이다.
7) '강원도(江原道)'에 대응되는 어형으로서 비자음의 탈락과 함께 이중모음의 제약이 실현된 예이다.
8) 부사 '어찌'에 대응되는 어휘로서 이 지역어에서는 '우예, 우여, 우에' 등으로 실현된다.
9) 어중 위치의 유음이 탈락된 예로서 유성음 환경에서 자음의 탈락이 매우 흔한 지역어이다.
10) 한자어 '무전(無電)'의 목적격조사가 결합된 형이다.
11) 어휘 '잘못하다'에 고모음화와 융합현상이 일어난 예이다.
12) 이는 '비행기 → 비앵기(ㅎ탈락) → 비엥기(모음중화) → 비엉기(후설모음화)'의 과정을 겪은 예이다.
13) 모음 사이에서 'ㄱ'이 탈락된 지시대명사 '고기'의 변이형이다.
14) 이 어형은 '때리(打)- + -어 → 때려 → 때러(이중모음 제약) → 때르(모음중화)'의 과정을 겪은 예이다.
15) 이 어형은 '버리(棄)- + -었- + -어요 → 버려써요 → 버러써요(이중모음 제약) → 부러써요(고모음화)'의 과정을 겪은 예이다.
16) 이 어형은 '우리 + -도 → 울도(축약) → 울또(된소리되기)'의 과정을 겪은 예이다.
17) '몇 집은'의 형태가 이중모음 제약과 어절말 자음 'ㄴ'의 탈락으로 이루어진 실현형이다.

18) 이 어형은 부사 '전부'에 양순음화가 실현된 어형 '점부'에 어휘의 일부가 절
    단된 형인 '점'이다.
19) 이는 '경험 → 경함(모음하강) → 경하(어절말 자음 탈락)'의 과정에 '경하 +
    -인데 + ㅁ(강조의 보조사)'가 결합된 예이다.
20) 이는 '칠십'의 발화실수형이다.
21) 이는 표준어와 달리 '다섯'이 아니라 '다서'임을 알 수 있다.
22) 이 지역어에서는 부정부사 '못'은 이미 재어휘화 되어 '몬'으로 실현된 형태
    와 함께 '못[몯]'도 함께 나타난다.
23) 이는 '보니 → 보~니(비모음화) → 보~이(비자음 탈락)'의 과정을 겪은 예이다.
24) 이 부분은 제보자의 발화에는 들어있지 않지만 문맥상으로 볼 때 이 부분이
    생략된 문장이다.
25) 이는 '하나 + -ㅣ(주격조사) → 하내(축약) → 하네(모음중화)'의 과정을 겪은
    예이다.
26) 이 서술어에 해당하는 주어로서 '공부할 여력이'가 생략된 경우이다.
27) '다니고'형에 해당하지만 이는 기본형이 '딿다'로서 '따르다, 다니다'의 의미를
    지닌 어휘이다.
28) 한자어 '제국시대(帝國時代)'에 해당하며 흔히 구한말(舊韓末) 시대라고도 불
    리는 대한제국시대를 가리키는 것이 일반적이다. 여기서는 대한제국시대가
    아니라 흔히 왜정시대(倭政時代)라고도 불리는 일제강점기를 가리키는 말이
    다. 이 어형은 'ㄱ'음이 모음 사이에서 탈락하고 음절말 자음 'ㄱ'도 탈락된
    어형으로, 이형태로서 '제욱시대'도 등장한다.
29) 한자어 '간이학교(簡易學校)'에 해당한다. 이는 일제 강점기에, 학교에 취학
    하지 못한 한국인 아동에게 초등 교육 과정을 2년 동안에 마치도록 한, 보통
    학교 부설 '속성 초등학교'로서 대체로 일본어 교육을 목적으로 하였으며,
    1936년에 설치하였다가 8·15 광복 직전에 폐지하였다.
30) '간이학교'의 발화실수형이다.
31) 이는 '치오(止)- + -아'의 결합형으로서 '쵸아 → 초아(이중모음 제약)'의 과정
    을 겪은 예이다.
32) 이는 '이야기를'에 해당하며, '이야기 → 이애기(움라우트 현상) → 이애기
    (이중모음 제약)'의 과정을 겪은 것이다.
33) '장가'형이 'ㅣ'모음이 후행하는 환경에서 움라우트 현상이 실현되어 실현된
    어형이다.

34) 이는 단군왕검이 처음으로 조선(朝鮮)을 세운 것을 기념하여 연호를 쓰는 것을 말하며, 이는 연구개음화 현상이 일어난 예이다.

35) '팔십사'에 대한 발화실수형이다.

36) 이는 '육이오'로 발화해야 할 표현이 발화실수된 예이다.

37) 이는 주격조사 '-가'의 실현형이다.

38) 이는 '가(去)- + -았- + -다 + -ㄴ(관형사형 어미)'의 결합구조로서 축약에 따라 '갔단가땐'으로 실현된 예이다.

39) '볼'의 발화실수형으로서 'ㄱ'음이 첨가되어 장음으로 실현된 경우이다.

40) '와서'에 대응되는 예인데, '와여 → 와에(이중모음 제약) → 와이(고모음화)'의 과정을 겪은 예이다.

41) 이는 동사 '굽다'에 어두 된소리되기와 음절말자음 'ㅂ'이 비음으로 발화된 예이다.

42) 이는 '여서'형이 발화실수로 일어난 음절도치된 예이다.

43) '숯'의 음절말 자음이 탈락된 어형이다.

44) 이는 '있으니거 → 이시니거(치음 아래의 고모음화) → 이시~니거(비모음화) → 이시~이거(ㄴ 탈락)'의 과정을 겪은 예이다.

45) '쪽'에 대응되는 이 지역어형인 '쪽'에 음절말 자음이 탈락된 예이다.

46) 이는 '권(勸)했던 → 곤했던(이중모음 제약) → 고냈던(ㅎ 탈락) →고내떤(된소리되기)'의 과정을 겪은 예이다.

47) 이의 주어는 '처녀의 얼굴은'이지만 생략된 경우이다.

48) 이는 '군대(軍隊) + -이 + -ㄹ(관형사형 어미)'의 구성으로 판단되지만 표준어 대역에서는 이의 정확한 대역이 힘들므로 비슷하게 '있을 때'로 옮겼다. 다만, 이 어형도 '있다'의 활용형일 가능성도 없는 것은 아니지만 상대적으로 이런 설명이 어려운 것으로 판단된다.

49) 비자음동화에 의한 완전동화된 예이며 간혹 이 현상은 수의적 현상이다.

50) 이는 양순자음 동화에 의한 예이다.

51) 이는 '보(見)- + -고(연결형 어미) + -ㅁ(강조의 보조사)'의 결합형이다.

52) '맨, 역시'를 뜻하는 부사 '멩'의 이형태이다.

53) 흔히 중부방언에서 매형(妹兄)을 많이 쓰고 있지만 한자 '매(妹)'의 의미상으로 올바른 어휘 구성이 아니므로 여기서는 의미상으로 합리적인 구성인 자형(姊兄)으로 그대로 번역했다.

54) 이는 '가지(持)- + -어 → 가저(이중모음 제약) → 가자(모음동화)'의 과정을

겪은 예로서, 어간말 모음에 의한 어미의 동화나 그 반대 방향의 음운과정은
이 지역어에서 일반적으로 실현되는 음운현상이다.

55) '가'의 'ㄱ'음이 탈락된 형으로, '가지고'의 준말이다.

56) 이는 '가지고 → 가즈고(후설모음화) → 가즈그(모음동화)'의 과정을 겪은 예
이다.

57) 이는 한자어 '신행제(新行祭)'의 준말이다.

58) 이 지역어에서는 동사 '치르다'에 대응되는 어휘는 '치다'임을 알 수 있다.

59) 이는 '마당 + -아(처소격 조사)'의 결합 또는 '마당 + -에'의 결합구조로 설명
할 수 있다. 전자는 동화의 과정을 가정할 필요가 없는 반면에 후자는 동화
의 과정을 가정해야 하는 형이다.

60) 이는 15세기 국어의 어휘 '사룸'에서 'ㆍ'모음의 소실과 함께 발음이 변화된
것으로 판단되며, 이 어형이 이 지역어에 그대로 남아있는 것으로 판단된다.

61) 이는 '덮어놓으니 → 더퍼노으니(ㅎ탈락 현상) → 더퍼노니(음절탈락) →
더퍼노이(ㄴ탈락현상)'의 과정을 겪은 형태로서 이 지역어의 경우, 비자음의
탈락과 함께 비모음화가 실현되는 경우와 그렇지 않은 경우로 나눌 수 있는
데 이는 후자의 경우이다.

62) 이는 '반하고'에서 음절축약이 일어난 예이다.

63) 이는 '데(時)→ 디'의 과정을 겪은 예이다.

64) 이는 부정부사가 '못[몯]'이 아니라 '몬'으로 재어휘화 된 형태임을 알 수 있으
며 이에 따라 순음동화된 예이다.

65) 이는 '올라오다'의 활용형이 제대로 실현되지 않고 다른 발화가 일어난 예이다.

66) 이는 '편지(便紙)'의 어형이 고모음화 현상에 대해 과도교정된 예이다.

67) 이는 발화실수된 예이기 때문에 번역하지 않았다.

68) 이는 '해야 → 해에 → 해이'의 과정을 겪은 예로서 경북방언에서는 이 어형
과 더불어 '해에'형도 실현된다.

69) 이는 '아까에 + -ㄴ(보조사)'의 결합구조로서 조사의 모음에 의해 어간모음이
동화된 예이다.

70) '-마'는 보조사 '-만'에서 음절말 자음이 탈락된 예이다.

71) 이는 '오늘'의 준말이다.

72) 이는 '양자(養子)'형에 'ㅣ'모음 역행동화현상이 실현된 예이다.

73) 이는 주격조사 '-가'가 결합된 형이다.

74) 부사 '훨씬'의 발화실수형이다.

75) 이 지역어에서 조사 '-에게, -한테'에 대한 대응형은 '-인데'이다.

76) 이는 부사 '제일(第一)'에 대한 이 지역어 형이다.

77) 이는 부사 '또'에 대응되는 예이다.

78) 여기서 '-사'는 보조사로서 '-야'에 대응된다.

79) 이는 '막내 + -이(접사)'에서 비자음동화가 이루어진 예이다.

80) 이는 '모친'이라고 발화하려다 '부모'로 실현된 발화실수이다.

81) 이는 앞에서도 지적했듯이 이 지역어에서는 '-은/는'의 상보적 분포가 아니라 어간말음이 자음으로 끝날 때는 매개모음 '으'가 결합된 후 조사 '-는'이 실현되는 형태를 보인다.

82) 이 지역은 경상북도 청송군 진보면 신촌리를 말하며, 이는 주왕산 자락에서 흘러나오는 약수(藥水)로 유명한 곳이다. 흔히 청송의 약수는 달기약수와 함께 이 지역의 약수가 많이 알려져 있다.

83) 이 어형은 '이는'처럼 보조사가 연결된 어형이 실현되어야 하지만 발화실수가 일어난 예이다.

84) 이 땅이름에 대한 정확한 표준어 대역형은 '세 집 모퉁이'이지만 땅이름이므로 그냥 이 지역 발화형을 그대로 따랐다.

85) 이는 '조금'에 대한 경북방언의 대응형이며 어두 된소리되기 현상이 실현된 예이다.

86) 이는 대명사 '우리'에서 음절 '리'가 탈락된 예이다.

87) 이는 땅이름 '송생 → 송셍(모음중화) → 송세~(비모음화)'의 과정을 겪은 예이다. 이 지역은 경상북도 청송군 청송읍 송생리를 가리키며 제보자의 부인 김희순 님이 태어난 곳이다.

88) 이는 땅이름 '주왕산'의 실현형이며 후행하는 연구개음의 영향으로 인해 연구개음화가 실현되었다. 주왕산(週王山)은 경상북도 청송군에 있는 산으로서, 산기슭에 대전사(大典寺), 백련암(白蓮菴) 따위의 옛 절이 있으며 이는 국립공원의 하나이다.

89) 이는 부사 '어찌'에 대응되는 예이며 주제보자의 발화에서는 '우예, 우에' 등으로 실현되기도 한다.

90) 이는 '된 지도'형에 대응되는 이 지역어형이다.

91) 이는 '너르다'형에 대응되는 이 지역어형이다.

92) 이는 '꼴짜기'의 발화실수형이다.

93) '그러면'에 대응되는 예로서 '그라면'의 축약형이다.

94) 이는 연구개음화가 실현된 예이다.

95) 부사 '바로'에 대응되는 예로서 '바르- + 이'의 결합에 의한 어형이다.

96) 이는 '일(이리) + -루(도구격 조사)'의 결합형이다.

97) 이는 '끝'을 뜻하는 이 지역어로 '같'이며 경북방언에서는 이와 유사한 어휘로 명사 '까:지(端)'형이 있다.

98) 앞의 목적격 조사 대신에 도구격 조사로 수정한 발화이다.

99) 이 어형은 '간 게 → 간 기(고모음화) → 강 기(비음동화) → 강 그(후설모음화)'의 과정을 거친 예이다.

100) 이는 '혼자'의 둘째 음절이 탈락된 어형이다.

101) 이는 '그면 → 그먼(이중모음 제약) → 그믄(모음중화)'의 과정을 겪은 예이다.

102) 여기서 '이상호 곤상호(권상호)' 사이는 '아주 친한 친구 사이'라는 뜻이다. 즉, 성(姓)은 다르지만 이름은 같은 사이로 아주 어릴 적부터 친한 친구 사이를 말한다.

103) 이 어휘는 그 기저형이 '숱(炭)'으로 보이지만 환경에 따라 수의적으로 '숯'으로도 실현된다.

104) 이는 '굽다'에 대응되는 예이며 그 기본형이 '꾸다'로 판단된다.

105) 여기서 영덕은 경상북도 영덕군을 가리키며 이 지역은 이물령 즉, 황장재를 사이에 두고 영덕군 지품면과 닿아 있다. 따라서 혼인권도 영덕군 지품면까지 이루어지고 있다.

106) 이는 '인지' 중에서 첫 음절이 탈락된 예이다. 이는 '인제, 인지, 인저, 은제, 은지, 은저, 지' 등으로 다양하게 나타나고 있다.

107) 여기는 경상북도 안동시를 가리키며 즉, 예전의 안동군에 해당하며 이 지역도 혼인권이다.

108) 이는 경상북도 영양군을 가리킨다. 이 어형은 이 지역어의 특성상 자음으로 끝난 어간 다음에 조사나 어미가 연결될 때 매개모음이 연결되는 특징을 보인 예이다.

109) 모음 사이에서 자음이 탈락된 예이다.

110) 이는 양순음동화에 의한 실현형이다.

111) 이는 '궁합(宮閤)'에 대한 이 지역어형이다.

112) 이는 그 기본형이 '갈치다(敎, 告)'이며 '갈치- + -어 → 갈쳐 → 갈체(이중모음 제약)'의 과정을 겪은 예이다.

113) 이는 '시기(使)- + -어 → 시기이(ㅣ 모음동화) → 시기(축약)'의 과정을 겪은

예로서 어간의 모음에 의한 어미의 동화는 아주 일반적인 현상 중의 하나이며, 그 역도 마찬가지이다.

114) 이는 '가만히'형에 대응되는 예이며 자음의 탈락과 함께 비모음화가 실현된 예이다.

115) 이는 '턱도'에 대응되는 예이며, 여기서 '-떠'는 보조사 '도'이다.

116) '요즘은 턱도 없다는 뜻'을 나타낸다.

117) 비자음 'ㄴ'이 탈락된 예이다.

118) 부사로서 한자어 '상(上)'에서 비롯된 어휘로서 '가장'이라는 뜻이다.

119) 이는 '절터이더 → 절테이더(ㅣ모음역행동화) → 절테이드(모음중화)'의 과정을 겪은 예이며, 이는 이 지역이 아주 깊은 산골이었음을 비유적으로 표현한 것이다.

120) 이는 '친(親) + 집'의 결합형으로 '한자어 + 고유어'의 결합을 보인 다소 특이한 어형이다.

121) 이는 '사니까'에 대응되는 예인데, '사니꺼 → 사이꺼(ㄴ 탈락) → 사이끄(모음중화)'의 과정을 겪은 예이다.

122) '책(策) 없이'에 대응되는 예이다.

123) 이는 발화실수로서 '혼례식'을 먼저 발화하려다가 다른 말로 바꾼 부분이다.

124) 이는 한자어 '이사(移徙)'를 뜻한다.

125) 이는 보조사 '-까지'형이 결합된 어형이다.

126) 이는 '이샛 + 발'의 구성으로 이루어진 합성어이다.

127) 이는 부사 '소복이'에 대응되는 예로서 이 지역어에서는 이 어휘가 부사이다.

128) 이는 주격조사가 실현되어 있지만 실제로는 처소부사격 조사가 실현되어야 할 곳이다. 이런 현상은 이 제보자나 이 지역어에서 빈번히 일어나는 현상이다.

129) 부사 '거의'와 뜻이 비슷한 어휘이다.

130) 이는 '백여릴'의 준말이다.

131) 실제로 발화가 붙어 있어서 하나의 어휘로 판단되지만, 문어를 쫓아서 구 형태로 표준어를 대역했다.

132) 이는 그 의미는 같지만 '하룻밤'이 아니라 '한 밤' 형태이다.

133) 이는 발화실수의 예이다.

134) 이는 '때도 → 떼도(모음중화) → 떼드(모음상승)'의 과정을 겪은 예이다.

135) 이는 부사 '사뭇'에 대응되는 어휘로서, 이 지역어에서는 '사문, 사무' 등과 함께 실현된다.

136) ‘신부[심부]’의 발화가 완전히 이루어지지 않은 예이다.

137) ‘신부’를 발화하려다가 그만둔 발화실수이다.

138) 이는 ‘저쪽’에 대응되는 지역어형으로서 ‘저짝’이겠지만 어절말 자음이 탈락된 예이다.

139) ‘예물’의 발화실수형이다.

140) 이는 어중의 자음 ‘ㅁ’이 탈락된 형이다.

141) 이는 ‘원래’에 대응되는 이 지역어형이다.

142) 이는 부정부사 ‘안’ 형의 비자음이 탈락된 후 비모음화가 이루어진 예이다.

143) 여기서 ‘여’는 보조사 ‘-야’에 대응되는 이 지역어의 예이다.

144) 이는 ‘글치만’의 형태가 어절말음이 유음으로 실현된 예이다.

145) 이는 부사 ‘전부’의 실현형으로서 양순음화와 함께 모음의 하강이 이루어진 예이다.

146) 이는 보조사 ‘-도’가 모음상승에 의하여 실현된 형이며 이 지역어에서는 두 형이 공존한다.

147) 이 어형은 ‘모르니더 → 모리니더(모음상승)’의 과정을 겪은 예이며, 이 지역어의 종결어미는 ‘-니더’형이다.

148) 이 어형은 ‘주(與)- + -르(관형사형 어미)’의 구성으로서 어두 위치의 된소리화가 이루어진 실현형이다.

149) 이 어형은 ‘주- + -었- + -지요 → 줬지요(축약) → 죴지요(이중모음 제약) → 조찌요(된소리되기)’의 과정을 겪은 예이다.

150) 부사 ‘하마, 하머, 하매(메)’ 등으로 실현되는 예이며 ‘벌써’의 뜻이다.

151) 이는 ‘요것’의 구어형이지만 ‘요것’의 뜻이라기보다 ‘요렇게’의 의미로 사용된 예이다.

152) 이는 ‘아이고’에 대응되는 예로서 ‘하이고, 하고’ 등으로 실현된다.

153) 이 어형은 ‘넘었겠습니다 → 너머껬습니다(된소리되기) → 너머꺼씀니다(비음동화) → 너머꺼씀미다(순음화)’의 과정을 겪은 예이다.

154) 이는 부사 ‘벌써’의 뜻을 가진 ‘하마’의 이형태 중의 하나로서 ‘함, 하만, 하머, 하매, 하메’ 등으로 실현된다.

155) 이는 ‘그것’이라기보다 ‘거기’의 뜻에 가까운 형이다.

156) 이 어형은 ‘사위 → 사이(모음 실현 제약)’의 과정을 겪은 예이다.

157) 이는 ‘양말’에 대응되는 이 지역어 형으로서 이 밖에도 ‘강원, 경남, 전남, 황해도’ 등지에서 분포하고 있는 것으로 알려져 있다.

158) 이 어형은 외래어 'white + shirt'의 결합으로 이루어진 것으로 와이셔츠가 표준어이다.

159) 이는 '어르신이'형이 발화되어야 할 부분인데 발화실수로 단축된 예이다.

160) 여기서 '보낼'의 음절말 자음 '-ㄹ'은 높임법이 실현되지 않은 형으로 인해 다시 발화를 수정한 이유로 인해 이루어진 발화실수형이다.

161) 이는 한자어 '혹시(或是)'의 음절말 자음 'ㄱ'이 탈락된 예이다.

162) 이는 '처녀'를 나타내는 것인데, 완전히 발화가 이루어지지 않은 상태이다.

163) 이는 부사 '조금'의 뜻을 나타내는 이 지역어형이며, '쪼깨 → 쪼께(모음중화) → 쪼에(어중자음탈락) → 쪼이(고모음화)'의 과정을 겪은 예이다.

164) 이는 '아무 거 → 암꺼(축약 및 된소리되기) → 암꾸(고모음화) → 앙꾸(연구개음화)'의 과정을 겪은 예이다.

165) 이는 '좀'에 해당하는 이 지역어형이다.

166) '같다'에 대응되는 이 지역어형은 '겉다'이며, 이 어형은 '겉으면 → 긑으면(모음중화) → 그틈(축약)'의 과정을 겪은 예이다.

167) 이는 '턱이나'형에서 움라우트 현상이 일어난 예이다.

168) 이는 음절말음 'ㄱ'이 탈락된 예이다.

169) '혼인(婚姻)'의 발화오류형이다.

170) 이는 부사 '아예'에 대응되는 예이며 경북 방언에서는 '아에'로 많이 실현된다.

171) 경북 방언에서는 대개 '의도형 어미'가 연결되는 활용형은 '볼려고'처럼 실현된다.

172) 이는 어중 위치에서 'ㅎ'음이 탈락되고 모음중화로 인해 이 어형이 실현되었다.

173) 이는 '한'의 발화실수이다.

174) 이는 '유(留)하시고'로 표현하려다가 '주무시고'로 표현을 바꾼 과정이다.

175) 이는 '치렀겠습니까'의 발화오류이다.

176) 이는 '차리어 → 채리어(ㅣ모음역행동화) → 체리어(모음중화) → 체리(ㅣ모음동화 및 축약)'의 과정을 겪은 예이다.

177) 이 지역어에서는 '과일'이 '과실(果實)'로 실현된다.

178) 이는 단위명사로서 '마리'에 대응되는 예이다.

179) 홀기(笏記)는 원래 혼인이나 제사 때 사용하는 의식의 순서라는 뜻이며 경북방언에서는 홀기를 부르는 주례자의 명칭으로도 사용된다.

180) 이는 어절말 자음 'ㄴ'이 탈락된 예이다.

181) 이는 '절하라고 하면'이 축약된 형태로서 이 지역어를 비롯한 경상도 방언에

서는 축약이 매우 일반화되어 있다.

182) 이 지역어에서는 어미 '-야'에 대하여 '-이'형이 대응되는데, 이 예가 바로 그것이다. 즉, '해야'형에 대해 '해이'로 실현된 것이다.

183) 이는 '그러면 → 그럼(축약) → 그름(모음중화) → 금(축약)'의 과정을 겪은 축약형이다.

184) 이는 '맞절하면'의 축약형이다.

185) 이는 '그날은'에 해당하며 비음 'ㄴ'이 유음으로 실현된 예이다.

186) 이는 '잠깐'에 대한 발화형이며 '잠깐 → 장깐(연구개음화) → 장꽌(이중모음 제약에 따른 과도교정)'의 과정을 겪은 예이다.

187) 이 어휘는 '한참'의 뜻을 지닌 이 지역어이다.

188) 원래 부사 '막'과 '바로'는 모두 각각의 부사지만 이 지역어에서는 '막바로 → 막빠로(된소리되기) → 마빠로(ㄱ탈락)'의 과정을 통해 새로운 부사가 형성된 예이다.

189) 이는 '와야'에 대응되는 예이며, 어미 '-이'에 대해서는 앞의 주 627을 참고할 수 있다.

190) 이는 '올리- + -어 → 올리어 → 올리이(모음동화) → 올리(축약)'의 과정이나 '올리어 → 올려(축약) → 올리(이중모음 제약)'의 과정 중 하나를 통해 형성된 예이다.

191) 발화가 불분명하여 전사가 불가능한 부분이며 이를 표시한 것이다.

192) 이는 '저기'형에서 'ㄱ'이 탈락된 예이다.

193) 이는 비음성의 실현형이다.

194) 이는 '수건(手巾)'에 대응되는 이 지역어형이다.

195) 이 지역어에서 연결형어미 '-고'는 '-구'로 주로 실현되며, 이 어형에서는 유기음화에 의한 융합 현상이 실현되지 않은 예이다.

196) 이는 '그건 → 그근(모음중화) → 근(축약)'의 과정을 겪은 예이다.

197) 이 어형은 '큰일'에서 음절말 자음 'ㄴ'이 탈락된 예이며 이는 혼인이나 회갑, 상례 등의 일을 뜻하는 어휘이다.

198) 이는 '오(來)- + -시-(주체높임) + -ㄴ(관형사형 어미) → 오신 → 오슨(후설모음화) → 오선(모음중화)'의 과정을 겪은 예이다.

199) 이는 '큰일하면 → 크일하면(ㄴ탈락) → 크일하먼(이중모음 제약) → 크일하믄(모음중화) → 크일하믐(자음동화)의 과정을 겪은 예이다.

200) 이 지역어에서는 '먹다'형이 경북 북부방언과 달리 '묵다'형으로 실현된다.

또, 이 지역어에서는 혼인 잔치 때 대접하는 음식으로 경북 남부지방과 달리
주로 국수를 대접했음을 알 수 있으며 부유한 집에서만 떡국을 대접했음을
알 수 있는데, 이는 이 지역이 산촌이라는 특성 때문으로 판단된다.

201) 이 어형은 '가면 → 가먼(이중모음 제약) → 가머(ㄴ 탈락) → 가모(원순모음
화)'의 과정을 겪은 예이다.

202) 이는 '접대(接待)'의 발화실수형이다.

203) 이는 '그(대명사) + -또(보조사) + -ㅁ(강조보조사)'의 구성이다.

204) '없고'에 대응되는 형인 '어꼬'의 발화실수형이다.

205) 이는 부사 '그냥'에 대응되며, '그냥 → 그양(j음 앞에서 ㄴ 음 탈락) → 기양
(전설모음화)'의 과정을 겪은 예이다.

206) 이는 '줄곧, 늘'이라는 의미에 대응되는 어휘이며 이 지역어의 '상(常), 상구'
형에 소급된다. 즉, 이는 후행하는 양순음의 영향으로 인해 '상 → 삼(양순음
동화)'의 과정을 겪은 예이다.

207) 이는 '밥술이라도'형에 대응되며 'ㅜ'모음의 하강에 따라 실현된 형이다.

208) 이는 부사 '실컷'에 대응되는 형이며, 모음중화와 함께 'ㄴ'이 첨가되었다.

209) 이는 '그러면'에 대응되는 예로서 움라우트 현상과 이중모음 실현 제약 및
ㄴ 탈락이 일어난 결과이다.

210) 여기서 '예(禮)'는 풍습의 뜻이다.

211) 이 어형은 '있으면 → 이쓰면(이중모음 제약) → 이씨면(전설모음화) → 이
씨믄(모음중화)'의 과정을 겪은 예이다.

212) 이는 '너(汝) + 들(복수접미사)'의 결합 구조로서 축약형이다.

213) 부사 '실컷'에 대응되는 어휘로서 이 지역어에는 '시끈, 실크, 시큰, 시크' 등
의 수의적 변이형이 등장하며 특별한 경향성은 나타나지 않는다.

214) 모음 사이에서 'ㄱ'음이 탈락되었으며, '카먼(라고 하면)'형이 축약된 형태이
다. 이미 앞에서도 지적했지만 이 제보자의 발화에서는 '먹다'형은 '묵다'와
'먹다'가 수의적으로 교체되는 특징을 보인다.

215) 이 지역어의 부사 '푹'이 후행하는 비음의 영향으로 인해 비음화가 된 형태
이며, 그 뜻은 '많이, 깊이'이다.

216) 이 지역어의 '괜찮다'의 실현형이 일반적으로 '갠(겐)찮다'로 실현되는 반면에
이 어형은 활음이 단모음으로 실현되고 이중모음의 핵모음이 탈락된 예이다.

217) 이는 '할'에 상승조의 성조가 실현된 것을 표시한 것이다.

218) 이는 '저거(저희) + -가(주격조사)'의 결합형으로서 'ㄱ'음이 탈락된 예이다.

219) 이 지역어에서는 조건의 연결형 어미 '-면'은 대개 '-머/ -므/ -ㅁ' 등으로 실현
되는 것이 일반적이다.

220) 이는 '가져다가'의 축약형에 해당하는데, '-다가'형이 '-다구'형으로 실현된 예
이다. 이 지역어를 비롯하여 현대국어의 어간에 접사가 연결될 때는 고모음
을 비롯한 음성모음은 주로 중고모음이나 저모음의 양성모음으로, 저모음이
나 중고모음의 양성모음은 주로 고모음의 음성모음을 선택하는 경향이 강한
데, 이 지역어에서도 이 경향을 그대로 보인다.

221) 이는 '주머니 → 주머이(비자음 탈락) → 주메(축약)'의 과정을 겪은 예이며,
경상도방언에서는 '주메'에서 고모음화가 실현된 '주미'형으로도 실현된다.

222) 이는 '돈'에 대한 발화실수형으로 판단된다.

223) 이는 '없으니까 → 업스이까(비자음 탈락) → 업시이까(ㅣ 모음역행동화) →
업씨이까(된소리되기)'의 과정을 겪은 예이다.

224) 이는 '있으면'에 대응되는 예로서 이 지역어의 실현형은 '이씨마'로 실현되어
야 하지만 동사의 어간이 발화실수로 탈락된 예이다.

225) 이는 '그러고 → 그르고(모음중화) → 그고(축약)'의 과정을 겪은 예이다.

226) 이 지역어에서는 '마'에 장음이 실현되면 대개 '많이'의 뜻을 나타내는 부사
이며, '마'처럼 고조가 실현되면 부사 '고만'에 해당된다.

227) 이는 '발빠닥'으로 실현될 어형이 후행하는 비자음의 영향으로 비음동화가
실현된 예이다.

228) 부사 '별로'에 대응되는데 '별로 → 벨로(이중모음 제약) → 벨루(모음상승)'
의 과정을 겪은 예로서 경상도 방언에서는 '벨로'형이나 '빌로'형으로 많이 실
현된다.

229) 이는 '살림은'에 대한 발화실수형이다.

230) 부사 '바로'의 대응형이며, '밤'은 발화실수이다.

231) 이는 '그라면 → 그라먼(이중모음 제약) → 그람머(ㅁ 첨가) → 감머(축약)'의
과정을 겪은 예이다.

232) 이는 '사놓고'형인데, '놓고'가 음성모음으로 바뀐 예이며 이 제보자의 발화에
서는 이런 식의 발화가 흔하게 일어난다.

233) 이는 '집이'의 발화실수형이다. 이 지역어에서는 격조사의 쓰임이 다르게 표
현되는 예가 많은데, 이 예도 주격조사가 사용되었지만 실제 격은 목적격이다.

234) 이는 후행하는 비음의 영향으로 비음동화가 실현된 예이다.

235) 이 예는 '남의 → 나므(이중모음 제약) → 나무(원순모음화)'의 과정을 겪은

예이다.

236) 이는 '되- + -ㅁ'의 구성으로 '되어'의 의미이다.

237) 이는 시제 표시가 잘못 된 실현형이다. 즉, '낳는'형으로 실현되어 비음동화
가 이루어진 예이다.

238) 이는 '나가노이'의 발화실수형으로 판단된다. 이는 '나가놓으니 → 나가노니
(음절탈락) → 나가노이(비자음탈락)'의 과정을 겪은 것이다. 다만, 그 가능성
은 낮지만 '나가 도이'형으로 보면 15세기 중엽의 '두빙(化)-'형에서 변화한 '도
이-'형을 가정할 수 있어야 하는데, 이 지역어에서 이 어형을 확인하지는 못
했기 때문에 전자의 설명이 더 바람직한 것으로 판단된다.

239) 이 지역어에서는 관형사 '어느'가 표준어의 '어떤'의 의미로 사용된다.

240) 이는 '영문 → 염문(양순음화) → 염무(ㄴ 탈락)'의 과정을 겪은 예이다.

241) 이는 '하루+밤'의 구성 형식으로서, 여기서 축약이 일어나서 '할빰'형으로 실
현되었다.

242) 이는 부사 '도로'에 대응되는 것이며 이 밖에도 '도리어'의 의미로 사용되기
도 한다.

243) 이는 '해라체'의 설명의문형 어미이다.

244) 이는 '그러면 → 그라먼(이중모음 제약 및 모음변이) → 그라믄(모음중화)
→ 그라므(ㄴ 탈락) → 그라무(원순모음화)'의 과정을 겪은 예이다.

245) 이는 '어른'에서 이중모음과 관련된 역표기된 예이며 '워른이 → 워른~이(비
모음화) → 워르~이(비자음탈락)'의 과정을 겪은 예이다.

246) 이는 '첫국밥 → 척국밥(연구개음화) → 척꾹빱(된소리되기) → 처꾹빱(ㄱ
탈락)'의 과정을 겪은 예이다.

247) 이 지역에서는 '무'가 '무꾸'로 실현되는 지역이며, 경북방언의 경우 이 밖에
도 '무시, 무수' 형이 나타난다.

248) 이는 '끓이다'형에 'ㅣ'모음 역행동화가 일어난 예이다.

249) 이 어형은 보조사 '사, 야가 겹쳐 실현된 예이다.

250) 이는 부사 '전부'가 실현된 형으로 '전부 → 점부(양순음화) → 점무(비음화)
→ 잠머(모음변이)'의 과정을 겪은 예이다.

251) 이는 한자어 조리(調理)인데 이 지역어에 고모음화가 많이 실현되므로 이에
따른 과도교정의 예라고 할 수 있다.

252) 이는 '철없는'형에 대응되며 이 어형이 축약되어 실현된 것이다. 이 어형은
'철없는 → 처럼는(비음동화) → 처럼(탈락) → 처름(모음중화)'의 과정을 겪

은 예이다.

253) 이는 '예전'에서 'ㄴ'음이 탈락되고 모음이 중화되어 실현된 결과이다.

254) 이는 '이야기를'로 표현되어야 할 부분이 생략된 형태이며 이 문장의 뒷부분에도 '해 주십시오'가 생략된 표현이라고 할 수 있다. 이는 대화문 상황에서 제보자가 바로 발화를 하였기 때문이다.

255) 이는 '뭔 것이'형에 대응되는데 '뭔게 → 먼게(이중모음 제약) → 멍게(연구개음화) → 멍기(고모음화)'의 과정을 겪은 예이다.

256) 이는 '돌잔치'에 대응되는 형인데, '돌잔치 → 돌자치(ㄴ 탈락) → 돌자체(과도교정)'의 과정을 겪은 예이다.

257) 이는 '차리다'에 움라우트 현상이 일어나 이루어진 형이다.

258) 이는 부정부사 '안'의 음절말음이 탈락된 형이다.

259) 모음 중화로 인해 이 어형은 화제 제시어 '인제'의 이형태인 '은제'와 그 형태는 같지만 성조가 달리 실현되어 차이를 보인다.

260) 이는 '갓 시고'의 발화실수형이다.

261) 이는 '어른'드른인데'의 발화실수형이다. 즉, 조사 '-에게, -한테'에 해당하는 이 지역어의 '-인데'형이 발화실수된 예이다.

262) 이는 '어떤'이 후행하는 연구개음의 영향으로 인해 연구개음화가 실현된 예이다.

263) 이는 '어렵(難)- + -었- + -지요'의 구성인데 '어렵었지요 → 어러벗지요(이중모음 제약) → 어러부찌요(원순모음화 현상) → 어러부쩨요(고모음화에 따른 과도교정)'의 과정을 겪은 예이다.

264) 앞에서도 이미 지적했듯이 부사 '어찌'에 해당하는 이 지역어형은 '어예, 어에, 우에' 등처럼 아주 다양하게 실현된다.

265) 이는 '제일'의 준말이지만 여기서는 '제일(第一)'의 뜻이라기보다 '많이'라는 의미에 가깝다.

266) 이의 정확한 번역은 '어려워도'에 해당하지만 이렇게 옮기면 비문법적인 문장이 생성된다. 또, 이 형은 '어려버도 → 에려버도(움라우트 현상) → 에로버도(이중모음 제약) → 에로브도(모음중화)'의 과정을 통해 실현된 예이다.

267) 이는 '맞아'의 발화실수이다.

268) 이는 '혼자'의 대응형이며 경상도 방언에서 일반적으로 실현되는 형이다.

269) 이는 '시누'에 'ㄴ'음이 첨가된 예이다.

270) 이는 '모리('모르다'의 전설모음화)- + -ㄹ(관형사형 어미)'의 구성형이지만 어

절말의 '르'음이 탈락된 예이다.

271) 이는 '오(來)- + -시- + -었- + -는'의 구성으로 '오시었는 → 오시있는(모음동
화) → 오싰는(축약) → 오신는(비음동화)'의 과정을 겪은 예이다.

272) 이는 '천지(天地) → 천이(ㅈ 탈락) → 천~이(비모음화) → 처~이(ㄴ 탈락)'의
과정을 겪은 예이다.

273) 이는 화제 제시어로 '인제, 은제'형과 관련된 어형이다.

274) 이는 '한번 → 함번 → 함(축약)'의 과정을 겪은 예이다.

275) 이는 '저희'의 대응형이며 모음 중화에 따라 '저그'형이 실현된 예이다.

276) 이는 '제 → 지(고모음화)'의 과정을 겪은 예이다.

277) 이 지역어에서 '-(으)로'는 목적격 조사나 관형격 조사로도 사용되지만 이 예
에서는 보조사의 기능으로 사용된 예이다.

278) 이 발화에서는 의존명사 '-것'이 탈락된 것이다.

279) 이는 '몰라'의 준말이다.

280) 이는 '전부, 모두'와 '말끔히'의 의미를 뜻하는 이 지역어형으로 '말카, 마카'
등도 함께 실현된다.

281) 이는 '견주다, 비교하다'의 의미로 사용된 '대다'형의 이 지역어형으로 모음
중화에 따라 실현된 형이다.

282) 이는 '묵을(먹을) 게 → 무을 게(ㄱ 탈락) → 무얼 게(모음중화) → 무얼 께
(된소리되기) → 무어 께(르 탈락)'의 과정을 겪은 예이다.

283) 이는 '모라- + -이'의 구성이다.

284) 이는 '어정쩡하이'의 발화실수형이며 'ㄴ'이 탈락된 예이다.

285) 이는 '봐야 → 바에(이중모음 제약) → 바이(고모음화)'의 과정을 겪은 형이다.

286) 이는 '그라면 → 그라먼(이중모음 제약) → 그라만(모음동화)'의 과정을 겪은
예이다.

287) '보니까'는 선행하는 '시집'의 어말음이 후행하는 서술어 '오니까'에 연결되어
실현된 예이다.

288) 이는 '식수 + -가(주격조사) + -ㅁ(보조사)'의 구성이다.

289) 이는 이 지역어에서 역경구개음화를 보인 예이다.

290) 이 지역어에서 '서글퍼다'에 대응되는 어형으로 그 기본형이 '서그퍼다'형이
다. 다만, 'ㅡ'와 'ㅓ'모음의 중화로 인해 모음의 변이는 존재한다.

291) 이는 '밤 + 을(처소부사격 조사)'의 구성이며 원순모음화로 인해 '바물'로 실
현되었다.

292) 여기서 ‘-으러(← 으로)’는 처소부사격 조사로 사용된 예이다.

293) 이는 ‘어른들이 또 시집살이를 살게 했어’라는 의미의 발화이다.

294) 이는 ‘샘매(샘) + -로(주격조사)’의 구성으로, 조사 ‘-로’가 주격조사로 사용된 예이다.

295) 이는 ‘우물’의 방언형으로 경북 및 강원방언 등에서 ‘웅굴, 웅골’ 형태로 실현되기도 한다.

296) 이는 ‘달리다(不足)’에 대응되는 어휘인데 이 지역어에서는 ‘딸래다, 딸래이다’형으로 교체된다.

297) 이 지역어에서도 이 예처럼 선행하는 명사가 모음으로 끝났는데도 불구하고 주격조사가 ‘-이’가 연결되는 예가 간혹 나타난다.

298) 이 지역어에서는 ‘모자라다’ 형은 ‘모지래다’로 실현된다.

299) 이는 ‘저기’에 대응되는 지역어형으로서 ‘저거(그), 저어(으)’ 등이 나타난다.

300) 이는 ‘길으러’형이 치음 아래에서 전설모음화가 이루어진 형태이다.

301) 이는 ‘딛- + -을’의 구성으로 볼 수도 있지만 이 지역어의 ‘디디- + -르’의 구성에서 ‘ㅣ’모음이 후설모음화되어 이루어진 형태로 판단된다. 이는 이 지역어에서 이런 음운현상이 많이 일어나기 때문이다.

302) 이는 ‘ㄴ’이 모음 사이에서 유음으로 바뀐 예이다.

303) 이는 ‘들어 → 드르(모음중화)’의 과정을 겪은 예로서, 의미상 ‘들어가지고, 들어다가’로 번역하는 것이 적합한 것으로 판단된다.

304) 이는 ‘빻- + -고 → 빡고 → 빡(음절탈락)’의 과정을 겪은 예이다.

305) ‘동생’에 대한 이 지역어를 비롯한 경상도 방언형은 ‘동상’이다.

306) 이는 ‘있으니까 → 이쓰이까(ㄴ 탈락) → 이시이까(전설모음화)’의 과정을 겪은 예이다.

307) ‘같다’의 대응형으로 모음변이와 구개음화로 실현된 예이다.

308) 이는 ‘세끼 → 시끼(고모음화)’의 과정을 겪은 예이다.

309) 보조형용사 ‘싶다’에 대응되는 이 지역어형이다.

310) 이는 강세보조사 ‘사’의 수의적 변이형이다.

311) 이는 이 지역어를 비롯한 경상도 방언의 ‘어머니’형이다.

312) 이는 음절말자음 ‘ㄹ’이 탈락된 예이다.

313) 이는 ‘며늘 → 메늘(이중모음 제약)’의 과정을 겪은 예이다.

314) 이는 ‘한테’의 발화실수형이다.

315) 이는 ‘잘못하면 → 잠몯하면(비음동화) → 잠몯아면(ㅎ 탈락) → 잠모담(축

약)'의 과정을 겪은 예이다.

316) 이는 '먹 께 → 멍 께(비음동화) → 몽 께(원순모음화)'의 과정을 겪은 예이다.

317) '안주'는 부사 '아직'의 대응형이며 '-꺼정'은 '-까지'에 대응되는 보조사이다.

318) 이는 '지내시더'의 발화실수형이다.

319) 이는 '그 며'느리 해 시 때 하'시던 거' 하고 → 그 며'느리 때 해시 하'시던 거' 하고'으로 발화해야 할 내용이 잘못 발화된 예이다.

320) 이는 '어떻게'에 대응되는 어형으로 발화실수형이며 대체로 '어뚱이' 정도로 실현되었을 것으로 판단되는 예이다.

321) 이는 '번'에서 원순모음화가 일어난 형인 '분'의 음절말음이 탈락된 형이다.

322) '그래야'의 발화실수형임.

323) 이는 '비교가 됩니까?'의 뜻임.

324) 이는 '환갑잔치'의 표면형으로 이중모음의 실현제약과 함께 연구개음화가 일어난 예이다. 이 지역어에서는 환갑과 함께 회갑도 같이 사용되고 있다.

325) 이는 '음식(飮食)'에 관한 대응형이며 이 지역어에서 빈번히 실현되는 고모음화에 대한 과도교정형으로 실현된 예이다.

326) 이는 여격조사 '한테'에 대응되는 이 지역어형이다.

327) 이는 '하면'에 대응되는 형인데 '하면 → 하먼(이중모음 제약) → 함(축약)'의 과정을 겪은 예이다.

328) 이는 '이것, 저것'의 준말이다.

329) 이는 '아들(子)'의 의미는 아니며 '아이들'의 의미로 사용된 예이다. 이는 분절음으로 볼 때 동음이의어인데 이 지역어에서는 각각 성조가 '아들(子)'과 '아:들, 아:들'(童)'과 같이 실현되어 그 뜻 차이를 보인다.

330) 이는 '숩지[수쩨]'처럼 된소리되기 이후에 선행음절의 말음이 탈락되거나 유지되는 것은 이 지역어에서는 수의적이다.

331) 이는 한자어 '대소(大小)'를 뜻하며 여기서는 '크고 작은 집안 친척'을 뜻하는 말이며 이 지역어를 비롯하여 경북 방언에서 흔히 쓰이는 어휘이다.

332) 이 지역어에서는 어간이 대개 양성모음으로 이루어지면 어절말의 접사는 '어(으), 우'로 수의적 변이를 보이는 경우가 많은 편이다.

333) 이는 '마구 +-ㅁ'의 결합일 가능성을 완전히 배제하기는 힘들지만 이보다는 '마(말)쿰, 마(말)꿈'에 대응되는 어형으로 그 뜻은 '모두, 전부'이다.

334) 이 지역어에서 주격조사 '-이'형이 다른 격을 표시하기도 하는데 여기서는 처소부사격 조사를 나타낸 것이다.

335) 이는 '멀더라도'에 대응되는 어형인데 전설모음화에 의해 이루어진 예이다.

336) 이는 '청하여'에 대응되는 형인데, '청하여 → 청하어(이중모음 제약) → 청하아(모음동화) → 청하(축약)'의 과정을 겪은 예이다.

337) 이는 '차리다 → 채리다(움라우트 현상) → 체리다(모음중화) → 체레다(모음동화 또는 과도교정)'의 과정을 겪은 예이다.

338) 이는 단어 '일체(一切)'를 사용해야 하는데 잘못 사용된 경우이다.

339) 이는 '차리어 → 차리(ㅣ모음동화 및 축약)'의 과정을 겪은 예이다.

340) 이 지역어에서는 '저희'형이 '저거(그), 저어(으)'으로 실현되는데 이는 어중 모음 사이에서 ㄱ음이 탈락된 예이다.

341) 이 지역에서는 '누구'형이 '누, 누구'로 같이 실현되지만 '누'형이 더 일반적인 것으로 판단된다.

342) 이는 '저물도록, 종일토록'에 대응되며 이는 '저물두러 → 점두러(축약)'의 과정을 겪은 예로 판단된다. 다만, '점두러(로)'가 이미 부사로 재어휘화가 이루어진 것으로 판단할 수도 있다.

343) 이는 '아침 식사'에 대응되는 어휘이며 이 외에도 경상도 방언에서는 '아적'으로 실현되기도 한다.

344) 이는 '떡'의 음절말음인 'ㄱ'음이 탈락된 예이다.

345) 이는 '사니'형에 대응되며 모음 사이에서 'ㄴ'음이 탈락된 예이다.

346) 이는 '점심하다'에 대응되는 이 지역어형으로서 주로 이 어형은 강원도 방언에 많이 실현되는 어형이다.

347) 이는 '주로'의 발화실수형이다.

348) 이는 '요새 → 요세(모음중화) → 요시(고모음화)'의 과정을 겪은 예이다.

349) 이는 '요즘'의 발화실수형이다.

350) 이는 '식따~(食堂) +-아(처소부사격 조사)'의 결합형이다.

351) 이는 '가여 → 가에(이중모음 제약) → 가이(고모음화)'의 과정을 겪은 예이다.

352) 이는 '아이들'의 의미이며 즉, 자식을 가리킨다.

353) 이 지역어에서 이는 '말카, 마카, 말까, 마까, 마끄' 등으로 수의적 변이를 보이며 '모두, 말끔히' 등의 의미를 나타낸다.

354) 여기서 '두리'는 '둘 +이(접사)'의 구조로서 주격조사가 결합된 형이 아니며 목적격 조사가 생략된 경우이다.

355) 이는 '가(去)- + -이(부사형 어미)'의 구성이다.

356) 이는 '가만히'에 대응되며 '가만히 → 가만이(ㅎ 탈락) → 가마이(ㄴ 탈락) →

가마(어말모음 탈락)'의 과정을 겪은 예이다.

357) 이는 '왔는지에'가 이중모음 실현 제약으로 인해 발화된 예이다.

358) 이는 '한 번 → 함 번(양순음 동화) → 함(축약)'의 과정을 겪은 예로서 '한 번'의 축약형이다.

359) 이는 '거기에서'의 준말이다.

360) 이는 한자어 '초혼(招魂)'이며 실제로는 '혼을 부르고'로 표현해야 되는데 잘못 실현된 예이다.

361) 이는 '하더구만 → 하더우만(ㄱ 탈락)'의 과정을 겪은 예이며, 이 지역어에서 모음 사이에서 자음의 탈락은 매우 흔한 일이다.

362) 이는 '있(有)- + -았(과거시상) +-는데(연결형 어미)'의 구성이며 시상의 선어 말어미가 '-았-'이 선택된 점이 특징이다.

363) 이는 '보니'에 대응되며 모음 사이에서 비자음이 탈락된 예이다.

364) 이 경우, 실제표면 격표시는 목적격조사로 실현되어 있지만 실제로는 도구 표시의 부사격조사인 '-으로'로 실현되어야 알맞은 예이다.

365) 이는 '집에서 →지비서(고모음화 또는 모음동화)'의 과정을 겪은 것이다.

366) 이 지역어에서는 동사 '솔다'가 '소다'로 실현된다.

367) 이는 '이러니까 → 이레니까(움라우트) → 이레이까(비자음탈락)'의 과정을 겪은 예이다.

368) 이는 '집에서 → 지비서(고모음화)'의 과정을 겪은 예이다.

369) 이는 '나면은 → 나며느(ㄴ 탈락) → 나며너(모음중화)'의 과정을 겪은 예이다.

370) 이는 '역시'의 뜻으로 '맹 → 매(비음탈락) → 메(모음중화) → 미(고모음화)'의 과정을 겪은 것이다.

371) 이는 '오슬'로 실현되어야 할 어형인데 이는 발화실수이다.

372) 이는 '옴마'형으로 실현되어야 할 형이 발화실수로 표현된 형이다.

373) 이는 '그라고 → 가고(축약)'의 과정을 겪은 예이다.

374) 이 제보자의 발화에서는 '먹다'형은 '묵다 ~ 먹다'가 수의적으로 선택되고 있다.

375) 이 조사 시기가 여름이었기 때문에 '햇볕이 뜨겁지 또는 덥지'의 뜻으로 표현된 예이다.

376) '일곱'이 후행하는 비자음의 영향으로 비음동화된 예이다.

377) 이는 '묶음 +-이(접사) → 무꺼미(모음중화) → 무께미(움라우트 현상)'의 과정을 겪은 예이며, 이는 수의적 변이형으로 비음이 탈락된 형인 '무께이, 무께~이, 무께~' 등으로도 실현된다.

378) 이는 '묶어야 → 무꺼에(이중모음 제약) → 무꺼이(고모음화)'의 과정을 겪은 예이다.

379) 이는 '무께미'에서 비자음이 탈락된 예이다.

380) 이는 부사 '아직'의 이 지역어형이며 경상도 방언에 일반적으로 실현되는 예이다.

381) 이는 '하면 → 하만(이중모음 제약 및 모음동화)'의 과정을 겪은 예이다.

382) 이는 '소렴'의 발화실수이다.

383) 이는 '주로 → 주루(모음동화)'의 과정을 겪은 예이다.

384) 이는 한자어 '초혼(招魂)'에 대한 발음이며, 제보자의 경우 앞에서는 '초온'이라고 발음했지만 제보자의 부인이 '추혼'이라고 발음을 하자 그대로 발음하고 있음을 그 다음 발화에서 알 수 있다.

385) 이는 '잊- + -아'의 구성으로 이루어진 예이다.

386) 이는 '소매'에 대한 이 지역어형으로 경상도 방언과 함경도 방언에서 실현되며 이는 15세기 중엽의 'ᄉᆞ매, ᄉᆞ미'형에서 첫째 음절의 'ㆍ'모음이 'ㅏ'모음으로 변화된 예이다..

387) 이는 앞선 낱말의 음절말 자음이 연음된 것으로 '글뗀 아이 → 글떼 나이'처럼 실현된 예이다. 여기서 '아이'는 '아직'이라는 의미의 부사이다.

388) 이는 주격이 목적격조사로 실현된 예이다.

389) 이는 '모르지마는 → 몰지마는(축약) → 모지마는(ㄹ 탈락)'의 과정을 겪은 예이다.

390) 이 지역어에서는 '덥다'가 규칙활용을 하지만 모음 사이에서 'ㅂ'이 탈락된 예도 많이 나타난다.

391) 이는 '다음 → 담(축약)'의 과정을 겪은 '담'형에 처소부사격 조사인 '-우'가 연결되어 '다무'형이 실현되었다.

392) 이는 '온'의 음절말 자음이 탈락된 예이다.

393) 다른 한자어도 마찬가지이지만 '발인(發靷)'도 수의적으로 음이 다르게 실현된다. 이는 이 지역어에서 많이 나타나는 고모음화 현상에 대한 과도교정형이며 이 발화의 마지막에 등장하는 '발헌'은 이 지역어에서 많이 실현되는 현상인 ㅎ탈락에 따른 과도교정형이다.

394) 이는 앞에서도 나타났지만 '-꺼(ㄲ)정, 꺼(ㄲ)지' 등의 형태로 실현된다.

395) 음사(陰祠)는 원래 '귀신을 모셔 놓은 집'을 뜻하지만 여기서는 '상여'를 뜻한다.

396) 이는 '행상(行喪)'의 비음이 탈락되어 실현된 예이며, '상여'와 같은 뜻이다.

397) 이는 후설음화된 예로서, 이 지역어에서 자주 실현되는 ‘전설모음화’에 따른
     과도교정형이라고 볼 수도 있다.
398) 이는 ‘무엇을 → 뭐슬(축약) → 머슬(이중모음 제약) → 머실(전설모음화)’의
     과정을 겪은 예이다.
399) 이는 외래어로서 포클레인(poclain)을 뜻한다.
400) 이 발화는 완료되지 않은 상황에서 제보자가 중간에 말을 함으로써 종결어
     미가 실현되지 않은 문장이 도출되었다.
401) 이는 ‘말 하기는’이라고 표현해야 할 것을 잘못 발화한 예이다.
402) 이는 ‘하라고는’이라고 표현해야 할 것을 발화실수한 것이다.
403) 이는 ‘보소’의 발화실수형이다.
404) 이는 보조사 ‘-밖에’의 대응형이며 이는 ‘밖에 → 베께(모음동화) → 베끄(후
     설음화)’의 과정을 겪은 예이다. ‘베끄’는 이 지역어에서 전설모음화가 흔하기
     때문에 실현된 이유로 인한 과도교정형이다.
405) 이 지역어에서는 ‘낳다(産)’형에 대한 대응형은 ‘놓다’이다.
406) 이는 ‘좋으나 → 조으나(ㅎ 탈락) → 조우나(원순모음동화)’의 과정을 겪은
     예이다.
407) 이는 모음중화에 따른 형으로서 ‘대수’ 즉, ‘아주 중요한 일’을 가리킨다.
408) ‘인제’의 발화실수형이다.
409) 이는 ‘데그던’에서 ‘ㄴ음’이 탈락된 예이다.
410) 이는 ‘비이고’형에서 과도교정 및 발화실수에 따라 ‘비에코’로 발화되었다.
411) 이는 ‘운제든지’의 발화실수형이다.
412) 이는 ‘가게데믄’의 발화실수형이다.
413) 이는 ‘상복’에 대응되는 형으로서 이 지역어를 비롯해 경상도 방언에서 나타
     난다.
414) 이는 ‘떠 부어 → 떠 버(이중모음 제약) → 뜨 브(모음중화)’의 과정을 겪은
     예이다.
415) 이는 한자어 ‘취토(取土)’로서 이 지역어는 ‘취이또, 칩또, 취토’ 등으로 실현
     되었다. 이는 민속어로서 ‘장사를 지낼 때에 무덤 속에 놓기 위하여 길한 방
     위에서 흙을 떠 오는 일’ 또는 그 흙을 가리켰다. 또, 관(棺)을 괴기 위하여 무
     덤의 구덩이 네 귀에 흙을 조금씩 놓아, 하관(下官) 뒤에 바를 뽑기 쉽게 하
     는 역할도 한다.
416) 이는 ‘주면’의 축약형이다.

417) 이는 집안의 뜻으로 사용된 어휘이다.

418) 이는 '문 즉, 무든'에 대한 발화실수형이다.

419) 이는 '저기다'의 준말이다.

420) 이는 '차리나 → 채리나(움라우트) → 채르나(후설모음화) → 체르나(모음중화)'의 과정을 겪은 예이며 후설모음화는 과도교정형이다.

421) 이는 부정부사 '안'에서 비음이 탈락된 예이다.

422) 이는 '메기는 → 미기는(고모음화) → 미게는(저모음화)'의 과정을 겪은 예이며 '저모음화'는 이 지역어에서 일반화되어 있는 음운현상인 고모음화에 따른 과도교정형이다.

423) 이는 부사 '다만'의 대응형으로 '다믄'으로 실현되어야 하지만 음절말 자음이 탈락된 예이다.

424) 이는 그 기본형이 '미심답다'이며 표준어의 '미심쩍다'에 대응된다.

425) 이는 '미심답따'에 대한 발화실수이다.

426) 이는 '만하면 → 만하면(이중모음 제약) → 만아면(ㅎ 탈락) → 마너면(모음동화) → 마느믄(모음중화)'의 과정을 겪은 예이다.

427) 이는 한자어 평토(平土)인데 이 지역어에서는 주로 '펭토'로 실현되지만 실제 한자음인 '평토'로 그 개신형이 공존함을 알 수 있다.

428) 이는 부사 '가만히'에 대응되는 이 지역어형이다.

429) 이 지역어에서는 부사 '사뭇'에 대응되는 어형은 '사무'이다.

430) 이는 '집으로 들어오다'의 뜻이다.

431) 이는 음식을 가리킨다.

432) 이는 장지를 발화하려다 중간에 그만둔 형태의 발화이다.

433) 이는 '점심'에 대응되는 이 지역어형으로 과도교정형인 '정슴'으로도 실현된다. 경북 방언에서는 '점슴(섬)'형은 많이 실현되는 예이며 이 지역어에서도 이 어형이 더 보수적인 어형이다.

434) 이는 '일하는 사람 → 일아는 사람 → 이라 삼(축약)'의 과정을 겪은 예이다.

435) 이는 '시키다'의 이 지역어의 과도교정형이다.

436) 이는 '좀'의 수의적 변이형이다.

437) 발화실수로 인해 의문사가 어순상 잘못 위치한 예이며 정확한 위치는 '제사를'의 앞이다.

438) 이는 이중모음의 실현 제약으로 인해 '돌아오셔'형이 실현된 예이다.

439) 이는 한자어 '반혼(返魂)'의 실현형으로, 달리 반우(返虞)라고도 부른다. 이는

장례를 지낸 다음에 집으로 신주와 혼백상자를 영좌(靈座)에 모시는 일을 가리킨다. 또, 이 때 하는 곡(哭)을 반곡(反哭)이라고도 한다.

440) 이는 '또'의 이 지역어형이다.

441) 이는 한자어로서 '삼우(三虞) 또는 삼우제(三虞祭)'라고 하는데 이 지역어형이다. 삼우는 장사를 지낸 후 세 번째 지내는 제사를 가리키며 흔히 이 날에 가족들이 성묘를 한다.

442) 이는 움라우트가 실현된 예이다.

443) 이는 '오늘'의 축약형이다.

444) 이는 '제사(祭祀)'의 발화실수형이다.

445) 이는 음식(飮食)에 대한 과도교정으로 인해 후설모음화가 이루어진 낱말이다. 이는 '음식'보다는 보수적인 어형으로 경상도 방언에 일반적으로 분포하는 예이다.

446) 이는 '오늘'의 이 지역어형이다.

447) 이는 그 기본형이 '욕보다(수고했다)'이며 '욕봤섰기'의 준말이다.

448) 이는 '동안'의 이 지역어형이며 된소리되기와 비음 탈락의 결과로 생긴 예이다.

449) 이는 한자어 영좌(靈座)를 가리키는 말이다.

450) 이는 그 기본형이 '서다'로서 그 뜻은 '세우다'이다.

451) 여기서 불사르는 것은 죽은이의 생전 물건이나 옷가지 등을 뜻한다.

452) 이는 '집에서'의 발화실수형이다.

453) 이 어형도 고모음화의 실현으로 이루어진 어형이며 주격조사가 실현되어야 할 부분인데 실제 사용된 격조사는 목적격조사가 사용되었는데 이런 예가 이 지역어에서는 많이 드러난다.

454) 앞에서도 지적했듯이 어절말모음에서 고모음화가 많이 실현되는데 이도 같은 현상이다.

455) 이는 '어찌'에 해당하는 이 지역어형인 '우예'의 수의적 변이형이다.

456) 이는 '삼년상'의 발화실수형이다.

457) 이는 이중모음 제약에 따라 발화된 예로 '맹년, 맨년, 밍년' 등으로 실현된다.

458) 이는 '맹년'이 치조음으로 위치동화된 예로서 연구개자음이 치조음으로 동화된 경우는 흔치 않는 일이지만 이 지역어에서는 간혹 수의적으로 실현된다. 또, '-까이'는 보조사 '-까지'의 자음이 탈락된 예이다.

459) 이는 보조사의 결합이 특징적인 예로서 '날짜 + -르(목적격조사) + -대로(보조사)'의 구성이다. 이런 구성은 표준어에서는 그 연결이 불가능한 구조이지

만 이 지역어에서는 실현됨을 알 수 있다.

460) 이는 ‘묵- + -로(의도형)’의 구성으로서 주로 ‘무로, 무러’로 실현되지만 양음 절화에 따라 ‘물로’로 실현된 예이다.

461) 앞에서도 지적했듯이 ‘차리어’에 대응되는 형은 ‘체리, 체르, 체레’ 등으로 다양하게 실현되는데 이는 동화의 정도에 따라 달리 실현된 예이다.

462) 이는 전설모음화가 적용된 예이다.

463) 이는 한자어 ‘상식(上食)’으로 그 뜻은 ‘상가(喪家)에서 아침저녁으로 궤연 앞에 올리는 음식’이다. 이는 ‘상식 → 상슥(후설모음화) → 상석(모음중화)’의 과정을 겪은 예이다.

464) 이는 ‘마저, 마자’의 발화실수형이다.

465) 이는 ‘하미까’의 단순한 발화실수이다.

466) 이는 ‘거 겉으면은 → 거트며는(축약) → 끄뜨며는(된소리 되기)’의 과정을 겪은 예이다.

467) 이는 ‘이제는’의 뜻인데, ‘은자는, 인제는, 은지는’ 등으로 표현되어야 하겠지만 발화실수로 이루어진 형으로 생각된다.

468) 이는 원순모음화가 이루어져 실현된 예이다.

469) 이는 ‘오늘’의 축약형이다.

470) 이는 ‘문사~을’로 실현되어야 할 부분이 발화실수된 예이다.

471) 이는 ‘집안의 어른’이라는 뜻이다.

472) 서술어 ‘없고’가 생략된 부분이며, 후행하는 표현은 도치문의 구조이다.

473) 이는 ‘몰이블’로 실현되어야 할 부분이 경구개음화 현상과 발화실수로 인한 오류형이다.

474) 이는 ‘상(喪) + 옷’의 합성어로서 ‘한자어 + 고유어’의 결합형으로서 ‘상복’과 함께 쓰인다.

475) 이는 ‘그리고’에 대한 대응형인 ‘구리꼬’의 준말이다.

476) 이는 ‘없으면’형의 대응형인데 치음 아래에서 전설모음화와 함께 이중모음의 제약 및 어저말 자음의 탈락으로 실현된 예이다.

477) 이는 ‘챙겨서 가지런히 준비하다, 챙기다’라는 의미의 이 지역어형으로 ‘쳉(챙)거(그)리다’도 있다. 이는 ‘(챙)기- + 거(그)리다’의 구성 형식으로 고모음화에 따라 ‘칭그리다’형이 등장한 것이다.

478) 모음 사이에서 어중자음 ‘ㅂ’이 탈락된 형이다.

479) 관형사형 ‘저근’의 발화실수형이다.

480) 여기서 '갑'은 '부의금의 값'이라는 뜻이다.

481) 실제 표현은 '축의금'으로 표현되어 있지만 오류이며 표준어 대역에서는 부
의금으로 고쳤다.

482) 이는 '사문, 삼문, 사믄, 삼믄, 삼므' 등의 형으로 실현되기도 한다.

483) 이는 우발적 동화에 따른 발화실수형이다.

484) 이는 '오더구만 → 오도구만(모음동화) → 오도구마(ㄴ 탈락)'의 과정을 겪은
예이다.

485) 이는 '다만'의 이 지역어 실현형으로 '다무, 다문, 다믄, 담믄' 등의 형태로 나
타나기도 한다.

486) 이는 '많은 → 마~는(비모음화) → 마~닌(전설모음화) → 마~인(ㄴ 탈락)'의
과정을 겪은 예이다.

487) 이는 '있을 것이라요'의 준말이다.

488) 이는 '전적으로 → 전쩌그로(된소리 되기) → 절쩌그로(설측음화) → 절쩌그
(어절말 음절 탈락)'의 과정을 겪은 예이다.

489) 이는 이 지역어에서 두드러지게 실현되는 음운현상인 '전설모음화 현상'에
대한 과도교정형이다.

490) 이는 '십만이'형으로 '십만이 → 심마니(비음화) → 심마이(비음탈락)'의 과정
을 겪은 예이다.

491) 이는 '그리고는'의 준말이다.

492) 이는 기본형이 '펜다(便)'이며 '펜- + -은'의 결합형이다.

493) 이는 '축만 → 충만(비음동화) → 충마(ㄴ 탈락)'의 과정을 겪은 예이다.

494) 이는 '고만, 고마, 곰머, 고머' 등의 형태로 실현되기도 한다.

495) 이는 낱말 '혼백(魂帛)'에서 음절말음 'ㄱ'음의 탈락으로 실현된 예이다.

496) 이는 '묘(墓)'의 이 지역어형이다.

497) 이는 '자세히 → 자세이(ㅎ 탈락) → 자세(축약) → 자시(고모음화)'의 과정을
겪은 예이다.

498) 이는 집안의 대사(大事) 즉, 혼인이나 장례식 등을 말한다.

499) 이는 청첩장(請牒狀)이나 부고를 만드는 인쇄소를 말하며 '첩(牒) + 집'의 구
성이다.

500) 이는 전설모음화에 따른 실현형으로 이 지역어에서는 그 기본형이 '씨다'이다.

501) 이는 '앉히었고'형에서 유기음화, 축약 등의 결과로 이루어진 형이다.

502) 이는 그 기본형이 '운구(運柩)하다'이다.

503) 여기서 '카주'와 '뜰'은 모두 '아주'와 '틀'의 오류형이다.

504) 이는 '인원이 → 이너니(이중모음 제약) → 이너이(ㄴ 탈락)'의 과정을 겪은 예이다.

505) 이는 '하니까'에서 비모음화와 함께 비자음의 탈락이 이루어진 형이지만 실제로는 대동사(代動詞)의 기능을 수행하여 '없으니(까)'를 뜻하는 것이다.

506) 이는 이중모음의 제약과 함께 원순모음화 현상에 의해 실현된 예이다.

507) 이는 '반만'의 발화실수형이다.

508) 이는 '달어진'형이 연구개음화된 예이다.

509) 이는 '상여꾼으로 서른두 명이 필요한 상여가 있었다'는 말임.

510) 이는 상여를 매는 사람의 숫자를 가리키는 것이다.

511) 이는 수사 '두 가지'의 의미로서 조사가 생략된 형이다.

512) 이 지역어에서는 '봉분(封墳)'에 대응되는 말은 '봉구(封丘)'라는 한자어이다.

513) 이는 '우리는'의 뜻이지만 '울 + -느(는) → 우르(자음탈락)'의 과정을 겪은 예이다.

514) 이는 '안하니 → 안~하니(비모음화) → 안~하이 → 비음탈락 → 아~하이(비자음탈락) → 아~히이(모음동화) → 아~히(축약)'의 과정을 겪은 예이다.

515) 이는 기본형이 '마사다, 모사다'인데 그 뜻은 '끌어 모으다'이다.

516) 이 어형은 'ㄷ'이 구개음화되지 않은 형이다.

517) 이는 그냥 일반적인 휴지(休止)와 함께 발화된 음성이다.

518) 이는 '드러서'형에 '-ㄱ'이 첨가된 예이며 '강조'를 표현하는 보조사이다.

519) 이는 '봉분'형이 후행하는 비음의 영향으로 비자음으로 변화된 예이다.

520) 이는 '놓으면 → 노흐먼(이주모음 제약) → 노으므(자음탈락) → 노우므(모음동화) → 노우무(원순모음화) → 노우(축약)'의 과정을 겪은 예이다.

521) 이는 '때문에'형에 대응되는 이 지역어의 '때미네'의 발화실수형이다.

522) 이는 '우리네'의 대응형이며 '울(← 우리) + 네'의 구성형이다.

523) 여기서 '소리'는 노래를 가리킨다.

524) 이는 모음실현 제약에 의해 '귀'의 이 지역어 실현형이다.

525) 이는 태를 잘못 사용한 예이다.

526) 이는 이중모음 제약에 따른 '상여'의 경상도 방언형이다.

527) '아까도'에 대응되는 예이며, '아께 + -디(보조사)'의 구성이다.

528) 이는 '동서부'에 해당하는 어형이며 어중 자음이 탈락된 예이다.

529) 이는 '인원이 → 인노니(이중모음 제약) → 인노이(비음 탈락)'의 과정을 겪

은 예이다.

530) '굉장이 → 갱장이(이중모음 제약) → 갱장~이(비모음화) → 갱자~이(비음
탈락)'의 과정을 겪은 예이다.

531) 이는 벌금의 의미에 해당하는 이 지역어로서 '골돈'에 해당한다. 즉, '골을 메
우는 돈'이라는 의미이며 '골돈 → 골똔(된소리 되기) → 골똔~(비모음화) →
골또~(ㄴ 탈락)'의 과정을 겪은 예이다.

532) 이는 '꿈적이다'에 대응되는 어휘로서 이 지역어를 비롯한 경북 방언에서는
'꿈직이다'형도 실현된다.

533) 이는 '전부 → 점부(양순음화) → 점(축약)'의 과정을 겪은 예이다.

534) 이는 움라우트 현상에 따른 실현형으로서 모음중화에 따라 '사래미'형으로도
실현된다.

535) 이는 '동네'형이며 'ㄷ'음이 탈락된 예이다.

536) 이는 경구개음화가 실현되지 않은 예이다.

537) 이는 '그사람은'의 준말이다.

538) 이는 '뽀페'이데음'의 발화실수형이다.

539) 이는 '뽑히어 → 뽀피어(융합현상) → 뽀페(축약)'의 과정을 겪은 형이며 '뎅
기므'는 '뎅(댕)기며'의 이중모음 실현 제약에 의하여 이루어진 어형이다.

540) 이는 '메기- + -었- + -는'의 구성으로 '메겠는 → 미겠는(고모음화) → 미게는
(자음탈락)'의 과정을 겪은 예이다.

541) 이는 '아직 또는 늘'의 뜻으로 쓰이는 이 지역어의 부사로서 '상구'로 많이 실
현된다.

542) 이는 '잘 해여'에서 'ㅎ'음의 탈락으로 인해 유음의 연음화로 이루어진 어형
이다.

543) 이는 '어쓸미까'형에 대한 발화실수형이다.

544) 이는 '우리는 → 우르는(후설모음화) → 우르느(ㄴ 탈락)'의 과정을 겪은 예
이다. 즉, 이 지역어에서 자주 실현되는 전설모음화에 대한 과도교정형이라
고 할 수 있다.

545) 이는 '앞장 + -아(처소 부사격 조사)'의 구성이다.

546) 이는 '서 가'형에서 'ㄱ'의 탈락으로 실현된 예이다.

547) 이는 '어깨'형의 모음동화 현상이다.

548) 이는 '누가 죽어서 장사를 지내는 날'이라는 뜻이다.

549) 이는 '기제사(忌祭祀)'로서 고모음화에 따른 실현형이다.

550) 이는 전설모음화에 따른 과도교정형이다.

551) 이는 '팔월 추석날'의 비음동화와 이중모음의 실현제약으로 이루어진 예이다.

552) 이는 '한꺼번에'라는 의미의 부사로서 '하묵, 함묵' 등의 형태로 실현되는 이 지역어뿐만 아니라 경북 방언에서 일반적으로 실현된다.

553) 이는 '제사'의 발화실수이다.

554) 이는 한자어 '대가(大家) + -이(주격조사)'의 구성이다.

555) 이는 경상북도 청송군 진보면의 진보(珍寶)를 가리키며 순자음동화가 이루어진 결과이다.

556) 이는 '할 때'형에서 유음 동화에 따라 '할 래'형으로 실현된 예이며, '볼 래'형도 마찬가지이다.

557) 이는 '출마 + -르(목적격 조사) + -해'의 구성으로 'ㅎ'음의 탈락으로 형성된 예이다.

558) 이는 '큰 집에서 → 큰 깁에서(구개음화에 따른 과동교정) → 큰 기배서(모음중화) → 쿵 기배서(연구개음화)'의 과정을 겪은 예이다.

559) 이는 발화실수로 이루어진 형이며 '버듬'은 '부터'형에 대응되며 이 문장에서는 '까지'형이 사용되어야 할 자리이다.

560) 이는 '제관이 → 쩨가니(된소리 되기) → 째가니(모음중화) → 째가이(ㄴ 탈락)'의 과정을 겪은 예이다.

561) 이는 '조부(祖父)'형에서 모음동화가 이루어진 예이다.

562) 이는 종매제사(終埋祭祀)의 뜻이며 '종매사'에서 순자음화가 이루어진 예이다.

563) 이는 '잔(盞)'의 발화실수형이다.

564) 이는 '다르- + -ㅁ'의 구성으로 표준어에서는 이런 형식의 구성이 이루어지지 않는다. 이에 따라 '다른 떼'로 번역했다.

565) 이는 부사 '좀처럼'의 대응형이다.

566) 이는 원순모음화 현상에 따른 실현형이다.

567) 이는 움라우트 현상이 실현된 예이다.

568) 이는 '인쟈'가 줄어든 예이다.

569) 이는 한자어 '우진설(右陳設)'의 준말에 해당하며 모음중화에 따른 실현형이다.

570) 이는 '젓가락'을 가리킨다.

571) 이는 모음동화에 따라 실현된 예이다.

572) 이는 '차리어 → 채리어(움라우트) → 체리어(모음중화) → 체리이(모음동화) → 체리(축약)'의 과정을 겪은 예이다.

573) 이는 한자어 '좌진설(左陳設)'의 준말에 해당하며 모음중화에 따른 실현형이다.

574) 이는 경구개음화 현상에 따른 과도교정형이다.

575) 이는 한자어 '진설(陳設)'에 해당한다.

576) 이는 '다음에는'형이 고모음화와 어절말 자음이 탈락된 예다.

577) 이는 '주손(胄孫)이 → 주손~이 → 주소~이'의 과정을 겪은 예이다.

578) 이는 한자어 '강신(降神)'을 뜻하며 제사를 지내는 절차의 하나이다. 처음 조상신에게 잔을 올리기 전에 신을 내리게 하기 위하여 향을 피우고 술을 따라 모사(茅沙) 위에 붓는 행위를 가리킨다.

579) 이는 '어른들 앞에'의 발화실수의 예이다.

580) 이는 제사가 집안마다 그 방식이 다름을 의미하는 것이다.

581) 이는 한자어 '지손(支孫)'을 가리키며 주된 직계 자손이 아닌 일가를 가리킨다.

582) 이는 한자어 '참신(參神)하는데'의 준말이며, '참신'은 제사를 지낼 때 '강신'을 한 다음에 신주(神主)에게 절을 하는 것을 말한다.

583) 이는 한자어 '신주(神主)' 즉, 죽은 사람의 위패를 가리킨다. 이는 대개 밤나무로 만드는데, 길이는 여덟 치, 폭은 두 치 가량이고, 위는 둥글고 아래는 모지게 생겼다. 이와 비슷한 말은 사판(祠板)이다.

584) 이는 한자어 지방(紙榜)을 가리킨다. 이는 종잇조각에 지방문을 써서 만든 신주(神主)이다.

585) 이는 발화실수로 이루어진 형이다.

586) 이는 '차리어 → 채리어(움라우트) → 체리어(모음중화) → 체려(축약) → 체러(이중모음 제약) → 체르(모음중화)'의 과정을 겪은 예이다.

587) 이는 '저래'의 고모음화에 따른 실현형이다.

588) 이는 '먼저'의 대응형으로서 이 지역어를 비롯하여 경북 방언에 일반적으로 나타난다.

589) 이는 목적격조사의 결합형으로 '참신을'에 대응된다.

590) 이는 '조상이 두 분이면'의 표현인데 주어가 생략된 것이다.

591) 이는 '두 번'에서 원순모음화가 이루어진 예이다.

592) 이는 '저것이'의 준말이며 '저기에'의 준말과 실현형은 같은 형이다.

593) 이는 '저기에'의 준말이다.

594) 이는 '뚜껑 열고'처럼 서술어가 생략된 발화이다.

595) 이는 대명사로서 '숟가락 즉, 술'을 나타낸다.

596) 이는 '이래'의 발화실수형이다.

597) 이는 '그리하고'의 대응형이다.

598) 이는 한자어 '국궁(鞠躬)'을 가리키며 '윗사람이나 위패(位牌) 앞에서 존경하는 뜻으로 몸을 굽혀 절을 하는 것'을 뜻한다.

599) 이는 부사 '한꺼번에'의 대응형으로서 이 지역어를 비롯한 경북 방언에 전반적으로 실현되며 '함목'으로도 실현된다.

600) 이는 '놓다(置)'형의 대응형으로서 '놓아 놓아서'를 뜻한다.

601) 이는 제보자의 입장에서 발화한 내용이며, 제보자에게 존대를 표시하지 않은 것이 아니다.

602) 이는 '딴 건'의 연구개음화로 실현된 예이다.

603) 이는 '제사(祭祀) → 지사(고모음화) → 지아(ㅅ 탈락) → 즈아(후설모음화에 따른 과도교정형)'의 과정을 겪은 예이다.

604) 이는 '복잡(複雜)하지로'의 이 지역어형으로서 준말이다.

605) 이는 '편(便)- + -게 → 펜게(이중모음 제약) → 편께(된소리 되기)'의 과정을 겪은 예이다.

606) 이는 '먹고 → 먹거(모음동화)'의 과정을 겪은 예이다.

607) 이는 보조용언으로 '줍- + -은'의 구성이며 '싶다'의 뜻을 나타낸다.

608) 이는 '따라주- + -ㅁ'의 구성형으로서 이 형태에 관한 해석 방법은 표준어와 달리 '-ㅁ'이 관형사형 어미로서도 그 구실을 한다고 가정하는 방법과 명사형 어미로 보고 '명사형 + 명사'의 꾸밈구조로 가정하는 방법이 있다. 현대국어 문법을 고려한다면 후자로 해석하는 것이 합리적이다.

609) 이는 '지금 → 찌금(된소리 되기) → 찜(축약)'의 과정을 겪은 예이다.

610) 이는 '어떤 이는'으로 실현되어야 할 부분인데 명사구 '이는'이 발화실수로 생략된 형태이다.

611) 이는 이 지역어에서 많이 실현되는 현상으로 음절말 자음이 탈락된 예로 부정부사 '안'의 실현형이다.

612) 이 지역어에서 이는 주로 '이리고'로 실현되는데 이의 준말이다.

613) 이는 '우리는'의 발화실수형이다.

614) 이는 '따르는'의 준말이다.

615) 이는 한자어 '가가(家家)'로서 '집집이'에 대응되는 예이다.

616) 이는 '모르'로 실현되어야 부분인데 발화실수로 이루어진 예이다.

617) 이는 '다르고'로 실현되어야 할 예가 모음동화로 인해 '드러고'로 실현된 예이다.

618) 이는 '가지어 → 가져(축약) → 가제(이중모음 제약)'의 과정을 겪은 예이다.

619) 이는 '저녁에 → 제녀게(움라우트) → 지녀게(고모음화) → 지여게(ㄴ 탈락)'의 과정을 겪은 예이다.

620) 이는 '여기'에 관한 이 지역어형이다.

621) 이는 비음동화와 함께 음절말 자음 'ㄴ'이 탈락된 예이다.

622) 이는 '인제'의 수의적 변이형이다.

623) 이는 '그 때에'에 대응되는 예이다.

624) 이는 '와가지- + 움'의 구성으로 '와가지고는'에 대응되는 예이다.

625) '동생분들은'에 해당하는 이 지역어형이다.

626) 바로 이어지는 '그랜 도'와 같은 어형으로서 '그래한 동 → 그랜 동(축약) → 그랜 도(어절말 자음 탈락)'의 과정을 겪은 예이다.

627) 부사 '다만'에 대응되는 예로서 이 지역어를 비롯한 경북방언의 일반적 어휘 형태이다.

628) '오늘'형에서 비모음동화와 함께 'ㄴ'음 탈락이 이루어진 예이다.

629) '저녁'의 축약형으로서 어두 된소리 되기 현상이 일어난 예이다.

630) 이는 동사 활용형 '해'가 고모음화 된 예이다.

631) 이는 '좋으시어 → 좋으셔(축약) → 좋으세(이중모음 제약) → 좋으시(고모음화)'의 과정을 겪은 예이다.

632) 이는 '조금씩은 → 쪼끔씨근(된소리되기) → 쩌끔쓰근(모음동화 및 변이) → 쩌끔스근(자음중화)'의 과정을 겪은 예이다.

633) 이는 '주어'에 대응되는 예이며 모음동화에 따라 실현된 형이다.

634) 이는 '한 근 → 항 근(연구개음화) → 상 근(자음교체)'의 과정을 겪은 예이다.

635) 이는 '끓이어 → 끼리어(전설모음화) → 끼러어(모음동화) → 끼러(축약) → 끼르(모음중화)'의 과정을 겪은 예이다.

636) 이는 '그그난'에서 'ㄱ'음이 탈락된 예이며 '-난'은 보조사 '-는'에 대응되는 예이다. 이 어형은 15세기 중엽의 국어 보조사 '-는'형에 소급되는 것으로 판단된다.

637) 이는 '누구라도'에서 모음 사이의 'ㄱ'음이 탈락된 예이다.

638) 이는 '거의 모두가'의 준말이다.

639) 이는 '있는 거 → 인는 거(비음동화) → 인능 거(연구개음화)'의 과정을 겪은 예이며 '인능'에서 비음이 탈락되어 실현된 예이다.

640) 이는 '고등어'의 이 지역어형이다.

641) 이 부분의 다음에 ‘올리지’형이 생략된 발화이다.

642) 이는 ‘비니른’으로 실현되어야 할 발화실수형이며 그 뜻은 ‘비늘은’이다. 다만, 실제로 이는 ‘비늘이 있는 물고기는’을 나타낸 것이며 이에 따라 표준어로 대역했다.

643) 이는 ‘지금먼’으로 실현되어야 할 발화실수형이다.

644) 이는 부사 ‘모두’형의 어중 자음이 탈락된 예이다.

645) 이는 ‘올러가여’형인데 앞서는 어절말음 ‘ㄱ’음의 영향과 된소리되기 현상에 의해 ‘꼴러가여’형으로 실현되었다.

646) 이는 ‘전(煎)이나’형에 대응되며 ‘저니나’의 발화실수형이다.

647) 이는 ‘분명히’에 대응되는 이 지역어형이다.

648) 이는 ‘또’의 이 지역어의 실현형이다.

649) 이는 ‘고추가리 → 고주갈(축약 및 자음탈락)’의 과정을 겪은 예이다.

650) 이는 ‘가리는’의 축약형이다.

651) 부정문의 뜻으로 표현한 것인데, 발화실수로 부정소가 빠진 형태임.

652) 이는 ‘필요하지’ 정도로 표현될 발화인데 뒷 부분이 생략된 경우이다.

653) 이 지역어에서 ‘나물’의 기저형은 ‘나뭃’이다.

654) 이는 ‘꼭’의 발화실수형이다.

655) 이는 ‘삼아서 → 삼마서(ㅁ 첨가) → 삼마사(모음동화) → 쌈마사(자음중화) → 쌈마삼(ㅁ 첨가)’의 과정을 겪은 예이다.

656) 이는 바로 다음에 연결되는 ‘두 러른’형의 수의적 변이형이다.

657) 이는 ‘난리’에 대응되는 말이며 바로 이어서 ‘납미까’와 같은 서술어가 생략된 문장이다.

658) 이는 ‘방아간에’에 대응되는 예이며, ‘방간에 → 방까네(된소리되기) → 방~까네(비모음화) → 바~까네(비음탈락)’의 과정을 겪은 예이다.

생업 활동

논농사

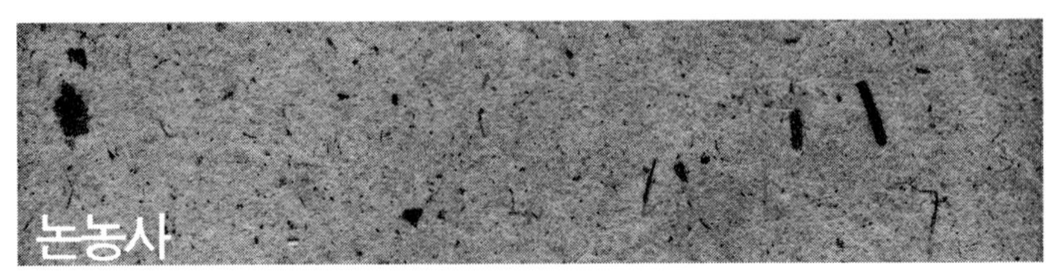

그엄' 머 그 어'르신 걷 음 인지 머쓰 주'로 저 생'업쁘어븐 농사 진:는 이'야기 쫌 머 드'려도 데게씀미까? 그 예 쫌 여쭈어 보게씀미다.

⎺ 예예, 예예.

혹'시 여'기는 보'니까 노'니 쫌 머 어 만:치 안 씀미'까?

⎺ 노는: 그'클[1] 만찬치어.

⎺ 게고'리 이'을따 보~'이 욜로 쫑:: 너르가무 욜래 머 또 머 저 토~'이[2] 요 소:다 보'이까 논' 그클 만친 아네, 예.

그'엄 논' 노는 주로 어디 쪽 요: 게울쪼'게?

⎺ 예, 먼 나는 노~'이 월'래 또 머 저이 저: 미'테 가이 제이[3], 참 어디'?

⎺ 고 은저' 아께 내 거 시찜모'테 가는 데 이'쬬?

⎺ 바로 그 동:네 아페 그 도르 여'페.

⎺ 나 난 노~'이 그 그게.

아 시찜모'테 그게 그?

⎺ 예, 예, 예.

그 어'르신께서 직쩝 장만하'셔씀미까, 앙 그암 물'려 바드셔씀미까?

⎺ 아: 그'으는 네 네가 참 자수성가헤.

논' 그 아까 세찜모'테 그으기 노:네 그 할' 때 품'종' 벼 품'종'은 얻 머 어떵 거 시 주'로 심슴미까?

예전'에, 요즘' 안 하시는지 모르게찜 예저'네 하'실 때?

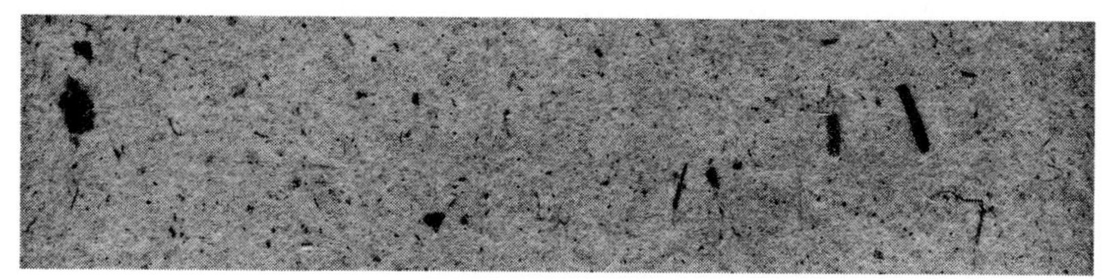

　그럼 뭐 어르신 그 인제 주로 생업, 농사짓는 이야기 좀 뭐 드려도 되겠습니까? 거기 예, 쫌 여쭈어 보겠습니다.

　⎺ 예, 예.

　혹시 여기는 보니까 논이 좀 많지 않습니까?

　⎺ 논은 그렇게 많지 않지요.

　⎺ 개울이 이렇다 보니 요리로 쭉 내려가면 요래 뭐 또 통이 솔다 보니 논이 그렇게 많지는 않아요, 예.

　그럼 논, 논은 주로 어느 쪽에, 여기 개울 쪽에?

　⎺ 예, 뭐 나는 논이 원래 저 밑에 가야 되니, 참.

　어디?

　⎺ 거기 인제 아까 내가 시찜모테[1]라고 한 곳 있지요?

　⎺ 바로 그 동네 앞에 그 도로 옆에.

　⎺ 나, 나는 논이 거기에.

　아, 시찜모테 거기에 그 곳에?

　⎺ 예, 예, 예.

　그 어르신께서 직접 장만하셨습니까, 안 그럼 물려 받으셨습니까?

　⎺ 아, 그거는 내, 내가 참 자수성가해 가지고.

　논, 그 아까 시찜모테 거기 논에 할 때, 벼 품종은 뭐 어떤 것을 주로 심습니까?

　예전에, 요즘 안 하시는지 모르겠지만 예전에 하실 때?

￣ 유:에저네5) 할 떼는 머 주로 예'저네느, 엔'나레느 웨 그 이 노임'베6)라
고 이:서찌요, 노임'베, 이그 들 트'리 쏭쏭 낭 거, 허:영' 거.

￣ 그글 그 글'땐 그룽 거 해'찌머 오세'는 그룽 거 점부 엄'는데.

￣ 주로 은제 오:대7)로 하고 요세'는 지금 즈 즈게 하여~8)을 마이 해.

그 어'뜨 쩌 쫌 빨'리 펴'느은 조생조~'임미까, 앙 가만 쫌 느'께 피는?

￣ 이그는 쪼:끔 느께 하느이.

￣ 그래 노'이9) 쫌 느께' 페'고 하머는 이글 밤마시10) 이끄던, 밤'마디'따고
이걸 하는데 이그 하여~'이 이게 밤마시 조으이, 조으니더.

￣ 이 아:주 느께' 페'는 거지.

그암' 이 쪼:게느 조생종은 별로 안 하'고 거이 머 이 쪼:게 게신 분'더러 느'
께 피는 만:생종'을 마니 함'미까?

￣ 조:생'종도 하는 사람 이'찌요.

￣ 이'그는 조생조'으는 제 그 매사~'를 주로 인제 하기 때'메 근 이 나레'
기11) 쭈스 조:크'더.

￣ 절로 머 나르 그마'임 조'따구.

아 조즈?

￣ 그르시 예, 그'그는 가주감 무조'꺼 일'뜽이라.

￣ 모'구대 그'튼 거 이 조:생종.

조생퐁'응 그엄'머느 얻 밤'미슨 쫌' 별'롬미까?

￣ 아, 밤마슨 별'로지.

그어인 날'쑤는12) 마~'이 쫌 더 나'고?

￣ 마 마'이, 쪼 그'체, 좀 더 나고, 예.

머 범 보'기도 조:아'서 도:늘' 더 처'줌미까?

￣ 야 언, 바 큼, 예.

￣ 이 화여~'어는 매상 바찌를 아 하잔.

￣ 나래이13) 글끔 조치 앙크'드.

˝ 예전에 할 때는 뭐 주로 예전에는, 옛날에는 왜 이 노인벼라고 있었지요, 노인벼, 이거 털이 쑹쑹 난 거, 하얀 것.

˝ 그것을 그 때는 그런 것을 했지만 요새는 그런 거 전부 없는데.

˝ 주로 인제 오대벼를 하고, 요새는 지금 저 저기 하영벼를 많이 해.

그 어떻게 좀 빨리 피는 조생종입니까, 안 그러면 좀 늦게 피는 품종입니까?

˝ 이거는 조금 늦게 하는.

˝ 그래 놓으니 좀 늦게 피고 하면은 이게 밥맛이 있거든, 밥 맛있다고 이것을 하는데, 이게 하영벼가 밥맛이 좋아요, 좋습니다.

˝ 아주 늦게 피는 거지.

그럼 이 쪽에는 조생종은 별로 안 하고 거의 뭐 이쪽에 계신 분들은 늦게 피는 만생종(晩生種)을 많이 합니까?

˝ 조생종도 하는 사람이 있지요.

˝ 이거는 조생종은 인제 그 매상(賣上)을 주로 인제 하기 때문에, 이건 벼가 아주 좋거든.

˝ 저절로 뭐 벼가 그만큼 좋다고.

아 좋아?

˝ 그렇지, 예, 그거는 나락을 가져가면 무조건 일등이야.

˝ 모구대 같은 것, 이 조생종.

조생종은 그러면은 밥맛은 좀 별롭니까?

˝ 아, 밥맛은 별로지.

그러니 수확량은 많이 좀 더 나고?

˝ 많이 좀 그렇지요, 좀 더 나고, 예.

뭐 보기도 좋아서 돈을 더 쳐줍니까?

˝ 예, 그만큼, 예.

˝ 이 하영벼는 매상을 받지를 안 하잖아.

˝ 벼가 그렇게 좋지 않거든.

밤'마슨 조은데?

￣ 밤마슨 조은데.

저'이서 안 바다드이.

￣ 예.

으이 검' 이 동네분'들도 으 검 자기 드'실 꺼는 주'로 마으 늡뼈'[14]를 말 만생'
종을 하'고 그 다'음메 그 매상델' 꺼느 쪼끔 조생종 쪼'그로 오:데'르나 그른 벼
마니 함'미까?

￣ 그'른데 그글 메산 은지'는 또 그'클 암 바주이 떼네 그글' 그르케 안
한단 말.

￣ 점'부 고'마 머 으르게나 머 밤마딘능 거 한'다꼬 마 화영'을 주로 많이
[x하니더x].

그' 벼농'사 지'을 때 뽀통 그 제:일 첨메 씨'를 머 어'뜨케 함'미까?

제임' 먼저 한'능 게 머:부'터?

￣ 아 그케 파여, 파종할' 때여?

제일 먼저 머:부'터 함'미까?

씨느 씨나'락 줌비함'미까?

￣ 씨나락도 지음 진 점'부 은제 며:네'서[15] 이 인제 우리 신청해가'주고,
내가 머 하게'따 카믄 제 그어선 가종 우리가 그거 글 사가'주그 해'야지.

예서'네느 그?

￣ 이 옌나'레는 지'비 헤'시먼 머 심 며이[16], 이심 녀~'이고 그 가주 사:무
게속해찌.

그걸 근'냥 뭐 그 어디 모'파네 가'서 그냥 뿌'림미까, 앙 그럼며느 쫌 다 어'
뜨에 그 저'네 씨:나'락 어뜨게 그 워 또 어뜨에 가 해'야뎀미까?

￣ 옌:나'레는, 그 저'네는 점부 모 노'네다 물 떼가'주고, 소 가'주고 써레
가 써'러서, 고 파~하[17] 골랴가'주고, 이레 마~'을 져'가'주고 그 나륵씨'르
거 머 거득 그데'르 떼'러서 다마가주고 은제.

밥맛은 좋은데?

- 밥맛은 좋은데.

저기서 안 받아들이니[18].

- 예.

그럼 이 동네분들도 그럼 자기 드실 것은 주로 늦벼를, 만생종을 하고, 그 다음에 매상을 댈 것은 조금 조생종 쪽으로 오대벼로나 그런 벼를 많이 합니까?

- 그런데 그걸 매상을 인제는 또 그렇게 안 받아주기 때문에 그걸 그렇게 안 한단 말이야.

- 전부 고만 뭐 어떻거나 밥 맛있는 거 한다고 고만 하영을 주로 마이 [x합니다x].

벼농사 지을 때 보통 제일 처음에 씨를 뭐 어떻게 합니까?

제일 먼저 하는 게 뭐부터?

- 아 그게 파종, 파종할 때요?

제일 먼저 무엇부터 합니까?

씨는 볍씨를 준비합니까?

- 볍씨도 지금 전부 인제 면사무소에서 이 인제 우리가 신청해 가지고, 내가 무엇을 하겠다고 하면 이제 거기서 가져오면 우리가 그걸 사서 해야지.

예전에는 그?

- 옛날에는 집에서 했으면 뭐 십 년이고 이십 년이고 그거 가지고 사뭇 계속했지.

그걸 그냥 뭐 어디 모판에 가서 그냥 뿌립니까, 안 그러면은 좀 다 뭐 어떻게 그 전에 볍씨를 어떻게 가지고 해야됩니까?

- 옛날에는, 그 전에는 전부 뭐 논에다 물을 대어서 소를 가지고 써레로 썰어서, 거기를 판하게 골라서 이래 망을 지어서 그 볍씨를 뭐 그대로, 그 대로 때렸어[19], 담아서 인제.

- 무.

어데 무'레 좀 다'마, 당궈 나'따가, 씨'를?

- 무, 예, 무레, 예아, 머.

- 한 사날, 하 이'틀써기 다마나'따가 인제 모자랄 떼는 그그대로 무'레 때'르가주고 비짜'루를, 싸리'비를 가주고 뭐 또 투투 뚜드르.

- 뚜드믄 거 저 야깐 베겐'다 마리.

아 쫌 가라앙'께예?

- 예예.

- 그 쫌 벡' 베게'저.

- 그'르가주곤 천헤.

- 해가줌 모' 쩌'가주고 이레 무꺼가주고 이래 모'를 숭'건는데[20], 지'그 므는 굉'자이 숩'찌요.

- 무'레 안 드'가고 이 하우수, 이우 주주 저르건 하우스 이레 헤 노'코 이 또 모'파이[21] 또 이 이말끔항 기' 이서.

아:, 게량'종?

- 예.

- 그 그다 은젠 또 살 홀'또[22] 또 상토 우리 또 점: 사다 해.

- 사가주고 그다 여서 은제 씰' 씨'르 그 뿌려가주'고, 하우사을[23] 가따 가 싸글 네기서 인 기따 피노'면 한 일쭈이르 이시'머 고마 이엡 싸기 투 위 올라와여.

- 그럼 또 빨리 조:코.

볍'씨느 그엄마 한 언'젭 보통 뿌'림미까?

- 아, 볩'씨[24]는 즈 주'로 저 고:구.

예, 고구.

- 예, 고구 무'레[25].

고'구 지'나섬미까, 고'구 저'네 함'미까?

˹ 물.

어디 물에 좀 담아, 담가 놓았다가, 씨를?

˹ 물, 예, 물에, 예, 뭐.

˹ 한 사나흘, 한 이틀씩 담아놨다가 인제 모자랄 때는 그거대로 물에 때려서 빗자루를, 싸리비를 가지고 뭐 또 툭툭 두드려.

˹ 두드리면 저 약간 박힌다 말이야.

아, 좀 가라앉게요?

˹ 예.

˹ 그 좀 박히지요.

˹ 그래서 쳐내어[26].

˹ 해서 모를 쪄서 이래 묶어서 이래 모를 심었는데, 지금은 굉장히 쉽지요.

˹ 물에 안 들어가고 이 하우스, 이 저 저런 하우스를 이렇게 해 놓고 이 또 모판이 또 이만큼 한 것이 있어.

아, 계량종?

˹ 예.

˹ 거기, 거기에다 인제는 또 흙도 상토, 우리는 또 전부 사다 해.

˹ 사서 거기에 넣어서 인제 씨를 거기에 뿌려서 비닐 온실에 가져다가 싹을 내어서 인제 갖다 펴놓으면 한 일주일을 있으면 고만 이레 싹이 툭 올라와요.

˹ 그러면 또 빨라서 좋고.

볍씨는 그럼 한 언제 보통 뿌립니까?

˹ 아, 볍씨는 주로 저 곡우(穀雨).

예, 곡우.

˹ 예, 곡우 무렵에.

곡우 지나서 합니까, 곡우 전에 합니까?

ⁿ 고구:, 고구 지내더 데'고 고구 저'네 인저 주로 고무 고구 무'레, 고그 이띠²⁷⁾ 이틀레 라이나²⁸⁾ 고구 이'틀' 저' 저'이나 후나 은제 호 고래 주'로 은 제 **.

그'레가 인제 벱'씨 뿌'리고 그 다'으메 혹시 볍'씨 아까 말씀하션씀니다마느 그 에를 드르 볍'씨 그럼며 뿌'리기 저'네 어 당궈 노'코 농가'리부터 함'미까?

농가'리하'고 볍씨 당궈' 노'씀미까?

ⁿ 벱씨브'텀.

ⁿ 벡씨거'틈²⁹⁾ 무'레 하 고마 한 여'를 다마나 저거 큰: 널 너'리게 다 한 여'를' 다마나'따가³⁰⁾ 한 여'를 다마노'믄 싸'기 차악 오기 나와요.

ⁿ 그래가'주 은제 모짜'리버텀 헤노'코, 다:: 헤노'코 은제 언제쭘³¹⁾, 오'올³²⁾ 머 에를 들머 오올 한 이'시빌경 쭈 은제 모' 수궁'다 카므 인제 고 은제 하루 저'이나 이'틀 저'이나 물: 데가주 노'늘 다: 써'러 나여.

ⁿ 써'러가조 인제 하론 이'트른나니³³⁾ 딱: 안차가주고 끝'떼느 은제 기'게 루 가접 또 모자리 모두 *** 손 놔두고 가 끼게러 다 ****.

그 혹'시 모'팜³⁴⁾ 만들' 때, 농 갈, 모'팜 만들 땐 어'뜨케 만듬미까?

ⁿ 모파'늘 만드 만들' 때?

에, 에전시'그로 볍'씨 뿌'리기 위에서 모 모스 모스 모'판이그 모'파니라 그럼 미까?

ⁿ 어어, 모'판, 모짜'리.

예, 모짜'리 어'뜨게 만듬미까, 처음메 할' 때느?

ⁿ 글.

마른 노'네?

ⁿ 어 마 마르³⁵⁾ 논데 물 떼가주'고, 머 오 요세'느 기'게느 이시'이 글치 마느 글'떼는 머 이 기게고 업시음 주로 소로 가지 헨'데, 소로 미게'아 소 로 인제 써'레가 써'러서 펭::하이³⁶⁾ 골랴 노코 그이 인지 새'끼르 가주고 새'끼르 꽈서 은제 줄'론 요래 딱: 쳐'.

ˉ 곡우, 곡우는 지나도 되고, 곡우 전에 인제 주로 고만 곡우 무렵에, 곡우 이틀 안이나 곡우 이틀 전이나 후나 인제 혹 그렇게 주로 인제 **.

그래 가지고 인제 볍씨를 뿌리고 그 다음에 혹시 볍씨에 대해 아까 말씀을 하셨지마는 그 예를 들어 볍씨는 그러면은 뿌리기 전에 담가 놓고 논갈이부터 합니까?

논갈이하고 볍씨를 담가 놓습니까?

ˉ 볍씨부터.

ˉ 볍씨부터 물에 고만 한 열흘 담가놓아 저렇게 큰, 넓게 한 열흘 담가 놨다가, 한 열흘 담가놓으면 싹이 착 여기 나와요.

ˉ 그래서 인제 못자리부터 해놓고, 다 해놓고 인제 언제쯤, 오월, 뭐 예를 들면 오월 한 이십 일 경 쯤 인제 모 심는다고 하면 인제 하루 전이나 이틀 전이나 물을 대서 논을 다 썰어 놓아요.

ˉ 썰어서 인제 하루나 이틀이나 딱 앉혀서 그 때는 인제 기계를 가지고 또 못자리 모두 *** 손은 놔두고 기계를 다 ****.

그 혹시 모판을 만들 때, 논 갈고 모판 만들 때는 어떻게 만듭니까?

ˉ 모판을 만들, 만들 때?

예, 예전 식으로 볍씨를 뿌리기 위해서, 모 모판 이거 모판이라 그럽니까?

ˉ 여기 모판, 못자리.

예, 못자리는 어떻게 만듭니까, 처음에 할 때는?

ˉ 그걸.

마른 논에?

ˉ 고마 마른 논에 물을 대어서 뭐 요새는 기계가 있으니 그렇지만 그 때는 뭐 이 기계가 없으면 주로 소를 가지고 했는데, 소를 먹여서 소를 인제 써레 가지고 썰어서 평평하게 골라 놓고 거기 인제 새끼를 가지고 새끼를 꼬아서 인제 줄을 요래 딱 쳐.

¯ 캄매'동 이레 네 함 마'첨 은제 모사'리, 모 은제: 그 뎀' 마침 여 카'늘료 고르 마:크 추 줄'로 딱 처노'코느 고 은제 줄 아'네 인제 금 몹씨'르 은제 따 한 상'알' 다마나'따가 뿌 뿌'르므 은제 으다가 가따 뿌르노'코 사라뿌르노코, 인니 비짜'르러 가주고 베게'드로 은제 탁따 뚝 뚜드르 노'코, 그러 이시믄 저 오래시'먼 저 검 물 소'게서 은제 싸'기 인제 트러 올러와.

고 혹'시 써'레질하기 져'네느 그 갈'미까?

¯ 여, 또 가'라애지.

¯ 소 가'주 메 가'라가주고 헤'이 데.

머 쟁'기느?

¯ 여, 저 민[37] 쟁'기르 가'주고.

가르가'주고 그 다'으메 써'레질 함미까?

¯ 예. 야예.

써'레질하'고 머 끄'침미까 앙 가'먼[38] 다릉거까 또 머 드 골라'야 뎀'미까?

써'레질마 하며 뎀미까?

¯ 아이'레, 이건 노'늘 아이 처'메는[39] 소 가'주오 세 스[40] 소:부'로 가주 인지 가르가'주고, 다 함 베[41], 함' 불[42] 가르가주고 나그 모짤' 데'므, 인제음 물로 데가주고 써'어'러가주고 물 떼'서 은제 소 가'주고 인저 써'레가 써'러 뿌고 고 골랴 뿌'고 몹씨[43] 뻬'려 뿌믄 그'으선 지 모이 조아지'므 은지 뜨그글 모'룰 또 다 쪄'이데.

¯ 아[44] 오'큼석 쪄가지 무'꺼가'주고 땅 노'네 갈' 떼느 은자 딴 노'네 은제 그 그 가따 은제 또 논 써러가주 저게 인젬 모숭굴[45] 하지.

예, 에.

그 어:: 혹'시 이 여'기는 머 번'지느 사용함'미까, 번'지?

¯ 번'지 카'능 거 이어 머'롬?

¯ 모짜'리 할 때 하'능 거'가?

에에야.

ㅡ 칸마다 이렇게 내가 할 만큼 인제 못자리, 모 인제 될 만큼 여기 칸을 그렇게 맞춰 줄을 딱 쳐놓고는 그 인제 줄 안에 인제 그 볍씨를 인제 한 상을 담아놨다가 불으면 인제 거기다가 갖다 뿌려 놓고 사르르 뿌려 놓고, 인제 빗자루를 가지고 (볍씨가 땅에)박히도록 인제 탁탁 두드려 놓고, 그래 있으면, 오래있으면 그 물 속에서 인제 싹이 인제 터 올라와.

그 혹시 써레질하기 전에는 그 갑니까?

ㅡ 예, 또 갈아야지.

ㅡ 소를 가지고 꼭꼭 갈아서 해야 돼.

뭐 쟁기는?

ㅡ 예, 저 맨 쟁기를 가지고.

갈아서 그 다음에 써레질을 합니까?

ㅡ 예. 예예.

써레질하고 뭐 끝입니까, 안 그러면 다른 것을 가지고 또 뭐 더 골라야 됩니까? 써레질만 하면 됩니까?

ㅡ 아니야 이건 논을 아니 처음에는 소를 가지고 극젱이를 가지고 인제 갈아서 다 한 번, 한 벌로 갈아서 나중에 못자리가 되면 인제는 물을 대서 썰어서 물 대서 인제 소를 가지고 인제 썰어서 썰어 버리고 고르게 해 버리고 볍씨를 뿌려 버리면 거기서 인제 모가 좋아지면 인제, 또 그걸 모를 또 다 쪄야 돼.

ㅡ 한 움큼씩 쪄서 묶어서 다른 논에 갈 때는 인제 다른 논에 인제 그걸 가지고 인제 또 논을 썰어서 저기 인제 모심기를 하지.

예, 예.

그 혹시 이 여기는 뭐 번지는 사용합니까, 번지?

ㅡ 번지라고 하는 게 이게 뭐지요?

ㅡ 못자리 할 때 하는 건가?

예.

ㅡ 알 그'으또 사용하'지요.

ㅡ 그 가'주고 이지 매 가지 이지.

ㅡ 뚜드른 나가믄, 그래여이 노빠'다기 펜:하지, 모자구[16] 할 때.

써레 하고 그걸 번지 함미꺼?

ㅡ 예, 쓰이, 예예.

ㅡ 써'어'르가'주고.

ㅡ 거러'마 제일 먼저 노'네 물 데:각 가라업'꼬 쟁'기로, 그 다으므 써'레질 하고.

ㅡ 우에 써레질 해'가'주고 그 은제 새끼줄 처' 노코 은저 번'지로 은제 탁탁탁 이게 뚜드'러가 펜하주 골라 가주 글때 인젬 모짜'리 이레 인젬 모시'를 삐림.

그 다'으메 인제 다'시 그어 머 모'를 찌 가'지고.

ㅡ 예예.

그 다'으메.

ㅡ 논 또

다시 논'.

ㅡ 가라가'주고 은저 그 물 떼'서 노또 써'르 노'코 페:낙[17] 써르 노'코느 은제 모 쩌'가'주고 은제 그 또 머.

가 모싱기 하면?

ㅡ 예, 모숭기[18] 하지.

금 머 인저 모싱기 하'고, 그 다으 어 모싱기 하'고 남'며느 예저네느 어'트케 논 쫌 그 아 풀' 가튼 거또 쫌 뽀'꼬 해'씀미까?

ㅡ 아, 다: 메'찌, 호'무[19]로 가주 다 메'찌여.

아:, 그금.

ㅡ 머 참.

머 그글' 머 한'다 그럼미까, 그어너?

ˉ 아니 그것도 사용하지요.

ˉ 그거 가지고 이래 맨 가지고 이래.

ˉ 두드리고 나가면 그래야지 논바닥이 평평하지, 못자리 할 때.

써'레'로 하'고 그걸 번지로 합니까?

ˉ 예, 써레, 예.

ˉ 썰어서.

ˉ 그러면 제일 먼저 논에 물을 대서 갈아엎고 쟁기로, 그 다음에 써레질을 하고.

ˉ 어떻게 써레질을 해 가지고 그 인제 새끼줄을 쳐 놓고 인제 번지로 인제 탁탁탁 이래 두드려서 평평하게 골라 가지고 그 때 인제 못자리 이래 인제 볍씨를 뿌리면.

그 다음에 인제 다시 그거 뭐 모를 쪄 가지고.

ˉ 예.

그 다음에.

ˉ 논 또

다시 논.

ˉ 갈아서 인제 그 물 대서 논도 썰어 놓고 평평하게 썰어 놓고는 인제 모를 쪄서 인제 그 또 뭐.

그래 가지고 모심기를 하면?

ˉ 예, 모심기를 하지.

그럼 뭐 인제 모심기를 하고, 그 다음에 모심기 하고 나면은 예전에는 어떻게 논에 좀 풀 같은 것도 좀 뽑고 했습니까?

ˉ 아, 다 맸지, 호미를 가지고 다 맸지요.

아, 그건.

ˉ 뭐 참.

뭐 그걸 뭐 한다고 그럽니까, 그것은?

⁻ 그으: 그 놈'멘다 그'래찌여.

아, 놈'매느 그예?

⁻ 예.

⁻ 그래 은데⁵⁰⁾ 호'물 가즈 메'다가 똑 기'게', 와 이리 미:느 기'게가 나와서 기게 가즈 하'다가, 머 기게간 또 하다 기'게 또 무 자뿌고⁵¹⁾ 오세느 머 점:브 야글 치니까, 전므 그 풀'랴글⁵²⁾ 쳐'푸이강 묵 점무 아 올라오지.

그 다'으메 머 엄 이 그검 물가'튼 경'우느 여'기는 물데'기는 시워'씀미까?

⁻ 하:, 애 머'거찌오.

⁻ 머 비'가 아주, 하 비'가 와야 모숭'길 하고 이건 보'기 지네:도⁵³⁾ 비 비 아'노믄 이그 모숭'기를 모' 해짜네, 여게.

가무르며?

⁻ 예, 지'그므는 머 이 모'시 이서 노'이까⁵⁴⁾, 마거 노이까 인제 하는데, 글 때 엔나레느 이 개고'레⁵⁵⁾ 초'보기 지'내도 비 아 오믄 모숭'기를 모 헤'써.

⁻ 꼭 운⁵⁶⁾ 내 초'복 초복 무'레도 모숭'기 해반는데 모록 머 그래 하 답다바⁵⁷⁾ 가 숭거반는데 몸' 모'거스.

⁻ 고데'로 고'마 모 고마 키도 앙 크'고 머 고데로 가고 페 올라 뿌~'이 이스 이사꺼'리도 어'꼬, 머 똑 파레'이⁵⁸⁾ 대 그'텀 갈라 나낭⁵⁹⁾ 고래.

⁻ 먹또 모 테.

그 복'날까지 모내'기 모 하'며느 머 거기 주'로 머 심씀미까?

⁻ 하여 함⁶⁰⁾ 봉 무레⁶¹⁾ 수문다 케'도⁶²⁾ 그게 조'흥 게 아이레이.

그암 머 다릉' 거 심씀'미까?

⁻ 예, 주 주로 그'래 뽐먼느 어 은제 모 하믄 제 서:숙'⁶³⁾.

⁻ 서:숙' 까르에지.

⁻ 땅' 금 모 하지.

그음 머 예'를 드'러서 금 무 그때 인제 벼베'기는 머 벼베'기너 한 언'제쯤 보

˺ 그거는 그 논맨다고 그랬지요.

아, 논매는 거요?

˺ 예.

˺ 그래 인제 호미를 가지고 매다가 또 기계, 왜 이래 미는 기계가 나와서 기계 가지고 하다가, 뭐 기계를 가지고 하다가 기계는 또 뭐 치워버리고 요새는 뭐 전부 농약을 치니까, 전부 풀약(除草劑)을 쳐버리니까 전부 안 올라오지.

그 다음에 뭐 그것 물 같은 경우는, 여기는 물 대기는 쉬웠습니까?

˺ 아, 애 먹었지요.

˺ 뭐 비가 아주, 아 비가 와야 모심기를 하고 이것 초복이 지나도 비가 안 오면 이것 모심기를 못 했잖아, 여기는.

가물면?

˺ 예, 지금은 뭐 못이 있어 놓으니까, 막아 놓으니까 인제 하는데, 그 때 옛날에는 이 개울에 초복이 지나도 비가 안 오면 모심기를 못 했어.

˺ 꼭 우리는 내가 초복 무렵에도 모심기를 해 봤는데, 모를 뭐 그래 하 답답해 가지고 심어봤는데, 못 먹었어.

˺ 그대로 고만 모가 고만 키도 안 크고 뭐 그대로 펴서 올라와 버리니까, 이삭거리도 없고, 뭐 똑 패랭이 대 같이 갈라 놓은 것처럼 그래.

˺ 먹지도 못 해

그 복날까지 모내기를 못 하면은 뭐 거기에 주로 무엇을 심습니까?

˺ 아니, 이미 복 무렵에 심는다고 해도 그게 좋은 게 아니야.

그럼 뭐 다른 것을 심습니까?

˺ 예, 주로 그래 버리면은 인제 못 하면 인제 조.

˺ 조를 갈아야지

˺ 다른 것은 못 하지.

그럼 뭐 예를 들어서 그럼 뭐 그 때 인제 벼 베기는 뭐 벼 베기는 한 언제쯤

통 함'미까?

여'이서너[64], 보통[65]?

‑ 아::, 보자.

‑ 언'제쯤 하노?

‑ 벼베기가 스 한 시'월?

‑ 시월 초'에?

‑ 구월 말 시월 초에 인니.

벼베'기는 머 주'로 머 어'떠케 함'미까?

‑ 옌나'레는 점'부 우리가 소'늘[66] 다 베'찌요.

‑ 소'늘 다 베가주고 여 뜬 기게따[67]이라고 요 요마끔 항 거 요래 무꺼 가주고 노~이[68] 암만 머'러도 내가 저 미테 이'산데, 저걸 점부 지게로 저져 올'려서 이그 마당까지, 마다~'아다가 삐까'리[69] 이레 체르 노'코 인제 기게, 웨 발:른 기게 이짜 왈왕 카능기 이 발:른' 거?

‑ 그 가지 점 머 다 훑'터끄.

‑ 그켄'데 지'그므는 머 기'게가 조으이 놈빠다[70] 그 그데'로 드가가 마 주르르 뎅'기므 훑터 가주곤 안 내려 가가드[71] 여 가따 말류'면 덴'다.

아, 요즘 인제 그: 이 기'게가 드러가가'주고 탈'곡까지 다 해갇?

‑ 예예예, 탈가지[72] 어 다 해고 머.

‑ 그그 오세'는 또 그레가주고 차도 이레 간[73] 데 노'코 바다 버어가주고, 유 우리 마당꺼'진 차가 드 와가주고 이그 고'망 나랄 그 그대'로 이래 버' 준단 마리.

‑ 글 바다가유 우운느 고만 하무 데지.

‑ 머' 얼메'나 수:븐지[74] 머 머 돔:마 이'시믄 머.

끄 그'때 예를 드러 벼 베'기 해 가'주고 인제 벼'딴 무꺼 가'주고 말'려가?

‑ 글'치요.

‑ 아주 비:[75]가주 놈빠'다아다[76] 일 하노쿰 비 가주고는 놈빠'다익 그

보통 합니까?

여기서는, 보통?

¯ 아, 보자.

¯ 언제쯤 하나?

¯ 벼베기가 한 시월?

¯ 시월 초에?

¯ 구월 말 시월 초'에 인제.

벼베기는 뭐 주로 어떻게 합니까?

¯ 옛날에는 전부 우리가 손으로 다 벴지요.

¯ 손으로 다 베어 여기 또 기계단이라고 요만큼 한 거 요래 묶어서 논이 아무리 멀어도 내가 저 밑에 있었는데, 저걸 전부 지게로 져서, 져 올렸어, 여기 마당까지, 마당에다가 볏가리를 이렇게 차려 놓고 인제 기계, 왜 밟는 기계 있잖아, 왕왕하면서 이렇게 밟는 것?

¯ 그것을 가지고 전부 뭐 다 훑었고.

¯ 그랬는데 지금은 뭐 기계가 좋으니 논바닥에 그대로 들어가서 고만 주르르 다니면서 훑어 가지고는 안 내려 가도 여기에 가져다 말리면 된다.

아, 요즘 인제 그 이 기계가 들어가서 탈곡까지 다 해서?

¯ 예, 탈곡까지 다 하고 뭐.

¯ 그 요사이는 또 그래서 차두 이렇게 갖다 대어 놓고 벼를 받아 부어서 우리 마당까지 차가 들어와서 이거 고만 벼를 그대로 이래 부어 준단 말이야.

¯ 그걸 받아서 우리는 고만 하면 되지.

¯ 뭐 얼마나 쉬운지 뭐 돈만 있으면 뭐.

그 때 예를 들어 벼 베기를 해 가지고 인제 볏단을 묶어 가지고 말려서?

¯ 그렇지요.

¯ 아주 베어서 논바닥에다 이렇게 한 움큼씩 베어서는 논바닥에 그대로

데로 착: 피' 나 뻬'려이.

─ 차:: 오르[78] 노'이[79] 암만 노~'이 마네'도 비 나'따아.

─ 그'르 노이 머 날씨 몸 만네믄 싸'기 나고
비가 오고여?

─ 비'가 오'머.

─ 날씨 잘 만내먼 한 한 일쭈일 말류먼[80] 고맘 그 무꺼 디리는데[81] 비 와
뿌믄 고만 절따이그드.

머 가을: 노'네 비 오'며느 므 절'따임 그'지예?

─ 예.

아'이거 그 요즈'믄 그레도 머 옌날 사'암들 비하'며너 농사진:는 거'또 마:니
조아저'떠이 그'지예?

─ 어에이, 조아지'고 마'고시드.

─ 얼'매나 조하전'는지 참 머.

─ 모내기르 하나 머머.

노'는 그거, 아까 노'네 그 모내'기하기 위'에서 농 그 스 어 가'라어꼬 하느 그
얼 머: 한'다 그'래씀미까?

─ 그으는 농 가'안다 그래지여.

논' 농 가'라가'주고 그엄 머 모내:기할' 수 이또'록 만들'지 안 씀미까?

─ 이, 건 은제 노'는 오세'돈 오세늠 소도 어'꼬 머'라 그'집[82] 안 하이 글'
지 점번 기'게르 저음 뜯[83] 다 가는데, 기'게르 은제 가 가르갈라[84] 그 미
기게라 함' 믄 남 가'흘게[85] 아즈 나락 다 비' 뿌고 은제 은 짐 무엄 뭐 무'꺼
뿌고, 글'때 인제 갈: 가 제[86] 라'꼬 은제 노'늘 노탈[87] 츠' 처' 나 뿌레이.

─ 처 노'코 그'르 노'콘 은제 보'매 인제 고마 물'마[88] 데'가주 논뚝 해' 뿌
고 모 숭굴[89] 때 데'믄 물 뜨 꽉: 데' 노근 언제쯤 수문'다카믄 인제 고'마
기'게로 또 와 인지 우리 논' 쫌 써'르 다 카믄 글때 와 노'늘 딱: 써'르 노'
모, 또 이그 이 모 숨'문 사민데[90] 가'가주고 우리건 은제쯤 모 수무느 머~

착 펴 놔 버려요.

　˗ 참 요리 놓으니 아무리 논이 많아도 베어 놨다가.

　˗ 그래 놓으니 뭐 날씨 못 만나면 싹이 나고.

　비가 오고요?

　˗ 비가 오면.

　˗ 날씨 잘 만나면 한 일주일 말리면 고만 그 묶어 들이는데, 비가 와 버리면 고만 절단(絶斷)이거든.

　뭐 가을 논에 비가 오면은 뭐 절단입니다, 그렇지요?

　˗ 예.

　아이고 그 요즘은 그래도 뭐 옛날 사람들 비하면은 농사짓는 것도 많이 좋아졌다, 그렇지요?

　˗ 에이, 좋아지고 말곱니다.

　˗ 얼마나 좋아졌는지 참 뭐.

　˗ 모내기를 하나 뭐, 뭐.

　논은 그거, 아까 논에 그 모내기하기 위해서 논 그것 갈아엎고 하는 그걸 뭐 한다고 그랬습니까?

　˗ 그거는 논 간다 그랬지요.

　논, 논 갈아서 그럼 뭐 모내기할 수 있도록 만들지 않습니까?

　˗ 아, 그 인제 논은 요사이도 요사이는 소도 없고 거의 안 하니까 그렇지 전부 기계로 전부 또 다 가는데, 기계로 인제 갈아달라고 하면 그 뭐 기계로 하면, 뭐 남이 가을에 아주 벼를 다 베 버리고 인제 뭐 묶어 버리고, 그 때 인제 가을갈이 때라고 인제 논을 전부 로터리를 쳐 놔 버려요.

　˗ 쳐 놓고, 그래 놓고 인제 봄에 인제 고만 물만 대어서 논둑을 해 버리고 모심을 때 되면 물 또 꽉 대어 놓고는 언제쯤 심는다고 하면, 인제 고만 기계로 또 와서 "우리 논 좀 썰어 다오"라고 하면 그 때 와서 논을 딱 썰어 놓으면, 또 이 모를 심는 사람한테 가서 "우리 것은 언제쯤 모심을 것이니

이[91] 모 쫌' 숭거 다, 그륵 머 그 사암 와가주느 농 맏 조~아[92] 안저가주고 꿈 먹 삥삐 도리, 메 뿐 안 도'르 뎅'긴 느 머 금 다 숭'거 뿌찌.

모 다 숭'그는 검'미까?

ᄀ 예, 으 다, 아이 이'거도 모도 돋 타고 뎅기는 쩌 오세 차라 또 얼'매나 그 조'흐노?

ᄀ 타고 뎅'기능 그 머 그마 삐삐 도르 뎅'기믄 금 머 장끔[93] 숭거 뿌지.

ᄀ 아, 기게로 숭구'니까예?

ᄀ 예.

그 예저'네느 그'럼며너 먼 기'게로 하기 저'네너 그: 논'네 그 하기 위해서느 사용한 도'구는 어'떵 거 이씀미까?

머 농' 그거 머 모내'기 하도록 금' 물'하고 머 가르어'꼬 할' 때 사용하는 도'구느 어'떵게 이씀미[x까x]?

ᄀ 그근 도'구느 인제' 그 쓰어'레'라꼬.

쓰어'레 읻'꼬.

ᄀ 써'레'느 인제 그거 그'그또 머 어데 가주고 할 구건[94], 네 소는 네가 맹그러가주고 써'레' 은제 소를 아페 뗑'기고 나르 디'에서 은제 이 이'레 노'늘 므 뎅김 막 써'러가주고, 써'러가조 페나 골랴 노'코는 글'뗀 은제 머 기'게도 어꼬 할' 때는 머 이'우제 사라미아도 은제 읍 푸마'시르 해가주고 온 뚜 우녀 내이리 언제 모 숭'굴 모예이 모 쫌' 숭거 디: 그럼 제 찔 외'서 수무'머 은제 그 그래 그 은제 그래 인제 수무고 그래찌여.

써'어'레도 이'꼬 그 다음 또 머 어'떵게 이쓰?

ᄀ 소'오'부.

소'부'?

ᄀ 예.

소'부'는 머 어'떤 머하'는 검'미까?

ᄀ 소'부도 내'가 맹그'러찌.

내일 모를 좀 심어 다오” 그러면 뭐 그 사람이 와서 논을 뭐 종일 앉혀서 그 뭐 빙빙 돌아, 몇 번 안 돌아 다녀도 뭐 금방 다 심어 버리지.

모 다 심은 겁니까?

⌐ 예, 뭐 다, 아니 이것도, 모두 다 타고 다니는, 저 요새 차[05]는 또 얼마나 좋으냐?

⌐ 타고 다니는 거 뭐 빙빙 돌아다니면 그러면 뭐 잠깐 심어 버리지.

⌐ 아, 기계로 심으니까요?

⌐ 예.

그 예전에는 그러면은, 기계로 하기 전에는 그 논에 그 하기 위해서는 사용한 도구는 어떤 것이 있습니까?

뭐 그거 모내기 하도록 그 물과 뭐 갈아엎고 할 때 사용하는 도구는 어떤 것이 있습니까?

⌐ 그건, 그 도구는 인제 써레라고.

써레가 있고.

⌐ 써레는 인제 그것도 뭐 어디 가서 할 것이냐, 내 손으로 내가 만들어 가지고 써레 인제 소가 앞에서 당기고 나는 뒤에서 인제 이래 노늘 뭐 다니면 막 썰어 가지고, 썰어 가지고 평평하게 골라 놓고는 그 때는 인제 뭐 기계도 없고 할 때는 이웃에 사람이라도 인제 품앗이라도 해 가지고 “우리 내일 언제 무심을 모양이니 모 좀 심어 다오”, 그럼 인제 모두 와서 심으면 인제 그래 그 인제 그래 인제 심고 그랬지요.

써레도 있고 그 다음 또 뭐 어떤 게 있습니까?

⌐ 극젱이.

극젱이?

⌐ 예.

극젱이는 뭐, 뭐하는 겁니까?

⌐ 극젱이도 내가 만들었지.

─ 나무젱'기라 그 여'그도 나무젱'기르 카기도 하더 소'부도 카이요.

─ 그래 은제 알소'부라 카능 거이, 쎄'르[96] 뎅' 거느 이'그는 인제 시자~'아 가머 은제 그 파기 떼므 그 사'다가 버 까뜸 으 고오 모 고마 마추'므 데'고, 요세'돌 또 이그이 저 나무쟁'이 이'그는 또, 나무쟁'기가 아이'고 또 쎄'러 가저 점' 다: 맹'그러 농그뜨 시자 금 또 파라여.

─ 그 사'다해라[97] 그 쩜 무어끼'는[98] 무거'버도 그그또 은제 사'다노코 점 쩜 다: 이'찌여 검 마제의.

그'잉갇 세'로 만든 쟁'기도 이'꼬?

─ 여아.

소부도 이꼬?

─ 예.

그 다'음메 써'레도 이'꼬?

─ 거 써'레 이'꼬.

또 머: 그 다'임 머 또 혹'신 또 쓰'능 건 어떤거 이'씀미까 머?

─ 뜨 금 머 그극 먼 노'네그 써'리능 그으뿌'이고 머머 주로 호'무고, 과~'이, 머 과~'이.

광'이'?

─ 예.

그 담 머 세스, 세스랑'도 씀'미까?

─ 세스랑 카능 거'능 그으느 은젠 논 제 소' 가주구 써:러 노'으머 좀 인제 노픈' 데 그나[99] 그 할 때 내 그으 가즈 뎅'기므 인제 또 뎅기'므 인제 이레 이레 골류'넝 거 그으또 이'서, 마저, 그 거 끄 머.

머 혹시 그근' 안 씀미까?

여긴 머 그 고무레'느 난[100] 씀미까?

─ 고무레'가 머'로?

- 나무쟁기라 그러고, 여기도 나무쟁기라고 하기도 하고 극젱이이라고 하기도 해요.

- 그래 은제 쟁기라고 하는 것이 쇠로 된 것은 이거는 인제 시장에 가면 인제 팔기 때문에 그걸 사다가 뭐 같으면 거기 뭐 고만 맞추면 되고, 요새 또 나무쟁기 이것은 또, 나무쟁기가 아니고 쇠를 가지고 전부 다 만들어 놓은 것도 시장에 가면 또 팔아요.

- 그거 사다하면 그 좀 무겁기는 무거워도 그것도 인제 사다 놓고 전부 다 있지요, 그건 맞아요.

그러니까 쇠로 만든 쟁기도 있고?

- 예.

극젱이도 있고?

- 예.

그 다음에 써레도 있고?

- 예, 써레 있고.

또 뭐 그 다음 뭐 또 혹시는 뭐 쓰는 건 어떤 것이 있습니까, 뭐?

- 또 그 뭐 그것은 뭐 논에서 쓰는 그것뿐이고 뭐뭐 주로 호미고, 괭이, 뭐 괭이.

괭이?

- 예.

그 다음에 뭐 쇠스랑도 씁니까?

- 쇠스랑이라고 하는 것은 그것은 인제 논에 인제 소를 가지고 썰어 놓으면 좀 인제 높은 데 거기 그걸 할 때 그것을 가지고 다니면서 인제 또 다니면서 인제 이래 이래 고르는 거 그것도 있어, 맞아, 그것도 뭐.

뭐 혹시 그건 안 씁니까?

여기는 뭐 고무래는 안 씁니까?

- 고무래가 뭐지?

‾ 곧 고무레느 머 은제 곰마 이 그릉 건 마 안 썬는데.

그: 혹'신 머 어 보스'븐 스 함'미까, 보습'?

여는 삽' 으 사'븐 씀'미까?

‾ 이 차부~'이[101] 삽: 쓰'지요?

사'비라 함'미까?

앙고[102] 수굼'포라 함미?

‾ 여 아 사브 사 그 수굼'포르 카기도 하고 사비라 건.

그 어느 걸' 더 마니 씀'미까?

‾ 예?

여기 삼'을 마:니 함'미까, 수굼'포 마:니 함'미까?

‾ 여'그는 수굼'포라꼬 마이 라지.

‾ 여'느 우 우리느 여 사:투'리 고'마 수굼'포라 그'래.

‾ 직 지'그믄 막 사비라 그'는데.

‾ 아:, 그'거 그'거 업'시믄 노~뚝' 모 하자네.

오 우 머 우 그 혹'신 머: 어 머 가래 이렁 거'또 씀'미까?

‾ 가래' 카능 거느 금 머'로?

그어 저 아페 뗑'기고 이어 이 추 줄'로 뗑'기고 이겨 이 하 하능거?

‾ 그게'라?

‾ 미'로?

으 길:게 이'래 때?

‾ 가래' 카능 그게 머'인데이?

‾ 줄: 아페 둘 뗑'기고 하네'[103] 이레 데'고 이 하능 거?

아니 그'흐는 아인데'예.

‾ *** 마저 그릉 건 여'그는 넘[104] 업'서 마저.

그엄'며느 급 노'네 물 델' 때 쓰는 도'구느 어'떵게 이씀미까?

노'네 물 델'때 사용하'는, 어느 쓰'는 도구들, 연장들?

⁻ 고무래는 뭐 인제 고만 그런 건 안 썼는데.

그 혹시 뭐 보습은 합니까, 보습?

여기는 삽, 삽은 씁니까?

⁻ 이 삽은 삽을 쓰지요.

삽이라 합니까?

안 그러면 수군포[105]라고 합니까?

⁻ 여, 아, 삽, 삽, 수군포라고 하기도 하고 삽이라고.

그 어느 걸 더 많이 씁니까?

⁻ 예?

여기서는 삽을 많이 합니까, 수군포를 많이 합니까?

⁻ 여기는 수군포라고 많이 하지.

⁻ 여기는 우리는 여기 사투리로 고만 수군포라 그래.

⁻ 지금, 지금은 막 삽이라 그러는데.

⁻ 아, 그거, 그거 없으면 논둑을 못 하잖아.

음, 뭐 그 혹시 뭐 가래 이런 것도 씁니까?

⁻ 가래라고 하는 것은 그 뭐지?

⁻ 그 저 앞에 당기고 이거 이 줄을 당기고 이거 이렇게 하는 것?

⁻ 그거야?

⁻ 뭐야?

길게 이렇게 돼 있는?

⁻ 가래라고 하는 그게 뭐지?

⁻ 줄을 앞에서 둘이 당기고 하나가 이렇게 대고 이래 하는 거?

아니 그건 아닌데요.

⁻ *** 맞아, 그런 건 여기는 전부 없어 맞아.

그러면은 그 논에 물 댈 때 쓰는 도구는 어떤 게 있습니까?

논에 물 댈 때 사용하는, 쓰는 도구들, 연장들?

￣ 누어 언넌 노'네 저 물 델' 때는, 하: 지'그미사 그 저 거래[106] 마가가'죠 보'를 잘: 헤나이지마'는, 참 머 이거 며네 덴제[107] 와가주구 세멘[108] 해가 보'를 잘: 해나'찌만, 옌나'레는 그 보 아~ 할' 뗀느 우리가 저 낭글 비:다가 거라' 메' 머 코:: 말뚜'그 쳐가주고, 요 왜이 떼[109] 이'짜나, 떼 아제네, 떼, 떼'로 가저 떠다고, 사'네가 질'므 질무지'고 와가'주고 아페 뚜 뚜드러르, 물 안 새'드르 팍: 뚜든 노'코 보'르 은제 완저'이 멩거 노'콘 은제 돋 도라레'서 물로 데 가주고 주로 은제 그 수굼'포 그 은제 삽 까주고 은제 그거 다.

수굼'포 가'주고 은저 보: 만드러 가'주오 물' 떼'고?

￣ 예예예.

금 머 범 물' 델' 때느 보'를 그 멈'미까, 가치' 함'미까, 앙 가'먼[110] 자이[111] 혼'자 보 만드'러가 씀'미까?

￣ 그으 내'가 음 보 내 노'네 내 혼차 그'틈 내 혼'차 해'이 데'고.

￣ 그 누'가 그미'테 누구 가치 하먼 제 은제 담: 두'우르 이시'믄 두리 가치 해'이 데'고.

검 무'른 그럼 얻 으 우'떠케 뎀'미까?

누구 먼저 하'고 그으'또 순'서가 이씀미'까'?

￣ 아이, 그 그'그느 은제 노'이 인제 우'예 사람 머~'여 이시'믄 녀 우에 놈버'틈 머여' 은제 노'늘 물 떼가주고 은 노'늘 다: 써르 나야 은제 은 물 러'라, 더 미'데 은젠 물로 주'먼 제 이 ** ****.

예저'네느 그'암 논'니 위에 논'니 아랜논' 뽀'다는 조'아따 그'지여?

무리 이스'며느?

￣ 조:흐 머 무리 마 항상 이히이 조웅 거'는 그느 몰'래더, 항상 찬 부리[112] 드가이가 근 조웅 거뜬 덤 아 조흥 건 아이지.

아 나락한'테느?

￣ 어 이 노'네는 그 나락 조'흘라 그믄 무리 쫌 참무리 아이고 쫌 뜨뜨테'야 그 나라기 인제 빨리 조아지'고 그그 은제.

- 누구 어느 논에 저 물 댈 때는, 지금이야 저 개울을 막아서 보를 잘 해 놨지만, 참 뭐 이거 면에서 인제 와서 시멘트를 가지고 보를 잘 해 놨지만, 옛날에는 그 보를 안 할 때는 우리가 저 나무를 베어다가 개울에다 역시 뭐 꼭 말뚝을 쳐서 요 왜 잔디 있잖아, 잔디 알잖아, 잔디, 잔디를 떼 와서, 산에 가서 짊어지고 와서 앞에 꼭 두르려, 물이 안 새도록 팍 두드려 놓고 보를 인제 완전히 만들어 놓고 인제 도랑에서 물을 대어서 주로 인제 그 수굼포 그 인제 삽 가지고 인제 그걸 다.

수굼포를 가지고 인제 보(洑)를 만들어 가지고 물 대고?

- 예.

그럼 뭐 물 댈 때는 보를 그 뭡니까, 같이 합니까, 안 그러면 자기 혼자 보를 만들어서 씁니까?

- 그건 내가 보, 내 논에 내 혼자 같으면 내 혼자 해야 되고.

- 그 누가 그 밑에 누구 같이 하면 이제 인제 다만 둘이라도 있으면 둘이 같이 해야 되고.

그럼 물은 그럼 어떻게 댑니까?

누구 먼저 하고 그것도 순서가 있습니까?

- 아니, 그거는 인제 논이 인제 위에 있는 사람이 먼저 있으면 여기 위에 논부터 먼저 인제 논에 물을 대 가지고, 논을 인제 다 써레질을 해[113] 놔야 인제 물을 넣어 밑에 인제 물을 주면 인제 이 ** ****.

예전에는 그럼 논이 위에 있는 논이 아래 논보다는 좋았다, 그렇지요?

물이 있으면은?

- 좋은, 뭐 물이 고만 항상 있으니 좋은 것은 그건 물라도, 항상 찬 물이 들어가니까 그건 좋은 것도, 좋은 것은 아니지.

아 벼에게는?

- 어, 이 논에는 나락이 좋으려고 그러면 물이 좀 찬물이 아니고 좀 뜨뜻해야 그 벼가 인제 빨리 좋아지고, 그게 인제.

그 다으'메 음 모내'기하고 나서 노'넵 푸'리 으 나 마니 마 안 생'김미까?

머 잡풀드리 논'네 모내기하고 나'며너?

⌐ 예예. 예.

그 모싱끼하'고 나'며너?

그'럴 때 그 풀: 라면 어'뜨케 함'미까?

⌐ 지'금메도 약 처'가지 안 데'먼, 멈 풀' 란데 더러 이씨'먼 다 매'야지.

⌐ 은 뽀브이 디여.

그검 머 그'걸 머 한'다고 함'미까?

⌐ 그그 놈'맨'다 그'르지여.

놈매르 놈'매능 거'느 함 메'뿜 멤'미까?

예전 가'트며 요즘말:고?

⌐ 아: 이게 예전 그'트믄 셰: 븐까지 메'찌여.

세 범 정드예?

⌐ 처'으메느 호'머 가주곤 다 뎅'기므 허'브 노'코, 은제 두 분쩨'는 그 물렁물렁 하이까, 송' 가주 고맘 마구 이레 이레 저'서 뿌고, 그 언전 세불'론 세불'롬멘다카믄 지 세 분째 매' 뿌머 인제 필 때르 기'심[110] 푸'리 하아도 업'찌여.

⌐ 막 후저'서 뿌르므 은제.

그 호'우시 치:음 놈메'기 하'능 걸 머라곱 우 부르미'까, 여'이서너?

⌐ 여'그는 놈매'기 한다 그러지.

그녀?

⌐ 놈'멘'다 그러지.

놈'매고 두' 번째 하'능거느녀?

⌐ 어: 그'그느 은젠 은제 논 전:는다 카고.

논 전:는다 카'고예?

⌐ 그 아미 송' 가주고느, 호'무 업씨~'이 인제 고'마 이래 일릉일릉 어리스

그 다음에 모내기하고 나서 논에 풀이 많이 고만 안 생깁니까?

뭐 잡풀들이 논에 모내기하고 나면은?

﹣예. 예.

그 모심기하고 나면은?

그럴 때 그 풀이 나면은 어떻게 합니까?

﹣지금에도 약을 쳐서 안 되면, 풀 나는 데가 더러 있으면 다 매야지.
뽑아야 돼요.

그럼 뭐, 그걸 뭐 한다고 합니까?

﹣그거 논맨다고 그러지요.

논매는, 논매는 것은 대략 몇번 맵니까?

예전 같으면 요즘 말고?

﹣아, 이게 예전 같으면 세 번까지 맸지요.

세 번 정도요?

﹣처음에는 호미를 가지고 다 다니면서 후벼 놓고, 인제 두 번째는 그게
물렁물렁 하니까, 손 가지고 고만 마구 이래 이래 저어 버리고, 그 인제
세벌매기, 세벌논 맨다고 하면 인제 세 번째 마구 뭐 매 버리면 인제 필
때는 김, 풀이 하나도 없지요.

﹣막 휘저어 버리면 인제.

그 혹시 처음 논매기 하는 것을 뭐라고 부릅니끼, 여기시는?

﹣여기는 논매기 한다 그러지.

그냥?

﹣'논맨다' 그러지.

논매고 두 번째 하는 것은요?

﹣어 그건 인제 '논 젓는다'고 하고.

논 젓는다고 하고요?

﹣그 아무래도 손을 가지고는 호미가 없으니까 인제 고만 이래 일렁일렁

저'서 뿌믐 데이.

세: 번'째 하능 거느?

˜ 세: 분'째 하능 거 은제 세불'놈'멘'다 그고.

여'기는 혹'신 머 얻 초'벌, 두:블, 이른 시근, 아'시, 이'릉 그너 아:신'논매고 이릉그'느 안 씀'미까, 이'런 마라?

˜ 아'이 웨우 쓰'지 여'그도 맹 써'요.

˜ 마 아이논[115] 호'모 흐'부[116] 땐 아이논 맨'다 그고.

아'이놈 맨'다오?

˜ 예.

˜ 그 은제 두 분째 저'을 때'느 그 두불'론'맨'다, 고 은제 세 분째 세불'론'맨'다 인제 그 또 그그석 그러게 그래여.

아, 그'엄 아'이논맨'다?

˜ 두불'로멘'다.

그 다'으메?

˜ 셰불'로멘'다.

그'르케도 말씀하'고 또 앙 그러'머 아까'처럼?

˜ 아, 예, 구봄 마 전:'는'다 카'고 은제.

놈'매:고?

˜ 에, 아리론[117] 배'고[118] 인제 전'는디고.

그 다으미 전:는'다 하'고?

˜ 야.

˜ 그'지 세불'론멘'다 카'고.

그 다'음 머 혹'시 그: 여'기서는 놈'맨담 말고 머 김'맨'다 이렁 귿또 이야기 함'미까?

˜ 여' 여'그는 김'맨'다 소'린 아 해.

안 하'지예?

거려서 저어 버리면 되니까.

세 번째 하는 것은?

￣ 세 번째 하는 것은 인제 '세벌논맨다' 그러고.

여기는 혹시 뭐 초벌, 두벌, 이런 식은, 애벌, 이런 것은, 애벌논매고 이런 것은 안 씁니까, 이런 말은?

￣ 아니, 왜요 쓰지, 여기도 역시 써요.

￣ 고만 애벌논, 호미로 후빌 때는 애벌논맨다, 그러고.

애벌논 맨다고?

￣ 예.

￣ 그 인제 두 번째 저을 때는 그 '두벌논맨다', 세 번째 '세벌논맨다', 인제 그 또 그것은 그렇게 그래요.

아 그럼 애벌논맨다?

￣ 두벌논맨다.

그 다음에?

￣ 세벌논맨다.

그렇게도 말씀하고 또 안 그러면 아까처럼?

￣ 아, 예, 그것은 고만 '젓는다'고 하고 인제.

논매고?

￣ 예, 애벌논매고 인제 젓는다고.

그 다음이 젓는다 하고?

￣ 예.

￣ 끝에 세벌논맨다고 하고.

그 다음 뭐 혹시 그 여기서는 논맨다 말고 뭐 '김 맨다' 이런 것도 이야기 합니까?

￣ 여기는 '김 맨다' 소리는 안 해요.

안 하지요?

ᄀ 예.

ᄀ 여'언 놈'멘'다 주'로 놈멘다[x그러지x].

그 풀' 가'튼 걸 머 어 여'이서늠 머ː라'고 부름미'까'?

노'네 풀' 라'능[119] 걸'?

ᄀ 그저 노'네 풀' 란다 그래'헤쩜.

머 여'이서는 머 언 지'슴이나 먹 그'릉 근' 이야기 안' 함'미까?

ᄀ 기'싱 카능 거'느 은제 바테 나능 거 은제 기'시미라 그고.

으 노'네 나능 거?

ᄀ 므어 믄 노'네 나웅 거 무조'금 푸'리 마이 나이께 은 온 늠 논' 쫌' 메ː 자'꼬 인자 이.

아, 예, 그'름 반'매'능 거 하'고 이그 놈'매능 그' 하고 그 푸'리 다르'게 이야기 한'다, 그'지예?

ᄀ 예예예예, 예, 예.

- 예.
- 여기는 논맨다, 주로 논맨다[x그러지x].

그 풀 같은 것을 뭐 여기서는 뭐라고 부릅니까?

논에 풀 나는 것을?

- 그저 논에 풀 난다 그래했지요.

뭐 여기서는 뭐 김이나 뭐 그런 것은 이야기 안 합니까?

- 김이라고 하는 것은 인제 밭에 나는 것을 인제 김이라고 하고.

논에 나는 거?

- 뭐 뭔 논에 나는 거, 무조건 풀이 많이 나니까 오늘 논 좀 매자고 인제
이렇게.

아, 예, 그럼 밭 매는 것 하고 이거 논매는 것 하고 풀을 다르게 이야기한다,
그렇지요?

- 예 예 예 예, 예, 예.

1) 이는 부사 '그렇게'의 이 지역어형으로 경북 방언에 전반적으로 실현되는 어형이다.
2) 이는 한자어 '통(通)이'를 나타낸다.
3) 이는 '되니 → 데니(이중모음 제약) → 데이(ㄴ 탈락) → 제이(발화실수)'의 과정을 겪은 예이다.
4) 이는 원래 '세 집 모퉁이'라는 뜻을 가진 이 지역어의 땅이름이며, 지명은 가능하면 현 지역어를 그대로 옮겼음을 밝혀둔다.
5) 이는 '예저네는'의 발화실수형이다.
6) 이는 벼의 수염과 껍질이 모두 흰색인 벼의 종류를 말한다.
7) 이는 1974~1975년 겨울에 내병 다수성인 아키츠호에 내냉 내도복 다수성인 후지 269호를 인공교배하였다. 이후 잡종 제1세대를 육성한 후 계통육종법에 따라 세대를 진전시키면서 특성검정시험을 통해 얻은 우량품종에 계통명 수원 303호를 부여한 후 종자증식을 하고 지역적응성시험을 거쳐 1983년 장려품종으로 결정되었다. 벼의 키는 약 77cm이다. 잎의 빛깔은 짙은 녹색으로 길이와 나비가 완전히 꼿꼿하지는 않다. 줄기는 단단하고 튼튼하기 때문에 잘 쓰러지지 않는다. 벼알의 착립밀도는 보통 정도이고 잘 떨어지지 않으며 까끄라기가 없다. 영(穎)은 노란빛을 띤 흰색이고 성숙했을 때 빛깔이 좋다. 밥맛이 뛰어나다. 질소비료를 지나치게 많이 사용하면 도열병이 생기거나 쌀의 품질이 떨어지기 때문에 알맞게 시비해야 한다. 벼흰빛잎마름병과 식물바이러스병 등의 병해와 벼멸구에는 약하다. 불시출수가 일어나지 않도록 못자리 기간을 40일 이내로 해야 한다. 한국 중부와 북부 중산간지와 북부 내륙평야지대, 중남부 고랭지, 동해안 중북부지대에서 재배한다(두산백과사전).
8) 이는 화영벼를 말한다. 이는 농촌진흥청에서 정한 18종의 고품질 품종 중의 하나이다. 벼흰빛잎마름병에 강하면서 단간인 'Chukei 830'을 모본으로 하고 약배양에서 육성된 양질이면서 도열병 및 벼줄무늬잎마름병에 강한 'YR 4811 Acp 8'을 부본으로 인공교배하여 1986년 잡종 제1세대를 양성하였다. 그 꽃가루(화분)를 배양하여 식물체를 분화시켜 1987년 A1세대를 전개했으며, 농업학적 특성을 검사한 후 쌀의 질이 좋고 생육특성이 양호한 'YR 8698 Acp26'

계통을 선발하여 계통명 밀양101호로 정해졌다. 벼의 키는 약 77cm이다. 잎의 빛깔은 녹색이고 잎의 나비는 약간 넓다. 잎길이는 보통 길이이며 반직립형이다. 줄기는 단단한 편이어서 잘 쓰러지지 않는다. 포기당 이삭수는 14개이며, 이삭추출이 양호하고 착립밀도는 보통이다. 벼알은 까끄라기가 없고잘 떨어지지 않는다. 쌀알은 투명하고 아밀로오스 함량은 적은 편이다. 호화온도가 낮고 밥맛이 좋다. 벼흰빛잎마름병·도열병·벼줄무늬잎마름병 등에강하고 벼오갈병과 흑조위축병에는 약하며 충해에는 민감하다. 따라서 적절한 시기에 해충방제를 해야 하며 추비를 과도하게 사용하면 병에 걸리므로균형 있는 시비가 이루어져야 한다. 중남부 평야 및 남서해안지대에 적응성이 높다(두산백과사전).

9) 이는 '놓으니 → 노니(음절탈락) → 노이(비음탈락)'의 과정을 겪은 예이다.

10) 이는 '밥맛이 → 밤마시(비음동화)'의 과정을 겪은 예이며, 다음에 이어지는 '밤마디따고'에서는 음절말음이 'ㄷ'으로 실현되었다.

11) 이는 '나락이'형에 움라우트가 실현된 형이다.

12) 이는 '나(出)- + -ㄹ + 수'의 구성으로 이루어진 단어로서 수확량을 뜻한다.

13) 이는 '나락이 → 나래기(움라우트) → 나래이(ㄱ탈락)'의 과정을 겪은 예이다.

14) 이는 '늦벼'형이 '순자음화'와 '된소리되기' 현상이 실현된 결과이다.

15) 이는 면사무소를 가리키는 말이다.

16) 이는 '십 년이'에 대응되는 이 지역어형으로서 '십 년이 → 심 녀니(비음화) → 심 며니(순음화) → 심 며이(ㄴ 탈락)'의 과정을 겪은 예이다.

17) 이는 '판하- + -아 → 판~하아(비모음화) → 판~하(축약) → 파~하(비음탈락)'의 과정을 겪은 예이다.

18) 이는 정부에서 이 품종의 벼는 수매(收買)를 하지 않는다는 뜻이며, 벼농사를 짓는 입장에서 볼 때 정부의 수매는 매우 중요한 일이다.

19) 여기서 '때리다'는 의미는 모판을 만들어서 볍씨를 뿌린 다음에 볍씨가 모판에 뿌리를 내릴 수 있도록 살짝 싸리빗자루 등으로 살짝 두드리는 행위를 말한다.

20) 이는 그 기본형이 '숭'구다'이며 이 지역어를 비롯하여 경북 방언에 전반적으로 분포한다. 다만, '숭쿠'다, 숭구'다'형은 경북 방언에서 '숨기다'의 의미를 나타내는 동사이다.

21) 이는 모음 사이에서 'ㄴ'음이 탈락된 예이다.

22) 이 지역어를 비롯한 경북 방언에서는 '흙'이 '흘'로 실현되며, 앞서는 '살'은

발화실수로 실현된 소리이다.

23) 이는 외래어 비닐하우스(vinyl house)이며 비닐로 만든 온실 즉, 온상을 말한다.

24) 이 지역어에서는 '벼'형은 '나락'이며 개신형으로 '베'가 사용된다. 이에 따라 어휘 '볍씨'에 대응되는 형은 '벱씨'로 나타난다.

25) 이는 '무렵에'의 준말이다.

26) 이는 볍씨를 파종하고 모가 자라서 모내기할 때가 되어 모를 쪄서 모판에서 들어낸다는 의미이다.

27) 이는 '이틀'의 발화실수형이다.

28) 이는 '아니라'로 발화해야 할 부분이 '라니라'로 발화가 된 오류형이다.

29) 이는 '벱씨브'텀'으로 발화되어야 할 부분이 발화실수로 된 오류형이다. 모음 중화에 따라 '브(버)텀'으로 실현되며 이는 '브터 +-ㅁ(강조의 보조사)'의 구성 이다.

30) 이는 '담가다'로 표현되어야 할 단어지만 '담다'라는 동사를 선택한 경우이다. 이 지역어에서도 '담다'와 '담그다'는 의미차이를 나타내며 모두 사용되는 낱 말이다.

31) 이는 보조사 '쯤'이 원순모음화에 의하여 실현된 예이며, 이 지역어에서는 역 행 원순모음화 현상도 실현되는 것이 특징이다.

32) 이는 '오월'이 이중모음 실현의 제약에 따라 '오올'로 실현된 것이다. 이는 '오 월 → 오얼(이중모음 제약) → 오올(모음동화)'의 과정을 겪은 것으로 판단되 며, 활음 'w'음이 'ㅗ'모음으로 실현되었다고 설명할 수도 있지만 일반언어학 적으로 활음이 단모음을 동화시키거나 탈락시키는 경우가 매우 드문 현상이 라는 점을 생각하면 이는 부자연스런 설명이 된다.

33) 이는 '이튿나리'로 실현되어야 할 부분인데 어휘 '이틀'에 이끌려서 발화실수 가 일어난 예이다.

34) 이는 '모판'이 후행하는 서술어 '만들다'의 영향으로 순자음화가 일어난 예이다.

35) 이는 '마른'형의 음절말 자음이 탈락된 예이다.

36) 이는 '평평하게'라는 뜻으로 '평(平)하이 → 펭하이(이중모음 제약)'의 과정을 겪은 예이다.

37) 이는 부사 '역시'에 대한 대응형이며 '멩, 맹, 멘, 민, 메, 매' 등과 같이 수의적 으로 실현된다.

38) 이는 '안 그라면 → 앙 그라면(연구개음화) → 앙 가면(축약) → 앙 가면(이 중모음 제약)'의 과정을 겪은 예이다.

39) 이는 '첨(← 처음) + -에 + -는'의 구성으로 이루어진 예이다.

40) 이는 모두 '소부'를 발화하는 과정에서 나온 발화실수의 예이다.

41) 이는 '한 배'라는 표현으로 즉 '한 번'이라는 뜻으로 쓰였다.

42) 이는 '한 벌 → 함 벌(순자음화) → 함 불(원순모음화)'의 과정을 겪은 예이다.

43) 이는 '볍씨'에 대응되는 말로 '모 + 씨'의 결합형이다.

44) 이는 수사 '한'에 대응되는 수의적 변이형이다.

45) 이는 '모숭구- + -르(명사형 어미)'의 결합형으로 판단되며, '르'이 명사형 어미로 사용된 것은 중세국어에서 그 흔적을 찾을 수 있다. 즉, 15세기 중엽의 '다옰 업시(용비어천가)'의 예에서 볼 수 있으며 잘 알려져 있다시피 이 시기에는 '-ㄴ(虞芮質正ㅎ느로 : 용비어천가)'도 명사형 어미로서의 잔재를 볼 수 있다.

46) 이는 '못자리'에 대응되는 예이며, 이는 이 지역어뿐만 아니라 경북 방언에서도 실현되는 예이다.

47) 이는 '편평(扁平)하다'에서 '편하고 → 편나고(ㅎ 탈락) → 페나고(이중모음 제약) → 페낙(어절말 모음 탈락)'의 과정을 겪은 예이다.

48) 이 지역어를 비롯한 경북 방언에서는 모심기에 대해 '모숭기'와 '모숭구기'형이 실현된다.

49) 이는 '호미'의 이 지역어형이며 이와 함께 경북 방언에서는 '호메~이, 호멩이'형으로도 실현된다. 이 '호무'형은 '강원, 전남, 평북지역'에서도 실현됨을 보고하고 있다.

50) 이는 화제제시어인 '은제'형에 대해 경구개음화에 대한 과도교정형이다.

51) 이는 '치워 버리고'에 대응되는 형인데, '치워 버리고 → 치아 버리고(이중모음 제약) → 치아 부리고(원순모음화) → 차부고(축약) → 자뿌고(된소리되기 및 예사소리되기)'의 과정을 겪은 예이다.

52) 이는 풀을 제거하는데 사용하는 농약 즉, 제초제(除草劑)를 가리키며 이 지역어로는 '풀약'으로 실현된다. 표준국어대사전이나 금성국어대사전에 이의 표제어가 등장하지만 모두 북한어로 풀이하고 있는데 북한에서만 사용되는 말이 아니라 경상도 방언에서도 사용됨을 확인할 수 있다.

53) 이는 'ㅣ'모음 순행동화로 실현된 예이다.

54) 이는 '놓으니까 → 노히니까(ㅣ 모음동화) → 노니까(축약) → 노이까(ㄴ 탈락)'의 과정을 겪은 예이다.

55) 이는 '개울'에 대한 이 지역어의 대응형이다.

56) 이는 '우(← 우리) + -ㄴ'의 구성형식으로 '우리는'의 대응형이다.

57) 이는 그 기본형이 '답답다'이며 'ㅂ'규칙의 활용을 보인다.

58) 이는 '패랭이'를 나타내는 이 지역어형이다.

59) 이는 '갈라낳'의 발화실수형이며 그 뜻은 '갈라 놓은'이다. 이 지역어에서 '놓다'형은 '낳다'이므로 후행하는 연구개음의 영향으로 연구개음화가 일어나서 '갈라낳'의 형태가 실현되었다.

60) 이는 이 지역어의 '하마'의 준말이며 이는 '이미, 벌써'의 뜻을 나타낸다.

61) 이는 '봄 무렵에'에 대응되는 예이며 '봄 물에 → 봉 무레(이화작용)'의 과정을 겪은 예이다.

62) 이 지역어를 비롯하여 경북 방언에서는 동사 '심다'에 대한 대응형으로 '수문다, 숭구다'형이 있다.

63) 이는 '조'를 나타내는 이 지역어형이며 경북 방언에서는 이와 함께 '조'계통의 '지비'형도 지역에 따라 달리 실현된다.

64) 이는 어중 자음 'ㄱ'이 탈락된 형태이며 이 지역어를 비롯한 경북 방언에서 이 현상은 일반적이다.

65) 이 발화는 제보자의 소리와 겹쳐져 있어서 '바통'처럼 들리지만 실제로 이는 제보자의 소리 '아'와 겹쳐진 효과 때문이다.

66) 이미 앞에서도 지적했듯이 이 지역어에서는 '-을'형은 목적격 조사로도 사용되기도 하지만 많은 예에서는 '도구격 조사'로 사용되었다.

67) 이 지역어에서 '볏단'은 '나락단'이라고 하며 벼를 탈곡기에 훑기 좋을 정도 크기의 단을 '기계단'이라고 한다. 다만, 본조사에서는 제보자에게 확인조사까지 하였지만 확인을 하지 못했다.

68) 이는 '논이 → 노~니(비모음화) → 노~이(ㄴ 탈락)'의 과정을 겪은 예이다.

69) 이 지역어에서는 '볏가리'가 이중모음 실현 제약과 된소리되기 현상에 의해 '뻬까리'로 실현되었으며, 경북 방언에서는 이 어형과 함께 '삐까리'로도 실현된다.

70) 이는 '논바닥'형에 대응되는 예이며 '논바닥 → 논빠닥(된소리되기) → 놈빠닥(순음화) → 놈빠다(ㄱ 탈락)'의 과정을 겪은 예이다.

71) 여기서 '안 내려가다'의 주어는 제보자이며 즉, 밑에 있는 논에 가서 예전처럼 지게로 벼를 져서 집으로 가져오지 않아도 된다는 뜻이다.

72) 이는 '탈곡까지'의 발화실수형이다.

73) 이는 '갖다'의 준말이다.

74) 이 지역어의 기본형은 '숩다'이다.

75) 이는 '베어'의 대응형이며 고모음화가 실현되어 이루어진 형태이다.

76) 이는 '놈빠다(← 논바닥) + -아(처소부사격조사) + -다(다가)'의 구성으로 이루어진 예이다.

77) 실제로 이는 '내 논이 또는 나의 논이'로 번역해야 할 부분이지만 다소 지역어에 가깝게 대역하다 보니 이런 번역이 이루어졌다. 따라서 이 부분은 '논이 아무리 멀어도 내 논이 저 밑에 있었는데'로 번역해야 할 부분이다.

78) 이는 '요리'의 대응형이며 '요리 → 요르(후설모음화) → 오르(이중모음 제약)'의 과정을 겪은 예이다.

79) 이는 '놓으니 → 노으니(ㅎ 탈락) → 노니(모음탈락) → 노이(비음탈락)'의 과정을 겪은 예이며, 후행하는 '노~이(← 논이)'는 비모음화가 이루어진 형으로서 표면형은 같다.

80) 이는 그 기본형이 '말류다'인데 이는 '말리- + -우(사동접사)-'의 구성으로 사동접사가 다시 결합된 예로서 이 지역어에서는 이 형태가 일반적이다.

81) 이는 '들이다 → 디리다(움라우트)'의 과정을 겪은 예이다.

82) 이는 부사 '거의'에 대응되는 이 지역어형이며 같은 뜻을 나타내는 것으로 '거이'도 있다.

83) 이는 '또'의 수의적 변이형이다.

84) 이는 '가르달라'형으로 실현되어야 할 형인데 발화실수로 실현된 예이다.

85) 이는 '가을에'에 대응되는 예인데, 과도교정에 따라 '가흘'이 되었으며 '흙(土)'에 유추되어 '가흘게'로 실현된 예이다.

86) 이는 '갈(← 가을) + 갈- + 제'의 구성으로 '가을갈이 때'로 풀이된다.

87) 이는 외래어이며 영어의 rotary에서 온 것으로 판단된다. 즉, 경운기나 트랙터의 뒷부분에 쟁기 모양의 날이 여러 개 붙어있고 쳇바퀴처럼 생긴 것, 이것이 회전하면서 논이나 밭을 가는데 사용하는 도구를 말한다. 농사 일에 소를 이용할 때는 주로 쟁기를 통해 갈고, 다시 써레나 번지를 이용하여 흙덩이를 작게 부수고 편평하게 만들어야 하지만 이 기계의 도입으로 한꺼번에 이 일을 마칠 수가 있어서 우리 농촌에 많이 보급되었다. 다만, 곽충구 교수에 따르면 충남방언에서는 전통적인 농기구의 이름으로 '너타리'가 있다고 하며 이와의 관련성은 더 많은 논의가 필요한 것으로 판단된다.

88) 이는 '물만'의 대응형이며 어절말음이 탈락된 예이다.

89) 이미 앞에서도 지적했듯이 같은 발화에서 '심다'의 대응형으로 '승구다'와 '수

문다'형이 나란히 실현되었음을 볼 수 있을 정도로 그 빈도가 비슷함을 알 수 있다.

90) 이는 '사람한테'형에 대응되며 '삼(← 사람) + -인데'의 구성형이다.

91) 이는 '명일'에 대응되며 비모음화가 이루어진 예이다.

92) 이는 '종일에 앉아'형에 대응되며 '종(← 종일) + -아(처소부사격조사)'의 구성이다. 그러나 이는 '앉혀'로 표현해야 될 부분인데 태의 실현이 잘못된 예이다.

93) 이는 부사 '잠깐'의 '잠'과 '가끔'의 '끔'이 결합된 구성이며 혼태를 보이는 예이다.

94) 이는 '할 거구'로 실현되어야 할 부분이 발화실수로 실현된 예이다. 즉, '할 것이냐?' 정도의 뜻이다.

95) 제보자는 이를 트랙터에 앉아서 이앙기를 운전하는 그런 농기구를 말하고 있다.

96) 이는 이중모음 제약으로 인해 실현된 예로 '쇠로'에 대응된다.

97) 이는 '사다해다'형이 모음 사이에서 'ㄹ'음으로 약화된 예이다.

98) 이는 '무겁기는'에 대응되며 '무겁기는 → 무겁끼는(된소리되기) → 무어끼는(어중자음 탈락)'의 과정을 겪은 예이다.

99) 이는 '거기, 그런 곳'을 뜻하는 이 지역어형이다.

100) 이는 부정부사 '안'형에 선행하는 보조사의 음절말음 'ㄴ'이 연음되어 실현된 예이다.

101) 이는 '사부~이'형으로 실현되어야 할 발화가 잘못 실현된 예이다.

102) 이는 '안그러모'의 준말로서, 그 뜻은 '안 그러면'이다.

103) '하나 + ㅣ → 하내(축약) → 하네(모음중화)'의 과정을 겪은 예이다.

104) 이는 '전부'의 축약형 '점'의 발화실수형이다.

105) 이는 대역표준어로는 '삽'으로 번역해야 하지만 표준어와 이 지역어형이 같이 실현되므로 방언형으로 번역했다. 이하 이 부분은 동일하게 '수굼포'형은 '수군포'로 번역했다.

106) 이는 '개울'의 이 지역어형으로 경북 방언에 전반적으로 실현되는 예이다. 이 어형은 '걸, 거라~, 거랑' 등으로 실현되기도 한다.

107) 이는 '인제'에 대한 발화실수형이다.

108) 이는 외래어 시멘트(cement)와 대응된다.

109) 이는 잔디에 대응되며 이 지역어를 비롯한 경북 방언에서는 '띠'로도 실현된다.

110) 이는 이 지역어의 기저형이 '그라면'이며 '그라면 → 그라면(이중모음 제약)
→ 가먼(축약)'의 과정을 겪은 예이다.

111) 이는 어중 자음 'ㄱ'이 탈락된 예이다.

112) '무리'로 실현되어야 할 낱말이 발화실수로 잘못 실현된 형이다.

113) 중부방언이나 표준어에서는 '써레질을 하다'는 의미의 동사는 없어서 이렇게
번역했으며, 이 지역어에서는 '썰다'로, 경북지역에서는 '다루다'의 동사가 존
재한다.

114) 이 지역어에서는 김의 대응형으로 '기심'이 실현되지만 경북방언에서는 이와
함께 '지심, 지슴' 등으로도 실현된다.

115) '애벌논매기'에 대해 이 지역어에서는 '아이논매기'로 실현되며 다른 경북방
언에서는 '아시논매기'로도 많이 실현된다.

116) 이는 '후비다'의 대응형으로 경북방언에서는 '히비다'로 실현되기도 한다.

117) 이는 '아이논'으로 발화해야 할 부분이 어두 위치에서의 'ㄹ'음 제약과 관련
하여 과도교정형으로 실현된 오류형이다.

118) 이는 '매고'의 발화실수로 인한 오류형이다.

119) 이는 '나는'형의 동화형으로 앞선 명사의 음절말음에 의한 유음화와, 뒤따르
는 연구개음에 의한 연구개음화에 의한 동화형이다.

의생활

목화, 삼, 모시의 재배와 길쌈

누에치기와 비단 짜기

목화, 삼, 모시의 재배와 길쌈

오'느른 그 음 어'제 잠:시 또 이'야기를 하 쨤'짜'미 하'시기는 하'셨는데 주로 오'느른 오'세 데'해서 그 하는 그'런' 이야기'임니더.

⁻ 네::.

예저'네 그 음 모'콰를 여'기서는 명'이.

⁻ 네, 명'.

예, 이 명'을 가지고 오'슬 헤 이'버찌 안'습니까?

그'래서 이 명'은 주'로 언제 심'꼬 어떠 어'떠케 심'습니까?

⁻ 아: 명', 여는 인제 이'파 절로 이'파가, 이'파 지'내먼 명'을 인제 무조건 바테 여'는 간:다 그'런데 간:다.

⁻ 그 어'제도 이야기헫'찌만 그 브억[1] 제를 브억' 제를 인제 한 삼태미 정도 갇따 퍼'다 퍼'다 버'가지고 거 딴 거 업'스면 물'로 물'로 붇꼬 그 명:씨'하고 같치 이레 바테 인제 뿌'리게 조:케 부씰부씰하게 헤'가지고 그 서'꺼 가가'지고 골'로' 타고 명씨'를 뿌려 노'코 또 과~'이로 묻'꼬 예 그래 누' 으면 인제 명'이 올라오'고.

그 예'를 들'어서, 어 브'억제하'고 명'씨'하고 서꺼 가'지고 그러면 뿌'림니까?

안 그'러면 한'나'한'나' 요'러케 시 녿습니까, 노'아가 심'습니까?

⁻ 이'거또 인제 쪼매 가는 것'도 마~'이 가'니까 메: 소' 가지고 소:부'로 인제 골'로 타서 이레 망태에다가 봉세~'이[2] 거'튼데 다마가지고 이레 뻬' 렫찌.

음: 어 인제 주로 뿌'린다 그죠?

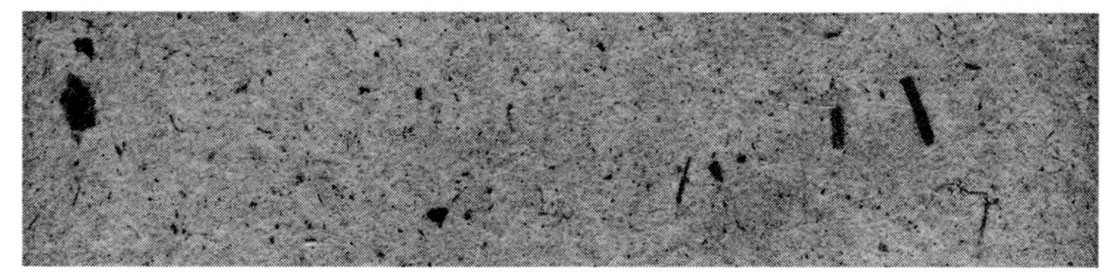

오늘은 그 어제 잠시 또 이야기를 짬짬이 하시기는 하셨는데 주로 오늘은 옷에 대해서 그 말하는 그런 이야기입니다.

　¯ 네.

예전에 음 목화를 여기서는 명이.

　¯ 네, 명.

예, 이 명을 가지고 옷을 해 입었지 않습니까?

그래서, 이 명은 주로 언제 심고 어떻게, 어떻게 심습니까?

　¯ 아, 명, 여기는 인제 입하(立夏) 절기(節氣)로 입하가, 입하 지내면 명을 인제 무조건 밭에 여기는 간다고 그런데 간다.

　¯ 그 어제도 이야기했지만 그 아궁이 재를, 아궁이 재를 인제 한 삼태기 정도 가져다 퍼다, 퍼다 부어서 다른 것이 없으면 물로, 물로 붓고 그 명씨와 같이 이렇게 밭에 인제 뿌리게 좋게 부슬부슬하게 해서 그 섞어서 가서 골을 타고 명씨를 뿌려 놓고 또 괭이루 묻고 그렇게 해두면 인제 명이 올라오고.

그 예를 들어서, 아궁이재하고 명씨와 섞어 가지고 그러면 뿌립니까?

　¯ 안 그러면 하나하나 요렇게 씨를 놓습니까, 놓아서 심습니까?

　¯ 이것도 인제 조금 가는 것도 많이 가니까 역시 소를 가지고 극젱이로 인제 골로 타서 이렇게 망태기에다가 멱둥구미 같은데 담아가지고 이렇게 뿌렸지.

음, 인제 주로 뿌린다 그죠?

˘ 예에.

얘에.

음: 그'레서 그'러면 이 모콰:를 이 뿌려가'지고: 명'을 뿌려가'지고 거 하'며는 한 명'은 언'제쯤 그라'면 거두어 드'립니까?

˘ 아:: 명은 야:: 머 그거 이거 언제 이'거는 추'버야 데'거든 서리 오'면 서'리 마즈면 안된다 말이야.

˘ 서리 오'잔, 서'리가 언제쯤 온'다 그러면 오고 올:따 시'프면 거 서리가 올 때까지 고마 온'다 시플 때까지 바테 나두면 미테 머'예 달린 거는 피'고, 피'면 바테서 인제 고 명', 고 명', 고 핀'는 걸 따가저고 오'고 따가저 오'고 차례차례 따가저 오'고 끄테 거'는 서'리가 안 맞또록 나두로 가져 비서' 비가지고 인제 타 말려 말류'면 그게 또 이레: 안 피도 말류'면 이게 또 완전히 피'진다 마'리야.

˘ 그'레 인제 그'거는 오'슬 헤 입'어도 조은 거는 아~이'고 좀 뿍뜨그리 하'지³⁾ 인제.

˘ 뿍뜨그리기하고 처으메 꺼는 아:주 께끋하고 보:았고 그레가지고 전부 다 오'슬 헤입'고.

그럼 명'은 중간에 거 씨앋 뿌'려가지고: 어 심어노:코 어 중간에 어'떻게 거름이라든지 가꾸'어야 뎀'니까 안 그'러면 그냥 두'도 머 뎀니까?

˘ 아이, 그기또 기꽈'야지요⁴⁾.

˘ 거꽈'야 데'고 그 으 비:료가 업'실 때는 그 인제 분전⁵⁾, 인부늘 그글 인제 그 단지에다 인제 퍼' 질머지고 가서 인제 그 영' 올라온 데' 거' 주고 또 거르'를 마~'이 여'야 데 안 여'으면 이거또 안 데~'이까.

˘ 이건 잘 데'야 데'니까, 마저.

그럼 명'도 하여튼 분저'니나 이런 거 예 일반 거름'이나 이런 걸 마:니 주'야 된'다 거지예.

예:.

˜ 예.

예.

음, 그래서 그러면 이 목화를 뿌려가지고, 명을 뿌려가지고 하면 명은 언제쯤
그러면 거두어 들입니까?

˜ 아, 명은 아, 뭐 그거 이거 언제 이것은 추워야 되거든 서리 오면 서리
맞으면 안 된다 말이야.

˜ 서리 오자, 서리가 언제쯤 온다 그러면 오고 올 것 같다 싶으면 서리
가 올 때까지 고만 온다 싶을 때까지 밭에 놓아두면 밑에 먼저 달린 것은
피고, 피면 밭에서 인제 그 명, 그 명, 그 핀 것을 따서 오고, 따가져 오고
차례차례 따서 오고 끝에 핀 것은 서리가 안 맞도록 낫으로 가지고 베서
베서 인제 다 말리면 그게 또 이렇게 안 피었어도 말리면 이게 또 완전히
핀다 말이야.

˜ 그래 인제 그것은 옷을 해서 입어도 좋은 것은 아니고 좀 푹푹하지 인
제.

˜ 푹푹하고 처음 것은 아주 깨끗하고 보얗고 그래서 전부 다 옷을 해 입
고.

그럼 명은 중간에 그 씨앗을 뿌려가지고 심어 놓고 중간에 어떻게 거름이라
든지 가꾸어야 됩니까, 안 그러면 그냥 두어도 됩니까?

˜ 아니, 그것도 가꾸어야지요.

˜ 가꿔야 되고 그 비료가 없을 때는 그 인제 분진, 인분을 그것을 인제
그 단지에다 인제 퍼서 짊어지고 가서 인제 그 명 올라온 데 주고 또 거름
을 많이 넣어야 되지 안 넣으면 이것도 안 되니까.

˜ 이건 잘 되어야 되니까, 맞아.

그럼 명도 하여튼 분진이나 이런 것, 일반 거름이나 이런 것을 많이 줘야 된
다 그렇지요.

예.

ˉ 조야 데'지.

그'레서 아까' 그 명'을 그라며는 그거 인제 머 피:며는 하야케 피' 버리는데 피기 전'에 인제 거 버:러지기 전'에, 명:에 거 버러지기 전'에 고 따먹'지 안'습니까?

거 머:.

ˉ 아 고'거'는.

먹끼도 함'니까?

ˉ 아이, 먹'고 마고제.

ˉ 우린' 그: 온 헤 입'는다고 이거 모 따' 먹꼬러 하~'이 그'러치.

예.

ˉ 뚬 아들⁶⁾ 머거보'면 요거 이제 꼳' 떨'어지고 일방 메쳐' 이슬 때 요만 할 때' 따 머'으면 그리 다고 마시 *** 흐흥.

예, 그 거글 **.

예, 그'걸 그'라면 고 멍는 거 고'걸 머라고 부릅니까?

여'기는 부르는 이름 업'습니까?

ˉ 거 멍'는 거 그'거는 부르는 이름 업고 멘 명'이라고 그'렌는데.

예::.

ˉ 아, 명 아이라 아, 다'레, 명 명'따'레.

그러치'예, 명다'레라고 그러지예.

ˉ 멍, 멍'다'레.

예, 에, 에 그레도 여'기도 명다'레라고 하'네예.

ˉ 예, 고거 인제 따머'글 ** 정도 데'면 인제 명' 명다'레'.

예, 안 그러면 그냥 다'레' 또는 명'다'레.

ˉ 명따레 그러고 인제 피' 뿌'먼 그러면 완전 명'이다.

그러치'예, 피'며는 피'며는 몬: 먹'으니까, 예.

에: 그'래서 응:: 그라면 인제 에'를 들'어서 모'콰를 그 명'을 따가와가'지고 이건는 거, 버러젼' 걸 잘 이'근 걸 에: 어떠케 말'림니까 안 그라'면 안 말리고

ˉ 줘야 되지.

그래서 아까 그 명을 그러면 그것이 인제 뭐 피며는 하얗게 피어 버리는데 피기 전에 인제 벌어지기 전에, 명에 벌어지기 전에 그 따먹지 않습니까?

거 뭐.

ˉ 아, 그것은.

먹기도 합니까?

ˉ 아이, 먹고 말고지.

ˉ 우리는 그 옷 해 입는다고 이것 못 따 먹게 하니 그렇지.

예.

ˉ 또 아이들이 먹어보면 이것 이제 꽃이 떨어지고 일방 맺혀 있을 때 이만할 때 따 먹으면 그리 달고 맛이 *** 흐흥.

예, 그 그것을 **.

예, 그걸 그러면 그 먹는 것, 그것을 뭐라고 부릅니까?

여기는 부르는 이름이 없습니까?

ˉ 그 먹는 것 그것은 부르는 이름은 없고 맨 명이라고 그랬는데.

예.

ˉ 아, 명 아니라 아, 다래, 명 명다래.

그렇지요, 명다래라고 그러지요.

ˉ 명, 명디레.

예, 그래도 여기도 명다래라고 하네요.

ˉ 예, 그것 인제 따 먹을 ** 정도 되면 인제 명 명다래.

예, 안 그러면 그냥 다래 또는 명다래.

ˉ 명다래, 그리고 인제 피어 버렸으면 그러면 완전 명이다.

그렇지요, 피면은 피면 못 먹으니까, 예.

그래서 그러면 인제 예를 들어서 목화를 그 명을 따서 와서 익었는 것, 벌어진 것, 잘 익은 것을 어떻게 말립니까, 안 그러면 안 말리고 그대로 저장해놨다 그대로 저장해났'다가 어'떠케 씨: 씨앝 빼네고 이'러케 함'니까 어'떠케 함'니까?

⁻ 하주⁷⁾ 말려야 데'지.

⁻ 안 말류'면 그거 저장해 노'면 다 그거 아네 씨가 마~'이 읻끼 떼'문에 다 서'거 뿌지요.

예∶.

⁻ 아, 아주 말랴야 말랴가지고 말려가지곤 머 여'르메는 할 시가~'이 업'시까네⁸⁾ 머 인제 겨'을게⁹⁾ 또 그걸 헤'야 또 머 오'슬 헤입'기 때'미네 겨'울게 헤'야 데지.

겨'우레 그라'며는 소∶∶물 만들기 위해서 쭈∶ 어'떠케 함'니까?

머 명' 따'가 와가 말려가 헤 노아따가 겨'우레 어떠케 헤서 오'슬 헤'입슴니까?

⁻ 거 인제 명'을 거 말려'가지고 팍∶ 저장헤 놔'따가 겨'을게 하는데 그 저 쎄'에'기란 게 이서 쎄'기라꼬 멘 그'거또 거어∶ 어 아 우리가 그 기술짜가 그거 인제 멩그'러, 남'글 참나'글 가지고 멩그'러는데 인제 거 머~'을¹⁰⁾ 이레 여'코 이거 돌'리면 차∶꾸 여'으면 이거 인제 명'씨는 아포로¹¹⁾ 고대로 떠'러지고 이거는 며~'은 저짜'글 고마 그데로 피해가꼬 자꾸 나가고 저거 여'코 돌'리면 데는 기라.

에∶∶.

⁻ 그레가주고 인제 다∶ 인제 명씨'를 발켜'네'시면 그걸 가주고 또 활 읻'쩨, 활'.

에 에∶.

⁻ 활' 이거 활, 활 쏘'는 활!

에.

⁻ 또' 그 활보'다는 틀렌'치.

⁻ 인제 따'글 가지고 이 크다'악¹²⁾ 이레 멩그'러는데 이런데 노코 그거 가지고 자꾸 팅'구지, 이런데 노코 팅'구먼 요만∶헫'떤 게 이만∶헤'진다 마리다.

가 어떻게 씨:, 씨앗 빼내고 이렇게 합니까, 어떻게 합니까?

ᐨ 아주 말려야 되지.

ᐨ 안 말리면 그것 저장해 놓으면 모두 그것 안에 씨가 많이 있기 때문에 모두 섞어버리지요.

예.

ᐨ 아주 말려야, 말려서 말려서는 여름[13]에는 할 시간이 없으니까 인제 겨울에 또 그것을 해야 또 옷을 해 입기 때문에 겨울에 해야 되지.

겨울에 그러면 솜을 만들기 위해서 쭉 어떻게 합니까?

뭐 명을 따가지고 와서 말려서 해 놓았다가 겨울에 어떻게 해서 옷을 해 입습니까?

ᐨ 그 인제 명을 말려서 푹 저장해 놓았다가 겨울에 하는데 그 저 씨아라는 게 있어, 씨아라고 역시 그것도 우리가 그 기술자가 그것 인제 만들어, 나무를 참나무를 가지고 만들었는데 인제 그 명을 이렇게 넣고 이것을 돌리면서 자꾸 넣으면 이것 인제 명씨는 앞으로 그대로 떨어지고 이것은 명은 저쪽을 그만 그대로 피해가고 자꾸 나가고 저것을 넣고 돌리면 되는 것이라.

예.

ᐨ 그래서 인제 다 인제 명씨를 가려서 내었으면 그것을 가지고 또 활 있지요, 활.

예, 예.

ᐨ 활 이것 활, 활 쏘는 활!

예.

ᐨ 또 그 활보다는 다르지.

ᐨ 인제 닥을 가지고 이 커다랗게 이렇게 만들었는데 이런 데 놓고 그것을 가지고 자꾸 튀기지, 이런 데 놓고 튀기면 요만한 게 이만해진다고 말이다.

˭ 요만헬떤게 고'마 자꾸 팅'구게 마련, 예'저네 그거 머 머 한 가마~:이 정도 티'우면 이 방 머: 거의 찰' 정도로 머 그거 그만치 부푸지.

˭ 부'푸면 그거 가지고 인제 어'옌나[14] 그'면 인제 그 수꾸' 수꾸'대[15] 웨' 이거 이레 우'예[16] 짤라 뿌고 안[17] 미테 짤라 뿌고 대궁'이도 가느당게 요' 런 게 이따.

˭ 그걸 가지고 인제 저레 터'러가지곤 인제 무져[18] 노'코는 쪼메'콤 띠: 다가[19] 이레 늘거[20] 노코 인제 그 수꾸 대'궁이 가지고 대고 이레 비'비면 고고 또로로[21] 말:릳'코[22] 인제 그러면 또 눌'리면 수꾸데'가 고대로 빠'진다 마리야.

˭ 빠'지면 요거 인제 아 요레 차꾸[23] 무'지지요, 이걸 고'레 전부 다: 비' 비야 데' 이걸.

˭ 고레 비벼가지고 쩌 이제 무울'레 물'레하고 인제 그 세'[24] 인제' 가라 기라 그지.

˭ 가락하고 그거 또 고 아네는 인제 수꾸' 저저 서'어'숙집' 그 대구~'이 를 가지고 요만:치 고 가라게 드러갈 만치 요만치 딱 짤라가지고 뚜드' 러서 고 가라'게 인제 꼬딱[25] 찌'거가지고 고레 오레 인제 비벼난' 놈 요거 하나석 요만:콤 하게 손까락만콤 하다 마라.

˭ 고 하나석 가즈고 요레 데'고 데'고 이거 돌'리고 이거 뗑기노'으만 시 리 그대::로 빠셔나온다 카이.

˭ 나오면 또' 이레: 가즈고 또 그 또 가므 뿌고 이거 이놈 마:는 거' 다 할 때까지 맹 이레 가즈고 돌'리고 이거 인제 실로 멘그러가 감고 감고 이'레서 인제 또 굴:'거'면 이만:하면 이걸 또 빼네 나두'고 또 그레 맹'글 고[26] 또 맹그러 이 이레 맹그러 노'은게 보'먼 머 이레 다 헤 노'아시~[27] 이 게 만치.

에:.

˭ 쩌 이거 거' 거' 그대'로 고마 얘기 전부 다: 하까요[28]?

˘ 요만했던 게 고만 자꾸 튀기게 마련이지, 예전에 그것 한 가마니 정도 통기면 이 방 뭐 거의 찰 정도로 뭐 그것 그만치 부풀지.

˘ 부풀면 그것을 가지고 인제 어찌 했나 그러면 인제 그 수수, 수숫대 왜 이것 이래 위는 잘라버리고 인제 밑에 잘라버리고 대궁이도 가느다란 것이 요런 게 있다.

˘ 그것을 가지고 인제 저렇게 털어서는 인제 뭉쳐 놓고는 조금씩 떼다가 이렇게 늘여 놓고 인제 그 수수 대궁이 가지고 대고 이렇게 비비면 그것이 도르르 말렸고, 인제 그러면 또 눌리면 수숫대가 그대로 빠진다 말이야.

˘ 빠지면 요것 인제 아, 요렇게 자꾸 모으지요, 이것을 고루 전부 다 비벼야 돼 이것을.

˘ 그렇게 비벼가지고 저 이제 물레, 물레와 인제 그 쇠 인제 가락[20]이라 그러지.

˘ 가락과 그것 또 그 안에는 인제 수수나 저 조짚, 그 대를 가지고 요만치 그 가락에 들어갈 만큼 요만큼 정확히 잘라서 두드려서 그 가락에 인제 그 정확히 찍어서 그렇게 오래 인제 비벼놓은 것 이것 하나씩 요만큼하게 손가락만큼 하다 말이야.

˘ 그 하나씩 가지고 요렇게 대고, 대고 이것을 돌리고 이것을 당겨놓으면 실이 그대로 빠져나온다고 해.

˘ 나오면 또 이렇게 가지고 또 그것을 또 감아 버리고, 이것 이것을 마는 것 다할 때까지 역시 이렇게 가지고 돌리고 이것 인제 실로 만들어서 감고, 감고 이렇게 해서 인제 또 굵으면 이만하면 이것을 또 빼어 놓아두고 또 그렇게 만들고 또 만들어 이 이렇게 만들어 놓은 것이 보면 뭐 이렇게 다 해 놓았으니, 이것이 많지.

예.

˘ 저 이거, 그 그대로 고만 얘기를 전부 다 할까요?

예, 예. 해주'십시오.

예, 조'습니다:.

￢ 그레 인제 그레 가즈고 다 헤가지고는 이거 또 며~'을 이거 쯔쯔[30] 인제 마다~: 가따 노'코 이거도 마라야 덴'다 마'리야.

음.

￢ 여'게 인제 베 짤 베 짤 정도 되'면 요 바디[31]가 요 구무'가[32] 얼'멘데 요 주 줄'로 이거 메'께로 요레 해가지고 타: 마라가지고 인제 한 피'리면 그저 자가 요만하게나 요거 요만:한 자로 사:십짜가 한피'리라[33].

음.

￢ 사:십짜'가[34] 요레 베 짜가지고.

게서 에:.

￢ 고레 인제 사:십짜 될' 정도로 헤'가지고 그 인제 베를 나라가지고[35] 또 불'로 삼도~' 불로 피'워 가지고 인제 그 베'로 저 풀'로 헤 가지고 그거 또 하 전부 뻐득:하도록 풀'로 헤가지고 전부 다 미'겨야 데.

음:.

￢ 그 인제 또 소'오'르란 게[36] 이'서 그저 풀' 미'기는[37] 소올'.

에:.

￢ 그레 불'로 헤가지고 불 헤 논는 거는 인제 풀', 풀' 말란[38], 풀' 발란 거거 인제 마리도'록[39] 마리'라꼬 그레 말랴가지고 인제 도'토마리[40] 헤가지고 또 이레 감:꼬 마리면 감:꼬 자꾸 메[41] 느'러가꾸[42] 사십짜 데는 걸 다 헤가지고 그'러면 인제 도'토마리에 인제 이만:하게 두'리가[43] 크지 머.

￢ 그리 큰' 걸 인제 바아~'다 베틀 체'리고 그럼걸 언저가주고 거 저 또 부기[44] 이'서 그레 더가따가 나가따가 하는 게 여:기 그'도 멘' 이거 이거 헨:는걸' 이거 가따가도 부'게 언즐 때'는 또 이'걸 이레 물'레 자산 걸 그거또 그대로 하'면 안 데'고 뚝 저게 꾸'우리라꼬 꾸'리라꼬 또 이레 소'느로 베 한필 짤 떼까지 그 꾸'리를 다 감아야 데'.

예, 예. 해주십시오.

예, 좋습니다.

⌐ 그래 인제 그래 가지고 다 해서는 이것, 또 명을 이것을, 인제 마당에 가져다 놓고 이것도 말아야 된다 말이야.

음.

⌐ 여기에 인제 베를 짤, 베를 짤 정도가 되면 요 바디가 요 구멍이 얼마인데, 요 줄, 줄로 이것 몇 개로 요래 해서 다 말아서 인제 한 필이면 그저 자가 요만하거나 요만한 자로 사십 자가 한필이라.

음.

⌐ 사십 자가 요렇게 베를 짜가지고.

거기서 예.

⌐ 그렇게 인제 사십 자 될 정도로 해서 그 인제 베를 날아서 또 불을 삼동(三冬)에 불을 피워서 인제 그 베를 저 풀을 해 가지고서 그것 또 전부 빡빡하도록 풀을 해서 전부 다 먹여야 돼.

음.

⌐ 그 인제 또 솔이란 것이 있어서 그저 풀을 먹이는 솔.

예.

⌐ 그렇게 불을 해서 불을 해 놓는 것은 인제 풀, 풀 바른 풀을 바른 그것 인제 마르도록 마르라고 그렇게 말려서 인제 도투마리를 헤서 또 이렇게 감고 마르면 감고 자꾸 매 널어서 사십 자 되는 걸 다 해서 그러면 인제 도투마리에 인제 이만하게 둘레가 크게 되지 뭐.

⌐ 그렇게 큰 것을 인제 방에 베틀을 차리고 그런 것을 얹어서 그 저 또 북이 있어 그래 들어갔다가 나갔다가 하는 것이 여기 그도 똑같이 이것 이것 했던 것을 이것 가져다가 또 북에 얹을 때는 또 이것을 이렇게 물레로 자은 것을 그것도 그대로 하면 안 되고 저게 꾸리라고 꾸리라고 또 이렇게 손으로 베 한 필을 짤 때까지 그 꾸리를 다 감아야 돼.

에:.

￢ 소:느로 이레 가마가지고 인제 그 다 부'게 여가지고 짜먼 그레 짜먼 인제 그게 베'가 데'먼 그 베'를 가즈'고 또 쓰:⁴⁵⁾ 다 짜고는 그 무레 다마서 또: 그게 그 머 독'끼 인는'지 엄'는지 그는 모'르지만 그거 무레 담가가 쓸'꼬: 그레 헤' 헤'가지고는' 글 떼는 다 말려가지곤 글 떼는 인제 오'슬 인제 헤가지고 인제 ***.

거 그라'며는 무명: 물레'예 인제 무명실 명'시를 헨는 걸 전부 다 부'게 너'을 려며는 그 꾸'리 **.

￢ 그거 인저 마저, ****** 예 꾸'리라 그'런데 그저 꾸'리로 소'느로 이레 가므머 고' 부게 드갈 만:하게 또 고레 또 감게⁴⁶⁾ 요레 가므면 고래 가마가지고 하나 될 만:하면 인제 한 게 한 게석 헤노'코 그걸 다 짤 떼 베를 얼만침 이거 한 필 다 짤라그먼 멘' 낟' 데'야 덴다카는 걸 예산 데'고 그레 인제 비'벼가지고 머 열'피리고 수무피'리고 그레해'야지 머 한두필 가데'도 안하'고 식구 마느면 온' 다: 헤이'블라 그**.

실꾸'리, 에.

￢ 호 호호호.

호호호.

그: 그 정:말 이리 만:습네요. 그 드러보 *******47).

￢ 야 일: 만코 말고지.

그 에 풀' 먹'일 떼 쓰: 솔: 아~⁴⁸⁾ 이슴니까?

￢ 예에.

솔: 그거는 머까 만듭니까?

￢ 그거 소'올' 아: 소'올' [x카는x] 사네 가먼 하:: 그게 소'올' 멩그는, 소'올' 멩그는 그런 또 풀 데구'가 이'서여.

￢ 풀데구~'이 그거는 크'도 안 하고 요만하~'이 그런데 꼬'치 또 아::주 그거 고:바요.

예.

˃ 손으로 이렇게 감아서[9] 인제 그 다 북에 넣어서 짜면 그렇게 짜면 인
제 그것이 베가 되면 그 베를 가지고 또 다 짜고는 그 물에 담아서 또 그
게 뭐 독기가 있는지 없는지 그것은 모르지만 그것을 물에 담가서 씻고
그렇게 해서는 그 때는 다 말려서 그 때는 인제 옷을 인제 해서 인제 ***.

그, 그러면 무명은 물레에 인제 무명실, 명실을 했던 것을 전부 다 북에 넣으
려면은 그 꾸리가 **.

˃ 그거 인제 맞아, ****** 예, 꾸리라고 그러는데 그저 꾸리로 손으로 요
래 감으면 그 북에 들어갈 만하게 또 그렇게 또 감겨, 이렇게 감으면 그렇
게 감아 가지고 하나가 될 만하면 인제 한 개, 한 개씩 해 놓고 그걸 다 짤
때 베를 얼마만치 이것 한 필 다 짜려고 하면 몇 날이 되어야 된다는 걸
예산을 하고 그렇게 인제 비벼 가지고 뭐 열 필이고 스물 필이고 그렇게
해야지, 뭐 한두 필 가지고 되지도 않고 식구 많으면 옷 다 해 입으려고
그**.

실꾸리, 예.

˃ 흐 흐흐흐.

흐흐흐.

그, 그 정말 일이 많네요. 그 들어보 *******.

˃ 예, 일이 많고 말고 그렇지.

그 풀 먹일 때 쓰는 솔 있지 않습니까?

˃ 예.

솔, 그것은 무엇으로 만듭니까?

˃ 그거 솔 아, 솔 [x이라고 하는x] 산에 가면 그게 솔 만드는, 솔 만드는
그런 또 풀의 대가 있어요.

˃ 풀대 그것은 크지도 않고 요만한 것이 그런데 꽃이 아주 그것이 고와
요.

⌐ 아주 꼬치 그 곱꼬 그 꼬'치 조'은데 세:[50] 그게 이'르믄 이'르믄 네 잘
모'르겠는데.

음:.

⌐ 그레 그걸 케'가지고 인제 메:: 써' 뿌고 말려서 인제 솔: 그 또 소올'
멘드는 사'라믄 따로 이'찌 건.

⌐ 아주 그'는 기술짜라'야 데'니까.

⌐ 그 또 그 지'비 멩그'는 지'베 가 인제 가따주'고 조가'지고 솔: 하나 멩
그'러 달라 그'러면 그 또 또 얼'메 그거또 기'양 멘드러 주'는 걷'또 아~이
고 돈 얼메 받꼬 인제 그레 헤가지고 멩그러가지고 인제 안 그'러면 사다
하'든지 머.

거 푸'른 그람' 머' 가'지고 만듬미'까?

⌐ 주로' 머 땅 거 업시~'이 서'어'숙 거 서숙 심** 가지고 좁'쌀로 하지*.

에:.

⌐ 좁'싸리 그'지 서숙살로 ***.

에: 그 서숙 까'주고 풀' 만들'면 풀'도 마니 만드'러야 데게슴니다.

⌐ 마~'이 만그'러야 데'지.

⌐ 머 어 어.

⌐ 인제 할라 그'라머 머 버지'기로 머 저'거로 큰' 버지'기로 한: 버지기로
머 그 쪼멘 소'틀 한 소슬' 한다고 바아지.

음, 그라'면 무명: 그거 에를 드'러서 아까 베트'레 헤'서 베를 짜'지 안슴니까?
아까 한' 이 정도 포'그로 헤'서.

⌐ 한 자 쫌' 넘께'나.

에.

⌐ 마저요.

한자 호 자'반 정도 포'그로 헤'서 사십짜가.

⌐ 자반 정도 마저.

˝ 아주 꽃이 그 곱고 그 꽃이 좋은데 새, 그게 이름은, 이름은 내가 잘 모르겠는데.

음.

˝ 그래 그걸 캐서 인제 매 씻어 버리고 말려서 인제 솔, 그 또 솔을 만드는 사람은 따로 있지 그건.

˝ 아주 그는 기술자라야 되니까.

˝ 그 또 그 집에, 만드는 집에 가 인제 가져다주고 주어서 솔을 하나 만들어 달라고 그러면 그 또 얼마, 그것도 그냥 만들어 주는 것도 아니고 돈을 얼마 받고 인제 그렇게 해서 만들어서 인제 안 그러면 사다 하든지 뭐.

그 풀은 그럼 무엇을 가지고 만듭니까?

˝ 주로 뭐 다른 것 없으니까 좁쌀[51] 그 조를 심** 가지고 좁쌀로 하지*.

예.

˝ 좁쌀이라 그러지, 서숙쌀을[52] ***.

예, 그 조를 가지고 풀을 만들면 풀도 많이 만들어야 되겠습니다.

˝ 많이 만들어야 되지.

˝ 뭐.

˝ 인제 하려고 그러면 뭐 자배기로 뭐 저것으로 큰 자배기로 한 자배기를, 뭐 그 조그만 솥을 한 솥을 한다고 봐야지.

음, 그러면 무명, 그것 예를 들어서, 아까 베틀에 해서 베를 짜지 않습니까? 아까 한 이 정도 폭으로 해서.

˝ 한 자 조금 넘거나.

예.

˝ 맞아요.

한 자 혹은 한자반 정도 폭으로 해서 사십 자가.

˝ 한자반 정도가 맞아요.

- 야.

- 기'리는 인제' 골' 때 자로 요만 자로 제가'머 하'는데 골로 인제 사십 짜가 한필'라 그레.

에:.

- 필'로 한 필'이라 그레.

그라'마 그 한' 필' 짜 가'지고 씬'설라 그라면 그거또 상당'히 힘'들겐습니다.

- 아:, 힘'드지요, 그도 사십짜 그것또 마라 마구 푸러 노'으면 머 업구 메:다수 의시'미 마니 들데.

그'런데, 그냥 메 멩무'레 씬서미'까 안 그라면 무'레 다른 거까 비'누나 그런 거까 싣습니까?

- 그'럴 때'는 비'노도 별'로렌찌, 비'노도 업슬 때'라.

- 마, 고만 멩무레 주로 멩무'레 하고 안 그'러면 이거 브억 제: 나무 때' 이니까 브억 제:를 가지고 근제 제무'리라고 그'러지.

음.

- 인제 크다란 버지'기에 버지기 거'튼데 미'테 인제 구무 뚤:꼬 그 아'네 인제 제 안 빠지도록 지'피나 멀 이'레 깔:고 저레 노'코 그 우'에다 물:로 붇꼬 하먼 그 제'가 노:라케 우러가지고 그 무'리 제무'리 그게 그 제 그게 그 물 나오면 독'따⁵³⁾ 카이.

- 그' 물로 헤'야 그 또 빠'레아 데.

- 멩무'레 기'양 빠'라야 마저.

으 그'러마 인제 브억 제' 그레 가'지고 젠물'로 빨며느:으 거 멈미까, 세'까리 더 히'짐니까?

- 그'러치, 세까'리가⁵⁴⁾ 보:아⁵⁵⁾ 데지.

- 글 때 머 우리: 여' 클' 때만 해'도 비'노가 업시~'이 저'언'부 젠물'로 바 타가지고 이런 온'또 명오'시나 참 그저 삼베오'시나 젠물 아~이'먼 그 빠', 빠'지를 몯헤여.

‑ 예.

‑ 길이는 인제 고 때 자로 요만한 자로 재어 하는데 그것으로 인제 사십 자가 한 필이라 그러지.

예.

‑ 필로 한 필이라고 그러지.

그러면 그 한 필 짜 가지고 씻으려고 그러면 그것도 상당히 힘들겠습니다.

‑ 아, 힘들지요, 그것도 사십 자 그것도 말아서 마구 풀어 놓으면 뭐 없고 미터(meter) 수가[56] 의심이 많이 들던데.

그런데, 그냥 역시 맹물에 씻습니까, 안 그러면 물에 다른 것을 가지고 비누나 그런 것으로 씻습니까?

‑ 그럴 때는 비누도 별로였지, 비누도 없을 때라.

‑ 마, 고만 맹물에 주로 맹물에 하고 안 그러면 이것 아궁이 재, 나무를 때니까 아궁이 재를 가지고 그 때 잿물이라고 그러지.

음.

‑ 인제 커다란 자배기에 자배기 같은 데에 밑에 인제 구멍을 뚫고 그 안에 인제 재가 안 빠지도록 짚이나 무엇을 이래 깔고 저래 놓고 그 위에다 물을 붓고 하면 그 재가 노랗게 우러나서 그 물이, 잿물이 그게 그 때 그게 그 물이 나오면 독하다고 하지.

‑ 그 물로 해야 그 또 빨아야 돼.

‑ 맹물에 그냥 빨아야 맞어.

그러면 인제 아궁이 재를 그래 가지고 잿물로 빨면은 거 무엇입니까, 색깔이 더 희집니까?

‑ 그렇지, 색깔이 보얗게 되지.

‑ 그때 우리가 뭐 여기 클 때만 해도 비누가 없으니까 전부 잿물을 받아서 이런 옷도 명옷이나 참 그저 삼베옷이나 잿물이 아니면 그 빨지를 못해요.

음.

그'런데 그 젬무'우'른 주'로 나무: 떼'어가지고 함'니까, 안 그라면 밀'찌'비나 보리찌'비나 이런 거 테'워서 함니까?

￣ 밀'찝 보리'찌'븐 데'도 안 하고 순 나무', 나무 떼'가지고 나무 인자 저'런 브어'게다가 음: 하리[57) 쩍'[58) 여'어가지고는 제가 만치 안코 하~'이 그걸 쳐:네지 안 하고 가마~이 나따 며'칠 그레 만:토록 자꾸 인제 저녁매둥[59) 떼:고 그라마 마:너먼 인제 퍼네가'지고 인제.

에.

그 브억' 제'는 아주 요긴:하게 마~'이 사용된'네요.

￣ 마~'이 사용 마~'이 데'꼬 말고.

그 젠물'로도 스'고 아까 말:씀하'시기로는 그 씨'앋 뿌'릴 때 거르'므로 거:름' 임니까 그건 머'로 웨?

￣ 예: 마시니더.

￣ 그리 인제' 그건 거름' 테'기지[60).

￣ 그건 독'끼가 이시~'이까[61) 그걸 머' 물:로 바다 네'뿌고 우라[62) 네'뿌고 하는 게 아~이'고 그거 그데로 브억' 제로 헤'가지고 그거 이제 서'끄으~이까 그거 멘 비료 효과한 하고 이제 가따꼬 예 그레 생각하는 기지.

그럼 에를 드러 아까 인제 주'로 머 명'은 그어: 실로 베'를 짜 가'지고 머 무명베'만 시용함'니까?

안 그라'먼 솜:으로도 나뚜기도 하'고 또 머 실'로도 자'사서[63) 실로도 무명실로도 쓰고 그'러케 함'니까?

안 그러먼 주'로 베' 짜'는데만 씀'니꺼?

￣ 인제: 베 짜는 거'는 오'슬 헤 입'꼬 또'오' 저 이불 솜:, 소:미'라 그런 지금 소:미'라 그러지.

￣ 글' 떼는 우리'는 여 소'게[64)라 그'러지.

아, 소'게?

음.

그런데 잿물은 주로 나무를 때어서 합니까, 안 그러면 밀짚이나 보리짚이나 이런 것을 태워서 합니까?

˥ 밀짚, 보릿짚은 되지도 않고 순 나무, 나무를 때어서 나무 인제 저런 아궁이에다가 음, 하루 저녁 넣어서는 재가 많지 않고 하니 그걸 쳐내지 않고 가만히 놓았다가 며칠 그렇게 많도록 자꾸 인제 저녁마다 때고 그러면 많으면 인제 퍼내서 인제.

예.

그 아궁이 재는 아주 요긴하게 많이 사용되었네요.

˥ 많이 사용, 많이 되었고 말고.

그 잿물로도 쓰고 아까 말씀하시기로는 그 씨앗을 뿌릴 때 거름으로 거름입니까, 그것은 무엇으로, 왜?

˥ 예, 맞습니다.

˥ 그렇게 인제 그것은 거름 턱이지.

˥ 그것은 독기(毒氣)가 있으니까 그걸 뭐 물을 받아 내버리고 우려 내버리고 하는 것이 아니고 그것 그대로 아궁이 재를 해서 그것 이제 섞으니까 그것 역시 비료 효과하고 이제 같다고 예 그렇게 생각하는 것이지.

그럼 예를 들어 아까 인제 주로 뭐 명은 그거 실로 베를 짜가지고 뭐 무명베만 사용합니까?

안 그러면 솜으로 놓아두기도 하고 또 뭐 실로도 자아서 실로도 무명실로도 쓰고 그렇게 합니까?

안 그러면 주로 베를 짜는 데만 씁니까?

˥ 인제 베를 짜는 것은 옷을 해 입고 또 저 이불 솜, 솜이라 그런 것은 지금 솜이라 그러지.

˥ 그 때는 우리는 여기서 솜이라 그러지.

아, 솜?

‑ 소'게, 헤헤헤헤.

에, 맏'슴니다.

‑ 소:게' 드'러따 헤'서 소:게'.

에.

‑ 소'게지 그거또 인제 활'로 팅'구먼 인제 벙:그'러케[65] 헤가지고 인제 이'불 소게 여'코 이레 멘드는데 그거 그거 해 노'으먼 거 그러:케 띠실'[66] 수가 업찌.

‑ 오세'는 그'런 거 업시~'이[67] 글'치, 지그미라도 이시'먼 그게 도이~' 엄청나게 마~'이 갈께'레요.

소게가 요즘 또 머 예전만'큼 조은 소'게도 잘: 업코'.

‑ 어:업찌, 오세'는 전부 다 소게 나와도 이 명'소'게가 아이~고 나이롱'[68] 이자네요.

‑ 그'치 시'픈데 아마 나이롱' 흐흐흐흐.

으 으: 그 다'메 그 이 명:: 가'지고는 그'러케 인자 하'고 그 다'으메 여'르메는 주로 머 어떤 옫' 입습니까?

‑ 여'르메는 어제 그레찌마는 그 웨 게'랍[69] 그'레찌 삼'.

에, 에.

‑ 여'르메는 인제 사'믈 가지 사'믈 가지고 인제 헤걸핸는데 지'금 마저 지'금쯔믄 인제 삼 그래기'지고 삼 이'킬 때'라.

‑ 인제 한'참 뜨거'블 때 인제 한'다 마'리지.

‑ 삼도 사'므는 그거 인제 보'메 초보'메 거 인제 삼씨'이' 오세 그 말:하'먼 그 이게 머'로?

‑ 머 데:마초라 카'제.

에, 데마.

‑ 그게 우리 안죽또[70] 저 한: 피'기[71] 나' 이떠'라꼬요.

‑ 떡 보이~.

˅ 솜, 헤헤헤헤.

예, 맞습니다.

˅ 속에 들었다고 해서 솜.

예.

˅ 솜이지 그것도 인제 활로 퉁기면 인제 부풀게 해서 인제 이불 속에 넣고 이래 만드는데 그것, 그것을 해 놓으면 그렇게 따스할 수가 없지.

˅ 요사이는 그런 것이 없으니 그렇지, 지금이라도 있으면 그게 돈이 엄청나게 많이 갈 것이예요.

솜이 요즘 또 뭐 예전만큼 좋은 솜도 잘 없고.

˅ 없지, 요새는 전부 다 솜이 나와도 이 명솜이 아니고 나일론(nylon)이잖아요.

˅ 그렇지 싶은데 아마 나일론, <u>흐흐흐흐</u>.

그 다음에 그 이 명을 가지고는 그렇게 인제 하고 그 다음에 여름에는 주로 뭐 어떤 옷을 입습니까?

˅ 여름에는 어제 그랬지마는 그 왜 겨릅, 그랬지, 삼'

예.

˅ 여름에는 인제 삼을 가지고 삼을 가지고 인제 해결했는데 지금 맞아, 지금쯤은 인제 삼 그래 가지고 삼을 익힐 때라.

˅ 인제 한참[72] 뜨거울 때 인제 한다 말이지.

˅ 삼도, 삼은 그것 인제 봄에, 초봄에 그 인제 삼씨 요사이로 그 말하면 그, 이것이 무엇이지?

˅ 뭐, 대마초라고 하지.

예, 대마(大麻).

˅ 그것이 우리 아직도 저 한 포기가 나 있더라고요.

˅ 떡 보니.

⎺ 그거 이제 그 사'믈 삼씨'이'를 헤'메동[73] 그걸 바다가즈'고 조은 거는 가으'르 삼씨'이'한다꼬 요레 바'틀 마~이 하'먼 가으'레 삐:익 도라 숨거'[74] 노'코 이거는 네녀'네 씨'아슬 헤 가'지고 이거 또 사'믈 한'다고, 그레 복'파 네는 비:다'가 그거 참 미끈하'고 그거 참 보'면 늘씨'인'하이다, 마.

예.

⎺ 고'이[75] 하나 엄'꼬 마저 쪽쪼 그레 인제 그레갸:지고 삼이퍼'리 여'게 로 삼이'퍼리라고 그러는'데 또 아 건 여게는 데'카'리꼬 나무칼'로 멩그러 가'지고 또 세'칼로 하'먼 안 데'고 나무칼로 멩그러가지고 인제 들'고 이퍼 '리 참: 다: 쳐'뿌고 또 요마:크만 무꺼갸'지고 이게 요레 무'꺼갸'지고 아 요 레 무꺼'는 거'는 수'므 단 가'지고 한 단, 크'게 한 단석 이게 한 단 아주 참' 힘 신' 사라미라야 이걸 사:믈 두단 져'따 마:리야.

⎺ 그'레 무꺼가'지고 인제 아: 그건 또 게:인 익'히도 모타'고 동:네사'람 마 합'똥을 해가'지고 저 사'네 어'데 물 조은데 가서 구데~'이를[76] 파고 인 제 그레 쯤 불'로 떼'갸지고 돌:글'[77] 그다 쳐'여'어 돌:글' 달:과[78] 가'지고 인 제 사'믈 이켜야 이켜가지고.

에:, 그라'믄 사'믈 그레 가지고 도'오'레 불 떼 가'지고 도를 달가'가'지고 사' 믈 이'켜가지고 그 다으메 삼'믈 물 소'게 넣슴니까, 어'떠케 함'니까?

⎺ 그레가'지고 사미 마~'이 하면 다 무레 여:면 또 안 데'고 서'꼬 이걸 인제 히'로'[79] 머 이만한 한 단, 네 식'꾸가 업'스면 네 혼자 뻬'낄 이걸 사' 믈 뻬'끼야 덴'다 마리야.

⎺ 게'릅 나오도'록 껍떼'기[80]를 베'끼는데 이'켜 가지고 베낄 만하면 네 혼자 베낄 만한 한' 단 무레 가따 푸:욱 다마'야[81] 데'에.

⎺ 그 다암 나머'지는 또 피'[82] 전'부 다 말려'야 되'지.

⎺ 이거 저거 세기 안 가고 안 썩:또록 바:싹 말랴가지고 딱: 무'꺼서 인 제 저장헤' 노'코 그 또 이거 무'레 다만 거 이놈 다: 베'끼면[83] 이 말랴는 것' 또 제:분[84] 무'레 가따 다마서 그 또 뿌르면[85] 이놈 가따 다: 베'끼고 그레

˝ 그것 이제 그 삼을 삼씨를 해마다 그것을 받아 가지고 좋은 것은 가을에 삼씨한다고 요래 밭을 많이 하면 가을에 빙 돌아 심어 놓고 이것은 내년에 씨앗을 해서 이것을 또 삼을 한다고, 그래 복판에는 베다가 그것이 참 미끈하고 그것을 참 보면 늘씬합니다, 마.

예.

˝ 옹이가 하나 없고 맞아, 쪽쪽[86] 그렇게 인제 그렇게 해서 삼이파리 여기 말로 삼이파리라고 그러는데 또 여기는 대나무칼이고 나무칼을 만들어서 또 쇠칼로 하면 안 되고 나무칼로 만들어서 인제 칼을 들고 이파리를 다 쳐버리고 또 요만큼만 묶어서 이것이 요렇게 묶어서 아, 요렇게 묶은 것은 스무단을 가지고 한 단, 크게 한 단씩 이것이 한 단, 아주 정말로 힘이 센 사람이라야 이것을 삼을 두 단을 졌다 말이야.

˝ 그래 묶어서 인제 아, 그것은 또 개인은 익히지도 못 하고 동네 사람이 고마 합동을 해서 저 산에 어디에 물이 좋은 곳에 가서 구덩이를 파고 인제 그래 좀 불을 때 가지고 돌을 그 곳에 쳐넣어 돌을 달구어서 인제 삼을 익혀야 익혀서.

예, 그러면 삼을 그렇게 해서 돌에 불을 때서 돌을 달구어서 삼을 익혀서 그 다음에 삼을 물 속에 넣습니까, 어떻게 합니까?

˝ 그래서 삼을 많이 하면 다 물에 넣으면 또 안 되고 썩고 이것을 인제 하루 뭐 이만한 한 단, 내 식구가 없으면 내 혼자 벗길, 이것을 삼을 벗겨야 된다 말이야.

˝ 겨릅대가 나오도록 껍질을 벗기는데 익혀 가지고 벗길 만하면 내 혼자 벗길 만한 한 단 물에 가져다 푸욱 담가야 되지.

˝ 그 다음 나머지는 또 껍질을 전부 다 말려야 되지.

˝ 이것 저것 색이 안 가고[87] 안 썩도록 바싹 말려서 꼭 묶어서 인제 저장해 놓고 그 또 이것 물에 담근 것 이 놈을 다 벗기면 이 말린 것 또 두 번째로 물에 가져다 담아서 그 또 불으면 이것을 가져다 다 벗기고 그렇게

인제 다 베'끼무는[88] 글 떼'는 인제 베'꼈는 걸 전부 또 말랴 말랴가지고 말랴가지고 인제 무'꺼서 딱 저장해 노코는 다: 베'껴따 시프믄 다 저장헤 노'코는 머 우리는 안 사마찌마는 아느로는 인제 삼 삼:는다고 그'레 사믈.

음:.

⌐ 여 광:지리하고 이거 징게따'리[89]라 그지:.

⌐ 징게따'리라 여: 두 날 파늘 헤' 노코 여 낭글 꼬바 노코 여거 이레 뎅겨라 여거'다 사믈 여거 양쪼게 그러노'코 이거 하나석: 하나석: 아~이 이'거또 또 쩨'야 데' 이거 너'부이~까.

음:.

⌐ 가느[90], 아:주 곱게 할라면 아:주 가늘게 쩨:고 우리 머 농'초네 일: 하는 사람 입'을라고 하면 머 툭툭헤'야 되'이~까 글' 떼는 굴:따콤하게[91] 쩨:고 인제 그레 쩨:가지고 또 말려'서 저장 다: 해노'코는 글 떼브'터믄 인제 징게따리라 카는 거 소'오[92] 노'코 사믈 인제 삼:는데 광:지리 하나 가따 노:코 그 머 아느로 주'로 인제 여 무'르파게 여' 데가지고 쩬:는 걸 이'블 또 이'블 안 데'마 안 데.

⌐ 입 데가지고 또 요레 요 가능 걸 또 고걸' 반 쩨:야 데고 머'리도 쩨:가지고 요'노믈 요:다 데고 이레 비'비면 인제 이거 비'비면 요 딱: 꼬여'뿐다 마리야.

⌐ 요 고'마.

⌐ 뗑'겨도 그레 떠'러지지도 안하지 고레고레 해뿌만 요만:치 요'레라도. 그레가지고 그 마:는 걸' 한테[93] 전부 다 이'어야[94] 데'여.

아:.

⌐ 다 살마네 살마가'지고 살마가지고 이거또 명:메'로[95] 멘 그거 또 열' 무데'기로 아, 아~이'레 이거 이거 바디 구무데'로 인제 멘그'러야 데'.

⌐ 수'무 구'무, 수'무 구멍 거'트먼 수'무 무데'기를 다: 헤 노코 그'[96] 모'레[97] 쪼메'콤 언저 노코 이거 한:테' 인제 다 나'리는 게'지.

인제 다 벗기면은 그때는 인제 벗긴 것을 모두 또 말려, 말려서 말려서 인제 묶어서 딱 저장해 놓고는 다 벗겼다고 싶으면 다 저장해 놓고는 뭐 우리는 안 삼았지마는 안으로는 인제 삼을 삼는다고 그렇게 해, 삼을.

음.

￣ 여기 광주리와 이것, '징게다리'라고 그러지.

￣ '징게다리'라는 것은 여기 두 낱 판을 해 놓고 여기 나무를 꼽아 놓고 여기 이렇게 된 것이라, 여기에다 삼을 여기 양 쪽에 걸어놓고 이것 하나씩 하나씩 아니 이것도 또 째야 돼, 이것이 넓으니까.

음.

￣ 가는, 아주 곱게 하려면 아주 가늘게 째고, 마 우리 뭐 농촌에 일 하는 사람이 입으려고 하면 뭐 툭툭해야 되니까 그 때는 굵다랗게 찢고 인제 그래 찢어서 또 말려서 저장을 다 해 놓고는 그 때부터는 인제 징게다리라고 하는 것을 세워 놓고 삼을 인제 삼는데 광주리 하나를 가져다 놓고 그 뭐 안으로 주로 인제 여기 무르팍에 여기 놓아가지고 째는 것을, 입을 또 입을 안 대면 안 돼.

￣ 입을 대어서 또 요래 요 가는 것을 또 고것을 반으로 찢어야 되고 머리[98]도 째서 요것을 요기다 대고 이렇게 비비면 인제 이것을 비비면 요기에 꼭 꼬여 버린다 말이야.

￣ 요기 고만.

￣ 당겨도 그래 떨어지지도 않지, 고래, 고래 해버리면 이 만치 이렇게라도.

￣ 그래서 그 많은 것을 한곳에 전부 다 이어야 되지요.

아.

￣ 다 삶아내어 삶아서 삶아서 이것도 명처럼 역시 그것을 또 열 무더기로 아, 아니야 이것, 이것 바디 구멍대로 인제 만들어야 돼.

￣ 스물 구멍, 스물 구멍 같으면 스물 무더기를 다 해 놓고 거기에 모래를 조금씩 얹어 놓고 이것을 한곳에 인제 다 나는 것이지.

음:.

￻ 그레 나라가지'고 멘 이거또 거 불'로 헤노'코 이'거또 멘 그거 명' 그 메드'시 멘 그레 메'야 데'에.

￻ 풀'로 미겨[99]가지고 거 풀' 안 미'기면 이게 고만 히'미 업:서가지고 짜지를 모타고 그레 인제 그레 하는데 사미 게:일 히'미 드는 게 이'거는 무레 순 무레 드러 고만 머 이거 머 머 베' 짜'가지고도 그거는 무'레 게:속에[100] 이'서야 데'.

￻ 그레 무레 헤'야 이게 고:바지고 그'런데 우 우리'는 우리 클' 때 겨'을게도 멘 삼베온 이'버서요.

￻ 이거 명 명'은 그'클[101] 머 바테 땅 거 멍는 거 한다꼬 마:이 모 가이끼네.

￻ 사므로는 언가~:이[102] 헤 노'아도 이거 끼'리가 긴 이거 다리'가 기:기 때'미네 이기 만:타 마'리야.

음:.

￻ 그'레 노~이 인제 주'로도 겨'을게도[103] 삼'베온 입'꼬.

아: 그'럼 삼' 삼:는다는 게 결'구근 삼 그거 찌'저 가지고 인:는 걸' 이야기하'지예.

￻ 예, 마'저.

￻ 임:는[104] 걸' 으예 이레 마저 저 이'우는 거'로 그 여기는 삼:는'다.

이: 저'는 또 이'게 삼' 삼:는다는 거 삼' 부'레다가 아 하하.

￻ 부'레 아: 무레 쌈는다는 거 그거 무'레 저게 카는 거는 쌈는다, 이'거는 삼:는'다 고고 보'고는 쪼'끔' 흐흐 그런 거 구'벼리 마저 잘 갈께'레요, 여게는 인제 삼 삼:는'다.

그 마:리 다름니까'예?

￻ 그러면 인제 이 동:네 다 하'머는 사'믈 메헤'[105]가지고 네 혼'자 삼:기 차 시가~'이 마~이 간다 마'리요.

￻ 그러면 이 동:네 아느'로[106] 온[107] 우레' 마:카 사마 다 그'마 와가지고

음.

￢ 그래 날아서 역시 이것도 거기 불을 피워 놓고 이것도 역시 그것 명, 그것 매듯이 그렇게 매어야 돼.

￢ 풀을 먹여서 거기 풀을 안 먹이면 이것이 고만 힘이 없어서 짜지를 못하고 그렇게 인제 그렇게 하는데 삼이 제일 힘이 드는 것이 이것은 물에 순 물에 들어가서 고만 뭐 이것 베를 짜서도 그것은 물에 계속해 있어야 돼.

￢ 그래 물에 해야 이게 고와지고 그런데 우리, 우리는 우리 클 때 겨울에도 역시 삼베옷을 입었어요.

￢ 이것 명, 명은 그렇게 밭에 다른 것, 먹는 것을 한다고 많이 못 가니까.

￢ 삼은 어지간히 해 놓아도 이것 길이가 긴, 이것 다리가 길기 때문에 이것이 많다 말이야.

음.

￢ 그래 놓으니 인제 주로 겨울에도 삼베옷을 입고.

아, 그럼 삼을 삼는다는 것이 결국은 삼 그것을 찢어 가지고 잇는 것을 이야기하지요.

￢ 예, 맞아요.

￢ 잇는 것을 어찌 이래 맞아, 저래 잇는 것을 그것을 여기서는 삼는다.

아, 저는 또 이것이 삼을 삼는다는 것이 산을 불에다가 아 하하.

￢ 불에 아, 물에 삶는다는 것 그것은 물에 저렇게 하는 것은 '삶는다[108]', 이것은 '삶는다[109]', 그것 보고는 쪼끔 흐흐 그런 것 구별이 맞아 잘 갈 것이에요, 여기는 인제 삼을 삼는다.

그 말이 다른가요?

￢ 그러면 인제 이 동네 사람이 다 하면은 삼을 매어서 내 혼자 삼기가 참으로 시간이 많이 간다 말이요.

￢ 그러면 이 동네 안 사람에게 "오늘 우리 모두 삼아다오"라고 그러면 와

인제 우레'는 인제 머 이'틀 삼:뜬동 사흘 삼뜬지 삼:고, 그럼 또 돌'려가머
인제 쭈:욱: 인제 삼:고 전부 다 그'레찌.

‾ 흐흐흐.

아:: 그 아'녀자드:리 삼' 사 사'물라 그라면 여기에 무르파'기 마~:이 아'파
께슴니다.

‾ 벌::거가'지고 네:중'[110]에는 허'러가지고 마 마'구 씨커머져 뿌'지 인제
오'레들 마~이 사'믜[x만x] 이거 또 [x오데도 또 이게x] 안 덴'다마, 안 지편'
다마.

‾ 이거 인제 사'레' 데'고 헤야 인제 그거 또 전'부 또 하나하나 이'베 다
드러가야 데.

‾ 이거 쩰'라 그라면 소'느로 가지고 몯 쩨고 한 끄'티는[111] 이'베다 데고
뗑'기고 하나는 요'레 뗑'기고 고레 이음 야깐 요레 반 딱' 따게'저, 그 가는
거도.

‾ 그러가지고 요레 데'고 한: 껍띠'기석 요레 이'리 비'비먼 고 세'끼 꼬:
드시 고'레 탁: 꼬여 뿐다.

음:, 그 그'러니까 삼: 이걸 저: 바꺼 사:물 버'끼고 바'께서 처'으메 삼때'를
쩌:서 그 다'으메 부'레 삼꼬: 그 다'으메 그 껍찔 버'끼고 하는 거 이'런 거'는
주로 남'자가 하'고 그 다'으메 인제 사'물 인제 실 그거 만들기 위헤서 전부 다
일'꼬 히는 이런 삼:는 거히'고 이거'는 전부 다' 이'른 안'여자가 함니까?

‾ 그러지, 그런 거는 주'로 남'자가 하지.

‾ 안여자가, 예.

‾ 우리'는 남자드른 그걸 할 쭐' 모'리고 모리'니까 글' 떼는 그레 하고
남자른 삼' 사:물 떼는 남자드른 전:부 이거 아마 뜨'거워도[112] 인자 풀'로
비쪼.

‾ 풀'로 비:야 인제, 풀'로 비'다가 써:러 놔'야 인제 네년 농사를 진는다
마라.

서 인제 우리는 인제 뭐 이틀을 삼든지 사흘을 삼든지 삼고, 그럼 또 돌려
가며 인제 쭉 인제 삼고 전부 다 그랬지.

　￣ 흐흐흐.

　￣ 아, 그 아녀자들이 삼을 삼으려고 그러면 여기에 무르팍이 많이 아팠겠습니
다.

　￣ 벌겋게 되어서 나중에는 헓어서 고만 마구 시커멓게 되어버리지,
인제 오래 많이 삼으면 이것도 또 어디도 또 이것이 안 되지만, 안 잡
힌다.

　￣ 이것 인제 살에 대고 해야 되고 인제 그것 또 전부 또 하나하나 입에
다 들어가야 돼.

　￣ 이것 찢으려고 그러면 손을 가지고 못 찢고 한 끝은 입에다 대고 당기
고 하나는 요래 당기고 고래 이으면 약간 요래 반으로 딱 쪼개져, 그 가는
것도.

　￣ 그래서 요래 대고 한 껍질씩 요래 이래 비비면 고 새끼를 꼬듯이 그래
탁 꼬여 버리지.

　￣ 음, 그러니까 삼, 이것을 저 바깥 삼을 벗기고 밖에서 처음에 삼대를 쪄서 그
다음에 불에 삶고 그 다음에 그 껍질을 벗기고 하는 것, 이런 것은 주로 남자가
하고 그 다음에 인제 삼을 인제 실, 그것을 만들기 위해서 전부 다 잇고 하는 이
런 삼는 것과 이것은 전부 다 일은 아녀자가 합니까?

　￣ 그렇지, 그런 것은 주로 남가가 하지.

　￣ 아녀자가, 예.

　￣ 우리는 남자들은 그것을 할 줄을 모르고 모르니까 그 때는 그래 하고
남자는 삼을 삼을 때는 남자들은 전부 이것 아무리 더워도 인제 풀을 벴
죠.

　￣ 풀을 베야 인제, 풀을 베다가 썰어 놓아야 인제 내년 농사를 짓는다
말이야.

ᅳ 그게 머 아느로 삼 사물 떼는 우리는 그 뜨거'워도 하로' 풀 넉:찜석
비'다가 인제 저레 하고 이'레찌.

그'런데 음, 그라'면 이: 그 싸 이 베를 이거또 쪼 그거 삼베 짜'는 거또 무명
짜'는 거나 비슫함'니까?

ᅳ 그거하고 똑: 같꼬 인제 머'가 틀레'노 그'면 멩 물:레' 이거 잔는' 거하
고 그거 저:게 이 실 이 이 이거는 시:른 이거는 다 이서[113] 이시~'이 이거
는 물레 돌'려면 인제 요거 인제 사미 사'메다 쩨:노아까네 요건 머 저게
이레 쫌: 넙쪽하'다 마레.

ᅳ 그럼 여'다 물:레 데'고 이거 멀:리 저 그러노'코 삼빡데'끼[114] 저거다 무'
레 가따 다마가져고 헤노'코는 돌'려야 데.

ᅳ 무레[115] 돌'려면[116] 이게 실'메로[117] 타라라[118] 감겨가지고 그'럼 따 이따
가라'그[119] 인제 이레 올'리고 인제 이거 이런 감게또'록 하'는 게지, 올'린다
거지, 그레 올'리고 그레가지고 이거는 상:[120] 순 무'레라.

ᅳ 그레가'주고 또 돌:겨'시라고[121] 또 이'서 돌:겨'지라는 거 이거 돈:다꼬
헤가지고 이거 마저, 한 여'자 여'자짜리 인자: 니: 게[122]라 저저 두: 게'르
헤가지고 복'파네 인제 남글 하나 헤'노코 인제 아굴' 헤가지고 일'로 하나
노'코 일'로 하나 노코 노아가지고느 양:짜' 인자 꼬제~'이[123]를 그 니: 군데
꼬'바서 이걸 사, 이거 인제 이거 돌'렸는 거 이걸 가즈고 그다 또 다 감'아
야 데.

ᅳ 가므면 이제 또 이 만: 헤'지지.

ᅳ 이능 거 가지고 무'레 가서 다마'가지고 그런 머 저 쫌 부 머 이레 껍
데'기 껍데'기 거를 다 베'껴야 데.

ᅳ 무레 가지고 데'고 치데'고 하먼 그거 껍데기 벧'거지면 이게 보:하진
다[124] 마리야.

ᅳ 인제 그거'는 기'양 헤노'으면 또 온 입'또 모타고 안 데'고 그게 순 무'
레 드러 삼은 물 아~'이먼 안 데.

¯ 그것이 뭐 안으로 삼을 삼을 때는 우리는 그 더워도 하루 풀을 네 짐 씩 베다가 인제 저렇게 하고 이랬지.

그런데 음, 그러면 이 그 쌈베, 이 베를 이것도 좀 그것 삼베 짜는 것도 무명을 짜는 것과 비슷합니까?

¯ 그것과 똑 같고 인제 뭐가 다르냐고 그러면 역시 물레에 이것 잣는 것하고 그것 저것이 이 실, 이것은 실은 이것은 다 이어져 있으니까 이것은 물레를 돌리면 인제 요것 인제 삼이 삼에다 찢어 놓았으니까 요것은 뭐 저것이 이렇게 좀 널찍하다 말이야.

¯ 그럼 여기에다 물레를 대고 이것을 멀리 저기에 걸어 놓고 삼망태기 저기에다 물에 가져다 담아서 해 놓고는 돌려야 돼.

¯ 물레를 돌리면 이게 실처럼 타르르 감겨서 그럼 이 곳에, 이 곳에 가락을 인제 이래 올리고 인제 이것 이렇게 감기도록 하는 게지, 올린다고 그러지 그래 올리고 그래 가지고 이것은 늘 순 물이라.

¯ 그래서 또 돌꼇이라고 또 있어 돌꼇이라는 것 이것 돈다고 해 서 이것 맞아, 한 여섯 자 여섯 자짜리 인제 네 개라, 저 두 개를 해서 한 복판에 인제 나무를 하나를 해 놓고 인제 아귀를 해서 이리로 하나를 놓고 이리로 하나를 놓고 놓아서는 양 쪽에 인제 꼬챙이를 그 네 군데에 꼽아서 이것을 싸서, 이것을 인제 이것을 돌렸는 것, 이것을 가지고 거기에다 또 다 감아야 돼.

¯ 감으면 이제 또 이 만큼 하지.

¯ 이런 것 가지고 물에 가서 담아서 그런 뭐 저 좀 뭐 이래 껍질, 껍질 그것을 다 벗겨야 돼.

¯ 물에 가지고 가서 대고 치대고 하면 그것 껍질이 벗겨지면 이것이 보얗게 된다 말이야.

¯ 인제 그것은 그냥 해 놓으면 또 옷은 입지도 못 하고 안 되고 그게 순 물에 들어, 삼은 물이 아니면 안 돼.

˗ 삼 무'레 그레 헤가지고 인제 아께[125] 명메'로 이거또 맹' 그레헤가지고 인제 베트'레 인제 베'짜고 베'짜고 ***.

음:, 그'람 이거 주'로 물레'에 거 하'는 거는 무명'이든 어: 삼'베듬 무명 물레 돌리: 거는 이거는 실: 곱게 하'기 위해서 하'는 검니까, 어떠[126], 웨 그'러케 함니까?

˗ 아이'레 이거는: 으: 사믈 이거 저 꺼 껍떼'기 베껴서~'이 또 쩨나서' 이 이게 실: 그치 도로로 말려 아~[127] 잍'꼬 고마 이레 이레 넙적:하게 기양 이'따 마리야.

˗ 그레 인자 실:거'치 도로로 가게'라꼬 이'거는 인제 야 샤:문 그레하는 게'고, 며~'는 이거 이거 솜거'치 이레 데시~:이 이건 실:로' 멩그'러야 데~' 이까 이거는 물:레' 헤가지고 인제 이레 헤'야 되는 거라.

거 둘다 물레'는 다 헤'야 데는 거지에.

˗ 필'리 이리 물:레'는 다 헤'야 데'지.

거 거 베트'른 똑: 같'슴니까?

˗ 베트'른 맹: 똑 가튼 베트'레 멘 그 베트'레 하는데요.

거 아네 어어: 에를 들어서 무명할 때 베틀:에도 바디도 잍꼬.

˗ 바디 잍꼬'.

고 그 다으메 북또 잍꼬 그런데 삼베도 멘 그러.

˗ 고 똑 기'테.

˗ 예, 그 또 그 인제: 이거 베 이거 멘는 거 가마 논' 거'는 그 도'토마리 라 그러고 또 그 또 비:게[128]라꼬 또 하나 이'서 고레 멘드'렌는 고 베 상간 에 또 여'가지고 그것 그거 업'심 베 짜도 모'타고 그거 다.

비:게'는 머 하는데 씀'니까?

˗ 비:게는 인제: 이거 북 여'따 드가따 하면 인제 이거 시:리 한테' 이스마 안 데자나 이거 부'글 카는 거 이레 상 복'파네 여'어 노'으면 이제 에 이거 시:리 이레 올라와'따가 또 일레 네려가따 하면 인제 부'글 인제 띠[129] 가

˝ 삼을 물에 그래 해서 인제 아까 명처럼 이것도 역시 그래 해서 인제 베틀에 인제 베를 짜고, 베를 짜고 ***.

음, 그럼 이것 주로 물레에 거기 하는 것은 무명이든 삼베든, 무명을 물레에 돌리는 것은 이것은 실을 곱게 하기 위해서 하는 겁니까, 어떤 이유로, 왜 그렇게 합니까?

˝ 아니어요, 이것은 삼을 이것 저 껍질을 벗겨서니 또 찢어 놓았으니 이것이 실같이 도르르 말려 안 있고 고만 이래 이래 넙적하게 그냥 있다 말이야.

˝ 그렇게 인제 실같이 도르르 감기라고 이것은 인제 사뭇 그렇게 하는 것이고 명은 이것, 이것 솜같이 이렇게 되어 있으니까 이것은 실을 만들어야 되니까 이것은 물레를 해서 인제 이렇게 해야 되는 것이라.

그 둘 다 물레는 다 해야 되는 것이지요.

˝ 필히 이렇게 물레는 다 해야 되지.

그 베틀은 똑 같습니까?

˝ 베틀은 맨 똑 같은 베틀에 맨 그 베틀에 하는데요.

그 안에 어 예를 들어서 무명할 때 베틀에도 바디도 있고.

˝ 바디가 있고.

거기 그 다음에 북도 있고 그런데 삼베도 맨 그렇습니까?

˝ 고것은 똑 같아요.

˝ 예, 그 또 그 인제 이것 베 이것 매는 것을 감아 놓은 것은 그것을 도투마리라고 그러고 또 그 또 비경이라고 또 하나가 있어 그렇게 만든 그 베 사이에 또 넣어서 그것 그것이 없으면 베를 짜도 못 하고 그것이 다.

비경이는 무엇 하는데 씁니까?

˝ 비경이는 인제 이것 북을 넣었다 들어갔다 하면 인제 이것 실이 한 곳에 있으면 안 되잖아, 이것 북이라고 하는 것, 이렇게 늘 가운데에 넣어 놓으면 이제 이것 실이 이래 올라왔다가 또 이래 내려갔다 하면 인제 북

꼬 인자 바디로 짜고 이거또 순: 발로 헤'야 데.

 ‾ 발' 발조정이레야 이거 인제 이게 사미 인제 이레 북 북 드가도록 이
레 딱 열려코 아물려코 순' 발로 가지고 다 헤'여.

  그 혹'시 그 베트'으'레'에 에 그 방금 제가 이야기헫'슴니다마는 베트'으'레'
그 기구 베틀 이'름 머어 아시는 거 이스면 한 번 쯤 헤주시소.

 ‾ 아까 부'기라든지 바디 말:고 또 다른 거 베트'레 머 어떤 게 이슴니까?
아::, 그거.

 ‾ 발'로 이러케 *.

 ‾ 발'로 하'는 거 거'는 인제 그 아: 그거는 싱낭기[130]라 그러는데 그건 또
신나무로 헤'야 데.

 ‾ 낭기 또 그거더 그거 나무 가지고 하는데 낭글 그거 안 부러지고 잘:
후'어지는거 그레 후'어지는 거 인제 도'토마리 너'머로 이레 헤가지고 꼬'
바 노코 저 우'에 그 우'에 또 그거 이름 먼동 몰'따, 그게.

 ‾ 헤헤헤 흐흐, 그거 도: 도'라가면 인제 올'라가따 네'려가따 이레 하'는
데 그레 인제 끈 메가저고 바'레다 거'러 노코 순' 짤' 때는 이거 발 쪼'디
지[131].

 ‾ 발'로 자꾸 잘 노'라야 이거 붑[132], 부기 인제 빨리 드러가고 하는데.
  그 삼베'도 그'러며는 베: 짜:가'지고 삼 무'레 다시 또 시섬니까?

 ‾ 하이고 순' 그거는 물' 아~'이면 무레 드가야 인제 그는 까주 그거 참
섹'까리 조:코 그레 세'기 나지, 무'레 안 드가면 그건 안 데는 기라.

  이'거또 아까'처럼 머 젠물'에다가 함미까?

 ‾ 이거또 젠물'에 전부 젠물 아~'이면[133] 이거 떼'가 안 가자네, 비'누가
업시'이~까.

  그럼 이건 씬'는 게 그냥 머 젠무'레 그냥 시'서서 한 분 시'서서 그냥 함'니까
아니'면 그냥 무'레 좀 오래 담구어 둠'니까?

 ‾ 제무'레 쯤 더 쯤 머: 쯤 다마 나'따가 이거 오슬 명오'시나 삼베오'시나

을 인제 떼어서 인제 바디로 짜고 이것도 순 발로 해야 돼.

￣ 발, 발조정이라고 해야, 이것 인제 이게 삼이 인제 이래 북, 북이 들어가도록 이래 딱 열려지고 아물리고 순 발을 가지고 다 해요.

그 혹시 그 베틀에 그 방금 제가 이야기를 했습니다마는 베틀에 대해, 그 기구 베틀 이름에 대해 뭐 아시는 것 있으면 한 번 좀 말씀해 주십시오.

아까 북이라든지 바디 말고 또 다른 것은 베틀에 뭐 어떤 것이 있습니까?

￣ 아, 그것.

발로 이렇게 *.

￣ 발로 하는 것, 그것은 인제 그 아, 그것은 베틀신대라 그러는데 그것은 또 베틀신대로 해야 돼.

￣ 나무가 또 그것도 그것 나무를 가지고 하는데 나무를 그것이 안 부러지고 잘 휘어지는 것, 그래 휘어지는 것, 인제 도투마리 너머로 이렇게 해서 저 위에 꽂아 놓고 그 위에 또 그것은 이름이 무엇인지 모르겠다, 그것이.

￣ 헤헤헤 흐흐, 그것이 돌아, 돌아가면 인제 올라갔다 내려갔다 이래 하는데 그래 인제 끈을 매어서 발에다 걸어 놓고 순전히 짤 때는 이것은 발조정이지.

￣ 발로 자꾸 잘 놀아야 이것 북, 북이 인제 빨리 들어가고 하는데.

그 삼베도 그러면은 베를 짜 가지고 삼베를 물에 다시 또 씻습니까?

￣ 아이고, 순 그것은 물 아니면 물에 들어가야 인제 그것은 아주 그것이 정말 색깔이 좋고 그래야 색이 나지, 물에 안 들어가면 그것은 안 되는 것이라.

이것도 아까처럼 뭐 잿물에다가 합니까?

￣ 이것도 잿물에 전부 잿물이 아니면 이것 때가 안 가잖아, 비누가 없으니까.

그럼 이것은 씻는 게 그냥 뭐 잿물에 그냥 씻어서 한 번 씻어서 그냥 합니까 아니면 그냥 물에 좀 오래 담가 둡니까?

￣ 잿물에 좀 더, 좀 뭐, 좀 담가 놓았다가 이것 옷을 명옷이나 삼베옷이나

이거 빨 때'는 항상 그거 젠물리레[134] 데요.

⎺ 그 젠물'로 바타[135]가즈고 헤'야 때'가 잘 가고 비'누만 오세 그'치 비'누만 이시'면 비'누만 칠헤가 문떼'만 데'는데 비'누가 업시까이 순' 그거는 젠'물로 바찌.

그 젠무'레 쫌' 담궈 두야 덴'다 그'지예, 다마: 두'야.

⎺ 쪼:금 다마'따가 인제 인제 저레.

그 아'까' 인제 그 사'믄 그라'믄 좀 빨리 심'습니까, 삼'씨'는?

⎺ 삼 삼:는' 게'?

아니 그거 땅'에다가 숭굴' 떼:.

⎺ 야:, 숭굴' 떼?

그거'는 그게:: 한 멸 게월 가야 데죠.

⎺ 보'메 가라가'지고 지'금 지그믄 인'제 이거 비:가조고 인제 이'키~이까.

어'데 이'거는 봄' 이른 보'메 심:습'니까? ****

⎺ 보'메 아주' 이'른 보'메.

그럼 헤동:하'고 나서.

⎺ 땅 고마 노'그먼 이 봄보'리 갈: 떼' 글 떼쯤 데'먼 이걸 가라조:야 인제 또 그:으 한 메'께월 커:야 그만침[136] 커야 크지'거든 글 떼도 또 비료'가 업시~ 머 비료도 업꼬 비료'만 이시면 엄:청나게 커'져 쁘지마러.

그럼 이건느 주'로 비테 심습'니까 앙 그러마 어디에 쫌 모: 스'는 땅'에?

⎺ 모: 씨는 땅에 가면 이'건 안 데'지.

⎺ 이거는 아주 논도 조은'데 받또 아:주' 참 따~이 조은' 데에야 인제 이게 아주 잘 덴다.

금 어'쩨뜬 그 땅 조오'코' 그런 데 음식[137] 시'므면 더' 조은데 일'딴 오'슬 헤이'버야 되'니까.

⎺ 그러치요 마저.

음:.

이것 빨 때는 항상 그것 잿물이라야 돼요.

⎺ 그 잿물을 받아서 해야 때가 잘 지고 비누만, 요새 같이 비누만 있으면 비누만 칠해서 문지르면 되는데 비누가 없으니까 순전히 그것은 잿물로 받지.

그 잿물에 좀 담가 두어야 된다 그렇지요, 담아 두어야.

⎺ 조금 담았다가 인제 인제 저래.

그 아까 인제 그 삼은 그러면 좀 빨리 심습니까, 삼씨는?

⎺ 삼을 삼는 것이?

아니 그것을 땅에다가 심을 때.

⎺ 아, 심을 때?

⎺ 그것은 그게 한 몇 개월 가야 되죠.

⎺ 봄에 갈아서 지금, 지금은 인제 이것 베어서 인제 익히니까.

어디 이것은 봄, 이른 봄에 심습니까? ****

⎺ 봄에 아주 이른 봄에.

그럼 해동하고 나서.

⎺ 땅이 고만 녹으면 이 봄보리를 갈 때 그 때쯤 되면 이것을 갈아주어야 인제 또 그것이 한 몇 개월 커야 그 만치 커야 커지거든 그때도 또 비료가 없으니 뭐 비료도 없고 비료만 있으면 엄청나게 커져 버리지마는.

그럼 이것은 주로 밭에 심습니까, 안 그러면 어디에 좀 못 쓰는 땅에?

⎺ 못 쓰는 땅에 갈면 이것은 안 되지.

⎺ 이것은 아주 논도 좋은 데, 밭도 아주 참 땅이 좋은 데라야 인제 이게 아주 잘 된다.

그럼 어찌하든 그 땅이 좋고 그런 데 곡식을 심으면 더 좋은데 일단 옷을 해 입어야 되니까?

⎺ 그렇지요, 맞아.

음.

⎯ 그런데 또 이걸 가지'고 머 엄:는 사라믄 머 머시한 파 지를[138] 몯 하지마
'는 또 이 이 이걸 가지고 전문'을 헤' 가지고 또 파는 사'람도 읻' 이'서꼬.

그 혹'시 그 여'르메 임:는 이 삼'베 말:고 모시'도 헤이'버슨니까?

⎯ 아, 모시'는 우리'는 여기 모시'는 아 머 아주 업:시~[139] 아주 안 헤꼬
더 딴 데 가면 영야~ 쪼' 가면 순 모시'로만 또 삼도 안 하고 순 또 모시'
로 가지고 한다.

호 혹'시 모싱'는 머: 그 어 모시'는 그 제베하'는 거 알: 다른 사'람 제베하는
거 봐'슴니까?

⎯ 몬[140] 바서요.

⎯ 모시하'는 거는 그'레 제베하는 거는 **.

그 모시'이' 그 언제 숨구고 어떠케 하는지?

⎯ 그거'또 맹' 거 멩 보'메 헤'야 인제:: 지금 마저 지금 아이 그거는 삼보'
다 쪼끔 더 느게' 하데:.

음:.

⎯ 그거는 또 대구~'이가 야:주 굴그'이까 손까락만큼 하이까 요런데 보이~까.

⎯ 그는 굴거', 데구~'이가 아주 굴거:.

아, 삼베뽀'다 훨:씬' 삼'베는 그거 보며느 껍데기 벗'기고 나'마 아까 게'르비
라고 그'레찌예.

⎯ 게릅.

게'릅가튼 겨'우는 상당이 가'늘 *** 가늘고 아니 쫌 궁'그러쪼?

게'릅 아'니 꽉' 차'슴니까?

⎯ 꽉: 차버려서.

⎯ 궁'그면 그'거 머 우리 바람 불고 하면 다 부'러져 뿌지.

⎯ 그리고 그는 절떼로 *** *.

그'러면 모시'는 어 혹'시 다른 음: 사'람들 쫌 영양쪼'게 하는 사람들 볼: 떼
한 이거'또 여'름처레 벰'니까, 모시'도.

˥ 그런데 또 이것을 가지고 뭐 없는 사람은 뭐 무엇해서 팔지를 못 하지마는 또 이것을 가지고 전문으로 해 가지고 또 파는 사람도 있었고.

그 혹시 그 여름에 입는 이 삼베 말고 모시도 해 입었습니까?

˥ 아, 모시는 우리는 여기 모시는 아, 뭐 아주 없으니 아주 안 했고 다른 곳에 가면 영양 쪽에 가면 순 모시로만 또 삼도 안 하고 순 또 모시를 가지고 한다.

혹 혹시 모시는 뭐, 그 모시는 그 재배하는 것을 알거나 다른 사람이 재배하는 것을 봤습니까?

˥ 못 봤어요.

˥ 모시하는 것은 그래 재배하는 것은 **.

그 모시는 그 언제 심고 어떻게 하는지?

˥ 그것도 역시 이것 역시 봄에 해야, 인제 지금 맞아, 지금 아니 그것은 삼보다 조금 더 늦게 하던데.

음.

˥ 그것은 또 대가 아주 굵으니까 손가락만큼 하니까 요런데 보니까.

˥ 그것은 굵어, 대가 아주 굵어.

아, 삼베보다 훨씬 삼베는 그것 보면은 껍질을 벗기고 나면 아까 겨릅이라고 그랬지요.

˥ 겨릅.

겨릅같은 경우는 상당히 가늘 *** 가늘고 안이 좀 궁글었죠?

겨릅대의 안이 꽉 찼습니까?

˥ 꽉 차버렸어.

˥ 궁글면 그것 뭐 우리 바람이 불고 하면 다 부러져 버리지.

˥ 그리고 그것은 절대로 *** *.

그러면 모시는 혹시 다른 사람들 좀, 영양 쪽에 하는 사람들을 볼 때 한 이것도 여름철에 벱니까, 모시도.

⎺ 그' 그건 학실히 그건 아 안 헤바 노~'이 그건 그건 모르씨더.

그 모르: 모시'가튼 경우는 이거 그 어'떠케 그거 에를 드러 실: 만들'고 어'떠케 베짜'는지 잘 모르심니꺼?

⎺ 예, 그'건 모'리[니더]** 모'린데.

⎺ 삼하고는 삼이퍼'리하고 이 데공~이하'고는 영: 반'데지요.

⎺ 이마 똑 삼 모시이퍼'리는 귀경을[141] 헨'는데 굉'장이 너'버.

⎺ 넙뜩:한 거 이'레 인는'데 삼으로는 머 쪼께가'지고 이거 삼'하고는 영 반'데다.

그러치 사'믄 쪼삗쪼빋한[142] 편'인데 그 우리' 어머님도 이 모시: 부'분은 잘 모르심니까?

⎺ 모시'는 모:르'지 모시'는 여기 이' 거바늘 전부 네 안 하~'이까.

으 으 지'여게 따'라 모시 하는 지'역또 읻'꼬 삼베 하는 지'역또 읻'꼬 그'러타 그'지예, 음 예.

으 그 다'으메 그 그: 우리 이 보:통 이 아'페 헤'떤 명'이라든지: 이: 머 삼'베라든지 아까' 쯤 이야기헤'슴니다만 길'쌈메 피료한' 거' 한 번 다시 한 번 이야기 한 번 해주'이시소.

머 길쌈 하'는데 피료한 도구들 가튼 거, 그러~'이까 연장들 어'떤게 인'는지 한 번 쯤.

⎺ 아:아:.

처'으'메 무명할' 때 사용하는 도구'들 어'떤 게 인는지 한 번 이야기해 주'이소, 연장들.

⎺ 명' 할' 때는 별 도구는 업'꼬 인제 삼할' 떼 토'비라고 이'서 토'옵[143], 토'비라는 거는 사'믈 뻬'껴서 그 쩰' 떼 인제 요 가'늘게 실 멩글'라고 쩰' 떼 무'레 담가서[144] 인제 그거 인제 머'릳딴: 톱 까'지고 인제 이걸 파:아: 인제 자:꾸 이 훌터네'야 훌터네'먼 이게 마'구 여러 가'닥이가[145] 마~'이 나오거든 나오'마 그 이'베 여'어 한 가데'기는[146] 버'러지마 이'베 여'코 한

˹ 그, 그것은 확실히 그것은 안 해봐 놓으니 그것은 그것은 모르겠습니다.

그 모르시지만, 그 모시 같은 경우는 이것, 그 어떻게 그것 예를 들어 실을 만들고 어떻게 베를 짜는지 잘 모르십니까?

˹ 예, 그것은 모릅니다, 모르는데.

˹ 삼에 비해 삼이파리와 이 대하고는 영 반대지요.

˹ 아마 또 삼, 모시이파리는 구경을 했는데 굉장히 넓어.

˹ 넓적한 것이 이래 있는데 삼으로는 뭐 쪼개 가지고 이것 삼과는 영 반대다.

그렇지요, 삼은 뾰족뾰족한 편인데 그 우리 어머님도 이 모시 부분은 잘 모르십니까?

˹ 모시는 모르지, 모시는 여기 이 근방을 전부 내가 안 하니까.

으, 지역에 따라 모시를 하는 지역도 있고 삼베를 하는 지역도 있고 그렇다 그렇지요, 음 예.

그 다음에 그 우리 이 보통 이 앞에 했던 명이라든지 이 뭐 삼베라든지 아까 좀 이야기를 했습니다만 길쌈에 필요한 것 한 번, 다시 한 번 이야기를 한 번 해 주십시오.

뭐 길쌈을 하는데 필요한 도구들 같은 것, 그러니까 연장들이 어떤 게 있는지 한 번 좀.

˹ 아.

처음에 무명할 때 사용하는 도구들이 어떤 게 있는지 한 번 이야기를 해주십시오, 연장들을.

˹ 명을 할 때는 별 도구는 없고 인제 삼할 때 톱이라고 있어 톱, 톱이라는 것은 삼을 벗겨서 그 쩔 때 인제 요롷게 가늘게 실을 만들려고 쩔 때 물에 담가서 인제 그것 인제 머릿단을 톱을 가지고 인제 이것을 파서 인제 자꾸 이것을 훑어내야 훑어내면 이것이 마구 여러 가닥이 많이 나오거든, 나오면 그것을 입에 넣어 한 가닥이 벌어지면 입에 넣고 한 가닥은 이렇게

가제'이는 요'레 쩨'고 또 하나는 한짝 소'느로 쥐고 있시~'까 그'레가지고 인제 그 토'비 하나 거 참' 이'따, 토'비라 그지 그게.

음 그거 인자 그'러니까 무'레 너어 가'지고 씨[147] 과'늘게 찌'즐, 쩰'려고 할 때.

ˉ 아이~'라, 다 쩨가'지고 인제 삼' 사'믈 때.

으흠, 삼 사'믈 때.

ˉ 사'믈 때 인제' 그 토'비 인제 그걸 이거 자꾸 이레: 끌거 조'야 그 머'리가 인제 자자하'게[148] 인제 이레 이거 께'진다 마리야.

토'븐 소'네 질 만한 자그만:하'지요?

ˉ 토'브느 그 머 톰:날'도 아~이'고 그 끌는' 데는 세고 여 디'에'는 인제 오레[149] 덴 거는 인제 나무 저 나무 가'지고 손 요'레 쥐:도록 멩그'러따.

ˉ 고거'느 히안하'지 요레요레 요레 데'고 요레요레.

그: 으 사'믈 벨: 때'는 그러며는 낟'만 사용함니까?

ˉ 그 낟'만 사용헤.

그 무명∷ 딸' 때'는 머 소'느로 땀'니까 안 그러마 그거또 다른 도구'가 인슴니'까, 연장'이 인슴니까, 따'른 거.

ˉ 업서 멘 소'느로 마 글' 때는 주로 땅 거는 업꼬 인제 데레'끼[150]라 그레쩨, 우리가 주로 사리가 멩그'런 거.

ˉ 주로 인제 그 데레'끼를 미:고[151] 뎅'기면 인제 그 따가지'고 지'베 와서 말라.

데레'끼를 질머지'고 거기에 따 담'는**.

ˉ 그거 인제 또 지'플 가지고 인제 데레'끼 이레 둘러 멩그러 놔시면 인자 끄'늘 또 지'플 가 따'아가'지고 인자 안 베끄토'록[152] 그레가 허'리에 차고 허리에 딱: 차고는 우에 인제 그 따 다마가지고.

데레', 데레'끼는 허'리에 차'는 거'다 거'지에.

어'깨에 울러 메는' 게 아~이'고.

ˉ 그레도 어'깨에 미도 데'고 차도 데'고 끄~'이 그레 이시~'이 틈'믄 허'리

찢고 또 하나는 한 쪽 손으로 쥐고 있으니까 그렇게 해서 인제 그 톱이 하나가 그 참말로 있다, 톱이라 그러지 그것이.

음, 그것 인제 그러니까 물에 넣어 가지고 가늘게 찢을, 째려고 할 때.

ˉ 아니라, 다 째서 인제 삼을 삼을 때.

음, 삼을 삼을 때.

ˉ 삼을 때 인제 그 톱이 인제 그것을 이것을 자꾸 이래 긁어 주어야 그 머리가 인제 자잘하게 인제 이래 이것이 깨진다 말이야.

톱은 손에 쥘 만큼 자그만하지요?

ˉ 톱은 그 뭐, 톱날도 아니고 그 긁는 데는 쇠고, 여기 뒤에는 인제 요래 댄 것은 인제 나무, 저 나무를 가지고 손을 요래 쥐도록 만들었다.

ˉ 그것은 희한(稀罕)하지, 요래, 요래, 요래 대고 요래, 요래.

그 삼을 벨 때는 그러면은 낫만 사용합니까?

ˉ 그 낫만 사용해.

그 무명을 딸 때는 뭐 손으로 땁니까, 안 그러면 그것도 다른 도구가 있습니까? 연장이 있습니까, 다른 것.

ˉ 없어, 역시 손으로 고마 그 때는 주로 다른 것은 없고 인제 다래끼라고 그랬지, 우리가 주로 싸리로 만든 것.

ˉ 주로 인제 그 다래끼를 메고 다니면 인제 거기에 따서 집에 와서 말려.

다래끼를 짊어지고 거기에 따서 담는 **.

ˉ 그것 인제 또 짚을 가지고 인제 다래끼를 이래 둘러 만들어 놓았으면 인제 끈을 또 짚을 가지고 땋아서 인제 안 벗겨지도록 그래서 허리에 차고 허리에 딱 차고는 위에 인제 거기에 따서 담아서.

다래끼, 다래끼는 허리에 차는 것이다, 것이지요.

어깨에 울러 메는 것이 아니고.

ˉ 그래도 어깨에 메도 되고, 차도 되고 끈이 그래 있으니 틈은 허리에 차

에 차도 데'고 또 메'가지고 하면 에'께에 미'도 데'고 다 할 수가 이'서.

　그'럼 데레'끼 가튼 경우'는 어 크'기는 어느 정도 됨니'까?

　¯ 그'거또 너무' 크'면 너무 마~'이 다마 노'으면 이거 우리'가 허'리에 차 노으면' 모 삐이~'까 그레 어느 정도 요만하게 인자 고 인제 사라'만 바 가머 고레 알:마'께 고'레 멩그러'가지고.

　¯ 어'떠케 혹'시 노'피가 한자 넘'슴니까, 한자 정도 됨니까?

　¯ 요 만 요 만 마자 한 자 정'도 데'게따.

　음 그 데 데레'끼하고 그 다'메 그 으, 또 며'엉'을 그거 아까 이야기하'셔슴니다마는 명 그거 씨: 삐'네는 거' 그 떼 쓰'는 연'장은 어떤 게 읻씀니까?

　¯ 그'게 그'게 인제' 그케 ** 그케 그게 인제 쎄'기[153]라 그:는데 참냉글 가지고 잘 멩그'러는데 그건 머 기술짜라'야 멩'그고 아메나[154] 멩그는게 아이~'고 그 쎄:기 인제 멩'그는 사람' 그거'또 주로 멩그'라가 파라따 말이야, 우리 명'을 마이 하게 데'면 그 멩글 지'베 가서 사가'지고 와서 그 인제 짭쭈'제라[155] 카제 이거 돌'리는 거 이'거 우리 우리'는 짭주'제라 그런다.

　씨'앗 삐넬 꺼예

　¯ 그게 인제 돌'리고 명'만 여'머는 트'믄 이' 가다 트'믄[156] 명씨'이는 이 아'페 다 떠'러지고 인제 이 소'믄 소'개는 인제 저 짜'그르로 나가'고 그레가 다 터'러가 명씨'를 삐'야 안 그'러면 소'느로 또 이거 저 엄'는 사람 이거 이거'또 엄는 사람 식'구끼리 도'라안자가지고 전'부 손, 손토'블 명씨'를 다 발'겨네야 데.

　소네 피'도 날낀'데.

　¯ 그 피'는 안 나지 이거 이게 저 이게 소개하고 한** 어벅하이~까 머 끄'게 이레 까'면 잘 버껴저요.

　톡'톡' 빠'진다.

　¯ 그'런데 씨' 인제 그 씨'앗 뽈가네'도록 하는 게 쎄'기고 쎄'기에 그 손자'비 이

도 되고 또 메어서 하면 어깨에 메도 되고 다 할 수가 있어.

그럼 다래끼 같은 경우는, 크기는 어느 정도 됩니까?

˗ 그것도 너무 크면 너무 많이 담아 놓으면 이것 우리가 허리에 차 놓으면 못 빼니까 그렇게 어느 정도 요만하게 인제 고 인제 사람만 봐 가며 고래 알맞게 그렇게 만들어서.

어떻게 혹시 높이가 한 자가 넘습니까, 한 자 정도 됩니까?

˗ 요 만큼, 요 만큼 맞아, 한 자 정도 되겠다.

음, 그 다래끼, 다래끼하고 그 다음에 그 또 명을 그것, 아까 이야기를 하셨습니다마는 명 그것, 씨를 빼내는 것, 그 때에 쓰는 연장은 어떤 게 있습니까?

˗ 그게, 그게 인제 그렇게 ** 그렇게 그게 인제 씨아라고 그러는데 참나무를 가지고 잘 만들었는데 그것은 뭐 기술자라야 만들고 아무나 만드는 게 아니고 그 씨아를 인제 만드는 사람이 그것도 주로 만들어서 팔았다 말이야, 우리가 명을 많이 하게 되면 그것을 만드는 집에 가서 사가지고 와서 그 인제 씨아손이라고 하지, 이것을 돌리는 것, 이것을 우리, 우리는 씨아손이라고 그런다.

씨앗을 빼내는 것이요.

˗ 그게 인제 돌리고 명만 넣으면 터지면 이같이 터지면 명씨는 이 앞에 모두 떨어지고 인제 이 솜은, 솜은 인제 저 쪽으로 나가고 그래서 다 털어서 명씨를 빼야지 안 그러면 손으로 또 이것이 없는 사람, 이것, 이것도 없는 사람들은 식구끼리 둘러앉아서 전부 손, 손톱으로 명씨를 다 발겨내야 돼.

손에 피도 날 것인데.

˗ 그 피는 안 나지, 이것, 이게 저 이게 솜과 한** 어벙하니까 뭐 그게 이래 까면 잘 벗겨져요.

톡톡 빠진다.

그런데 씨, 인제 그 씨앗을 발겨내도록 하는 것이 씨아이고 씨아의 그 손잡레 돌'리는 거.

￣ 그 쎄'기.

￣ 이거 저 짭쭈'제 ㅎㅎㅎㅎ.

그 그 다'으메 아까 그레 씨'앗 뻬네'고 씨앗'끼 하'고난 다'음에는 자 쓰'는게 머: 까'지고 또 소'믈 이러케 부푸러옴니까?

￣ 아 그' 그거 인자 그 인제 씨'를 완전히 발겨네' 뿌고 인제 이거 실'로 멩글'라카먼 활로[157] 멩그'러서 며 명'을 마이 가따 노'코 자꾸 팅'구야 데'지.

￣ 이 팅'구먼 인제 아께만치로 요만하'든게 이만해진다 말, ㅎㅎ 그레 인제 다 팅'구가지고 인제 그 또 이걸 실'로 또 멩글'라카먼 그거가지고 그레 또 멩그'러서 여 실'로 뽀바네야 덴다.

화'리 있'어야 덴다.

￣ 아니 이거 트'키나 활도 있'어야 데'고 수꾸데구~'이도[158] 이'써야 데'고 그건 다 이'써야 데', 업'시면 이거 하지를 몯 하이~께.

그럼 머 머 피료한'지 함' 이야기해 주이'소, 활.

￣ 활 그거 인제 수꾸 수꾸떼' 왜 올라온 거' 피'는 게 잍짜'네, 우'에 짤라 뿌고 고 상간에 가느당' 고'런 거시 이서, 고 수꾸'떼하고 그 피'리 땅바'다게 헤'도 안 데'고 여 또 머 나무판떼'기나 가따 노'코 그대고 요레 쪼메콤 띠 노'코 고거 요레 소'느로가 살살 문떼먼 고레 또로로 말려진다 카이.

도'마 비슫하~'이 판떼'기 가따 노'코, 그라면 활', 그 다'으메 수꾸'대, 나무판떼'기 이'러케.

￣ 예, 나올 저게.

￣ 마'저.

그럼 그'러케 인자 소:미 이'레 머 솜' 만들'고 나'면 인제 에 무명실: 만'들 때 사용하는 게.

￣ 무울'레[159], 그 인제' 그 그 물'레'가 잍'꼬 또 가라'기라꼬 그는 세'로 멩

이를 이렇게 돌리는 것이.

ㅡ 그 씨아.

ㅡ 이것은 저 씨아손, <u>흐흐흐흐.</u>

그, 그 다음에 아까 그렇게 씨앗을 빼내고 씨앗빼기를 하고 난 다음에는 인제 쓰는 것이 무엇을 가지고 또 솜을 이렇게 부풀립니까?

ㅡ 아, 그 그것 인제 그 인제 씨를 완전히 발겨내 버리고 인제 이거 실을 만들려고 하면 활을 만들어서 명을 많이 가져다 놓고 자꾸 팅겨야 되지.

ㅡ 이렇게 팅기면 인제 아까만치로 요만 하던 것이 이만큼 해진다는 말, <u>흐흐</u> 그래 인제 다 팅겨서 인제 그 또 이것을 실로 또 만들려고 하면 그것을 가지고 그래 또 만들어서 여기 실을 뽑아내야 된다.

활이 있어야 된다.

ㅡ 아니, 이것은 특히나 활도 있어야 되고 수숫대도 있어야 되고 그것은 다 있어야 돼, 없으면 이것을 하지를 못 하니까.

그럼 뭐, 무엇이 필요한지 한 번 이야기를 해 주십시오.

ㅡ 활 그것 인제 수수, 수숫대에 왜 올라온 것, 피는 것이 있잖아요, 그 윗부분을 잘라버리고 그 사이에 가느다란 그런 것이 있어, 그 수숫대하고 그 반드시 땅바닥에 해도 안 되고 여기 또 뭐 나무판자나 가져다 놓고 그것에 대고 이렇게 조금씩 떼어 놓고 그것이 이렇게 손으로 살살 문지르면 그렇게 도르르 말려진다고 해.

도마 비슷한 판자를 가져다 놓고 그러면 활, 그 다음에 수숫대, 나무판자 이렇게.

ㅡ 예, 나올 적에.

ㅡ 맞아.

그럼 그렇게 인제 솜이 이래 뭐, 솜을 만들고 나면 인제 무명실을 만들 때 사용하는 것이.

ㅡ 물레, 그 인제 그 물레가 있고 또 가락이라고 그것은 쇠로 만들어야 돼,

그'러야 데', 그거'또 여 데장카네 지금 데장칸이라 그'러는데 글 떼는 베름제~'이[160]라 그레따 마'리야 여는, 베름제~'이한테 가서 그걸 또 세로 하나 가져고 철 세'도 아주 야문[161] 거 가지고 가가지고 이러 물렁물렁하면 또 안 데' 아주 야문 거를 가져가 가라'글 하나 멩그'러 달라고 고레 멩그'러가지고 그다 그 물'레'다 거러 거러가지고 그리 이거 실로 이제 야 뽀아네고.

　물:레'하고 그 다'으메 가락', 가라'근 한, 가락도 한 자 정도 됩니까?

　˘ 예, 가락.

　˘ 마저, 마저 한 자 쪼금 너'를 께라요, 가라'근 끼리 업스로 기러, 여기 쎄기에다 그러노'코 이걸 이거 하~'이.

　끄'치 완전 송곧처럼 뻬쪽하'지?

　˘ 양: 짜' 다 고'마 뻬쪽하지 복판만 약간 볼:록하고.

　그러며 물:레'하고 그 그 가라'기고 인제 그 다'으메 베트'를 베트'리 읻'꼬 그렁습니까?

　˘ 베틀하고 인제 그 베' 메든 거' 베는 피'리 메'애' 데' 안 메'면 풀'칠' 안 하면 마야 베를 몯 저 오슬 몬 헤~이'꼬 베트'레 언지'를 못타지.

　그 아:, 푸 베'에다가 그 풀' 먹'이는 거'를 베 맨'다하는 검'니까?

　˘ 예, 베 멘'다.

　네 매'는데 그럼 시용히'는 기 미'머' 읻습니까?

　˘ 베' 메'는데 인제 아께' 네 그레쩨, 소'올', 솔:하고 인제 풀, 서수[162] 좁'쌉 그 풀'로 쏘'가지'고 소:레다가 헤가지고 그[163] 데고 이거 풀'로 막: 멘' 소느로 그대로 발라야 데', 발라가지고 이'노미 인제 으버[164] 그레 하면 인제 고 시:리 까주[165] 고버지지 마저, 빠:닥하고 고레 멩그러가지고 바:싹 말랴서 인제 그 도'토마리에다 가마서 가마가지고 그레 은제 베' 짤 떼'는 그마 언'저가지고 짜면 데'.

　˘ 명'이고 삼베고 그 풀 안 미'기면 안 데지, 풀로 미'겨야 그거 인제 시'

그것도 여 대장간에 지금은 대장간이라고 그러는데 그때는 대장장이라고 그랬다 말이야 여기서는, 대장장이한테 가서 그것을 또 쇠를 하나 가지고, 그 쇠도 아주 단단한 것을 가지고, 가지고서 이렇게 물렁물렁하면 또 안 돼, 아주 단단한 것을 가져가서 가락을 하나 만들어 달라고 그렇게 만들어서 그것에 그 물레에 걸어, 걸어가지고 그렇게 이것을 실로 이제 뽑아내고.

물레하고 그 다음에 가락, 가락은 한, 가락도 한 자 정도 됩니까?

- 예, 가락.

- 맞아, 맞아 한 자 조금 넘을 것이래요, 가락은 길이가 아주 길어, 여기 씨아에다 걸어 놓고 이것을, 이것을 하니까.

끝이 완전히 송곳처럼 뾰족하지요?

- 양 쪽이 다 고만 뾰족하지, 복판만 약간 볼록하고.

그럼 물레하고 그 가락이고, 인제 그 다음에 베틀을, 베틀이 있고 그렇습니까?

- 베틀하고 인제 그 베를 매는 것, 베는 반드시 매야 돼, 안 매면 풀칠을 안 하면 뭐야 베를 못, 저 옷을 못 해 입고 베틀에 얹지를 못 하지.

그 아, 풀, 베에다가 그 풀을 먹이는 것을 베를 맨다고 하는 것입니까?

- 예, 베 맨다.

베를 매는데 그럼 사용하는 것은 무엇 무엇이 있습니까?

- 베를 매는데 인제 아까 내가 그랬지, 솔과 인제 풀, 좁쌀, 좁쌀 그 풀을 쑤어서 솔에다가 해서 거기에 대고 이것을 풀로 그저 맨손으로 그대로 발라야 돼, 발라서 이것이 인제 대강 그렇게 하면 인제 그 실이 아주 고와지지 맞아, 빳빳하고 그렇게 만들어서 바싹 말려서 인제 그 도투마리에 감아서 감아서 그렇게 인제 베를 짤 때는 거기에 얹어서 짜면 돼.

- 명이고 삼베고 그 풀을 안 먹이면 안 되지, 풀을 먹여야 그것이 인제 실

리 데'고 빠당:하고[166], 예, 마저 그레 인제 그걸 미'껴가지고 그 풀' 다 그 빠'질 떼까지는 무'레다 만날 무'레다 씬'꼬 저레 해야지.

풀' 미'기야 인제 일단은.

그러'며는 그 베틀'에는 그 인제' 베틀'에는 그 어떤:: 게 읻슴니까?

베틀 아'네 드러가는 게 아까 이야기핻'던 머 바'디라든지.

￢ 아, 바디, 바디라 카능 거는 그거 인제 이거 실로' 이레 끼가지고 이레 뗑'기면 짜'면 다닥 다닥 소리가 나, 북' 이레 한븐 여:면 이거 뗑'기고 또 이짜 여:면 또 또 뗑'기고 북' 한 번 드'가면 꼭 뗑'겨야 데'지 드'가따 나'가따 한 짜'그로 드러가는 게 아이고 이짜' 와'따 일로 여'코 또 절' 로 여'코 이레 그레 여'코 그 인제 그'레 하고 인제 베트'레 인는 그 비:게 하고 그기 뭘 신:나무'[167]라 카느 거 인제 발로 인제 하는 거 그하고 [x그 레여x].

그럼 보통 베트'레 그거 베' 짤' 떼'는 아 부'근 하나'만 씀'니까?

￢ 예, 부'근 하나'만.

그라'마 바'디는 크'기가 똑 같'슴니까 안 그라마 쪼끔 더 킁' 것'또 읻'꼬 자근 거'또 익'꼬 그럳슴니까?

￢ 자근 거 크고저꼬 오치 고거는 고고 바디하고 요 베짜는 요 요 너비 하고 똑 가트~'이까 바디는 바디도 그것또 머 메'는 사람인테 사가'즈고 '와아 데'고 고고또 싱긴싱긴 고 멘'는걸 전'부' 대낭'기래아 데' 데나무 짜 개가 헨'는 긴'데 고 바디 인제.

그'러며는 아, 이 바'디 크'기가 똑 같다'라는 거는 올'깜' 처니 늘: 거이 다 똑 같다 그지예.

￢ 그 머 그러'치.

￢ 찌'비 뻬짜는 거'는 바디나 그거 마 똑 가트'이~까 크고 적고 그건 업 시~'.

혹'시 인제' 그 삼베: 아까 인제 이야기할' 떼' 그거 삼' 사'물때 사용하는 게

이 되고 빳빳하고, 예, 맞아, 그래 인제 그것을 먹여서 그 풀이 다 그 빠질 때까지는 물에다 늘 물에 씻고 저렇게 해야지.

풀을 먹여야 인제 일단은.

그러면 그 베틀에는 그 인제 베틀에는 어떤 게 있습니까?

베틀 안에 들어가는 것 아까 이야기를 했던 뭐 바디라든지.

⁻ 아, 바디 바디라고 하는 것은 그것은 인제 이것 실로 이렇게 꿰어서 이래 당기면 짜면 다닥다닥 소리가 나, 북이 이렇게 한 번 넣으면 이것을 당기고 또 이쪽에 넣으면 또, 또 당기고, 북이 한 번 들어가면 꼭 당겨야 되지, 들어갔다 나갔다 한 쪽으로 들어가는 것이 아니고 이쪽에 왔다가 이리로 넣고 또 저리로 넣고 이렇게 그렇게 넣고 그 인제 그렇게 하고 인제 베틀에 있는 그 비경이와 거기 뭘 베틀신대라고 하는 것, 인제 발로 인제 하는 것 그것하고 [x그래요.x].

그럼 보통 베틀에 그것, 베를 짤 때는 아, 북은 하나만 씁니까?

⁻ 예, 북은 하나만.

그러면 바디는 크기가 똑 같습니까, 안 그러면 조금 더 큰 것도 있고 작은 것도 있고 그렇습니까?

⁻ 작은 것, 크고 작고 옳지, 그것은 그것 바디와 여기 베를 짜는 요기 넓이하고 똑 같으니까 바디는 바디도 그것도 뭐 만드는 사람에게 사서 와야 되고 그것도 사이사이에 그 만든 것이 모두 데니무리야 돼, 대나무를 쪼개어서 만든 것인데 그 바디 인제.

그러면은 아, 이 바디의 크기가 똑 같다라는 것은 옷감 천이 늘 거의 모두 똑 같다 그렇지요.

⁻ 그 뭐 그렇지.

⁻ 집에서[168] 베를 짜는 것은 바디나 그것이 고만 똑 같으니까 크고 작고 그런 것은 없으니.

혹시 인제 그 삼베 아까 인제 이야기를 할 때 그것 삼을 삼을 때 사용하는 것

토'비 잍'써꼬 어 또 머 다른 거 또 읻슴니까?

　ㅡ그 징께따'리라고 징께따'리라꼬 인제 양: 짜' 이레 낭글 통나무를 헤가
자 여'게 다 따게'고[169] 따게가즈고 그레 사:믈 양:짜' 이레 그러노'코 그 인
제 하나썩: 하나썩: 인제 삐가지고 이바 이블 한 짜그는 이'베 드'가면 요
한 끄티 쩨'고 손 쩨'고 이' 짜는 인제 또 마적 이'어꼬 고다 인제 비벼가지
고 저게고 조거 일'로 보네먼 저거 저 멀또 어'게 와 가지고 하고 이'레.

　그거 징게따'리고 그 다'음 저 또 삼:: 그 뒤에는 또 그 머 무명할' 때 말:고
삼할' 때 머 사용하는 그런 도:구가 다른 도구가 읻슴니'까', 징께따'리 말고.

　ㅡ삼할' 떼'는 딴 도구는 업:꼬' 머 삼이퍼'리 터'얼' 떼 그거는 낭글 가주
고 그 머 그느 칼로 고는 이레 멩그'러야 되'니까 삼카'리라꼬 그걸 삼카'
리라꼬 인제 삼:칼, 여는 삼:이레고 그레 삼칼로 이퍼'리 이레 뜨:는 거, 안
그러면 또 머 인는 사'라믄 인제 머 탈'곡끼고 나락 뚜드'는 기'게' 마~이
하는 사'라믄 주로 인제 그걸 가따 노'코 이 이퍼'리를 털고 이퍼'리 안 털
먼 안 데거든.

　그건.

　아까 삼'카'리 잍'꼬 그 다'으메 아까: 어르신 그 머라고 하'션나 하'며느 그 땅
'에다가 이'러케 네게 나무 꼬'바가져 사'믈 이'러케 감:는 그걸 머라'고 헵슴니
까?

　　그'서는 돌:걷'.

　ㅡ돌겨'지라 카'는 거는 이거 사'믈 다: 사마가지고 이거 한테'다 감아야
데'거든 그러~이 이거 늘따:케 헤'가지고 인제 이거 사믈 이레 사므 노'코
이걸 므거[170] 다 무'레 몯 씬'는다 마'리야, 그레 이'노믈 크'게 이레 둘레 헤'
노코는 돌레가머[171] 그걸 다 감'아야 데', 가마가지고 이'느믈 또 살'마야
데', 아주 살'마서 무'레 데'고 이거는 사믄 물' 아~이'먼 안데, 물 게:속 무
'레 데'고 치데'야 그 인제 껍데'기가 그 꺼'피[172], 삼꺼'피 다 벅'거지먼 아네
소꼬베~'이만[173] 딱 낭께 데' 이'따.

이 톱이 있었고 또 뭐 다른 것이 또 있습니까?

ˉ그 징게다리라고 징게다리라고 인제 양 쪽에 이래 나무를, 통나무를 해서 여기에 다 쪼개고 쪼개서 그렇게 삼을 양 쪽에 이렇게 걸어놓고 그 인제 하나씩 하나씩 인제 빼서 입에, 입을 한 짝은 입에 들어가면 요 한 끝은 째고 손으로 째고 이쪽은 인제 또 마저 잇고 거기에 다 인제 비벼서 저것이고 저것을 이리로 보내면 저것 저 '먼것'도 여기에 와서 가지고 하고 이래.

그것은 징게다리고 그 다음 저 또 삼: 그 뒤에는 또 뭐 무명을 할 때 말고 삼을 할 때 뭐 사용하는 그런 도구가, 다른 도구가 있습니까, 징게다리 말고.

ˉ삼을 할 때는 다른 도구는 없고 뭐 삼이파리를 털 때 그것은 나무를 가지고 그 뭐 그것은 칼로 그것은 이래 만들어야 되니까 삼칼이라고 그것을 삼칼이라고, 인제 삼칼, 여기는 삼이라고 그래, 삼칼은 이파리를 이렇게 떨어버리는 것, 안 그러면 또 뭐 있는 사람은 인제 뭐 탈곡기이고 벼를 훑는 기계, 많이 하는 사람은 주로 인제 그것을 가져다 놓고 이 이파리를 떨고 이파리를 안 털면 안 되거든.

그건.

아까 삼칼이 있고 그 다음에 아까 어르신께서 그 무엇이라고 하셨나 하면은 그 땅에다가 이렇게 네 개의 나무를 꽂아 가지고 삼을 이렇게 감는 것을 무엇이라고 했습니까?

ˉ그것은 돌껏.

ˉ돌껏이라고 하는 것은 이것 삼을 다 삼아서 이것을 한 곳에 모두 감아야 되거든, 그러니 이것 널따랗게 해서 인제 이것 삼을 이렇게 삼아 놓고 이것을 묶어 다 물에 못 씻는다 말이야, 그래서 이것을 크게 둘레에 감아 놓고는 돌려가며 그것을 다 감아야 돼, 감아서 이것을 또 삶아야 돼, 아주 삶아서 물에 대고 이것은 삶은 물 아니면 안 돼, 물에 계속 물에 대고 치대야 그 인제 껍질이, 그 겉피, 삼겉피가 다 벗겨지면 안에 속고갱이만 딱 남게 되어 있다.

돌ː.

￣ 돌ː겯', 인제 돈ː다고 헤'서 인제 헤헤 돌ː겯' <u>흐흐흐</u>.

그럼 일단 머 삼'은 머 물'까에서 해'야 되겐네예.

￣ 예, 순' 머 지'베서 헤'도 순' 무레'서 인제 물 아이'면 처으메 물 아이'면 안 데지.

사'믄 그라'면 겨'울에는 하기 힘'들겐습니다, 추'워서.

￣ 사므는 겨울겨그'로느 하면 뚜어져[174] 뿌려 안 덴'다, <u>흐흐흐</u> 야, 여르메 주'로 여'르메.

￣ 인제 머 짜는 거는 방안에서 짜~'이까[175] 글 떼 몯 짜먼 머' 참 주'로 고마 여'르메 거 거기 다 하는 테기레.

여'르메 머 그라'면 주'로 여자드'리 하'는 이리 삼베 삼' 삼ː고 하는 거.

￣ 글'치여.

￣ 안으로는 머 온ː 여'름 네ː 머 추수 머 나락 비ː고 서숙 비고 할 떼까지는 계속 인제 그걸 사'믈 헤'야지.

바'메도 싸.

￣ 야아, 하이 바므로도 [x사기나x] 어'데 꼬꿀'[176] 해 노'코 그거 호롱'불 들어갈 떼 그 인제 불' 넣'어 놓'고 바~'아 안자가 삼ː고 안 그러면 저 한ː데 하먼 딴' 부'른 업ː꼬 메 소까'지에[177] 인제 그 사네 소나무 써'근 걸 뿌리 케'다가 도ː꾸로 짜개가 말랴가지고 그놈 피워 노'코 그거또 피워 노'면 괭'장이 발꺼'든 그거 피워 노코 주로 삼ː 삼고 그'레찌.

검' 박 여'르메 바'께 그'러케 이스면 불' 피워 노'코 하면 모기 마니 안 달라듬니까?

￣ 모ː기 이'찌요, 모ː기 이'쓰면 모'구'뿔[178] <u>흐흐흐</u>.

그 모'기.

모'구'불 노슴니까?

￣ 모구부른 왜 그거 그렌찌만도 멘 그거'또 멘 소ː꿀'이라, 가가즈고 비ː

돌.

￢ 돌껏, 인제 돈다고 해서 인제 돌껏, 흐흐흐.

그럼, 일단 뭐 삼은 뭐 물가에서 해야 되겠네요.

￢ 예, 순 뭐 집에서 해도 순 물에서 인제 물이 아니면 처음에 물이 아니면 안 되지.

삼은 그러면 겨울에는 하기가 힘들겠습니다, 추워서.

￢ 삼은 겨울에는 하면 떨어져 버려서 안 된다, 흐흐흐 예, 여름에.

주로 여름에.

￢ 인제 뭐 짜는 것은 방안에서 짜니까 그 때 못 짜면 뭐 참, 주로 고만 여름에 거의 다 하는 턱이래요.

여름에 뭐 그러면 주로 여자들이 하는 일이 삼베를, 삼을 삼고 하는 것이지요?

￢ 그렇지요.

￢ 안사람들은 뭐 온 여름 내내 뭐 추수, 뭐 벼를 베고 조를 베고 할 때까지는 계속 인제 그것을 삼을 해야지.

밤에도 삼.

￢ 예, 아이 밤으로도 [x삭이나x] 어디에 고콜을 해 놓고 그것을 호롱불 들어가는 곳에 그 인제 불을 넣어 놓고 방에 앉아서 삼고, 안 그러면 저 한데에서 하면 다른 불은 없고 맨 솔가지에 인제 산에 가서 소나무 썩은 것이 뿌리를 캐다가 도끼로 쪼개어서 말려서 그것을 피워 놓고 그것도 피워 놓으면 굉장히 밝거든, 그것을 피워 놓고 주로 삼을 삼고 그랬지.

그럼 밖, 여름에 밖에 그렇게 있으면 불을 피워 놓고 하면 모기가 많이 안 달려듭니까?

￢ 모기가 있지요, 모기가 있으면 모깃불 흐흐흐.

그 모기.

모깃불을 피웁니까?

￢ 모깃불은 왜 그것이 그렇지만은 맨 그것도 같은 쇠꼴이라, 어디에 가서

다가 머 딴 불처'럼 피워노'코 그건 수복[179] 은저 노'으면 그게 인제 영'기만 나지, 할할 타'능 게 아이거'든 그'레 피어 노코 인제 **.

　모'구뿌'른 그마 아무 푸'리나 언'저 놓슴니'까?

　￢ 으 그건 아:무 푸'리라도 다: 데'지, 시프'른 거'만 다 살란는 게'만 데, 말랄 뿌마 둥그'르[180] 타' 뿌기 떼'미네 이는 사'란는 거 아주 싱싱한 게'레야 가따 나'야 인지 오'레토로 실:실: 연'기만 나오게 [x헤x].

　연'기가 결'구근 모'구'도 다 쫀'네요.

　￢ 글'씨 그 머 우예 데가 그'런지 연기푸이~'까[181] 모기는 이제 업서지~'이까 ㅎㅎㅎ.

　혹'시 그 어 물'레' 말:고 얼레'라는 거'또 읻슴니까?

　￢ 쓰[182] 얼레'라 소'리는 나 몯 드러반는데.

　그 혹'시 그 잉아'떼는 들어바'슴니까?

　￢ 뭔: 떼', 잉아때?

　잉아'떼 그러면.

　에.

　￢ 잉어'떼[183]가 아이고, 잉어'떼 건 잉어'떼라는 건' 베 짤' 때' 우'에 이레 이헤 여'가 또 하나 거:는 게' 이'서 잉어'떼라꼬 그건' 마저.

　￢ 에, 잉어'떼

　잉어'떼는 어'떤 게 잉어'떼임니까?

　￢ 잉어'떼는 그는 머 데'나무 이시'먼 데'나무하고 하나'만 하면 데, 이래가 베트레다 뿌뜨'러 메' 노코 인제 이게 인제 베 이거 인제 바리 이레 하만[184] 이레 버'러'지먼 북 드가제'너 이게 더: 몯 올라가도록 자아메'는 게 그게 잉어'떼라, 닥 고정시'키는 게 그게 인제 잉어'떼라.

　그'리고 그 잉어'떼하고 으: 예를 드러서 인제 그거 아까' 삼베'든 명'이든 이거 옫'깜' 짜가'지고 감:는 그거는 머라고 불럳슴니까?

　￢ 아 짜가지고 여 자꾸 이레 감:는 거', 그럼 명'베네 짜능 거는 똑 가트~'

베어다가 뭐 다른 불처럼 피워 놓고 그것은 수북이 얹어 놓으면 그것이 인제 연기만 나지, 활활 타는 것이 아니거든 그렇게 피워 놓고 인제 **.

모깃불은 그러면 아무 풀이나 얹어 놓습니까?

˗ 으, 그것은 아무 풀이라도 다 되지, 시퍼런 것만 다 살아있는 것만 돼, 말라 버리면 두르르 타 버리기 때문에 이것은 살아있는 것, 아주 싱싱한 것이라야 가져다 놓아야 인제 오래도록 실실 연기만 나오게 [x해x].

연기가 결국은 모기도 모두 쫓네요.

˗ 글쎄, 그 뭐 어찌 되어 가지고 그런지 몰라도 연기뿐이니까 모기는 이제 없어지니까, <u>ㅎㅎㅎ</u>.

혹시 그 물레 말고 얼레라는 것도 있습니까?

˗ 얼레라는 소리는 나는 못 들어봤는데.

그 혹시 그 잉앗대는 들어봤습니까?

˗ 뭔 대, 잉앗대?

잉앗대 그러면.

예.

˗ 잉앗대가 아니고, 잉앗대 그것은 잉앗대라는 것은 베를 짤 때 위에 이렇게 위에 넣어서 또 하나를 거는 것이 있는데 잉앗대라고, 그것은 맞아.

˗ 예, 잉앗대

잉앗대는 어떤 것이 인앗대입니까?

˗ 잉앗대는 그것은 뭐 대나무만 있으면 대나무하고 하나만 하면 되지, 이래서 베틀에다 붙들어 매어 놓고 인제 이게, 인제 베 이것 인제 발을 이래 하면, 이래 벌어지면 북이 들어가잖아, 이것이 더 못 올라가도록 잡아매는 것이 그것이 잉앗대라, 딱 고정을 시키는 것이 그게 인제 잉앗대라.

그리고, 그 잉앗대하고 예를 들어서 인제 그것 아까 삼베든 명이든 이것 옷감을 짜서 감는 그것은 무엇이라고 불렀습니까?

˗ 아, 짜가지고 여기 자꾸 이래 감는 것, 그럼 명베나 짜는 것은 똑 같으

이까.

아니 삼'베나.

예, 짜'가'지고 그'러마 그냥 둠'니까, 안 그'러마 어디다, 그거는 머 여 도'구, 그거'는 도구 엄'습니까?

⎯ 아, 여 여기에다 자꾸 가마야지.

⎯ 그거'는 이게'가 머' 잉어'떼, 이 머 이거는 모'르세 모'른다.

⎯ 여게다 인제 그 한 필' 다 짜'자면 여 다 몯 가므~'이[185] 머이[186] 감:긴' 거'는 인저 푸러가 네 노'코 또 인제 고 짤' 만치 여 요'리 여 허'리 안 자 바메'면 베'를 몯 짜이~'까, 순' 저 저 베트'레 여 언'저 노'코 사람 히'메 여 허'리하고 아, 허리 또 이'거 또 이'꾸나 북'띨[187] 카'는 게' 또 이'서 여 어데 드레 우리 지'플 가지'고 또 그'레 따아가지고 멩그'러서 요'레.

므:슨 띠'?

⎯ 여어: 허'리띠 카능 거는 북'띠라 카지 그게 그'레가지고 허'리에다 메'고 여게'다 데'고 여 베짜는 감:는데 여'다 자메'야[188] 사'라미 히'미 인제 데, 자메'야 인제 이거 히'믈 조'야 데', 안 그'러면 이거 전부 다 절'로 가 뿌고 베'를 몯' 짜이~'까, 이거 순' 사람 히'미레 히'미 조'아야 데', 히'믄 모 지'레면 베'를 몬 짤'따.

베'는 주로 여자'가 안 짜'습니까?

⎯ 그'러치 주로 어자가 짜지 남'자는 월'레 못 찌이. 흐흐흐

⎯ 그라면.

그 힘' 힘'미 조'으면 남'자가 짜'는 게' 더 안 낟'습니까?

⎯ 남자는 그레 짤' 주를 모르니께 안 짜'바스~끼네, 아무도 나는 우리 도 [x안지 띠서x] 남'자 짜는 거는 기경'[189] 몯 헤바서, 흐흐흐.

여자'드리 호리호리한 여자'는.

⎯ 그 아 그'레도 다 짜'에.

⎯ 이'그는 머 이 머 허'림마 차고 이시'면 이거 머 안 땅'게[190] 갈 정'도믄

니까.

아니 삼베나.

예, 짜가지고 그러면 그냥 둡니까, 안 그러면 어디다, 그것은 뭐 여기 도구, 그것은 도구의 이름이 없습니까?

˗ 아, 여기에 여기에다 자꾸 감아야지.

˗ 그것은 이것이 뭐 잉앗대, 이 뭐 이것은 모르겠네, 모른다.

˗ 여기에다 인제 그 한 필을 다 짜면 여기 다 못 감으니 먼저 감긴 것은 인제 풀어서 내어 놓고 또 인제 그 짤 만큼 여기 요래 여기 허리에 안 잡아매면 베를 못 짜니까, 순 저 베틀에 여기에 얹어 놓고 사람 힘에 여기 허리와 아, 허리 또 이것이, 또 있구나, 부티라고 하는 것이 또 있어서 여기 어디 들에서 우리가 짚을 가지고 또 그래 땋아서 만들어서 요래.

무슨 띠?

˗ 여기에 허리띠라고 하는 것은 부티라고 하지, 그게 그래 가지고 허리에 매고 여기에 대고 여기 베를 짜고 감는 데에 여기에다 잡아매야 사람이 힘이 인제 돼, 잡아매야 인제 이것 힘을 주어야 돼, 안 그러면 이것 모두 다 저리로 가버리고 베를 못 짜니까 이것 순 사람의 힘이야, 힘이 좋아야 돼, 힘이 모자라면 베를 못 짠다.

베는 주로 여자가 안 짰습니까?

˗ 그렇지, 주로 여자가 짜지, 남자는 원래 못 짜ᅵ, 호호호.

˗ 그러면.

그 힘, 힘이 좋으면 남자가 짜는 게 더 안 낫습니까?

˗ 남자는 그래 짤 줄을 모르니까, 안 짜보았으니까, 아무도 나는 우리도 [x앉은 데서x] 남자가 베를 짜는 것은 구경을 못 해봤어, 호호호.

여자들이 호리호리한 여자는.

˗ 그 아 그래도 다 짜요.

˗ 이것은 뭐 이 뭐 허리에만 차고 있으면 이것에 뭐 안 당겨 갈 정도만

데'그더, 흐흐흐.

그 에 에저'네느 그 호리호리한 여자'아 별'로 안 조아께씀미다.

˝ 으 그아 그 글'치 머 여그 참 요세'나 글'떼나 이그 베'를 이그 모타'은 사'라믄 또 멩 글떼도 멩 멩 마~'이 이'써스.

˝ 암만 이어 베'운다 그'레도 와가즈거 배'어 가주오 한다 카능 건'느 이그 이걸 베' 이그 멘'다 카능 그 이 풀칠하'고 이 송: 가'이[191] 멘'다 카능 이그또 사람매'도[192] 다: 모'하는 게'고, 이'그또 은제 하는 사'레미, 으데뎀 듬 이'우제라고 다: 행' 거 아'이'고 이 동'네도 고'마 하내'이[193] 정'도 벨' 메'는 사'레미 여그 마굼 몸' 메'이까 조' 집'해라도 머 내'이르 우리 쫌' 베' 쫌' 메'다 카마 끄으 그 카우 가우 가서 은제으 그 지 뻬'를 마'타가전[194] 다 멘' 다 메'저이전 조이 데'지.

그엉 기'수리네예?

˝ 그그'뜨 기'수리지 아무나 그언[195] 머.

˝ * *** *.

그'르 하'고느 으, 하'고 나'며너 어'뜨케 미어 베' 매' 주고 나며넌 품:삭 바씀 미'까?

˝ 어 그 머 다므 음'내도 근 바'더야지.

˝ 줄[196], 주'고 인제 그'레찌.

검 그 베'매'는 기'술 그는 살 앙가브져줌'비까, 앙 그'임며는.

˝ 아이 그 바'도 그 잘 모'리는[197] 모'이레[198] 이그 인제' 이그 인제 풀'칠' 하능 게' 여'그서[199] 인지 조'정이 이'따 카'이 프'이[200] 마:이 칠'헤도 저 안 데 '고 저께 칠'헤도 안데'고 인지 베'를 몬 짜니까 이어 풀'칠'하는데 그거 조' 저~'이지[201] 이그 메는' 거사 머 아무 드'가 훌'커[202] 너'르옴 데'는데 이 여 풀칠하능 게 은제 그게 인지 조저~'이라.

풀량'을 어느 정도 한.

˝ 올'치 요레 지:고 머음 머 엄머 어예 한다 카능 거 요고 인제 조'정이라.

되면 되거든, 흐흐흐.

그 예전, 예전에는 그 호리호리한 여자가 별로 안 좋았겠습니다.

￣ 으 그 그렇지 뭐, 여기 참 요새나 그때나 이것 베를 이것 못하는 사람은 또 맨 그때도 맨 많이 있었어.

￣ 아무리 이것을 배운다고 그래도 시집을 와서 배워서 한다고 하는 것은 이것, 이것 베, 이것을 맨다고 하는 것은 그 이 풀칠을 하고 이 손을 가지고 맨다고 하는 것은 이것도 사람마다 다 못하는 것이고, 이것도 인제 하는 사람이, 어쨌든 이웃이라고 다 한 것은 아니고 이 동네도 고만 한 사람 정도만이 베를 매는 사람이 여기 마구 못 매니까 저 집에라도 뭐 내일 우리 집의 베를 좀 매어 다오 그러면, 그렇게 말하고서 가서 인제는 그 집의 베를 맡아서는 다 맸어, 다 매어 줘야, 줘야 되지.

그럼, 기술이네요.

￣ 그것도 기술이지, 아무나 그건 뭐.

￣ * *** *.

그래 하고는 하고 나면은 어떻게 메어, 베를 매 주고 나면은 품삯을 받습니까?

￣ 어, 그 뭐 다만 얼마라도 거기 받아야지.

￣ 주고, 주고 인제 그랬지.

그럼 그 베매는 기술, 그깃은 잘 안 가르쳐 줍니까, 안 그러면은.

￣ 아니, 그 봐도 그것을 잘 모르는 모양이래, 이것 인제, 이것 인제 풀칠을 하는 것이 여기서 인제 조정이 있다고 하니, 풀을 많이 칠을 해도 저기 안 되고 적게 칠을 해도 안 되고 인제 베를 못 짜니까 이 풀칠을 하는데 그것 조정이지, 이것 매는 것이야 뭐 아무나 들어가 훑어 내려오면 되는데 이 여기서 풀칠하는 것이 인제 그것이 인제 조정하는 기술이라.

풀의 양을 어느 정도 한다는 것이.

￣ 옳지, 요래 쥐고 뭐, 뭐 얼마 어찌 한다고 하는 것이 요것이 인제 조정이라.

그이 기'수리드 그'지예.

 예. 어이 기술리지.

아따 그 참' 에에, 그런 기'술 하나 이'써도 참 음, 어 예'저네 대우'는 쫌' 바드 께씀다.

 아: 대'오[203] 바드 대'오 바다찌, 먼 쩌게 내 이:리 마느믄 베' 하르 메주믄 그 지으[204] 가가 또 먼 일'르 해'즈스 떠 그쓰끄레이.

그 다'음 그 보통' 그 명하'고 삼'베은너 한 피'른 기'리가 며'짜나 뎀'미까?

 그케 아께 열찌마는[205] 고 자로 고 머 한두 자', 두 자 정도드 데겐'나, 기'리가 하 하 한 아이 이 기'리가 요 웨, 요레 자로 우리 글때 보'이 머금 멩그'러떤지 사떤지 그른 자'가 이따라, 고고로 언젤 재'냉' 겐 네고 한 피' 네 사십짜로 헤'가주고 사십짜로 헤'가주고 인제 한: 필'로 인제 고래.

사십:짜'가 한 필' 데지여.

 야.

그럼'며느 하루'에 그 잘 짜'는 사람 가'튼 경'우너 베틀'레 안'저서 한 어느 정'도 짤' 수 이씀미까?

아침'에 시작해'서 저녁까지 짜'며너.

대략'.

 그'른데 한 필 짠데 한 일'쭝일 걸린'다 그'등강[206], 그'른데 하루에 이 머 며짜'라 카'드라, 그스 함 아느노느 요꼼 너' 어이 어 열'짜라 카'등깅, 머 얼'매 머머 정도 짠다카든데, 빤질 빵 끕또 빨리 짜는 사'라미 해'이 데, 빨리 짜는 사람 허'믄[207] 이그 우리 바 바도 이그 부'기 언제 드'가따 나가따 하는지 이그 잘 몰'레.

 이건 북 뜨'가면 이겐 순' 바린데 이그 발로 팔리 놀'려야지 이그는 버러져따가 아부'러져따[208] 버러져'따 이레 헤'야 은제 부기 드'가따 나가따 하제.

그 그안 그그뜬 아즈 승년덴 사'암 잘 하'고?

그것이 기술이다, 그렇지요.

˗ 예, 음 기술이지.

아따 그 참, 그런 기술 하나만 있어도 참, 예전에 대우는 좀 받았겠습니다.

˗ 아, 대우를 받아, 대우를 받았지요, 무엇 저게 내 일이 많으면 베를 하루 매어주면 그 집에 가서 또 뭔 일을 해주소, 또 그랬으니까.

그 다음, 그 보통 그 명과 삼베는 한 필은 길이가 몇 자나 됩니까?

˗ 그렇게 아까 했지마는 고 자로 그 뭐 한두 자, 두 자 정도도 되겠나, 길이가 한 아니, 이 길이가 요기 왜, 요래 자로 우리가 그때 보니 무엇으로 만들었든지 샀든지 그런 자가 있더라, 고것으로 인제 재어내는 것은 내고 한 필에 사십 자를 해서 사십자를 해서 인제 한 필로 인제 그렇지.

사십 자가 한 필이 되지요.

˗ 예.

그러면은 하루에 그 잘 짜는 사람 같은 경우는 베틀에 앉아서 한 어느 정도 짤 수가 있습니까?

아침에 시작해서 저녁까지 짜면은.

대략

˗ 그런데, 한 필 짜는데 한 일주일 걸린다고 그러든가, 그런데 하루에 이 뭐 몇 자라고 하더라, 거기서 하면 안으로는 이것이 뭐 어 열 지리고 하든가, 뭐 얼마 정도 짠다고 하던데, 반짓 반 것도 빨리 짜는 사람이 해야 돼, 빨리 짜는 사람하면 이것 우리가 봐, 봐도 이것 북이 언제 들어갔다 나갔다 하는지 이것을 잘 몰라.

˗ 이것은 북이 들어가면 이게 순 발인데 이것 발을 빨리 놀려야지 이것은 벌어졌다가 다물어졌다, 벌어졌다 이렇게 해야 인제 북이 들어갔다 나갔다 하지.

그 그건, 그것도 아주 숙련된 사람은 잘 하고?

⎯ 아이, 야.

⎯ 으 이'그또 또 이 베'도 이거또 사람메'도 다 짠 다 모짠다이, 막 다 몬 짜'꼬 또 이거'또 머 작[209] 배오가주고 덤 멀 더'디라도 짠 사암 이'찌마는.

⎯ ** 또 나무[210] 베도 뜯 뜯 짜 슈스'드 이'꼬, 머 모짜 그 짐 몬 짜~'이까, 으레 이그 쫌 짜' 달:라꼬 또 가따' 주고 머.

그라'마 또 품' 품삭'을 주'든지 가서 이를 해 주그등예.

⎯ 야, 예, 가고, 예, 마저.

금' 보통 그어 이 베 짜'는 기'수른 어'뜨이 시어머니한'테 물'려바씀미까, 앙그 '러며 친정'에서 이미 해가 옴'니까, 보통.

⎯ 친정'에서 헤가주 운' 사암드 이'꼬 아주 또 여 와서 은지 시집 와서 시어마'이인데 인지 베우른 주'로 시어마'이인데 마이 마이 배'우지듬 마이 아이[211] 올' 떼도 아즈 배'아가'주 온' 사암도 이'꼬.

그엄'며 한 머 으 시집살'이 쫌 오래 해'야 그 배'우 다: 배'움미까, 앙 가'면[212] 머 그그또 빨'리 배'움미까?

⎯ 지'그므는 머 오세' 야:드른[213] 머 음석'또 모 해' 멍는 사라믄 이'찌마는.

⎯ 글'떼도 이 이그 베' 몬 짜고 베어 이그 이금 이그 모하른 인 매 항 가'지라, 이건 밀 맹 음석'이 참 잘 모할'마느 금 마 그 고막 그른 저그 텐다 카그.

⎯ 그'래가주 인제 그 디 이'주 지:꾸 배'울라그 에 쓰'지 땅' 그는 머 머 그를 머 그'르 엔나'레는 글' 배'우고 하꼬 할'라고 애 씨'는 그 그'릉 글 또' 아'주 전혀 그는 머 업씨~'이까 아주 생'각또 안 하고 주'로 은제 이글 베'울라꼬 인제 에'르 마:이 씨'고[214] 또 마니 절 한데.

그 예'저네 그 이 머 어'르시느 인제 머 아'페서 베'를 짜'지르 아'느시니까 머 짜'는 부분 대해서는 잘: 모르시게찌마'느, 베' 그 에'를 드'러서 삼베 쩌'가죽 온'다든지 또느 머'야 그 물:레'질하기 정까'지느 어'르시니 마니 아 해줌'미까 그죠?

˭ 아니, 예.

˭ 으, 이것도 또 이 베도 이것도 사람마다 다 짜지, 다 못 짰다, 막 다 못 짰고 또 이것도 뭐 자꾸 배워서 좀 뭐 더디더라도 짜는 사람이 있지마는.

˭ ** 또 다른 집의 베도 또, 또 짤 수도 있고 뭐 못 짜니까, 그 집은 못 짜니까, 으레 이것 좀 짜 달라고 또 가져다 주고 뭐.

그러면 또 품삯, 품삯을 주든지 가서 일을 해 주거든요.

˭ 예, 예, 가고 예, 맞아요.

그럼 보통 그 이 베를 짜는 기술은 어떻게 시어머니로부터 물려받습니까, 안 그러면 친정에서 이미 배워서 옵니까, 보통.

˭ 친정에서 해서 온 사람도 있고 아주 또 여기 와서 인제 시집을 와서 시어머니한테 인제 배우는 주로 시어머니한테 많이 많이 배우지 많이 많이, 아예 시집올 때도 아주 배워서 온 사람도 있고.

그러면 한 뭐 시집살이를 좀 오래 해야 그것을 배우기를, 다 배웁니까, 안 그러면 뭐 그것도 빨리 배웁니까?

˭ 지금은 뭐 요새 아이들은 뭐 음식도 못 해 먹는 사람이 있지마는.

˭ 그때도 이, 이것 베를 못 짜고 베 이것, 이것을 못 하면 인제 똑 한 가지라, 이것은 맨 음식이 참 잘 못하면은 그러면 그 고만 그런 적이 된다고 하고.

˭ 그래서 인제 그 모두 아주 자꾸 배우려고 애를 쓰지, 다른 것은 뭐, 뭐 글을 뭐, 글은 옛날에는 글을 배우고 학교 가려고 애를 쓰는 것, 그, 그런 것을 또 아주 전혀 그것은 뭐 없으니까, 아주 생각도 안 하고 주로 인제 이것을 배우려고 인제 애를 많이 쓰고 또 많이 저렇게 했지.

그 예전에 그 이제 뭐 어르신은 인제 뭐 앞에서 베를 짜지를 않으시니까 뭐 짜는 부분에 대해서는 잘 모르시겠지마는, 베, 그 예를 들어서 삼베 쪄서 온다 든지 또는 뭐 물레질하기 전까지는 어르신이 많이 해줍니까, 그렇죠.

‾ 물:레질'?

아'니 물래질하'기 정까'지너 짜'가[215] 오거'나 어어 삼'때'를 찌'이거 쩌'서 오거'나 또는 질머지'고 와'서 또 삼' 부'레 그 삼'꺼나.

‾ 예, 그 마'저여.

그렁 거'는 만'이 껍질 까능 거까지 어르시느 해주'심미까?

‾ 야 그 뜨 그 끄 그릉 거꺼'진.

‾ 다: 헤 조'이 데 앙 그'럼 그 몬 하고[216] 은제 하'이 주로 인제 그 껍'찌만 껍데'기마[217] 베'껴가주고 고'마 이 아'느로 거그마 아'느로가 채'금[218] 다 저'이 데지, 머 말류'코 이그 머'이 또 쩨'고 하능 건 헌진[219] 다.

그르심'면 그'때 어르시니 그 삼'때' 그 쩌가'즈고 오'시고 이'럼며너, 그땜 머 예저'네 머 저 혹'식 에 생강 나'는 머 일: 가'틍 어[220] 재민'는 이'리나 또느 힘드'러떤 그렁 기'억뜨리 이씁미까, 삼 머 앙 가'먼 쫌' 우'끼는 거라든지 삼'때' 그렁 거 자겁할' 때.

‾ 어 그능 멀로 마로, 아 딴' 머 벨'[221] 저어'는 얻'꼬, 삼 할 때 주론 엔, 에'늠' 머'거지요, 입 디:게'[222] 뜨거불 때 하니까 무척 금 머 뜨거불 떼 하니까 인지 글'뗀 어드가'이[223] 애'러브[224] 떼 머 땅 거는 쓰 별'르 기억이 잘 안나네 올'레 데 가주구요.

그 게'릅 까튼 그그'는 머 아까 어 어 주'로 지붕 이'는데 쓰'곤 다은 근'로는 머 에 어 쓰'는덴 업'씀미까?

‾ 웨 이 저 저이 주로 은제 이 지붕 이'고' 은제.

‾ 허재'비[225] 허수아'비라 그'져 오세'너, 글'때는 우리'는 허제'비르 그르는데 허재'비 할 때' 고롱 고 쪼'메 무'꺼가 요래 서'우고[226] 양짜' 이레 벌려 부고 고머 짤'라가주고 거러 노'음 뭐 근 오'까세 가져 가 가무무 덴'다, 주'로 인제 극 그 가즈어 그글 또 마'이 하고 허재'비르 인제'.

허제'비 세'우는데 애드, 애'드른 그그갇 머 놀곤 아' 함'미까?

‾ ** 꼬찌믄 금 머찌지여, 그언.

￣ 물레질?

아니, 물레질하기 전까지는 쪄서 오거나 어 삼대를 쪄서, 쪄서 오거나 또는 짊어지고 와서 또 삼을 불에 그 삶거나.

￣ 예, 맞아요.

그런 것은 많이, 껍질을 까는 것까지 어르신이 해주십니까?

￣ 예, 그 또, 그 그런 것까지는.

￣ 다 해 주어야 돼, 안 그럼 그것을 못 하고 인제 하니 주로 인제 그 껍질만, 껍데기만 벗겨서 고만 이 안으로 그것만 안에서 책임을 다 져야 되지, 뭐 말리고 이것 뭐, 이 또 찢고 하는 것은 거의 다.

그르시면 그때 어르신께서 그 삼대를 그 쪄서 오시고 이렇게 하면, 그때 뭐 예전에 뭐 저 혹시 생각나는 뭐 일 같은 것, 재미있는 일이나 또는 힘들었던 그런 기억들이 있습니까, 삼 뭐 안 그러면 좀 웃기는 것이라든지, 삼대 그런 것 작업을 하실 때.

￣ 으, 그런 말로 말로, 아 다른 뭐 별 것은 없고, 삼을 할 때 주로 애는, 애는 먹었지요, 이 아주 더울 때 일을 하니까 무척 그럼 뭐 더울 때 하니까 인제 그때는 어지간히 어려울 때 뭐 다른 것은 별로 기억이 잘 안 나네요, 오래 되어 가지고요.

그 겨릅 같은 그것은 뭐 아까 주로 지붕을 이는데 쓰고는 다른 것으로는 뭐 쓰는데 없습니까?

￣ 왜 이 저, 저 주로 인제 이 지붕을 이고 인제.

￣ 허수아비, 허수아비라 그러지 요새는, 그때는 우리는 허수아비라고 그르는데 허수아비를 만들 때 그런 것을 조금 묶어서 요래 세우고 양 쪽에 이래 벌려 버리고 고만 잘라 가지고 걸어 놓으면 뭐, 그 옷가지를 가져가서 감으면 된다, 주로 인제 그, 그것을 가지고 그것을 많이 하고 허수아비라고 인제.

허수아비 세우는데 애들, 애들은 그 그것을 가지고 뭐 놀곤 안 합니까?

￣ ** 꽂으면 그럼 멋지지요.

￣ 애'드른 머 그 까'주고 먼 노'지도 몬'타고 금 마 말'라 부믄 또 매'기 업
'써' 잘 뻐'어쩌 뿌래 뚝뚜 뿌르져뿐너.

그 혹'신 머 애'들 어 활쏘'기 하'는데 이릉 거 할'때로 그릉 그 활' 이 어 화'살
로 쓰'고 그런지는 안 씀미까?

￣ 그 그거 그그 호.

￣ 그그 꿀'또 안 하곰 이 송까라'보다 송까'락 이그 삼부니 일 들'라, 그
그른데 그 금 호 활떼'도 안, 데도 아 한드 앙끄도 근 머.

￣ 근 아'들레 그 삼 그 베'끼 노'흔 데이 베끼 가지 이시'믄 아들 그 올라
가믄 금 뎅기'도 모'템 미끄러버갸즈어 머 올로소 누라 아는 사람헌테 그
발버따 그므 야꺼 삐딱하면 그대'로 나가뿐드.

￣ 그 떼미'네 거이직 게'락 까주오는 머 절 머 별'론 저걸 안 해'쓰.

˗ 애들은 뭐 그것 가지고 뭐 놀지도 못하고 그럼 고만 말라버리면 또 맥이 없어서 잘 부러져 버려 뚝뚝 부러져 버려.

그 혹시 뭐 애들 어 활쏘기를 하는데 이른 것을 활대로, 그런 그 활, 이 화살로 쓰고 그러지는 않습니까?

˗ 그 그것, 그 혹시.

˗ 그것이 굵지도 안 하고 이 손가락보다 손가락 이것의 삼분의 일이 될라, 그런데 그것 활대도 안, 되지도 안 한다, 아무 것도 그 뭐.

˗ 그것은 아이들 그 삼을 그 벗겨놓은 곳에, 벗겨서 있으면 아이들이 거기에 올라가면 그 다니지도 못 해, 미끄러워서 뭐 올라서서[227] 누구라도 아는 사람이 그 밟았다고 그러면 약간 삐딱하면 그대로 나가떨어져.

˗ 그 때문에 거의 겨릅을 가지고는 뭐 별로 저것을 안 했어.

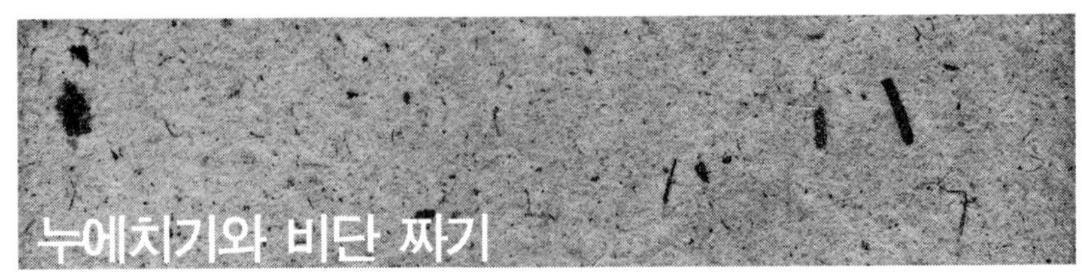

누에치기와 비단 짜기

어, 어'르신 그'엄 어 그 누'에는 이 동네엔 쳐'씀미까?

￣ 아: 누'에어 울'뜸[228] 누'엔 마:이 미'게찌여.

￣ 마이 미겐'니더, 지'그른 안 하지.

요즘' 아 하'지마느.

￣ 글'때는 마~'이 미겐'니더, 예.

그 누'에를 가'며 언제쯤부'터 해'씀미까, 누'에너?

￣ 안:: 너[229] 누에도 은제 아 아주 해동해 지 찌 쩌 뽕' 뽕' 이퍼'리가 나와야 인제 누에가 이 은 나온내구.

그' 저'어기 느엡 누'에 아니 이 동:네'에서 누'에 하'신 지'가 어르신 절'머쓸 때부터 하'셔씀미까, 언제부터 하'쎠씀**?[230]

￣ 예', 내'가 절'믈 때'아이[231] 헤'꼬, 나 말 머그러꼬[232] 누 누에 가즈 고'마 안 헤'쁘러꼬, 절'믈 때는 울또 누에를 마이'느 아 헤도 해'연[233] 참 누에 ㄴ 그으 끄 미'게서 거따 팔고 은제 ㅇ. 그 돈' 가주고 인제 이론 **시오[234] 그레지.

그'엄 누'에 또 이 여'이 누에 친'다 그람미'까, 누'에 머라, 머'긴다 함'미까?

￣ 예, 아 여'그도 맹:.

￣ 아: 누'에 친'다 그레찌.

누에 치'면.

￣ 천'다 거기도 하고.

￣ 누'에 미겐'다 그'기도 하고 머.

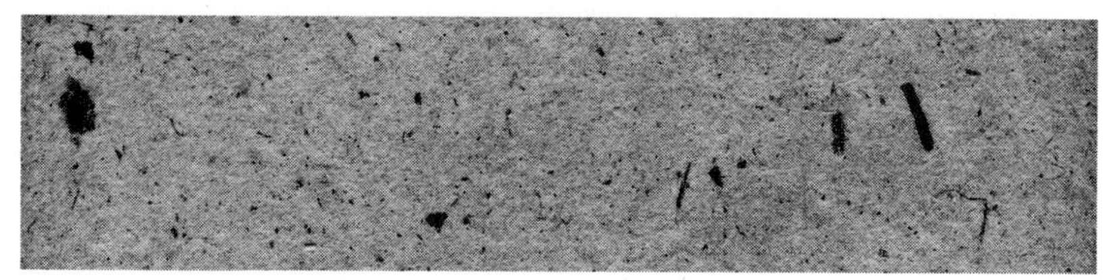

으, 어르신 그럼 그 누에는 이 동네에서는 쳤습니까?

― 아 누에는, 우리도 누에는 많이 먹였지요.

― 많이 먹였습니다, 지금은 안 하지.

요즘은 안 하지마는.

― 그때는 많이 먹였습니다, 예.

그 누에를 그러면 언제쯤부터 했습니까, 누에는?

― 아, 누, 누에도 인제 아주 해동해서 저 뽕, 뽕 이파리가 나와야 인제 누에가 나온다고.

그 저기 누에, 누에 아니 이 동네에서 누에 하신 지가 어른 젊었을 때부터 하셨습니까, 언제부터 하셨습니까?

― 예, 내가 젊을 때부터 했고 나이가 많이 먹어서 누에를 아주 고만 안 해버렸고, 젊을 때는 우리도 누에를 많이는 안 해도 매 년 참 누에 그것을 먹여서 가져다 팔고 인제 그 돈을 가지고 이렇게 ⁗ 쓰고 그랬시.

그럼 누에를 또 이 여기서 누에를 친다고 그럽니까, 누에를 뭐라, 먹인다고 합니까?

― 예, 아 여기도 맨.

― 아, 누에를 친다고 그랬지.

누에를 치면.

― 친다고 그러기도 하고.

― 누에를 먹인다 그러기도 하고 뭐.

누'에 미기'거나 침'면은 응게[235] 에'저네 음 고'또 오래 데'따 그'지예.

***.

⎯ 오레 데'찜.

그러'며 이 누'에늘 치'[236] 가'주고 주'로 팔 고'치 팔'기만 파'라씀미까, 앙 그러'면느 여기 에 그걸 여'기서 멉 비'단늘 짜'씀미까, 짜'기도 해'씀미까 고치 실 까 주고.

⎯ 아:: 우리'는 머' 그글 음 업따 보~'이 이건 이 오'슬 헤'이 머 푸러가주 오'슨 헤 입찐' 안 헤'꼬 니이 이'우제넘 머'드 머스한 사'라믄 또 쩐 기'양 사는 사라므넌 자기 미'에'가주고 자기가 그 그거뜨 드 실'로 멩그'라서 오'슬 헤 이'븐 사헤민 ** **마 인니'더.

그럼'며느 그 음 그 보통 누'에 글 치'를려며너 어 그 뽕'나무가 이'써야 데'지 안씀미까?

⎯ 뽕나무가 이'서야 덴드 뽕나무 글'땐 누이 멘'다끔 쩔 머 인 바뚜'그러 븜 하고 쯤 머 바:떼 그 쪼메끔 한 데는 뽕낭'그료[237] 마'이 숨'머찌요[238].

주'로 바'테 시머씀미?

⎯ 예 야.

⎯ 바'테 수'무고 바뚜'구로[239] 인제 마 저'런데 숭거가주고[240] 인젠 머 이 레끄드, 머 업'씨믄 누에르 몬 미게'자네, 뽕낭구' 업'씨므 누에르 누에는 뽕 아이므 딴 니그[241] 땅 그'를 머'찌르 안 하이까 뽕' 아이'면,

그'엄 누'에 뽕'을 그'냥 뽕마 그 함'미까, 앙 그'암 야생 뽕'도 쯤?

⎯ 아 모:지'레른 저 멀'리 저 아주 프'른 사네 여 보'이는 점 먼 사네꺼 즘[242] 뽕' 따러 가'이[243] 데, 뽕 따가주 와'이 데이[244].

그'어 그 야 그냥 암 누에 아 아 뽕' 심'찌 아능꼬 야생뽕'도 이'서씀미까?

⎯ 야, 사네 가'른 마'이 이'찌여.

그엄 머.

머 무슨 뽕'이라 그럼미'까, 그'느.

누에를 먹이거나 치면은, 치는 게 예전에 음, 그것도 오래 되었다 그지요.

***.

⌐ 오래 되었지.

그러면 이 누에는 쳐서 주로 팔, 고치를 팔기만 팔았습니까, 안 그러면은 여기 그것을 여기서 뭐 비단을 짰습니까, 짜기도 했습니까, 고치 실을 가지고.

⌐ 아, 우리는 뭐 그 없다 보니[215] 이것을 이 옷을 해, 이것을 풀어서 옷은 해 입지는 않았고 이 이웃에는 뭐 뭐한 사람은 또 좀 그냥 사는 사람은 자기가 먹여서 자기가 그, 그것도 실을 만들어서 옷을 해 입은 사람이 ** ** 뭐 있습니다.

그러면 그 보통 누에를 치려면 그 뽕나무가 있어야 되지 않습니까?

⌐ 뽕나무가 있어야 되는데 뽕나무가 그때는 누에를 먹인다고 저 뭐 밭둑으로 하고 좀 뭐 밭에 그 조그만 한 곳에는 뽕나무를 많이 심었지요.

주로 밭에 심었습니까?

⌐ 예, 예.

⌐ 밭에 심고 밭둑으로 인제 저런 곳에 심어서 인제 뭐 이렇게 했거든, 뭐 없으면 누에를 못 먹이잖아, 뽕나무가 없으면 누에를, 누에는 누에는 뽕이 아니면 다른 잎을, 다른 것을 먹지를 안 하니까 뽕이 아니면.

그럼 누에 뽕을 그냥 뽕만 그렇게 합니까, 안 그럼 야생 뽕도 좀?

⌐ 아, 모자라면 저 멀리 저 아주 푸른 산에 여기서 보이는 저 먼 산에까지 뽕을 따러가야 돼, 뽕을 따서 와야 되니.

그, 그 야생, 그냥 아 누에 아 뽕을 심지 않고 야생 뽕도 있었습니까?

⌐ 예, 산에 가면 많이 있지요.

그럼 뭐.

뭐 무슨 뽕이라고 그럽니까, 그것은.

￣ 그'으는 삼뽕'.

삼뽕?

￣ 예.

삼뽕'이 조'씀미까 지'베서 그어 짝' 길'런는 뽕나무 뽕'이 나'씀미까?

￣ 지'비[246] 길렁 거 훌'선[247] 나찌, 지'비 길런는 거'는 이 여 우리'가 사'다 숭거시'이[248] 이퍼'리가 이'레 넉'꼬[249] 사네 꺼느 아주 쫍'지비, 쪼메끔 하지여 삼뽕'은.

음 날'쑤가[250] 안'난다 그지* 저.

￣ 안 나 안 나지 건 암만 따' 바야 그'언 머 누에 거 그 머 여이.

￣ 예기 이마끔 항 그 너'분 거'는 그 음 가따 데' 노므 한 마'리도 그는 머 시'큰 먹'찌마느 저'거는 멘'나 데'야 머겅가 무 시'큰 머'그이까?

￣ 으 삼뽕' 인제 모자라'머 삼뽕' 따'러도, 예.

￣ 어어, 삼뽕' 따'러 마이 가찌.

어 삼뽕:: 삼뽕' 머'근 누에하'고 지뽕' 머'근 누에하'고 누'에가 쪼금 튼실항'게' 쯤 다름미까?

￣ 그'그는 그'그는 누 구'별음 음 모'텐'니더.

￣ 웨냐 그'먼 이'거 음 사 고 뽀~'이 모:지레가주고 삼뽕'을 가뜨 미게'씨'이까[251] 마저이 이'건 멀 지'비 꺼 다: 미게'코 하웅 지비 꺼 거이 미게'믄 이 그 암 누'엔 하나 거이 한 다 굴'거따고 바이 데그더.

검 뽕: 그거 뽕'나'무'는 그 아까'으 바'치나 양 그'암 받두'게나 언덕 이런 데 시'머 노'은데 머 길'러 어 머 어 쯤 거르'믈 주'고 해'야 뎀'미까 앙 그'암 심머나' 우머 뎀'미까?

￣ 바뚜'게 숭'거 농' 거'는 그 우'에 바테 머 그라 노'이깐 비오고 하'믄 쯤 그' 흘'러 내러 가이까 그'으늠 앙 그'라도 그는 자연지'그로 머 근 멀 조하지'니더, 에.

￣ 금' 머' 앙 고 아 그 그름 아 하'오 거 안 주'도 그럴 앙 그'러도 어 겐찬'타 그

˥ 그것은 산뽕.

산뽕?

˥ 예.

산뽕이 좋습니까, 집에서 그 쭉 기른 뽕나무 뽕이 낫습니까?

˥ 집에서 기른 것이 훨씬 낫지, 집에서 기른 것은 이 여기 우리가 사다가 심었으니 이파리가 이렇게 넓고 산의 것은 아주 좁지, 조그만 하지요, 산뽕은.

음, 수확량이 적다 그죠, 저기.

˥ 안 나, 안 나지, 그것은 아무리 따 봐야 그것은 뭐 누에 뭐 여기.

˥ 여기 이 만큼 한 것, 넓은 것은 그 가져다 대 놓으면 한 마리도 그것은 뭐 실컷 먹지마는 저것은 몇 낱이 되어야 먹을까, 못 실컷 먹으니까?

˥ 으, 산뽕은 인제 모자라면 산뽕을 따서라도, 예.

˥ 으, 산뽕을 따러 많이 갔지.

음, 산뽕, 산뽕을 먹은 누에하고 집뽕을 먹은 누에하고 누에가 조금 튼실한 것이 좀 다릅니까?

˥ 그것은, 그것은 누에를 구별, 못 했습니다.

˥ 왜냐 그러면 이것은 음 그 뽕이 모자라서 산뽕을 가져다 먹였으니까, 맞아요 이것은 뭐 집의 것 다 먹였고 하면 집의 것 거의 먹이면 이것 아마 누에는 벌써 거의 굵었다, 굵었다고 봐아 되거든.

그럼 뽕 그것, 뽕나무는 그 아까 밭이나 안 그럼 밭둑에나 언덕 이런 데 심어놓았는데 뭐 길러야, 어 뭐 좀 거름을 주고 해야 됩니까, 안 그럼 심어놓으면 됩니까?

˥ 밭둑에 심어 놓은 것은 그 위에 밭에 뭐 걸우어 놓으니까 비오고 하면 그것이 흘러내려 가니까 거기는 안 걸우어도 자연적으로 뭐 좋아집니다, 예.

그럼 뭐 그 거름을 안 하고 거기에 안 주어도, 그렇게 안 걸우어도 괜찮다,

지예?

﹣ 예, 예예.

언 거 뽕으엉 뽕'나'무'는 시머 노'면 한' 머 바로 그 해부터 머'김미까, 앙 그'암 쫌 지'나야 뽕' 그어 함'미까?

﹣ 야: 숭거 노'믄 그 그 헤'든 머 멈 크'진 아 하지만 머 쪼매'도 미게'꼬 또 한 헤 지'내야 은제 뽕나~'이 크'믄 글'떼는 쪼금 마이 미게'든지.

그엄 뽕:은 그 누'에 머'길 때 뽕'을 거'기서 뽕입'맘 따가'주 옴'미까, 앙 그'암 며너 가직까'지 쳐가'주 와'서 지'베서 땀'미까?

﹣ 야: 은제 뽕'으넌 한 헤 무'키먼, 인제 헤에 저엔 하네' 무'켜가주고 낭글 비:는데 대궁'이가 이레 이시'먼 이레 올라가지, 머 가지가 추추 인제 뺑가저[252] 나온단 마리아, 그'러고 인제 에 하낼' 두: 출[253] 미게'꺼든, 갈: 가을누에 미겔' 떼'는 이퍼'리마 따'다가 점부 다 미게'코 보'메 인제 미겔' 떼'는 점 가'진은 나드르[254] 가서 다 쪄'다아 지'게르 질무지'고[255] 와서 그 이퍼'리 하나강[256] 따가'주고 인닌 누'에를 주고, 아: 인제 가을 누에는 낭글 쪄'뿌믄 상도~'우 그 몬' 사르나이까.

﹣ 대궁'이 해 나두고 이퍼'림마 가으레 가주고 또 잘모 따뿌'미니 또 네 여'네 으 뽀~'이 안 데'이까 가으'레 가 탄 타나으 다 찌'버 가주고 인제 그레 조 조꼬 인제 그.

그 근 누'에 그럼'벼느 아 어 뽕'을 인젠 은 봄' 봄'누'에 머'일 때'너 가지 쳐'도 데'고 가을누'에느 인제 뽕'이블 조심하'에서 따'야 덴'다 그'지예?

﹣ 예예, 가지 쳐' 떼고, 아, 예, 예예, 예, 마저, 예, 예.

그'엄 뽕' 그어 가튼 경'우에 그 머 누'에 비' 오고 나'섣 뽕'에 물 무등 거 주'두 뎀'미까?

﹣ 아:, 안 데'지여.

﹣ 절'때르 물' 무등 거, 그어 멀 뜸무리[257] 즈 머' 진단'무리라당간 그름 므 이서도 안 데고, 그으름 마 아주 깨'끄제데지 머 금 흘'기 무더도 안:

그죠?

　ⁿ 예, 예 예.

　으 그 뽕은, 뽕나무는 심어 놓으면 한 뭐 바로 그 해부터 먹입니까, 안 그럼 좀 지나야 뽕을 그 먹입니까?

　ⁿ 아, 심어 놓으면 그 해든 뭐 크지는 않지만 뭐 조금이라도 먹였고 또 한 해가 지나야 인제 뽕나무가 크면 그 때는 조금 많이 먹이든지.

　그럼 뽕은 그 누에를 먹일 때 뽕을 거기서 뽕 잎만 따서 옵니까, 안 그러면은 가지까지 쳐서 와서 집에서 땁니까?

　ⁿ 아, 인제 뽕은 한 해를 묵히면, 인제 올 해에 저기는 한 해 묵혀 가지고 나무를 비는데 줄기가 이래 있으면 이래 올라가지, 뭐 가지가 쭉쭉 인제 뻗어 나온단 말이야, 그리고 인제 한 해에 두 철을 먹였거든 가을, 가을누에 먹일 때는 이파리만 따다가 전부 다 먹였고 봄에 인제 먹일 때는 전부 가지는 낫으로 가서 다 쳐다 지게를 짊어지고 와서 그 이파리 하나씩 따서 집에 있는 누에를 주고, 아 인제 가을누에는 나무를 쪄 버리면 삼동에 그 못 살아나니까.

　ⁿ 줄기를 해서 놓아두고 이파리만 가을에 가지고 또 잘못 따버리면 또 내년에 뽕이 안 되니까, 가을에 가서 하나하나씩 다 집어서 인제 그렇게 줍고 인제, 그.

　그 누에, 그러면은 아, 뽕을 인제 봄, 봄누에를 먹일 때는 가지를 쳐노 뇌고 가을누에는 인제 뽕잎을 조심하여서 따야 된다, 그지요?

　ⁿ 예, 가지를 쪄서 떼고, 아, 예, 예예, 맞아, 예, 예.

　그럼, 뽕 그것 같은 경우에 그 뭐 누에에게 비가 오고 나서 뽕에 물이 묻은 것을 줘도 됩니까?

　ⁿ 아, 안 되지요.

　ⁿ 절대로 물이 묻은 것, 그어 뭐 진딧물이, 인제 뭐 진딧물이라든지 그런 것이 뭐 있어도 안 되고, 그것은 고만 아주 깨끗해야 되지, 뭐 흙이 묻어

데'고 그 아주 깨'끄데이.

앙 그'암 병'이 잘.

⎯ 아유 그언 머 병' 오'능 거' 거'거는 몰'레도 몰르 어'른들 불 때 미게'능[258) 보'이까, 이거나 뽕'은 아즈 멀 음 머 무'드이까 머 이 따'꺼뿌고 주'고

⎯ 음 그래 머 아주 또 물'끼' 이시머 안데'고.

물'끼 이'쓰면 다: 따'꺼가' 주고.

⎯ 예, 다 따'꺼가 주'고, 앙 그'르믄.

⎯ 비 온'다 시'프므 아주 사저'네 비'가 마야시므[259) 사저'네 저레 주'레 거르 노'콘 가따 거'르 나이 데'임 물또 이드 다 물 삐여가즈다가 주고.

그'럼 비올' 끄 가'튼며느 뽕' 따'러 막 빨'리 가'야 데'네.

⎯ 야, 빨리 가야 데'고.

⎯ 머 하다하다 비'가 게속 오'면 비오'는데 가가 쩌'다가 저'런데 가따 인제 거'러 노'으면 무'리 뻐'진다, 쓰지면 주고 ****.

그'엄 뽕'은 예를 드러서 머 봄뽕'은 쩌'가'주 와'서 여서 따'니까 별로 관게 지'게 질머지'고 와'서 하면 데'는데 바:지'게나 그 에를 드러서 가을뽕' 가'트 경'우는 따'가 다'마야 델'꺼 아임'니꺼?

⎯ 다'마야지.

음, 어'디에 다'마 옴'니꺼?

⎯ 그거 그'거또 데레'끼나 머 이'제 봉쎄'기나 이 이'런데 가지고 따다마.

⎯ 인제 가을 누'에는 벨로 안 미겨'찌요, 머시한 사'라믄 인제 쫌' 자기 지'베 인제 고 머 조:흔 오'슬 인제 그그르 은제 명주오'시라 그러거든 이제 누에 가 헨'넌 거'는 그 멩주오'시라 카는데 그 인제 우'떼[260) 헤' 이블라고, 자기 집' 지'베서 헤' 이블라꼬 하는데 조으메' 그느 가을누'에느 잘 안 미기지 에:를 머'그~이까.

도 안 되고 그 아주 깨끗해야 돼.

안 그럼, 병이 잘 들고.

˝ 아유, 그것은 뭐 병이 오는 것, 그것은 몰라도, 몰라 어른들을 볼 때 먹이는 것 보니까, 이것이나 뽕은 아주 뭐 음 뭐가 묻으니까 뭐 이를 닦아 버리고 주고.

˝ 음, 그래 뭐 아주 또 물기가 있으면 안 되고.

물기가 있으면 다 닦아서 주고.

˝ 예, 다 닦아서 주고, 안 그러면.

˝ 비가 온다 싶으면 아주 사전에, 비가 맞았으면 미리 저래 줄에 걸어 놓고 가져다 걸어 놓아야 되고[261], 물도 이 다 물을 빼서 주고.

그럼 비올 것 같으면은 뽕을 따러 빨리 가야 되네요.

˝ 예, 빨리 가야 되고.

˝ 뭐 하다하다 비가 계속 오면 비오는데 가서 뽕가지를 쪄다가 저런 데 갖다 인제 걸어 놓으면 물이 빠진다, 빠지면 주고 *****.

그럼 뽕은 예를 들어서, 뭐 봄뽕은 쪄서 와서 여기서 따니까 별로 관계가, 지게에 짊어지고 와서 하면 되는데 바지게나 그 예를 들어서, 가을뽕 같은 경우는 따서 담아야 될 것 아닙니까?

˝ 담아야지.

음, 어디에 닦아서 옵니까?

˝ 그거, 그것도 다래끼[262]나 뭐 이제 멱둥구미나 이 이런 데 가지고 가서 따서 담아야.

˝ 인제 가을누에는 별로 안 먹였지요, 무엇한 사람은 인제 좀 자기 집에 인제 그 뭐 좋은 옷을 인제 그것을 인제 명주옷이라 그러거든, 이제 누에를 가지고 한 것은 그 명주옷이라고 하는데, 그 인제 어찌 해 입으려고 자기 집, 집에서 해 입으려고 하는데 좀처럼 그것은, 가을누에는 잘 안 먹이지, 애를 먹으니까.

돔누'에보'다는[263] 가을누'에가 더' 힘'든다, 뽕' 딸'라 그'러먼.

‾ 힘'드'지요, 야, 야.

봉세'기느 머' 머'롭?

‾ 봉세'기라 카는 거'는 인제 멘 지'플 가지고 멘'그른 기, 흐흐흐.

크'기가 어느 정'도 ***?

‾ 머 크'기는 너무 크노'먼 또 뽕'닙 따가주고는 마~'이 큰 거는 지게 질'머지고 가서 가따 지'게 가따 고'아[264] 노코 따가지고 인제 니르오고, 안 그'러먼 인제 머 이윽[265] 큼' 보' 그'틍 거 이 처메[266] 그'튼 큰 보' 그'튼 거 가따 노코 따가주고 이 무꺼가 지'게 질머지'고 오고, 야: 이'고 오'기도 하지.

여'자들 이'고 오기'도 하'고.

그 으 그'람 뽕' 뽕'은 그'럼며는 뽕'만 따'고 그 뽕' 열매' 열리'지예?

‾ 아이 마~'이 열엳'찌여.

그 머'라 그'럼미까?

‾ 오디'.

오디'르 머 주'로 그냥 에'들 간식꺼'리로 따머'끼만 함'니까, 안 그라마 그'거 또 어데 따'가 어디 쓰'고 핻'씁니까?

‾ 그거'는 머 쓰'진[267] 거'는 업'꼬 우리또 주로 마~'이 따먹'꼬 그거는 가따 술 담구'꼬[268] 지'금도 오세'도 멘 그' 따'다가 술 다므고**.

맏슴**.

그으'기 인자 그라'마 누'에를 그거 은자 보'메 누'에는 은제쯤 시작함'니까, 봄 누'에 가틍 경우너?

‾ 봄누에는 이그 은제고 마고 뽕이퍼'리가 피'야 덴다 카이, 뽕이'피 나와야 인제 누 누'에가 이'거또 머 우리'가 그 제조하능 거또 아이고 며:네서 이거 이 이거 저 누'에 그거이 세끼 알로 알로 요레 부'쳐여는가 요레.

봄누에보다는 가을누에가 더 힘 든다, 뽕을 따려고 그러면요.

˘ 힘이 들지요, 예, 예.

먹둥구미는 뭐, 무엇인가요?

˘ 먹둥구미라고 하는 것은 인제 맨 짚을 가지고 만든 게, <u>흐흐흐</u>.

크기가 어느 정도 ***?

˘ 뭐 크기는 너무 커 놓으면 또 뽕잎을 따 서는 많이 큰 것은, 지게를 짊어지고 가서 가져다, 지게를 가져다 괴어 놓고 뽕잎을 따서 인제 내려오고, 안 그러면 인제 이것 큰 보자기 같은 것, 이 치마 같은 큰 보자기 같은 것을 가져다 놓고 따서 이것을 묶어서 지게에 짊어지고 오고 아, 이고 오기도 하지.

여자들은 이고 오기도 하고.

그 그럼 뽕, 뽕은 그러면은 뽕만 따고 그 뽕나무에 열매가 열리죠?

˘ 아, 많이 열렸지요.

그 무엇이라고 그럽니까?

˘ 오디.

오디를 뭐 주로 그냥 애들의 간식거리로 따서 먹기만 합니까, 안 그러면 그것도 어디에 따서 어디에 쓰고 했습니까?

˘ 그것은 뭐 쓰인 것은 없고 우리도 주로 많이 따서 먹고 그것은 가져다가 술을 담그고 지금두 요사이도 맨 그것을 따다가 술을 담그고 **.

맞습**.

거기 인제 그러면 누에를 그거 인제 봄에 누에는 언제쯤 시작합니까, 봄누에 같은 경우는?

˘ 봄누에는 이것 언제고 말고지, 뽕 이파리가 피어야 된다고 하지, 뽕잎이 나와야 인제 누, 누에가 이것도 뭐 우리가 그것을 제조(製造)하는 것도 아니고 면에서 이것, 이것 저 누에 그것이 새끼 알로, 알로 이렇게 붙었는가, 이렇게.

아'를.

- 한지베 으' 으'마큼[269] 네가 신청하는 데'로 달라카먼 인제 고레 인제 알로 씨'르 씨'런는[270] 고느 요레 조'이 데, 우 우리가 머 우리 머 참 저'한 사라믄 지'베서 이거 누에 저 꼰'치르[271] 멩그'러서 고 한식 하면 고' 나비가 나오그'등, 그 나와가지고 둠'마리머 데'머는 아 알로 자기 지'베서도 할 수 이서 그런데 이거 보과늘 간수'를 잘 몯 한타 카이.

그'엄 아'를 그엄 바다와'서 그 어 그 담' 어'떠케 함'니까?

- 고고 인'제 고'런 요레 조'오[272] 쪼가리든 요:레 되'면 우리 근 제 우리가 신청하면 고레 나오'면 고걸 따뜯:한 데 요레 나두'면 가마::[273] 나두'믄 봉'은[274] 마 알또 머 똥 머 서숙' 알래'임마 알 알만콤 헤', 고레 따따따따 부'트서 자꾸 **.

- 고 따뜯한 데 요'레 나두'면 요'서 누에가 생게나와 그 때 꼬물꼬물 그'먼 글' 떼는 뽕이퍼리 나와스마 뽕입 따'다가 인제 칼로 인제 난도질헤'야[275] 데'지, 하: 써러서 약:간 주'먼 고'노미 인제 머꼬 머꼬 차차 머'그면 인제 손까락만 한 헤'지지.

그'엄며느 으 누'에가 한 얼'마나 머기며넌 고'치가 뎀'미까?

- 아:: 누에가 자물[276], 삼:자믈 자야 데' 삼:잠, 자물 세 분 자이 데'는 데 일쭈이레 함 부'스 자지 접'따[277], 일쭈일마네 함 분 세 분 자므는 고마 글'뗀 누에르 이레 보'너 근세 마 그'기도 기'수리 이'서야 된'다, 앞 아'페 이레: 들고 보'면 이것 뭔:게' 꽈:악 차가지고 노::라타, 글'떼는 하마 뽕 조바야 하마 지 하마 시가~'이 데'믄 절'떼로 안 머'거 안 머'꼬 엄 올라가서 어데 가서 자기 지'블 지'을라꼬.

- 그래 데'머 은제 으 고데:로 나두고 인지 저 사네 머 소까'비나[278] 여머 저 그 참나무 줄'기나 가따가 그 인제 누에 칸칸이 헤놔'뜬 데 그 가따 꼬::옥 쏘워[279] 노먼 지:가 그 자기가 그 낭게 다: 올라가 올라가면 인제 지'블 그 전부 다 짇'찌.

알을 .

˝ 한 집에 얼마만큼 내가 신청하는 대로 달라고 하면 인제 그렇게 인제 알을 슬어, 슬었는 그는 이렇게 줘야 돼 우, 우리가 뭐 우리 뭐 참 그런 사람은 집에서 이것 누에 저 고치를 만들어서 그 한식(寒食)이 지나면 그 나방이 나오거든, 그 나와 가지고 두 마리만 되면은 알, 알로 자기 집에서도 할 수가 있어, 그런데 이것 보관을, 간수를 잘 못 한다고 할 수 있지.

그럼 알을 그럼 받아 와서 그, 그 다음에 어떻게 합니까?

˝ 그것 인제 그런 요래 종이 쪼가리든 요래 되면 우리 그때 우리가 신청하면 고래 나오면 고것을 따뜻한 곳에 요래 놓아두면 가만히 놓아두면, 보면 고만 알도 뭐, 똑 뭐, 조 알갱이만한 알, 알만큼 해, 그렇게 따따따따 붙어서 자꾸 **.

˝ 고 따뜻한 데에 요래 놓아두면 여기서 누에가 생겨 나와 그때 꼬물꼬물거리면 그때는 뽕이파리가 나왔으면 뽕잎을 따다가 인제 칼로 난도질해야 되지, 아주 썰어서 약간 주면 그놈이 인제 먹고, 먹고 차차 먹으면 인제 손가락만 하게 커지지.

그러면은 음 누에가 대략 얼마나 먹이면 고치가 됩니까?

˝ 아, 누에가 잠을, 세 잠을 자야 돼 세 잠, 잠을 세 번 자야 되는데 일주일에 한 번씩 자지 싶다, 일주일만에 한 번, 세 번 자면 고만 그때는 누에를 이렇게 보면, 그런데 뭐 그것도 기술이 있이야 된다, 앞, 앞에 이렇게 들고 보면 이것이 뭔가 꽉 차서 노랗다, 그때는 하마 뽕을 줘봐야 벌써 자기가 벌써 시간이 되면 절대로 안 먹어, 안 먹고 올라가서 어디에 가서 자기 집을 지으려고.

˝ 그래 되면 인제 그대로 놓아두고 인제 저 산에 뭐 솔가지나 여기 뭐 저 그 참나무 줄기나 가져다가 그 인제 누에를 위해 칸칸이 해놓았던 곳에 그것을 가져다 꼭 씌워 놓으면 자기가 그 자기가 그 나무에 다 올라가서 올라가면 인제 집을 그 전부 다 짓지.

그'라며는 으 삼:자'믄 한' 자'믄 며칠 걸립니까, 한' 자'믄.

ㅡ 글케 한 일'쭈일.

에.

ㅡ 처'으멘 일'주일 아: 마지막 짜'메는 머 한 오육일 그리 자'버.

아: 그러며'는 으 으 한' 일'쭈일씩 내지 오육일씩 한' 삼잠'을 자'야 *** 누에 누에 지:러' 곤치 지:러' 올라간'다 그'지예.

그'엄며느 고'치 그: 삼잠 자'고 고치 그 올려놓'으며는 그엄'며느 함 메칠' 지남며느 또 고'치가 와으 와앙²⁸⁰⁾ 거 *** 단단헤집니까?

ㅡ 한 일'쭈일 데'여.

그엄'며는 일'주일 데'며느 그엄 고'치 따냄'니까?

ㅡ 글'떼는 인제 이거 꼬'지지'블²⁸¹⁾ 다: 지'앉시면 이'레 드러보'면 아므 소므 아무' 소'리 안 나 처'으메 은제 메'칠 디'내고²⁸²⁾ 한 사오일 디'내고 메 이'레 드러보'면 그 아'네서 바:작 바:작 소'리가 나는데 자꾸 지'블 진니'라고²⁸³⁾ 처 처'으메 할' 떼는 크'게 머 이레 마:악 헐찌'블 이'레 크'게 지어가지고는 처으메느 웨 차차 쪼메: 져'어가 자기 지 드'가가지고 게::속 져'가지고 다 져'뿐만 고 아네느 그 머 저 저 누에가 아~이고 꼰데'기라, 꼰데'기라 그'지 뻔데'기 가지고.

꼰데'기?

ㅡ 꼰데'기 빨간 서 그거 믹자네, 우리'도 그거 마~이 머'거찌마느 고'레데'뿐다, 카이.

꼰데'기가 데'가.

ㅡ 고'레고 인제 고'레 데가지고 또 이걸 너무 오'레 나도'도 안 데고 글떼 한 번 따면 다:아 까가'주고 또 여까꾸²⁸⁴⁾ *** 농'혀베 인'제 가따 파라야 데', 가따 바치는데 이시~'이까, 마저 그기 가따 팔고 또 안 그러면 마느 먼 지'베 온 헤 온 쫌 헤 이'블따 시'프면 집 좀 나두고 그 또 물' 펄펄 끌는데 그 느'믈 여'어가지고 그거 또 실'로 메'그러 네'야 데'.

그러면 으, 세잠은, 한 잠은 며칠 걸립니까, 한 잠은?

￣ 그렇게, 한 일주일.

예.

￣ 처음엔 일주일 아, 마지막 잠은 뭐 한 오육일 그리 잡어.

아, 그러면 으, 한 일주일씩 내지 오육일씩 세잠을 자야 *** 누에, 누에가 지으러, 고치를 지으러 올라간다, 그렇지요.

그러면은 고치가 그 세잠을 자고 고치를 그곳에 올려놓으면 그러면 한 며칠 지나면은 또 고치가 완전히 거 *** 단단해집니까?

￣ 한 일주일 되어요.

그러면은 일주일 되면은 그럼 고치를 따냅니까?

￣ 그때는 인제 이것 고치솜을 다 지었으면 이렇게 들어보면 아무 소리, 뭐 아무 소리가 안 나, 처음에 인제 며칠 지내고 한 사오일 지내고 뭐 이렇게 들어 보면 그 안에서 바:작 바:작 소리가 나는데 자꾸 집을 짓느라고 처음에 할 때는 크게 뭐 이렇게 대강 헛집[285]을 이렇게 크게 지어 가지고는, 처음에는 왜 차차 조금 지어서 자기, 자기가 들어서 계속 지어서 다 지어버리면 그 안에는 그 뭐 저 누에가 아니고 번데기라, 번데기라고 그러지, 번데기를 가지고.

번데기?

￣ 번데기 빨간 것, ㄱ것 머잖아, 우리도 그깃 많이 믹었시마는 그래 되어버린다고 하지.

번데기가 되어 가지고.

￣ 고래고 인제 고래 되어서 또 이것을 너무 오래 놓아두어도 안 되고 그때 한 번 따면 다 까서 또 넣어서 *** 농협에 인제 가져다 팔아야 돼, 가져다 바치는 데가 있으니까, 맞아 그곳에 가져다 팔고 또 안 그러면 많으면 집에 옷 해, 옷 좀 해 입겠다 싶으면 집에 좀 놓아두고 그 또 물이 펄펄 끓는데 그것을 넣어서 그것을 또 실로 만들어 내야 돼.

아, 그 꼰'치라 그라미꺼 고'치라임니까?

⎺ 꼰'치.

꼰'치, 예 그'러마 꼰'치 데'려머는 그레 걸'린다 그'지예, 그러'면 아까 알'에서 으 알' 가'저 와가 알' 깨'어나는데 좀 며'칠 걸리'지예?

⎺ 한 삼, 사일 걸리'지.

그람' 또 온'도가 어'떠케 좀?

⎺ 아:, 온'도가 의시'미 그'레도 사람 자고 삼[286] 그 때 보'미 데다 보~'이 약깐 저레 데'야 데', 글' 떼는 안주 보'메 되'므느 불 언'느 지'븐 부르 다: 여'키 떼'미네 맹: 사람 자는 방하'고 가치 가치 놔'도야 데'.

쫌 따뜻헤'야 되'네예.

⎺ 따뜯헤'야 데'지.

그람' 꼬: 그 누'에가 그 언제까'지 그 뽕'을 써'러서 줌'니까?

⎺ 고고 인제 처'으메 나올 떼'는 세카마케 비'도[287] 안헤, 까:마코 그거 저기 써'러줄'라 그'러면 의시미[288] 보면 보하'이 데', 차차 차차 하로:하로: 틀레지지 머그'마, 그레가지고 완전히 보:핱코 인제 한 한 잠, 한 잠 자 야 데', 한 잠 자고 두 잠쩨'는 고만 기'양 조:도 데고.

그'러마 두 두 잠까'지가 더 힘'들겐네예.

⎺ ** 이제 뽕을 써'러조'야 되'이~까.

그 그 뽕' 먹'꼬 나'며는 그 꼬[289] 누'에가 똥 기'튼 거'는 그'람 그그또 치워조' 야 뎀'니까?

⎺ 하, 똥 마~이 누'지.

⎺ 아: 그거'는 인제 아 메'칠만콤[290] 아:, 한 삼일만큼 에, 누'에를 에 이'런 방세'기[291] 같은 거'를 가따노'코 누'에르 전부 한 소'느로 자아:가지고[292] 여기 다마 단단히 다마 노'코 그거 이제 미'테 깔렏'떤 거'는 똥'으느 인제 베'께[293] 틀어네 노'코 더 깔아 노'코는 이거 누'에를 그'다 올려노'코 그레 뽕'을 주고 인제 누'에 똥'은 퇴비가 그'러케 조'찬네.

　아, 그것을 꼰치[294]라 그럽니까, 고치입니까?

　- 꼰치(고치).

　고치, 예 그러면 고치가 되려면은 그래 걸린다 그렇지요, 그러면 아까 알에서 알을 가져 와서 알이 깨어나는데 좀 며칠 걸리지요?

　- 한 삼, 사일 걸리지.

　그럼 또 온도가 어떻게 좀[295].

　- 아, 온도가 의심이 되어도[296] 사람이 자고 늘, 그때가 봄이 되다 보니까 약간 저렇게 되어야 돼, 그때는 아직 봄이 되면 불 넣는 집은 불을 다 넣기 때문에 맨 사는 자는 방하고 같이, 똑같이 놓아두어야 돼.

　좀, 따뜻해야 되네요.

　- 따뜻해야 되지.

　그럼 그 누에를 그 언제까지 그 뽕을 그 썰어서 줍니까?

　- 그것 인제 처음에 나올 때는 새카맣게 보이지도 않아, 까맣고 그것을 저기 썰어주려고 그러면 유심히 보면 보얗게 돼, 차차 차차 하루하루 달라지지 먹으면, 그래서 완전히 보얗고 인제 한 한 잠을, 한 잠을 자야 돼, 한 잠을 자고 두 잠 째는 고만 그냥 줘도 되고.

　그러면 두 잠까지가 더 힘들겠네요.

　- ** 이제 뽕을 썰어줘야 되니까.

　그 뽕을 먹고 나면은 그 또 누에가 똥 같은 것은, 그럼 그것도 치워줘야 됩니까?

　- 하, 똥을 많이 누지.

　- 아, 그것은 인제 며칠만큼 한 삼일만큼 에 누에를 이런 방세기 같은 것을 가져다 놓고 누에를 전부 한 손으로 잡아서 여기 담아서 단단히 담아 놓고 그것 이제 밑에 깔렸던 것은 똥은 인제 밖에 털어내 놓고 더 깔아 놓고는 이것 누에를 그 위에다 올려놓고 그렇게 뽕을 주고 인제 누에 똥은 퇴비로 그렇게 좋잖아요.

아, 그람' 누에 그 그 올'려논는 그 거 그 머 넙쩍:한 거 그거는 머라'고 부름
니까?

￢ 아:, 그거는 인제 다리'를 멩'그러야 데' 또, 나 이 방~'아 이레 멩글'라
카'먼 사라'미 여그 인제 뽕 주고 할라 카'먼 이'레도 노'코 일'로도 노'코
무~'이 나도' 뿌고 이레 노코 요 사람 뎅'겨야 되'니까 다데'이²⁹⁷⁾ 노'코 근
멩 그거는 서'숙짚, 서'숙지'프로 가지고 또 새'끼를 꽈 가지고 아 자리를
거튼 거'를 노'코 또 여'끄야 데', 여끄가지고 고레 인제 발: 카는데 발:로
멩그'러서 그레 피노'코 인제 누에를 고레 차자**.

그라먼 그, 그' 누에 올'려논는 네모, 네모 반듣하'게 만'듬니까, 바:른?

￢ 아~이'지, 끼'리 기고 이 기'리는 그러케 안 길고 맞어 그러가 길이는
마~이 **.

그 고걸 바'알'이라 함'니까?

￢ 발:.

그람 바'알' 위'에다가 올'려논는다 그지예.

￢ 야.

그런 거 한 방'에 바'알' 가튼 거 올'리기 위해서 아까 나무'떼 이레 세'운다 한'
는데 나무'데 그런 거'를 머라'고 부름니까?

￢ 다리'.

디리'.

￢ 멘 사다리 그'치 고'레 카늘 카늘 멩그'러야 되'니까 머 요만하고 이
칸 너더칸 한 서너칸 요레 멩그'러야 데' 쏜'우는 거는 다리'.

예, 다리', 세'우는 거는 다리' 그 다'으메 우'에 올'려논는 고거는?

￢ 바'알

바'알', 예.

다리하'고 바를' 가따 올려 노'코 그레 한'다 그'지예.

￢ 고레 인제 미'테 또 나무'는 나무'떼 카는 거'는 아무 낭기라도 미테 두

아, 그럼 누에 그것을 올려놓는 그것을 그 뭐 넓적한 것 그것은 뭐라고 부릅니까?

￣ 아, 그것은 인제 다리를 만들어야 돼 또 이 방에 이래 만들려고 하면 사람이 여기 인제 뽕을 주려고 하면 이렇게도 놓고 이리로도 놓고 문을 놓아두고 이렇게 놓고, 여기에 사람이 다녀야 되니까 단단히 놓고 그 만든 그것은 조짚, 조짚을 가지고 또 새끼를 꽈서 아, 자리틀 같은 것을 놓고 또 엮어야 돼, 엮어서 그렇게 인제 발이라고 하는데 발을 만들어서 그렇게 펴놓고 인제 누에를 그렇게 찾아**.

그러면 그 누에를 올려놓는 네모, 네모처럼 반듯하게 만듭니까, 발은?

￣ 아니지, 길이가 길고 이 길이는 그렇게 안 길고 맞아, 그래서 길이는 많이 **.

그 고것을 발이라고 합니까?

￣ 발.

그럼 발, 위에다가 올려놓는다, 그렇지요.

￣ 예.

그런 것을 한 방에 발 같은 것을 올리기 위해 아까 나뭇대를 이렇게 세운다 했는데 나뭇대 그런 것을 무엇이라고 부릅니까?

￣ 다리.

다리.

￣ 맨 사다리 같이 고래 칸을, 칸을 만들어야 되니까 뭐 요만하고 이 칸, 너댓 칸, 한 서너 칸을 요래 만들어야 돼, 세우는 것은 다리.

예, 다리, 세우는 것은 다리 그 다음에 위에 올려놓는 그것은?

￣ 발.

￣ 발, 예.

다리와 발을 가져다 올려놓고 그래 한다, 그렇지요.

￣ 고래 인제 밑에 또 나무는 나뭇대라고 하는 것은 아무 나무라도 밑에

낭을[298] 두 낱 걸:쳐'야 그 우'에 바:를 **.

　그럼 이거'는 야~쪼'게 세'워 논는 다리'고 그 다'으메 다리하'고 또 다리' 사이에 나무 올'리는 그거는 뭐라고 그럼니꺼, 그냥 나무라 **** 나무'때 올려가'지고 그레 하는 거지에.

　ㄱ 그'는 이'름 업'꼬 그저 나무라 *****.

　검' 여'기에 그거 누에' 그거 *는 깨끋하'게 해'야 데는데.

　ㄱ 께끋하'게 헤'야 데.

　그러'며는 방:: 가'튼 경우에 누'에 머기기 저'네 어'떠케 머 소'독이나 함'니까?

　ㄱ 인 나[299] 또 누'에는 절떼'로 딴 소독하면 절딴'이고 안데'지 그레 우옌'동 께:끋하게 다 씨러내' 삐고 딴 벌'기 업:시 아주 소'도근 안 하고 싹: 씨러네' 뿌고요.

　그 다'으메 그 음, 이: 여'긴 누'에라 함'니까, 안 그람 니'비라 그럼니까, 누비라 그럼니까?

　ㄱ 누'에'.

　누'에'.

　에:, 아, 이 누'에느 아까' 이야기했'뜸 봄누'에하고 가을누'에 두 게임니까?

　ㄱ 예, 마'저요.

　ㄱ 갈누', 가을누'에는 여'긴 잘 잘 안 미겨'따.

　옅, 에.

　ㄱ 가을누'에도 미견'다 카이, 어떤 데는 미견' 사라믄.

　그람' 옅 그냥 가을누'에라 그'럼니까 안 그'람 가실누'에라 그'럼니꺼?

　ㄱ 가을', 가을'누'에[300].

　가을누'에, 예.

　이 명주:: 아까'도 어르신도 그 하'셤슴니다마'는 쪼끔 머 낟:께 사는 지'비나 또는 머 예를 드'러서 고츠:: 누에 꼰'치가 만어가'지고 오, 쪼끔 그 내'는 거어, 파'는 거 고 또 쫌 남'아 읻꺼'나 또는 안 그러마 누' 자녀드'리나 누구한테 옫'

두 나무를 두 낱을 걸쳐야 그 위에 발:을 **.

그럼 이것은 양 쪽에 세워 놓는 다리고 그 다음에 다리와 또 다리 사이에 나무를 올리는 그것은 무엇이라고 합니까, 그냥 나무라 **** 나뭇대를 올려가지고 그렇게 하는 거지요.

⁻ 그는 이름이 없고 그저 나무라 *****.

그럼 여기에 그것 누에, 그것 *는 깨끗하게 해야 되는데.

⁻ 깨끗하게 해야 돼.

그러면 방 같은 경우에 누에를 먹이기 전에 어떻게 뭐 소독이나 합니까?

⁻ 이 또 누에는 절대로 다른 소독을 하면 결딴이 나고 안 되지, 그래 어찌하든 깨끗하게 다 썰어내 버리고 다른 벌레가 없이 아주 소독은 안 하고 싹 썰어내 버립니다.

그 다음에 그 음, 이 여기는 누에라고 합니까, 안 그러면 니비라 합니까, 누비라 합니까?

⁻ 누에.

누에.

에, 아, 이 누에는 아까 이야기를 했던 봄누에와 가을누에 두 가지입니까?

⁻ 예, 맞아요.

⁻ 가을누에, 가을누에는 여기는 잘 안 먹였다.

여기, 에.

⁻ 가을누에도 먹였다 말이야, 어떤 데는, 먹인 사람은.

그러면 여기서 그냥 가을누에라고 합니까, 안 그러면 가실누에라고 합니까?

⁻ 가을, 가을누에.

가을누에, 예.

이 명주, 아까도 어르신도 그 말을 하셨지마는 조금 뭐 낫게 사는 집이나 또는 뭐 예를 들어서 고치, 누에고치가 많아서 조금 그것을 파는 것, 파는 것, 그 또 좀 남아 있거나 또는 안 그러면 누구 자녀들이나 누구한테 옷을 해 주어야 해'주야 될 그런 거 이스'며는 그거까 명주 짜'지예?

여'는 명주'라 그럼니까 비단 그럼니까?

￣ 명주'.

명주'라 그'러지예.

￣ 명주오'시라 그'러지.

그럼 명주:: 그거는 명주 실:: 그거 그 명주시리라 하고 그 다으메 명주시를 그거 으, 뭠미까, 그거또 짜야 됩니까?

￣ 짜야데, 그것'또 기'구가 만체'요, 그'거또 그'게 히'미 여:간한 히미, 마~이***

으:.

명주'실: 그거를 짜'려면 어'떻게 짬'니까?

￣ 그거 하: 꼰'치자네 꼰'치, 꼰'치를.

￣ 소'틀 하나 큰' 거도 안 데'고 쪼:만한 거 요레 거'러 노'코 그 물 끌토'록 불'로 떼'야 데, 여 머 글' 떼는 전부 낭기지, 나무 자잔한 거도 또 이깨'가³⁰¹⁾ 불'로 떼'고 물' 끌토'록, 물 끌는'데 이 꼰'치를 여'야 데, 여가지고 푸:욱 삼겨'야 데 이거 꼰'치가.

￣ 삼기'면 글' 떼는 절'로 가지고 이리 휘익 저'서면 그게 꼰'치에서 이 시'리 지데'로 올'라와, 그레 뗑겨' 올라오'면 이 놈 가지고 또 물:레 차려나야 데 이'거는 저 물'레보다 틀'레찌, 아무 거또 업:꼬 요 돌'리는 물:레뿌~'이라.

￣ 고 인제' 시'레 감겨토'록 인제 요만치 요 아네 감겨토'로 은제 이거는 끈 요레 메가지고 푸:욱 드러가도록 요 무울'레가 둘레 이만한 물'레가 이서 그거또 멘 무울'레라.

￣ 그레가지고 끄'늘 그 뜨거운 무'레 여'코 살므면 절', 저까락 가지고 이레 휘저'시면 저'꼬 이'레면 끄~'이 쭈:욱 올라온'다 카이.

￣ 그 그거 한 소'테 그 꼰'치 그 마:는게 하나썩 다: 뗑'겨 올라온다고 그 주

될 그런 것이 있으면 그것 가지고 명주를 짜지요?

　여기는 명주라고 그럽니까, 비단이라고 그럽니까?

　￣ 명주.

　명주라 그러지요.

　￣ 명주옷이라 그러지.

　그럼 명주, 그것은 명주실, 그것은 그 명주실이라고 하고 그 다음에 명주실을 그것은 무엇입니까, 그것도 짜야 됩니까?

　￣ 짜야 돼, 그것도 기구가 많지요, 그것도 그것이 힘이 여간한 힘이, 많이 ***.

　으.

　명주실 그것을 짜려면 어떻게 짭니까?

　￣ 그것은 아 고치잖아, 고치, 고치를.

　￣ 솥을 하나 큰 것도 안 되고 조그마한 것을 요래 걸어 놓고 그 물이 끓도록 불을 때야 돼, 여기 뭐 그때는 모두 나무지, 나무 자잘한 것도 또 이것을 쪼개어서 불을 때고 물이 끓도록, 물이 끓는 데에 이 고치를 넣어야 돼, 넣어서 푹 삶겨야 돼, 이것 고치가.

　￣ 고치가 삶기면 그때는 젓가락을 가지고 이래 휘익 저으면 그것이 고치에서 이 실이 저절로 올라와, 그래 당겨져 올라오면 이것을 가지고 또 물레를 차려 놓아야 돼, 이것은 저 물레보다 다르지, 아무 깃도 없고 이 돌리는 물레뿐이라.

　￣ 고 인제 실에 감겨지도록 인제 요만큼 여기 안에 감겨지도록 인제 이것은 끈을 이렇게 매어서 푹 들어가도록 이 물레가 둘레가 이만한 물레가 있어서 그것도 맨 물레라.

　￣ 그래서 끈을 그 뜨거운 물에 넣고 삶으면 젓가락을, 젓가락을 가지고 이렇게 휘저으면 젓고 이렇게 하면 끈이 쭉 올라온다고 하니.

　￣ 그, 그것을 한 솥에 그 고치 그 많은 것이 하나씩 다 당겨 올라온다고

리 그 인제 그거또 멘 기'수리제 꼬'치 그거 머 아 머 한 소'테다가 그만치
푹: 여'어 나은데 그거 인제 다 올라와야 데'거든 한 주'레 올라오면 인제
그 무'울'레에다가 한 저끄'로 고'다 자메' 자메'면 이거 돌'리고 이 저'를 가
지고 이레 이레 자꾸 저:꼬 돌'리면 시리 그데::로 가느:탄 시리 그 그데로
빠져 올라갈라고 인제 돌'리면 그 다 감겨'치.

￢ 그레 다 가메면 머 우리'도 글 떼 그 푸는데 가 꼰'치 꼬, 글' 떼는 이
거 마저 이거 실:푼'다 그레따 마'리야 꼬'치 푼'다 그레끄'든.

아 그 인제 실: 뽀아내는[302] 거'를 꼬'치 푼'다::.

￢ 꼬'치 푼'다 그'레, 그레가지고 여'페 인제 웨' 가 이'서는가 하'면 그 그
저 그거 멀'라꼬.

꼰데'기.

￢ 음, 꼰데'기 그거 멀'라꼬 그거 여'페 이시'면 머 아:들 가 이시'면 나오
면 그게 누에가 전'혀 업서, 전'부 꼰데'기라.

￢ 빨:가 그거 머'그면 그러케 고시'고 저 조아하는 그 머'글라고 그 여'페
가 이'시면 그레가 인제 그거또 멘 물'레를 자사 실로 뽀바네가지고 멘 베
트'른 뜩' 가테, 바디하고 이거 북하고 그 뜩 가튼데 인제 그데'고 멘 짜
가지고 그레 짠는 거 이거는 명주', 명주'라 그레찌.

그람' 명주'우' 명주'실 그거 으 꼰'치에서 꼰'치 포러, 푼'다 해섬니꺼?

￢ 에, 에 푼'디고.

에 꼰'치 푸러가'지고 그 다'으메 물'레에다가 시를 감아 노코 그 다으메 그거
루 시'른 그걸'로 끄'치미까?

￢ 아이'지, 그거'또 베메'로 다 말아야[303] 데' 또.

어, 얻.

￢ 아교[304] 웨 이거 명'베 나시[305], 이'거또 베'메드'시 이거또 메 풀로 미기
'고 약간 미겯'꼬 이거또 다 메'고 헤'야 데', 그레 은제 그레 푸러가지고
이거또 또 이게 부게 여'차먼 이거 꾸'리라 그'러는데 이거 또 다 감'아야

그 줄이 그 인제 그것도 맨 기술이지, 고치 그것을 뭐 솥에다가 그만치 푹 넣어 놓았는데 그것 인제 다 올라와야 되거든, 한 줄에 올라오면 인제 그 물레에다가 한 젓가락 끝으로 거기에다 잡아매고 잡아매면 이것을 돌리고 이 젓가락을 가지고 이래이래 자꾸 젓고 돌리면 실이 그대로 가느다란 실이 그대로 빠져 올라가라고 인제 돌리면 그 모두 감기지.

⌐ 그래 다 감으면 뭐 우리도 그때 그 푸는 곳에 가서 고치, 고치 그때는 이것 맞아, 이것을 '실푼다'고 그랬다 말이야, 고치를 푼다고 그랬거든.

아, 그 인제 실을 뽑아내는 것을 고치를 푼다.

⌐ 고치를 푼다고 그래, 그래서 옆에 인제 왜 가서 있었는가 하면 그 그 저 그것을 먹으려고.

번데기.

⌐ 음, 번데기 그것을 먹으려고 그것 옆에 있으면 뭐 아이들이 가서 있으면 나오면[306] 그것이 누에가 전혀 없어, 모두 번데기야.

⌐ 빨간 그것을 먹으면 그렇게 고소하고 저리 좋아, 좋아하는 그것을 먹으려고 그 옆에 가서 있으면 그래서 인제 그것도 맨 물레로 자아서 실로 뽑아내서 맨 베틀은 똑 같아, 바디와 이것 북과 그것은 똑 같은데 인제 거기에 대고 맨 짜서 그렇게 짠 것, 이것은 명주, 명주라고 그랬지.

그럼 명주, 명주실 그것, 으 고치에서 고치를 풀어, 푼다고 했습니까?

⌐ 예, 예 푼다고.

고치를 풀어서 그 다음에 물레에다가 실을 감아 놓고 그 다음에 그것으로 실은 그것으로 끝입니까?

⌐ 아니지, 그것도 베처럼 다 날아야 되지 또.

어 어떻게?

⌐ 아까 왜 이것 명베를 나듯이 이것도 베를 매듯이 이것도 맨 풀을 먹이고 약간 먹였고 이것도 다 매고 해야 돼, 그래 인제 그래 풀어서 이것도 또 이것을 북에 넣자면 이것을 꾸리라고 그러는데 이것을 또 다 감아야

데', 일이'리 이 '거는 전부 소'느로 가마야 데' 그레가 감:꼬' 또 그어:: 아
까 삼베메'로 그레 또 다 나라가지고 베 한 필 정도 데, 데'면 인제 가닥을
멘 가데~'이^{해주} 헤가지고 다: 나라가지고 맹 이거 또 베메로 이레 메'야 데,
풀 미겨가지고 메'가지고 베트'레 감아서 멘 그 베트'레 언저가 베'짜드시
멤 그레 다: 짜'야 데여.

　　그럼 에:, 풀'도 먹이, 풀'도 메'기야 되고.

　￢ 베로 멘'다 카는 거 **.

　　베: 또, 그거 뭔미'까, 아 명주 명주실 멘'다 그럼니까?

　￢ 그거'또 멩' 아이 베멘'다, 베멘다 이거 소롤 가지고 풀치를 하고 이레
헤가지고 베' 메'가주고.

　　베 멘'다.

　￢ 그 메 도'투마리에 가마야 인제 사라'미 올라안자가 이거 북 여'코, 이
제 바디질 하고 인제 짠다 카이, 멘 똑 가치 헤요.

　　꾸'리도 만드'러야 되'고 그 다으메 머 아까 명 남, 난'다 헤서**.

　￢ 꾸'리 멩그'러야지.

　￢ 예, 그 인제.

　　실' 명주 난'다 명주'실' 난'다 함'니까?

　￢ 야.

　　　베 난다 그'레.

　　베 난다, 베 나'는 게 뭐'미까?

　￢ 베', 베난'다 카는 거는 인제 삼:베나 명:베나 아, 명:베는 명:베라고 그
러고 삼:베는 삼:베', 그런데 이거 명주'면 명주베' 그레 나라가지고 나라
야 인제 그 한테' 한 끄'네 인는 거 그 바디에 몇 구멍 카는 거 그거 세를
마차가 다 나라가져고 또 베로 메'야 데, 풀' 미겨'가지고 메어가지고 이
레 베로 짜고 하지.

　　그 인'제 음, 그레가 인제 명주' 짜 명주 처'어'늘 다시 짠'다 그지예.

돼, 하나하나 이것은 전부 손으로 감아야 돼, 그래서 감고 또 그 아까 삼베처럼 그래 또 다 날아서 베 한 필 정도 돼, 되면 인제 가닥을, 몇 가닥을 해서 다 날아서 맨 이것 또 베처럼 이래 매야 돼, 풀을 먹여서 매어서 베틀에 감아서 맨 그 베틀에 얹어서 베를 짜듯이 맨 그렇게 다 짜야 돼요.

그럼 에, 풀도 먹어야, 풀도 먹여야 되고.

˹ 베를 맨다고 하는 것 **.

베 또, 그것 무엇입니까, 아 명주, 명주실 맨다고 그럽니까?

˹ 그것도 맨 아니 베맨다, 베맨다라는 이것은 솔을 가지고 풀칠을 하고 이렇게 해서 베를 매서.

베를 맨다.

˹ 그 맨 도투마리에 감아야 인제 사람이 올라앉아서 이것 북을 넣고, 이제 바디질을 하고 인제 짠다고 그래, 맨 똑 같이 해요.

꾸리도 만들어야 되고 그 다음에 뭐 아까 명을 남, 난다 해서**.

˹ 꾸리를 만들어야지.

˹ 예, 그 인제.

실, 명주 난다, 명주실 난다고 합니까?

˹ 예.

˹ 베를 난다 그래요.

베를 난다, 베를 나는 것이 무엇입니까?

˹ 베, 베를 난다고 하는 것은 인제 삼베나 명베나 아, 명베는 명베라고 그러고 삼베는 삼베, 그런데 이것 명주면 명주베라고 그래, 날아서 날아야 인제 그 한 곳에 한 끈에 있는 것, 그 바디에 몇 구멍인가 하는 것, 그것 세를 맞추어서 다 날아서 또 베를 매야 돼, 풀을 먹여서 매어서 이렇게 베를 짜고 하지.

그 인제 음, 그래서 인제 명주를 짜고, 명주 천을 다시 짠다, 그렇지요.

그 아까' 머 이야기해 주'션는데 그 고'체, 끈'체에서 실을 명주 끈치 난'다 핻'찌예.

아 *** 끈'치 푼'다.

- 마저 끈'치 푼'다 그레.

예, 그 끈'치 풀' 때'는 으 한 분'만 더 간단하게 얘기해 주'시죠.

- 예: 이거또 끈치 푸는 거 이거또 기'수리라, ** 이거또 사람메'둥 몰 푸'는 기'라, 이거는 물'레가 이거 한 게 아무거'또 엄'꼬 물'레만 돌'리면 그거 살마가 이거는 또 끈치는 살마야 이게 시:리 나온다 안 살마면 절떼 시리 안 나오니까.

- 그것 한 백'께 그'트면 백'께가 실 한테'다 이레 저'서면 그 기'술짜가 저'시면[308] 한테' 전부 다: 올'라와요, 한 주'레 한 주'레 올라오'면 물:레 데고 메'가지고 물:레'만 돌'리면 이게 쓰일' 끈치가 굵:떤게 그게 시:리 데'가지고 다: 나오도'록 돌'리면 그게 다 감'겨 뿌.

거'기 그 비단' 아까 명주' 짜'는 그 베트'른 삼베 아, 베틀하'고 똑 같다고 핻습니까?

- 그 메' 베트'른 그 베트'레 짜'.

에: 그'라마, 그람' 멘 아까 말씀하'신 대'로 베트'른 똑: 같'꼬 머 도구들도.

- *****, 멘 그 도:구'도 그 도구 똑 같'아요.

바'디나 뭐 북'이나 뭐 그'런 거.

- 고서 저세' 바디가 쪼:금 틀린 거'레, 고 고'는 야:주 소'물고 야:주 곱:게 데 잊'꼬, 바디 이 문 짜는 것, 고게 좀' 틀'리지 삼베'에 하나 명'베나 고 그거 아직 명주는 야:주 시리 가'늘고 야:주 고부~'이까 고 바디가 틀'리지.

그럼 명주'실 고'거는 아주 바'디가 촘촘헤.

- 아, 촘촘헤'야지 이'거는.

- 여'게 우리' 여여 바느질한 실'보다, 실'보다 더 가'느지.

그러니까 천'이 아주 곱'다 그'지요, 짜노'면.

- 곱지.

그 아까 뭐 이야기를 해주셨는데 그 고치, 고치에서 실을 명주 고치 난다 했지요. 아, *** 고치 푼다.

￣ 맞아, 고치를 푼다고 그래요.

예, 그 고치 풀 때, 으 한 번만 더 간단하게 얘기해 주시죠.

￣ 예, 이것도 고치를 푸는 것, 이것도 기술이라, ** 이것도 사람마다 못 푸는 것이라, 이것은 물레가 이것, 한 것이 아무 것도 없고 물레만 돌리면 그것 삶아서 이것은 또 고치는 삶아야 이것이 실이 나온다, 안 삶으면 절대로 실이 안 나오니까.

￣ 그것 한 백 개 같으면, 그 백 개가 실이 한 곳에 이래 저으면 그 기술자가 저으면 한꺼번에 모두 다 올라와요, 한 줄에, 한 줄에 올라오면 물레를 대고 매어서 물레만 돌리면 이것이 쓰일 고치가 굵던 것이 그게 실이 되어서 다 나오도록 돌리면 그게 모두 감겨 버려.

거기 그 비단 아까 명주를 짜는 그 베틀은 삼베 아, 그 베틀과 똑 같다고 했습니까?

￣ 그 맨 베틀은 그 베틀에 짜요.

예, 그러면 그럼 맨 아까 말씀하신 대로 베틀은 똑 같고 뭐 도구들도.

￣ *****, 맨 그 도구도, 그 도구도 똑 같아요.

바디나 뭐 북이나 뭐 그런 거.

￣ 그것, 저게 바디가 조금 다를 거아, 그것은 아주 촘촘하고 아주 곱게 되어 있고, 바디 이 문을 짜는 것은 그게 좀 다르지, 삼베에 하거나 명베나고 그것, 아직 명주는 아주 실이 가늘고 아주 고우니까 그 바디가 다르지.

그럼 명주실 그것은 아주 바디가 촘촘해.

￣ 아, 촘촘해야지 이것은.

￣ 여기에 우리 여기 바느질을 한 실보다, 실보다 더 가늘지.

그러니까 천이 아주 곱다 그렇지요, 짜놓으면.

￣ 곱지.

■ 주석

1) 이 제보자의 발화에서는 '브억'으로 실현되어 이미 'ㅅ'음이 탈락된 형태로 나타나는데 중부방언의 개신파에 의해 변화된 모습이다.
2) 이는 어중 자음 'ㄱ'이 탈락된 예로서 이 지역어에서는 어중 자음의 탈락은 아주 흔한 편이다.
3) 이는 '푹푹하다'의 대응형으로서 이 지역어를 비롯해 경북방언에 전반적으로 실현되는 예이다.
4) 이는 '걸다'에서 파생된 어휘로 '거꾸다'의 활용형이다. 또, 이와 비슷한 의미의 동사로 경북지역에는 '거루다'형이 실현되기도 한다.
5) 이는 한자어 '분진(糞塵)'으로 곧 인분을 뜻한다.
6) 이는 '아들(子)'의 뜻이 아니라 '아이들'의 의미로 사용된 어휘이다.
7) 이는 부사 '아주'의 발화실수형이다.
8) 이는 '없으니깐에'에 대응되는 예이며, '업스니까네 → 없시니까네(ㅣ모음동화) → 업시까네(축약)'의 과정을 겪은 예이다.
9) 원래 겨울은 15세기 중엽의 국어에서도 'ㄱ'곡용을 하는 명사가 아니었지만, 이 지역어에서는 '겨울, 가을' 등과 같은 일부 명사 뒤에서 '-게'형이 실현된다.
10) 이는 '명을'형에서 비모음화가 이루어지고 난 다음 비음이 탈락된 예이다.
11) 이는 원순모음화가 적용되어 이루어진 형이다.
12) 이는 '크다랗게 → 크다락게(자음동화) → 크다락(음절탈락) → 크다악(어중 자음 탈락)'의 과정을 겪은 예이다.
13) 명이 피는 시기가 늦여름부터 가을이므로 시기적으로 볼 때 아마도 가을인데 잘못 발화한 것으로 보인다.
14) 이는 '어찌했나'의 준말이다.
15) 이는 수숫대를 뜻하며, 이 지역을 비롯하여 경북방언에는 '수꾸'형과 함께 '수시'형도 등장한다.
16) 이는 성조가 첫째 음절에 실현된 예로서 '우(上) + -예(처소부사격조사)'의 결합형이지만 성조가 실현되지 않을 경우는 부사 '어찌'가 된다.
17) 이는 화제 제시어 '인제'의 다른 이형태인 '안자'형의 준말이다.
18) 이는 기본형이 '무지다(集)'형으로서 '모으다'의 의미를 지니는 낱말이다.

19) 이는 '떼다'형이 고모음화가 실현되어 이루어진 것으로 '띠다'이다.

20) 이는 그 기본형이 '늘구다(使伸)'이며 연결형 어미는 경북방언도 지역에 따라 각각 '-아, -어'로 각각 달리 실현되는 특징을 보인다.

21) 이는 의태어 '도르르'의 실현형으로서 표준어에 비해 모음조화가 잘 지켜진 모습을 드러낸다.

22) 이는 시제 상으로 '말리다'의 과거형이다.

23) 이는 어두 거센소리되기가 이루어진 어형으로 부사 '자꾸'의 실현형이다.

24) 경북 방언에서는 이 형태처럼 '세'와 함께 '시'형이 나타난다.

25) 이는 '정확하게, 정확히, 올바로'라는 의미를 지닌 이 지역어이다.

26) 이는 기본형이 '맹글다'로서 'ㅔ'와 'ㅐ'모음이 중화된 이 지역에서는 표면형 '멩글다'는 큰 의미가 없는 것이다. 이 어휘는 기본적으로 15세기 중엽의 '밍골다'에 소급되는 어형으로 경상도를 비롯한 여러 방언에서 분포한다.

27) 이는 '놓았으니 → 노아쓰니(ㅎ 탈락) → 노아씨니(전부모음화) → 노아씨~이(비모음화 및 비자음 탈락) → 노아시~(자음중화 및 축약)'의 과정을 겪은 예이다.

28) 이 지역어를 비롯한 경북방언에서는 자음 앞에서 'ㄹ'음이 탈락되는 경향이 일반적인데 이를 반영한 표현이다.

29) 이는 물레로 실을 자을 때 실이 감기는 쇠꼬챙이를 말하며 비슷한 말로 '가락꼬치'라고 하기도 한다.

30) 이는 제보자가 예전의 생활을 회상하면서 표현한 '군소리'이며, 이에 따라 표준어로 대역하지 않는다.

31) 이는 '베틀, 가마니틀, 방직기 따위'에 딸린 기구의 하나로서 가늘고 얇은 대오리를 참빗살 같이 세워서, 두 끝을 앞뒤로 대오리를 대고 단단하게 실로 얽어 만든다. 바니 살의 틈마다 날실을 꿰어서 베의 날을 고르며 북의 통로를 만들어 주고 씨실을 쳐서 베를 짜는 구실을 한다. 즉, 날실 사이에 씨실을 넣고 다지는 기구이다.

32) 이는 '구멍'의 이 지역어형이며 경북방언을 비롯하여 경상도방언 전역에 걸쳐 실현되는 예이다. 이는 15세기 중엽의 '구무(穴)'형에 소급되며 이 어휘의 경우 상대적으로 이 지역어는 보수성을 많이 가진 예이다. 15세기 중엽에 이와 같은 특징을 보이는 예는 이 밖에 '나모(木), 녀느(他), 불무(冶)'의 어휘가 있으며 이 들 어형에 모음으로 시작되는 접미사가 연결되면 'ㄱ'이 덧나게 되어 종래에 'ㄱ특수명사, ㄱ곡용명사' 등으로 불렸던 예이다. 즉, '굼기, 굼글,

굼기, 남ㄱ로, 나모와'의 예처럼 곡용을 하게 된다.

33) 여기서 필(疋)은 '일정한 길이로 말아 놓은 피륙을 세는 단위'인데 이는 지역에 따라 그 길이가 조금씩 다르며 이 지역에서는 40자가 한 필에 해당됨을 알 수 있다.

34) 이는 바로 다음에 성분 '될 정도로'가 생략된 표현이다.

35) 여기서 '날다'는 '명주, 삼베, 무명, 모시' 따위를 길게 늘여서 실을 만드는 것을 뜻한다.

36) 이 지역어에서 '솔'은 성조가 고장조로 실현된다.

37) 이는 '먹이다 → 메기다(움라우트) → 미기다(고모음화)'의 과정을 겪은 이 지역어형이다.

38) 이는 '풀발란'으로 실현되어야 할 발화 실수이다.

39) 이는 '마르다'의 이 지역어형으로 치음 아래에서 전부모음화가 일어난 예이다.

40) 이는 '도투마리'의 이 지역어형이며 도투마리는 베를 짤 때 날실을 감는 틀을 가리킨다. 대개 베를 짤 때, 이는 베틀 앞다리 너머의 채머리 위에 얹어 둔다.

41) 이는 '보통보다 더 심함'을 뜻하는 부사 '매'의 이 지역어형으로 모음중화에 따른 실현형이다.

42) 이는 '널다'형이 모음중화에 따라 실현된 예이다.

43) 이는 '둘레'의 이 지역어형으로서 경북방언에서는 '두리, 둘리' 등으로 실현되기도 한다.

44) 이는 베틀에서 날실의 틈으로 왔다 갔다 하면서 씨실을 푸는 도구이다. 이 것은 베를 짜는 데 매우 중요한 역할을 하며 배 모양으로 생겼고 한자어로 방추(紡錘)를 가리킨다.

45) 이는 군더더기 말이다.

46) 이는 '감기어 → 감겨(축약) → 감게(이중모음 제약)'의 과정을 겪은 예이다.

47) 이는 말하는 도중에 제보자가 발화를 하여 말이 겹쳐져 그 내용을 파악하기 힘든 부분이다.

48) 이는 부정부사 '안'이 '안 → 안~(비모음화) → 아~(비음탈락)'의 과정을 겪은 예이다.

49) 여기서 손으로 감는 것은 실이며 즉, 실꾸리를 만드는 과정을 가리킨다.

50) 이는 모음중화에 따라 실현된 형이며 '새'형에 대응된다. 즉, 이는 '띠, 억새' 따위와 같은 볏과 식물을 통틀어 가리키는 말이다. 다만, 여기서는 구체적으

로 볏과의 여러해살이풀 중의 하나로서, 높이는 대개 30~120cm 정도이며, 잎은 흔히 뿌리에서 나는 선 모양의 식물을 가리키는 것으로 보인다. 이는 여름에서 가을까지 연한 녹색의 작은 이삭으로 된 꽃이 피고 목초로 쓴다. 볕이 잘 드는 초원이나 황무지에서 자라는데 우리나라에 널리 분포한다.

51) 서숙은 '조'에 대응되지만 서숙에 이어서 바로 좁쌀이 실현되므로 좁쌀로 대역했다.

52) 이는 목적격조사가 실현된 형이며, 이 지역어의 '서숙살'이 좁쌀에 해당된다는 것을 알려주는 말이므로 표준어로 대역하지 않았음을 밝힌다.

53) 이는 그 기본형이 '독(毒)다'로 소급되며 이 지역어에서는 '독하다'형도 나타난다.

54) 이는 경북방언에서 흔히 발견되는 예인데 '색깔 + -이 + -가'의 구성처럼 주격조사가 이중으로 구성되어 있는 모습을 보인다. 이에 관해서는 이상규(1987)를 참조할 수 있다.

55) 이는 '보앟- + -아 → 보아아(ㅎ 탈락) → 보아(축약)'의 과정을 겪은 예이다.

56) 이는 '길이'라는 의미의 외래어이다.

57) 이는 '하루'의 대응형으로 이 지역어에서는 이 밖에 '하로'형도 나타나는데 수의적으로 선택되는 것으로 보인다.

58) 저녁에 관한 이 지역어의 대응형은 주로 '지녁, 지역, 저역' 등인데 주로 '지녁'형이 우세하다. 이는 '지녁 → 격(축약) → 적(이중모음 제약)'의 과정과 된소리되기가 일어나서 이루어진 형이다.

59) 이 지역어에서 보조사 '-마다'의 대응형은 '-매등'형이다.

60) 여기서 '텍'은 움라우트가 실현된 예이다.

61) 이는 앞에서도 지적한 대로 '있으니까 → 이시니까(전설모음화) → 이시~니까(비모음화) → 이시~이까(비음탈락)'의 과정을 겪은 예이다.

62) 이는 '우려'에 대한 이 지역어형이다. 이는 기저형이 '우라다'이며 '우라- + -아 → 우라(축약)'의 과정을 겪은 예이며, 이 형태는 경북 방언에서도 이 어형과 함께 '우루다'형으로 실현되는 지역도 있다.

63) 이는 경북방언에서 '잣다'형이 활용에서 'ㅅ'이 유지되어 규칙활용을 함을 볼 수 있는 예이다.

64) 이 지역어를 비롯한 경북방언에서는 이 어형 외에도 '소케'형이 실현된다.

65) 기본형이 '벙그렇다'이며 '벙글 + 엏'의 구성으로 이루어진 어휘이며 표준어에는 어근 '벙글'에 의한 어휘구성은 없다. 이 어휘의 의미는 '부피가 커진 모

양, 부풀어 올라 커진 모양'을 뜻한다.

66) 이는 '따실'의 발화실수로 인한 오류형이다.

67) 이는 '없으니 → 업시니(전설모음화) → 업시~니(비모음화) → 업시~이(비음
    탈락)'의 과정을 겪었으며 이 지역어에서는 비모음화와 그에 따른 비자음의
    탈락은 매우 흔한 음운현상이다. 특히, 이 모음 앞의 비음 환경에서는 이런
    현상이 더 두드러지게 나타나고 있다.

68) 이는 외래어 나일론(nylon)의 이 지역어형이다.

69) 이는 앞에서도 지적했듯이 '게랍'형과 함께 '게릅(럽), 지릅(럽)' 등으로도 실
    현되는데 '지릅'형은 '게릅 → 기릅(고모음화)'의 과정을 겪어 경구개음화가
    실현된 예이다.

70) 이는 부사 '아직'의 이 지역어형이며 이는 이 지역어를 비롯하여 경북, 경남,
    강원도 방언에도 나타나는 형이다.

71) 이는 '포기 → 푀기(움라우트) → 피기(이중모음 제약)'의 과정을 겪은 예이다.

72) 이는 문장 의미상으로 볼 때 낱말 '한창'이 더 적합하지만 '한참'으로 풀이를
    해도 의미상으로 완전히 어긋나지 않으므로 제보자의 발화를 존중하여 그대
    로 두었다.

73) 이는 보조사 '-마다'의 지역어형이며 '-매둥'으로도 실현된다.

74) 이는 기본형이 '숨구다'이며 이의 활용형이다.

75) 이는 '옹이'의 이 지역어형인 '공이'의 비음이 탈락되어 실현된 예이다.

76) 이는 '구덩이 → 구뎅이(움라우트) → 구뎅~이(비모음화) → 구데~이(비음
    탈락)'의 과정을 겪은 예이다.

77) 이 지역도 다른 경상도 방언과 마찬가지로 그 기저형은 '돍'이다.

78) 이는 '달구아 → 달과(모음동화 및 축약)'의 과정을 겪은 예이다.

79) 앞에서도 지적했듯이 이 지역에서는 '하루'의 대응형으로 '하로'와 '하리'를
    볼 수 있다.

80) 이 지역어에서는 어휘 '껍질'과 '껍데기'는 서로 의미상으로 구별되지 않으며
    주로 껍데기가 많이 사용되며 껍질도 혼용되고 있다.

81) 이는 '담구다'로 표현해야 할 부분이지만 이 제보자는 '담구다'와 '담다'를 구
    별하지 않고 '담다'로 표현하고 있다.

82) 이는 한자어 '피(皮)'이다.

83) 이는 '벗기다'에 움라우트 현상이 실현된 예이다.

84) 이는 '두 번째'라는 의미로 사용된 표현으로 '재(再) + 번'의 구성이거나 어휘

'재번(再燔)'으로 판단되며 이 형에서 원순모음화가 이루어진 형이다.

85) 이는 '붇다'의 활용형으로 '불으면 → 뿌르면(된소리되기) → 뿌르먼(이중모음제약)'의 과정을 겪은 예이다.

86) 이는 삼대가 매우 '아주 쪽쪽 곧다'는 뜻으로 표현된 말이다.

87) 이는 '바래다'로 대역하는 것이 더 정확하겠지만 지역어와 유사하게 하기 위해 그대로 '가다'로 사용했다.

88) 이는 '벗기면은 → 벳기면은(움라우트) → 베끼면은(된소리되기) → 베끼머는(이중모음 제약) → 베끼무는(원순모음화)'의 과정을 겪은 예이다.

89) 이는 '지게다리'에서 유래되었을 것으로 판단되지만 정확하지 않을 뿐만 아니라 사전에도 등재되어 있지 않은 관계로 이 지역어를 그대로 사용하고자 한다. 이는 삼을 삼을 때 사용하는 도구로서 삼을 찢기 편하도록 하기 위해 삼을 걸어놓는 도구이다. 이는 나무판자에 다리를 세우고 삼을 걸 수 만든 도구이다.

90) 이는 '가는'의 음절말 자음이 탈락된 예이다.

91) 이는 '굵직하게'에 대응되는 예인데, '-곰'은 보조사이다. 이의 뜻은 '굵직하다'와 같다.

92) 이는 '세워'에 대응되는 예이며 '세와 → 세오(이중모음 제약) → 소오(모음동화)'의 과정을 겪은 예이며 이중모음 제약에서 활음이 단모음으로 실현된 것은 흔한 일은 아니지만 이 지역방언에서는 관찰이 되는 예이다.

93) 표준어에서는 이 어형이 조사로만 사용되지만 이 지역어를 비롯한 경북방언에서는 조사뿐만 아니라 '한곳'이라는 의미의 일반명사로도 사용된다.

94) 이는 경북방언에서 일반적으로 'ㅅ'규칙 동사로 사용되는 반면에 이 지역에서는 수의적으로 선택되는 양상을 보인다.

95) '-메(매)로'는 '처럼'에 대응되는 조사이다.

96) 이는 모음중화에 따라 실현된 형으로 원래 '거기'의 준말이다.

97) 원래 이 지역어를 비롯한 경북방언에서 이 어형은 '몰개(게)'형이지만 'ㄱ'음이 탈락된 개신형으로 바뀌어 있음을 볼 수 있다.

98) 이는 삼의 머리를 가리킨다.

99) 이는 '먹이어 → 메기어(움라우트) → 미기어(고모음화) → 미겨(축약)'의 과정을 겪은 예이다.

100) 이는 '계속해'에서 'ㅎ'음의 탈락과 함께 이중모음 제약에 따른 실현형이다.

101) 이는 '그렇게'라는 뜻의 이 지역어의 부사이며 주로 '많이'와 호응한다.

102) 이는 부사로서 ‘어지간히’에 대응되는 이 지역어형이다.

103) 이 지역어는 ‘겨울’형이 ‘겨읆’형이다.

104) 이는 ‘인는’으로 발화해야 할 부분이지만 발화실수로 나타난 형이다.

105) 이는 발화실수로 ‘ㅎ’음이 첨가되었으며 이는 어중 위치의 ㅎ 탈락 현상에 대한 과도교정의 산물로 볼 수 있다.

106) 여기서 ‘안’은 ‘안 여자 즉, 안 사람’을 가리킨다.

107) 이는 ‘오늘’의 준말이다.

108) 이는 이 지역어에서 ‘삶는다’의 대응형이다.

109) 이는 이 지역어에서 ‘삼는다’의 대응형이다.

110) 이는 ‘나중’의 대응형으로 15세기 중엽의 ‘내죵, 내죵’형에 소급된다.

111) 이는 ‘끝 + -이 + -는’의 구성으로 이루어진 어형으로, ‘끝은’의 의미이다.

112) 여기서 ‘뜨겁다’는 여름철 햇살이 매우 뜨겁다는 뜻, 곧 날씨가 덥다는 뜻으로 사용된 예이다.

113) ‘잇다’는 이 지역어를 비롯하여 경북방언에서 일반적으로 ‘ㅅ’불규칙 활용을 하는 동사가 아니지만 이 지역어에서는 발화에 따라 수의적으로 개신형인 ‘ㅅ’불규칙 활용을 하기도 하는 특징을 보인다.

114) 짚으로 만든 망태기에 삼실을 담아둔 그릇을 말한다.

115) ‘물레’에서 음절말자음인 유음이 탈락된 예이다.

116) 이는 ‘돌리면’으로 발화될 수 있는 데도 불구하고, ‘돌려 + -면(면)’의 구성으로 이루어진 어형이다.

117) 이는 모음중화에 따라 ‘-메로 ~ -매로’처럼 수의적으로 실현되는데, ‘처럼’에 해당하는 경북방언의 보조사이다.

118) 이는 소리를 흉내낸 말인 의성어(擬聲語)이다.

119) 이는 ‘가락꼬치’라고도 불리는데, 물레로 실을 자을 때 실이 감기는 쇠꼬챙이를 가리킨다. 이는 잣는 대로 실을 감아내는 톳을 끼우기 위해 쇠로 뜨개질 바늘처럼 만든 것이다. 몇 군데 실로 찬찬이 동여서 들기름으로 굳힌 마디를 쇠꼬챙이에 만들어 괴물 기둥에 걸친 가락고리에 걸면, 가락이 돌아가기는 하지만 앞뒤로 옮겨지지는 않는다.

120) 이는 한자어 ‘상(常)’이며 부사 ‘늘’의 의미이다.

121) 이는 ‘돌꼇’의 이 지역어형이다. 이는 실을 감거나 푸는 데 쓰는 기구로서 굴대의 꼭대기에 ‘+’자 모양의 나무를 대고 그 끝에 짧은 기둥을 박아 만드는데, 굴대가 돌아감에 따라 이 기둥에 실이 감기거나 풀리는 역할을 한다.

122) 이는 '네 개 → 네 게(모음중화) → 니 게(고모음화)'의 과정을 겪은 예이다.

123) 이 지역어를 비롯한 경북방언에서는 거센소리가 실현되지 않는 형이 더 보수적인 어형이며, 중부방언의 영향으로 '꼬체~이'가 실현되기도 한다.

124) 표준어는 '보얗다'이지만 이 지역어에서는 이에 대응되는 어휘가 '뽀핳다, 보핳다, 뽀얗다' 등으로 실현된다.

125) 이는 부사 '아까'의 이 지역어형이다.

126) 이는 '어떤 이유로'와 같은 표현으로 발화하려다가 표현 방법을 바꾸어 이와 같은 결과가 나타났다.

127) 이는 부정부사 '안'이며 비모음화에 이은 비음의 탈락으로 이 형태가 실현되었다.

128) 이는 베틀의 한 부분을 이루는 도구인 '비경이'의 이 지역어형이다. 이는 단면이 삼각형이 되게 세 가닥 나무를 평행으로 만든 기구이며 사침과 잉아 사이에 넣어서 실이 서로 엉키지 않게 하는 구실을 한다.

129) 이는 '떼다'의 이 지역어이며 고모음화 현상에 따라 실현된 것이다.

130) 이는 '베틀신대'의 이 지역어형이며, 이는 베틀의 한 부분인 '원산'에 박아두며 베를 짜는 이의 반대쪽으로 뻗치게 해둔다. 이 베틀신대의 끝에 매어 두는 끈을 '신끈'이라고 하며 그 끝에다 신짝을 하나 매어두고 베를 짜는 이가 발을 꿰어 베를 짜는 속도 조정을 한다.

131) 이는 '주둥이'의 이 지역어형이며 경북방언에 일반적으로 분포하는 예이다.

132) 대체로 '북'으로 실현되지만 '붑'으로 실현된 것은 흥미로운 예이다. 이미 잘 알려져 있다시피 15세기 중엽 국어의 이 어휘는 위의 어형과 동일한 '붑(鼓)'이며 이 어형이 그대로 실현됨을 확인할 수 있다.

133) 이는 '아니면 → 아~니면(비모음화) → 아~이면(비음탈락) → 아~이면(이중모음 제약)'의 과정을 겪은 예이다.

134) 이는 '잿물이라 → 잰무리라(비음화) → 잰무리래(ㅣ모음동화) → 젠무리레(모음중화)'의 과정을 겪은 예이다.

135) 이는 '바다'의 수의적 변이형이며 '잿물을 걸러서 받는다'는 뜻이다.

136) 이는 '만치'형에 대응되는 이 지역어로서 경북방언에 전반적으로 분포하는 의존명사이다.

137) 이는 '곡식(穀食)'으로 표현해야 할 어휘를 잘못 발화한 부분이다.

138) 이 지역어에서는 표준어에서와 달리 'ㄹ'이 경구개음이나 치음 계열의 자음 앞에서 거의 탈락되는 양상을 보인다.

139) 이는 '없으니 → 업시니(움라우트) → 업시~니(비모음화) → 업시~이(ㄴ 탈
     락) → 업시~'의 과정을 겪었으며 이는 '돈이 없으니'의 뜻으로 사용되었다.

140) 앞에서도 지적했듯이, 이 지역에서는 부정부사가 재어휘화 된 '몬'이 주로 사
     용되었음을 볼 수 있다.

141) 이는 '구경'에 움라우트가 실현된 예이다.

142) 이는 '뾰족뾰족하다'의 뜻으로 이 지역어를 비롯한 경상도방언에 전반적으로
     분포하는 예이다.

143) 이는 제보자의 설명에서 알 수 있듯이 '삼 굿' 즉, 삼의 껍질을 벗기는데 사
     용하는 도구 중의 하나이다. 즉, 모시나 삼을 삼을 때 그 끝을 긁어 훑는 데
     쓰는 도구이며 날의 두 끝에 등 쪽으로 직각이 되게 구부러진 두 슴베에 날
     과 평행하게 자루가 박혀 있는 도구이다.

144) 이 제보자의 경우, '담그다'와 '담다'의 동사를 모두 사용하고 있지만 의미상
     그 차이를 정확히 구별하지 않고 사용하는 경우가 많으며 이 예는 정확하게
     표현을 한 경우이다.

145) 이는 경북방언의 한 특징으로 주격조사가 이중으로 실현된 경우이다.

146) 이는 '가닥'에 움라우트 현상이 실현된 형태이다.

147) 이는 군더더기 말이다.

148) 이는 '자잘하다'의 대응형으로 이 지역어를 비롯하여 경상도방언에서는 '자
     잔하다'가 일반적이다.

149) 이는 '요레'로 실현되어야 할 어형이지만 수의적인 변이형으로 실현된 예이
     다. 이 제보자의 발화에는 이런 경향이 많이 드러난다.

150) 이는 아가리가 좁고 바닥이 넓은 바구니를 말하는데 주로 대, 싸리, 칡덩굴
     따위로 만든다.

151) 이는 '메다'의 고모음화가 실현된 예이다.

152) 이는 '벗기다'에 움라우트가 실현된 어형인 '벳기다'의 활용형이다. '벳기- +
     으도록 → 베끄토록(유기음화)'의 과정을 겪은 예이다.

153) 원래 쐐기는 씨아의 한 부분이다. 제보자가 설명하는 도구는 '씨아'에 해당
     하며 씨아는 목화의 씨를 빼는 기구이다. 이는 나무 토막에 두 개의 기둥을
     박고 그 사이에 둥근 나무 두 개를 끼워 손잡이를 돌리면 톱니처럼 마주 돌
     아가면서 목화의 씨가 빠지도록 고안된 도구이다. 이에 비해 '쐐기'는 씨아의
     한 부분으로, 씨아의 가락과 장가락이 마주 붙어 돌아가도록 밑에서 받치는
     나무를 가리킨다.

154) 이는 '아모이나 → 아뫼이나(움라우트) → 아뫼나(축약) → 아메나(이중모음
제약)'의 과정을 겪은 예이다.

155) 이는 쐐기의 손잡이를 '쐐기손'이라고 부르기도 하며 이 지역에서는 '짭쭈제'
라고 부른다. '쐐기손'이나 '짭쭈제'의 두 어휘는 모두 표준어는 아니지만 대역
을 하기 위해 '쐐기손'으로 대역했다. 또, 물레의 손잡이는 '회젓'이라고 한다.

156) 이는 '터지다'에 대응되는 예인데 이 지역어에서는 그 기저형이 '터다'로 판
단된다.

157) 이는 '무명활'을 가리킨다. 씨를 뽑은 무명(즉, 거핵(去核)이라고 함.)은 결이
져 있기 때문에 틀어서 피워야 솜이 된다. 씨를 뽑은 무명을 활시위에 물려
가지고 가야금을 뜯듯이 탁 퉁기면 탄력을 받아서 부풀어지며 솜이 된다. 오
래 된 솜도 이런 과정을 거치면 새솜처럼 부풀어 올라서 다시 사용하기가 좋
다. 이 무명활은 인력으로 해야 하지만, 이를 능률적으로 하도록 만든 기계가
솜틀이다.

158) 이는 솜으로부터 무명실을 얻기 위해서는 물레를 이용하여 자아야 한다. 솜
을 이용하여 잣기 위해서 솜을 일정한 크기로 솜뭉치 즉, 고치를 만들어야 하
는데 이 때 필요한 도구가 수숫대인데 수숫대를 이용하여 솜을 돌돌 말면 솜
이 흰 가래떡처럼 뭉쳐지는데 이것을 고치라고 부르며 고치가 만들어지면 가
운데의 수숫대를 뺀다.

159) 물레는 고치에서 실을 자아내는 도구를 말하며, 왕채 부분과 괴물 사이를 가
랫장으로 잇고 돌로 눌러서 고정하는 것이 보통이다.

160) 이는 대장장이에 대한 대응형으로 경북방언에 전반적으로 실현된다. 어휘
'베름제~이 또는 베름쟁이'는 '벼르다'의 이 지역방언인 '베르다'에서 파생한
예이다. 이 어형은 '베름쟁(젱)이, 베름재(제)~이, 비름쟁(젱)이, 비름재(제)~
이' 따위로 다양하게 실현된다.

161) 이는 '단단하다'에 대응되는 이 지역어형이다.

162) 이는 '조'의 이 지역어형인 '서숙'형의 음절말자음이 탈락된 예이다.

163) 이는 '거기'의 뜻으로 축약과 함께 모음중화에 의하여 실현된 예이다.

164) 이는 '얼추, 대강, 대략'의 의미로 사용된 이 지역어형이다.

165) 이는 부사 '아주'의 발화실수로 인한 오류형이다.

166) 이는 '베나 실이 풀기를 머금어 조금 빳빳하고 곧게 펴진 상태'를 가리킨다.

167) 이는 '베틀신대'에 해당하며 베틀의 용두머리 중간에 박아 뒤로 내뻗친, 조금
굽은 막대이며 그 끝에 베틀신끈이 달린다.

168) 이는 '집사람이'로 볼 수도 있지만 일반적인 경우를 생각해서 '집에서'로 대역했다.

169) 이는 '쪼개다'의 의미로서 이는 경북방언에 전반적으로 실현되는 어휘이다.

170) 이는 '묶다'의 활용형에 대응되는 예이다.

171) 이는 이중모음 실현제약에 따른 실현 예이다.

172) 이는 '겉 + 피(皮)'의 구성에 해당하며 '껍질'의 의미이다.

173) 이는 '속 + 꼬뱅이 → 소꼬뱅이(ㄱ탈락) → 소꼬뱅~이(비모음화) → 소꼬배~이(비음탈락) → 소꼬베~이(모음중화)'의 과정을 겪은 예이다. '꼬뱅이'는 '고갱이'의 뜻이며 이는 충북방언에도 분포되어 있는 어휘이다.

174) 이는 '떨어지다'의 의미를 나타내는 이 지역어형이다.

175) 이는 '짜니까 → 짜~니까(비모음화) → 짜~이까(ㄴ탈락)'의 과정을 겪은 예이다.

176) 이는 전통적인 조명방식의 하나로서 여기서 '고'는 코(鼻)이며 구멍이 콧구멍 모양의 굴이라는 뜻이며 '꼬꿀, 고꿀, 코굴, 고콜' 등과 같은 다양한 형태로 나타난다. 이는 집 안의 흙벽 한 귀퉁이에 제비집 같은 턱을 만들어 불을 피우게 하고 위쪽에는 구멍을 내어 연기가 빠져나가게 한 조명시설이다. 주로 산간지방에 많으며 원시적인 형태의 조명시설이다.

177) 이는 '솔가지'의 이 지역어형이며 이 지역어에서는 자음 앞에서 유음이 흔히 탈락되는 모습을 보인다.

178) 이는 '모깃불'의 이 지역어형이며 '모구'는 경상도방언을 비롯하여 강원도, 전남, 평안도에 걸쳐 분포가 매우 넓은 편이다.

179) 이는 부사 '수북이'의 이 지역어형이다.

180) 이는 모양을 흉내 낸 말인 의태어이며 '두르르'와 그 뜻이 비슷하다.

181) 이는 '연기뿐이니까'로 대역되며 보조사 '-뿐'이 '-푼'으로 실현된 경우이나.

182) 이는 군더더기 말에 해당한다.

183) 이는 베틀의 한 부분으로 베틀에서 위로는 눈썹줄에 대고 아래로는 잉아를 걸어 놓은 나무를 말한다.

184) '하만'은 '하면 → 하먼(이중모음 제약) → 하만(모음동화)'의 과정을 겪은 예이다.

185) 이는 '감으니 → 가므~니(비모음화) → 가므~이(비음탈락)'의 과정을 겪은 예이다.

186) 이는 부사 '먼저'에 해당하는 이 지역어형이다. 이는 '먼저 → 먼지(전설모음

화) → 머이(자음탈락)'의 과정을 겪은 예이다.

187) 이는 '부티'의 이 지역어형이며 베를 짤 때, 베틀의 말코 두 끝에 끈을 매어 허리에 두르는 넓은 띠를 말하며, 나무나 가죽 또는 베붙이 따위로 만드는 것이 일반적이다. 즉, 베를 짜는 이의 허리 뒷부분을 감싼 것이 부티이며 도투마리 쪽과 마주 감기며 이미 짠 천의 끝을 물려 막대기로 눌러 박은 말코 양 끝에 부티끈을 감아서 고정한다. 짠 베가 모이면 말코에 감고 부티끈을 고쳐 매며 부티는 잘 자란 느티나무의 껍질을 물이 올랐을 때 뭉텅 떼어내어 만드는 것이 보통이다.

188) 이는 '잡아매야'의 이 지역어형이며 '잡매다 → 잠매다(비음동화) → 자매다(비음탈락)'의 과정을 겪은 예이다.

189) 이는 '구경 → 귀경(움라우트) → 기경(이중모음 제약)'의 과정을 겪은 예이다.

190) 이는 '당기어 → 땅기어(된소리되기) → 땅기에(ㅣ모음동화) → 땅게(축약)'의 과정을 겪은 예이다.

191) 이는 '손 가지고 → 송 가지고(연구개음화) → 송 가이고(ㅈ 탈락) → 송 가이(음절 탈락)'의 과정을 겪은 예이다.

192) 이는 '사람 + -매동'의 구성으로 음절말음이 탈락된 형태인 보조사 '-매도'이다.

193) 이는 '하나 + -이(주격조사)'의 구성으로 움라우트가 실현된 예이며 이는 '한 사람이'라는 뜻이다.

194) 이는 '가지고는'의 뜻이며 '가지- + -어 + -ㄴ'의 구성이다.

195) 이는 '그건'에서 어중 자음이 탈락된 형태이다.

196) 이는 발화의 오류형이며, '주- + -르'의 구성이지만 '주고'로 표현해야 할 부분이 잘못된 것으로 판단된다.

197) 이는 치음 아래에서 'ㅡ'모음이 전설모음으로 바뀐 전설모음화의 영향으로 '모리다'형이 이루어진 것이나.

198) 이는 '모(模) + 이래'의 구성으로 '모양이래'의 뜻이다.

199) 이는 이 지역 방언에서 많이 실현되는 움라우트나 전설모음화에 대한 과도교정형이다.

200) 이는 '푸리'형으로 실현되어야 하지만 발화실수로 이루어진 오류형이다.

201) 이는 한자어 '조정(調整)이지'의 뜻이며 이는 비모음화에 이은 비음의 탈락형이다.

202) 이는 '훌터'로 실현되어야 할 부분이지만 발화오류이다.

203) 이는 한자어 '대우(大優)'에 대한 이 지역어의 실현형이다.

204) 이는 '지브'에서 어중자음이 탈락된 예이다.

205) 이는 '이야기를 했지만은'의 의미로서 '해찌마느 또는 핻찌마느'형으로 실현
되어야 하지만 발화실수로 오류형이 실현된 경우이다.

206) 이는 '그러든가 → 그러등가(연구개음화) → 그등가(축약)'의 과정을 겪은 예
이다.

207) 이는 '하면 → 하먼(이중모음 제약) → 허먼(모음동화)'의 과정을 겪은 예이다.

208) 이는 '다물어지다'에 대한 이 지역어형이다.

209) 이는 부사 '자꾸'의 준말이다.

210) 이는 '남의 → 나므(이중모음 제약) → 나무(원순모음화)'의 과정을 겪은 예
이다.

211) 이는 부사 '아예'의 이 지역어형이다.

212) 이는 '안 그라면 → 앙 그라면(연구개음화) → 앙 가면(축약)'의 과정을 겪은
예이다.

213) 이는 '아(童) + -들 + -은'의 구성형식으로 '아이들은'의 뜻이다.

214) 이는 '쓰다'형에서 치음 아래에서 전설모음화가 이루어진 예이며 같은 발화
에서 전설모음화가 실현되지 않은 형과 나란히 발화되는 부분에서 이 지역어
의 보수형과 개신형이 함께 공존하고 있음을 엿볼 수 있는 예이다.

215) 이는 '삼대를 쪄 가지고'의 의미로서 '쪄 가'로 실현되어야 할 부분이 발화실
수로 오류형이 실현된 예이다.

216) 이 지역어에서 부정부사는 '몬'으로 재구조화가 되었음을 볼 수 있는 예이다.

217) 앞에서도 지적했듯이 이 지역어에서는 '껍질'과 '껍데기'가 의미상으로 잘 구
별해서 사용하지는 않고 있음을 볼 수 있는 예이다.

218) 이는 이 지역어에서 자주 실현되는 전설모음화에 따라 과도교정된 어형이
다.

219) 이는 부사 '거의'의 이 지역어형인 '거진 → 건진(ㄴ 첨가) → 헌진(자음교체)'
의 과정을 통해 실현된 예이다.

220) 이는 '같은 거 → 가튼 거(비음동화) → 가튼 어(ㄱ 탈락)'의 과정을 겪은 예
이다.

221) 이는 한자어 '별(別)'의 이 지역어형이다.

222) 이는 '되게 → 데게(이중모음 제약) → 디게(고모음화)'의 과정을 겪은 예이다.

223) 이는 부사 '어지간히'에 대응되는 이 지역어형이다.

224) 이는 '어렵을 → 에려블(움라우트) → 에러블(이중모음 제약) → 에러브(어

절말자음 탈락)'의 과정을 겪은 예이다.

225) 이는 허수아비의 이 지역어형이며 경상도방언 외에도 전국적으로 많이 분포
되어 있다.

226) 이는 '세우고 → 서우고(이중모음 제약)'의 과정을 겪은 예이다.

227) 겨릅대를 쌓아 둔 무더기 위에 올라선다는 뜻이다.

228) 이는 '울(우리) + -또(보조사) + -ㅁ(보조사)'의 구성형식이다.

229) 이는 '누'의 발화실수로 인한 오류형이다.

230) 이 대화의 끝부분은 제보자의 발화와 겹쳐져 그 소리가 정확히 들리지 않는
부분이다.

231) 이는 '젊을 때부터'의 뜻이며, '하- + -이 → 하이 → 아이(ㅎ 탈락)'의 과정을
겪은 형태로, '하이' 표준어의 '하여'형에 대응되는 예로서 그 뜻은 '부터'이다.

232) 이는 발화형대로는 '나만 먹으려고'의 뜻이지만 원래 발화의 의도는 '나이가
많이 먹어서'에 해당한다. 즉, 이는 발화실수에 따른 오류형이다.

233) 이는 '매년(每年)'으로 발화해야 하는데 발화실수로 인한 오류형으로 '해(年)'
에 이끌리어 오류가 일어난 표현이다.

234) 이는 '쓰고 → 씨고(전설모음화) → 시고(자음중화) → 시오(ㄱ 탈락)'의 과정
을 겪은 예이다.

235) 이는 선행하는 '침면은'형이 발화실수로 인해 순간적으로 '치다'의 어간 부분
을 생략하고 바로 수정한 표현으로 '치능게'형으로 실현되어야 할 부분이다.

236) 이는 '쳐'에 대응되며 '치어 → 치이(모음동화) → 치(축약)' 또는 '치어 → 쳐
(축약) → 치(이중모음 제약)'의 과정을 통하여 실현된 형으로 판단된다.

237) 이는 '뽕낡 + -으로(목적격조사) → 뽕낭그로(연구개음화) → 뽕낭그료(모음
교체)'의 과정을 겪은 예이다.

238) 이는 '수ᄆ(植)- + -었- + -지요'의 구성으로 이루어진 어형이며, '수므다'는 15
세기 중엽의 '시므다'형에 소급되는 어휘이다.

239) 이는 '바뚝으로'형에 원순모음화가 이루어진 형태이다.

240) 앞에서도 지적했듯이 이 지역어에서는 '수므다'형과 '숭구다' 형이 공존하며
이 두 어휘는 문법적으로나 의미상으로 구별 없이 수의적으로 선택되고 있음
을 볼 수 있다.

241) 이는 '딴니프' 또는 '딴니플' 정도로 발화되어야 할 부분이 발화실수로 인해
오류형이 산출되었다.

242) 이는 보조사 '-까지'에 대응되는 이 지역어형이며 '-꺼정, -꺼점'형과 'ㅡ'와

‘ㅓ’모음의 중화에 따른 실현형도 나타난다.

243) 앞에서도 지적했듯이 이 지역에서는 어미 ‘-어야의 축약형인 ‘-야’ 형태가 ‘-이’로 실현되는 특징을 보이는데 이를 나타낸 것이다.

244) 이는 ‘되니’에 대응되며, ‘되니 → 되이(비자음탈락) → 데이(이중모음 제약)’의 과정을 겪은 경우이다. 이 경우, 비모음화에 따라 ‘데~이’형으로 실현되기도 한다.

245) 이는 ‘재산이 없다 보니’의 뜻이다.

246) 이는 주격형으로 표시되어 있지만 구문으로 볼 때 ‘처소 부사격’으로 실현되어야 할 부분이며 이런 예는 이 지역어에서 많이 나타난다.

247) 이는 ‘훨씬’의 이 지역어형인데 ‘훨씬 → 훌씬(이중모음 제약) → 훌썬(후부모음화에 의한 과도교정) → 훌선(자음중화)’의 과정을 통하여 실현된 예이다.

248) 이는 ‘숨그- + -었- +-으니’의 구성으로 ‘숨그었으니 → 숭그었으니(연구개음화) → 숭거쓰니(축약) → 숭거씨니(전설모음화) → 숭거시니(자음중화) → 숭거시이(비자음탈락)’의 과정을 통해 실현된 예이다.

249) 종성의 겹자음은 지역에 따라 그 실현 양상이 매우 다른데, 대개 경북방언에서는 ‘넓꼬’형으로 실현되는데 반해 여기서는 연구개음화에 의해 ‘넉꼬’형으로 실현된 양상은 매우 특징적이다.

250) 여기서 ‘날쑤’는 ‘나(出)- + -ㄹ + 수(數)’의 구성이며, 수는 양(量)의 뜻이다. 이 지역을 비롯하여 경북방언에서는 ‘날수’를 ‘수확량(收穫量)’이나 소출(所出)의 뜻으로 많이 사용된다.

251) 이는 ‘먹이다 → 메기다(움라우트) → 미기다(고모음화)’의 과정을 겪은 어휘형태가 ‘미기- + -었- + -(으)니까’의 구성으로 이루어진 형태이다.

252) 이는 ‘뻗어져’의 뜻으로 ‘뻥가지다, 뿡가지다’ 등의 형태로 실현되며, 이 지역어를 비롯해 경북방언에도 실현되는 예이다.

253) 이는 ‘철(季節)’의 수의적 변이형이다.

254) 이 지역어에서 이 어휘는 음절말자음이 ‘낟’과 ‘낫’으로 수의적으로 실현되는 양상을 보인다.

255) 이는 원순모음화가 실현된 예이다.

256) 이는 접사 ‘-씩’과 그 의미가 비슷한 이 지역어의 접사이다.

257) 진딧물의 이 지역어형이다.

258) 이는 의존명사가 축약된 형태로 판단되는데 ‘미게능’의 형태에서 볼 수 있다. 이는 ‘미기(食使)- + -겠- + -는’의 구성 형식으로 어절말자음이 연구개비음으

로 실현된 것은 후행하는 의존명사 '것'을 가정할 수밖에 없으며 이의 연결에
따라 연구개음화가 실현되고 그 다음에 의존명사가 생략된 것으로 설명할 수
있기 때문이다.

259) 이는 '맞았으면 → 마자씨면(전설모음화) → 마쟈씨면(ㅣ모음역행동화) →
마쟈시면(자음중화) → 마야시면(ㅈ 탈락) → 마야시면(이중모음 제약)'의 과
정을 겪은 예이다.

260) 이는 '어찌'의 이 지역어형이며 '우찌, 우예, 우쩨' 등이 수의적으로 실현된다.
이는 '우쩨'형에 대해 구개음화가 실현되지 않은 형으로서 이 형태가 원래부
터 계속 이어졌기보다는 구개음화가 실현된 다음에 구개음화에 대한 과도교
정형으로 실현된 예이다.

261) 이는 '뽕나무 가지를 쪄 가지고 와서 걸어놓는다'는 뜻이다.

262) 이는 주로 싸리나무나 짚으로 만든 아가리가 좁고 바닥이 넓은 바구니를 말
한다.

263) 이는 '봄누에'의 발화실수로 실현된 오류형이다.

264) 이는 '괴다'의 대응형이다.

265) 이는 '이것'의 발화실수로 판단됨.

266) 이는 '치마'의 이 지역어형이며 경상도방언에서 전반적으로 실현되는데 '처
마, 처매' 형으로 실현되기도 한다.

267) 이 어휘의 구성은 특이한 양상을 드러내며 표준어로는 피동사인 '쓰이다'형
으로 대응된다.

268) 이 지역어에서는 '담그(구)다'와 '다므다(담다)'형이 공존하는 양상을 드러낸다.

269) 이는 '얼만큼'의 대응형이며 자음 앞에서 유음의 탈락과 함께 모음 중화에
의한 실현형이다.

270) 이는 '늘나'에 대응되는 이 지역어이며 '쓸었는 → 씨럳는(치음 아래의 전설
모음화) → 씨런는(비음동화)'의 과정을 겪은 예이다. 이 어형은 경상도방언
의 전지역에 걸쳐 실현되며 '실다'형으로도 실현되기도 한다.

271) 이는 '고치'의 이 지역어형이다.

272) 이는 '종이'형에 대응되는 이 지역어형이며, 경상도방언에 전반적으로 실현
되는 예이다.

273) 이는 부사이며 '가만히'의 의미이다.

274) 이는 '보믄' 정도로 실현될 예인데, 그 뜻은 '보면'이다.

275) 이는 비유적 표현으로 뽕잎을 아주 잘게 썰어야 된다는 표현이다.

276) 이는 '잠을'에 대응되는 예로서 이 지역어에서는 원순모음화 현상이 수의적
으로 실현된다.

277) 이는 '싫다'의 이 지역어형이며 이는 경상도방언 전역에 걸쳐 실현되는 예이다.

278) 이는 '솔가지나'에 대한 이 지역어형이며 이는 이 지역어를 비롯하여 경북방
언에는 전반적으로 실현된다.

279) 이는 '씌워'에 대응되는 이 지역어형인데 이는 역행원순모음동화에 의한 실
현형이다.

280) 이는 '완전히'를 발화하려다 발화실수로 인한 오류형이다.

281) 이는 '꼬치지블'로 실현되어야 할 예이지만 발화실수로 이루어진 어형이다.
원래 '고치집'은 고치 겉부분을 둘러싸고 있는 허수룩한 부분을 말하며, 여기
서도 그렇게 대역을 했다. 다만, 이 경우는 '고치솜'으로 대역을 해도 의미상
으로 틀린 대역은 아니지만 문맥상으로 볼 때 이는 '고치의 집'이라는 의미로
도 볼 수 있는 부분임을 지적하고자 한다.

282) 이는 '지내고'로 실현되어야 할 부분이지만 수의적으로 치조음으로 실현된
예이다.

283) 이는 '짓느라고 → 진느라고(비음동화) → 진니라고(전설모음화)'의 과정을
겪은 예이다.

284) 이는 '넣어 가지고'의 이 지역어형이며 '가꾸'는 '가지구'의 준말이다.

285) 여기서 '헛집'은 '고치솜'을 가리키는 말이다.

286) 이는 '상구(常久)'의 준말로 판단되는 예이다.

287) 이는 '보이도 → 뵈도(축약) → 베도(이중모음 제약) → 비도(고모음화)'의
과정을 겪은 예이다.

288) 이는 '의심(疑心) + -이'의 구성으로 부사 '유심히'와 비슷한 뜻으로 '의심스럽
게 생각할 정도로 유심히'라는 뜻이다.

289) 이는 '또'의 발화실수로 인한 오류형이다.

290) 이는 '며칠만큼'의 이 지역어형이며, 양순자음에 의한 역행원순모음화가 이
루어진 예이다.

291) 이는 짚으로 만든 깊이가 깊지 않는 그릇을 말한다.

292) 이는 어중 모음 사이에서 'ㅂ'음이 탈락된 예이다.

293) 이는 '밖에'의 이 지역어형으로서 움라우트가 실현된 예이다.

294) 이는 이 지역어의 형태를 확인하는 발화이므로 표준어로 직접 대역하지 않
고 괄호 속에 대역했다.

295) 이 부분의 다음에 '따뜻해야 하나요'가 생략된 것으로 보인다.

296) 이는 '누에를 치는 방의 온도가 미심쩍어도'의 뜻이다.

297) 이는 '단단히'의 이 지역어형이며 '단단히 → 단다니(ㅎ탈락) → 단대니(움라우트) → 다대이(자음탈락) → 다데이(모음중화)'의 과정을 겪은 예이며 이 지역어를 비롯한 경북방언에서는 이 어형 외에 '단데(대)이, 단디~, 단다' 등도 실현된다.

298) 이는 '두 낭글'로 발화되어야 할 예인데, 모음 사이에서 'ㄱ'음이 탈락된 예이다.

299) 군더더기 말임.

300) 이 제보자의 경우 좀더 보수적인 어형인 '가실누에 또는 가실니비'가 아니라 모두 '가을누에'로 발화하고 있는데 개신형이 침투된 흔적을 엿볼 수 있는 예이다.

301) 이 지역에서는 장작을 만들기 위해 통나무를 베어서 도끼로 짜개는 것을 '도끼로 캔다'라고 표현한다.

302) 이는 어중 모음 사이에서 'ㅂ'음이 탈락된 예이다.

303) 이는 '날아야로 실현되어야 할 부분이지만 이에 대한 우발적 발화실수이다.

304) 이는 부사 '아까'의 발음실수형으로 판단된다.

305) 이는 '나드시'로 실현되어야 할 부분이지만 발화실수로 인한 오류형이다.

306) 이 서술어에 해당하는 가상의 주어 '꼰데기가 또는 그것이'가 생략된 부분이다.

307) 이는 '가닥이'의 이 지역어이다. 어휘 '가닥'의 수의적 음성실현형인 '가당'에 움라우트 현상과 비모음화가 이루어져 실현된 예이다.

308) 이는 이 지역어에서 원래 표준어의 'ㅅ'불규칙용언은 규칙활용을 하는데 그것이 반영되어 있는 예이다. 이 지역어에서는 'ㅅ'규칙활용과 함께 수의적으로 'ㅅ'불규칙활용 용언도 등장하고 있음을 볼 수 있는데, 이는 개신의 영향으로 판단된다.

-니더(그레헨'니더) g2 48
-니더(데'니더) g2 148
-니더(데게슴니더) g2 326
-니더(덴'니더) g2 114
-니더(뎅'긴니더) g2 142
-니더(마'시니더) g2 330
-니더(마:넨'니더) g2 58
-니더(머'건니더) g2 30
-니더(모'르겐니더) g2 200
-니더(모'른니더) g2 26
-니더(모'리니더) g2 112
-니더(모시니더) g2 40
-니더(모텐'니더) g2 386
-니더(미겐'니더) g2 382
-니더(반니더) g2 24
-니더(뻐렌니더) g2 30
-니더(어'러번니더) g2 138
-니더(엄'니더) g2 30, 54, 56
-니더(인'니더) g2 40, 62
-니더(인니'더) g2 30, 38
-니더(조하지'니더) g2 386
-니더(시'네이더) g2 210
-니더(찌넨니더) g2 148
-니더(처'르난니더) g2 32
-니더(하니더) g2 230
-니더(하니'더) g2 148
-니더(핸'니더) g2 26
-니더(핸니더) g2 132, 176
-니더(헨'니더) g2 32, 134
-시더 g2 22, 24

-시더(모'르씨더) g2 352
-시더(모'를시더) g2 24
-시더(몰'시더) g2 142
-시더(무'리시더) g2 32
-시더(압사~'이시더) g2 24
-시더(익꾸이시더) g2 106
-시드(마고시드) g2 286
-씨더(꼬추씨더) g2 36
-이더(그'르이더) g2 56
-ㅂ디다
　　-디더(모'리디더) g2 28
-ㅂ시오
　　-이소(주이'소) g2 94
-가
　　-간(상'주간) g2 178
　　-간(우리간) g2 30, 32
　　-게(지'게) g2 36
　　-그(내그) g2 96, 100, 200
　　-그(머그) g2 104
　　-아(시'꾸아) g2 58
　　-아(여자'아) g2 372
　　이(대가~'이) g2 210
　　-이가(지'비가) g2 176, 182, 186
-같이
　　-거치(상'거치) g2 26
-거나
　　-께나(넘께'나) g2 326
-거던
　　-거드~(그레거'드~'요) g2 32
-거든

-카는 g2 364

　-카는 g2 30

-고 하니

　-카이 g2 392

-고 하더라

　-카드라 g2 374

-고 하면

　-카먼 g2 400

　-카믄 g2 24

-고 하지요

　-카제 g2 356

-고는

　-오는(가주오는) g2 54

-고추

　꼬'치도 g2 146

-과

　-하고(가락하고) g2 320

　-하고(거하고) g2 340

　-하고(과일하고) g2 210

　-하고(그하고) g2 158

　-하고(기'제사하고) g2 208

　-하고(꼬치하'고) g2 52

　-하고(떡하고) g2 220

　-하고(떼하고) g2 54

　-하고(모:친하고) g2 130

　-하고(바'디하고) g2 362

　-하고(밥'하:고) g2 218

　-하고(방하고) g2 398

　-하고(베틀하고) g2 360

　-하고(삼이퍼'리하고) g2 352

-하고(솔:하고) g2 360

　-하고(술하고) g2 158, 182

　-하고(어른'하고) g2 214

　-하고(옫'하고) g2 114

　-하고(으'른하고) g2 106

　-하고(자'슥뜰하고) g2 54

　-하고(징'하고) g2 44

-구마

　-꾸마(주꾸'마) g2 40

-구만

　-구마(오'도구마) g2 190

　-우만(하'더우만) g2 164

-그든

　-그덩(그레그'덩요) g2 26

-기

　-께(헤'께) g2 28

　-잔(가'잔) g2 130

-까

　-꼬(무'꼬) g2 50

　-로(머'로) g2 230

-까지

　-가지(탈가지) g2 284

　-까이(저맨'년까이) g2 184

　-까전(신'촌까전) g2 110

　-까전(안주까전) g2 38

　-까즌(글까즌) g2 228

　-까즌(이까'즌) g2 128

　-까짐(청석꺼'리까짐) g2 38

　-꺼정(안주'꺼정) g2 148

　-꺼즌(대배~꺼'즌) g2 34

-으넌(지금으넌) g2 154
-으느(지'그므느) g2 40
-으는(끄'트는) g2 48
-으는(동사으는) g2 102
-으는(사라므는) g2 54
-으는(상'으는) g2 158
-으는(지'그므느) g2 62
-으는(지'그므는) g2 50

-는가
-능가(델'라능가) g2 56

-는데
-ㄴ 데(그'렌데) g2 52
-ㄴ 데(난데) g2 28
-ㄴ 데(머'건데) g2 30

-니
-이(가'이) g2 384
-이(그'르이) g2 142
-이(그르이) g2 38
-이(그이) g2 28, 60
-이(데이) g2 190, 228
-이(보'이) g2 164
-이(보'이) g2 180
-이(보~'이) g2 96, 106, 128, 220
-이(뻬'러씨이) g2 130
-이(사이) g2 160
-이(업'써이) g2 196
-이(업시~'이) g2 326
-이(업쓰~'이) g2 38
-이(업씨~'이) g2 296
-이(오이) g2 110

-이(이래이) g2 98
-이(이시'이) g2 276
-이(이시~'이) g2 342
-이(조으이) g2 284
-이(지'내~이) g2 28
-이(하이) g2 144, 182
-이(하이) g2 378
-이~(업시~') g2 348
-이~(짜이~) g2 370
_이(어정쩡하이) g2 142
_이(하이) g2 186
나머써이 g2 52

-니까
-까네(업'시까네) g2 318
-까네(쩨:노아까네) g2 342
-까이(업시까이) g2 348
-께네(그레'이께네) g2 184
-께네(나'써이께네) g2 142
-께네(따래'이께네) g2 142
-께니(누~'이께니) g2 106
-끼네(짜'바스~끼네) g2 370
-니가(보'니가) g2 62
-니꺼(데니'꺼) g2 148
-니께(모르니께) g2 370
-이(데이) g2 148
-이~까(가트'이~까) g2 362
-이~까(뻬이~'까) g2 356
-이~까(이시~'까) g2 100
-이~까(짜이~'까) g2 370
-이가(드가'이가) g2 294

-먼(나오먼) g2 320
-먼(너'르가먼) g2 38
-먼(데'먼) g2 38, 204
-먼(도'라가먼) g2 346
-먼(드가먼) g2 30
-먼(마리먼) g2 322
-먼(말류먼) g2 286
-먼(모:지레'먼) g2 40
-먼(발브먼) g2 146
-먼(버'러'지먼) g2 368
-먼(보'먼) g2 212
-먼(업'씨먼) g2 176
-먼(오'먼) g2 60, 314
-먼(오래시'먼) g2 278
-먼(이시'먼) g2 156, 216
-먼(지'내먼) g2 184
-먼(피'먼) g2 314
-먼(헤'시먼) g2 272
-멀(하멀) g2 150
-모(가모) g2 124
-모(그모') g2 26
-모(모'예머) g2 46
-모(부'리모) g2 168
-모(시프모) g2 158
-모(오'모) g2 60
-무(너르가무) g2 268
-무(데'무) g2 48
-무(하'무) g2 284
-무는(베'끼무는) g2 336
-문(추'우문) g2 170

-므(가'므) g2 34, 182
-므(너므므) g2 58
-므(니'르가므) g2 42
-므(데'므) g2 172
-므(도러가시므) g2 174
-므(마'추므) g2 290
-므(빠'지므) g2 230
-므(시'이'므) g2 178
-믄(가믄) g2 26, 42, 128
-믄(게:시'믄) g2 188
-믄(그믄) g2 106
-믄(나'가믄) g2 280
-믄(나'리믄) g2 110
-믄(노'우믄) g2 44
-믄(데'믄) g2 58, 166, 200
-믄(뎅'기믄) g2 44
-믄(도러가시믄) g2 174
-믄(드'로믄) g2 190
-믄(보'믄) g2 46, 102
-믄(부르믄) g2 202
-믄(사니'씨믄) g2 50
믄(씨'믄) g2 26
-믄(안자:시믄) g2 162
-믄(올'라가믄) g2 26
-믄(이'시믄) g2 190
-믄(이시믄) g2 278
-믄(이씨'믄) g2 296
-믄(자:시'믄) g2 230
-믄(주'믄) g2 120
-믄(지'네믄) g2 220

-가즈고(와가즈고른) g2 28
-가즈고(해가즈고) g2 42
-가즈고(해아셔가즈고) g2 36
-가즈그(그'래가즈그) g2 98
-가지(쩌가지) g2 278
-가지(처'가지) g2 296
-가지거(해가'지거) g2 156
-가지고(그'레가지고) g2 26
-가지고(나라가'지고) g2 322
-가지고(내가지고) g2 160
-가지고(다마'가지고) g2 342
-가지고(데가'지고) g2 396
-가지고(떼'가지고) g2 330
-가지고(말려'가지고) g2 318
-가지고(무꺼가주고) g2 284
-가지고(여가지고) g2 324
-가지고(여어가지고) g2 168
-가지고(짜가'지고) g2 368
-가지고(해가'지고) g2 154
-가지고(헤가'지,) g2 38
-가지고(헤가지고는) g2 322
-각(데:삭') g2 280
-거(그'래거) g2 26

-습니다
　-니더 22
　-심니다(사'라심니다) g2 56
　-심더(만심'더) g2 220

-씩
　-강(하나강) g2 388
　-석(껍띠'기석) g2 340

-석(단석) g2 334
-석(오'큼석) g2 278
-석(함 분'석) g2 42
-수(짐수) g2 210
-스(단지스) g2 48
-스(부'스) g2 394
-스(부스) g2 54
-슥(하루슥) g2 48
-슥(한 잔슥) g2 42
-슥(한잔슥) g2 158
-썩(부'썩) g2 212
-썩(여:남썩) g2 58
-썩(이'틀써기) g2 274
-썩(하나썩:) g2 364
-쓱(병'쓱) g2 116
-쓱(분쓱) g2 158
-콤(쪼메'콤) g2 336

-아
-레(몰:레') g2 134
-아(가자) g2 98
-야(치'야) g2 52
어(마'저) g2 212
-어(마저) g2 104
-어마'저) g2 98
-에(가'테) g2 406
-에(업짜네) g2 194
-에(이짜네) g2 124
-에(해짜네) g2 282
-오(올로) g2 30
-이(가'이) g2 164

-이(뽀브이) g2 296
　-이(사'이) g2 200
　-이(써'이) g2 228
　-이(올'러가'이지) g2 230
　-이(와'이) g2 122, 178, 190
　-이(이'서이) g2 226
　-이(자'이) g2 394
　-이(져'이) g2 378
　-이(조'이) g2 180, 394
　-이(조이) g2 204, 372
　-이(해'이) g2 100, 204, 294, 374
　-이(해이) g2 186
　-이(헤'이) g2 126
　-이(헤이) g2 232
-야지
　-애지(가라애지) g2 278
　-에지(까르에지) g2 282
　-여이(그래여이) g2 280
-어
　-아(가다) g2 30
　-엄(가점) g2 24
　-우(무'꾸) g2 34
　-이(이시~'이) g2 354
　-이(차'리) g2 166
　-이(해이비) g2 188
-어라
　-아라(빠'자라) g2 204
-어서
　-어'스 22
-어야

-어이(무'꺼이) g2 168
-어요
　-라요(국'수라요) g2 160
　-래요(가'치래요) g2 106
　-래요(모~'이래요) g2 60
　-래요(모이래요) g2 96
　-래이(아이'래이) g2 210
　-레여(융'남메레여) g2 96
　-레예(까레예) g2 190
　-레요(참'마리레요) g2 132
　-레이(뿌'이레이) g2 50
　-레이(혼'자뿌~이'레이) g2 58
　-어여(상관업서여) g2 102
　-어여(업'서써여) g2 96
　-어여(업써여) g2 220
-없다
　-엉'꼬 g2 166
-었-
　-잇-(되었어) g2 41
-에
　-게(겨'을게) g2 318
　-아(꼰'지자네) g2 404
　-아(난자~') g2 28
　-아(마다~'아) g2 98
　-아(먹자네) g2 396
　-아(미게'자네) g2 384
　-아(바~'아) g2 366
　-아(바~'아) g2 166
　-아(바~'아)g2 122
　-아(방~'아) g2 400

-뇨(그래그'덩'뇨) g2 24

-레(아이'레) g2 344

-어(만찬'치어) g2 268

-에(몰'레에) g2 28

-에(짜에) g2 370

-여(그'래써여) g2 44

-여(그'래여) g2 34, 138

-여(그'레여) g2 116

-여(데'지여) g2 128

-여(데지여) g2 374

-여(머'여) g2 108

-여(머여) g2 104

-여(아니'여) g2 130

-여(이써여) g2 202

-여(저'버여) g2 56

-여(지'내여) g2 184

-여(해여) g2 210

-여(헤'여) g2 100

-예(그'지예) g2 172, 286

-예(숭구'니까예) g2 288

-유(땅으루유) g2 32

-의(마제의) g2 290

-이(마저이) g2 386

-이(뻐'려이) g2 286

-이(와'이) g2 180

-으니

　-이이(숭거시'이) g2 386

-으러

　-꼬러(먹꼬러) g2 316

-으로

-을(소'늘) g2 284

-을(자'동을) g2 52

-을(전문'을) g2 350

-을(지'그믈) g2 164

-이로(지비로) g2 178

-으면

　-으마(나'와스마) g2 394

　-으머(가'므머) g2 324

　-으므(뿌'르므) g2 296

　-이믄(업'시믄) g2 292

　-이믄(이'시믄) g2 284

-은

　-ㄴ(씨곤') g2 26

　-느(사'지느) g2 98

　-르(내'이르) g2 372

　-어'는 g2 22

　-어(꿀'두거) g2 52

　-어(나'며너) g2 168

　-언(여'언) g2 300

　-우느(사'라무느) g2 186

　-우는(나'무는) g2 186

　-으(가'머느) g2 30

　-으(메'찌브) g2 94

　-으(사'라므) g2 126

　-으(사람으) g2 30

　-으(열'라그) g2 186

　-으(지'그므) g2 52

　-으(짜그) g2 120

　-으(참'시느) g2 216

　-으넌(뽕'으넌) g2 388

갈머'리 g2　42

갈물' g2　34

갈무리 g2　34

갈미봉

갈:미보~'이라 g2　24

갈미보~'이라는 g2　24

감'니봉 g2　32

갈미봉 g2　34

갈아엎다

가르어'꼬 g2　288

갈아주다

가라조:야 g2　348

갈치

칼'치 g2　222

감기다

가게'라꼬 g2　344

감:긴' g2　370

감게또'록 g2　342

감다

가무무 g2　378

가므 g2　320

가메먼 g2　406

감자

감자아 g2　52

감재' g2　36

감자술

감자술'로 g2　46

강원도

가운'도 g2　94

같다

가다 g2　356

가체 g2　216

같치 g2　312

거'트먼 g2　336

거'튼데 g2　312

거치 g2　146

건능 g2　44

그'치 g2　348, 400

그트믄 g2　296

그'튼 g2　270

그'틈 g2　117, 294

그치 g2　344

그트마 g2　108

그튼 g2　194

까뜸 g2　290

까테여 g2　198

까튼 g2　378

개

게 g2　42

개량(改良)

께'랑 g2　34

개올

개고'레 g2　282

게고'리 g2　268

개월

(메')께월 g2　348

거

그'는 g2　50

어 g2　378

거기

거 g2 30, 34, 46, 50, 106, 180
거'게 g2 42
거'게가 g2 30
거'서 g2 32
거:서 g2 164
거게가 g2 34
거다가 g2 232
거서 g2 46
거어 g2 46
걷 g2 46
고오 g2 290
곰 g2 202
구 g2 122
그 g2 30, 150
그'어서 g2 46
그'으는 g2 116
그'으선 g2 278
그가 g2 28
그나 g2 290
그어 g2 26, 28, 178
그어'기 g2 50
그어서 g2 178
그어선 g2 272
그이 g2 172

거리
　꺼'리도 g2 146
거리다
　어리스 g2 296
거의
　거'어'이 g2 46, 58

거'이 g2 54
거'이' g2 22
거'진 g2 110
거::이' g2 56
거:이' g2 94
거이 g2 30, 60, 158
거이직 g2 380
거즌 g2 114
건너
　건'네 g2 28
걸다
　그'르 g2 122
　그러노'코 g2 336, 342
걸립(乞粒)
　걸림 g2 44
　걸:리'비라 g2 44
　걸:리'비라고 g2 44
걸우다
　그'라도 g2 386
　그'러도 g2 386
　그라 g2 386
것
　금 g2 282
　기 g2 48
　까레예 g2 190
　께라요 g2 360
　께래요 g2 28
　께레요 g2 32
　끄'뜨며는 g2 186
　끼'다 g2 36

게이 g2 56

게일 g2 196

겔 g2 138, 196

겔 g2 144

겔: g2 214, 220

젯물

　제무'레 g2 346

조

　서'어'숙 g2 326

　서:숙 g2 36

　서:숙' g2 282

조거

　조'그 g2 30

조것

　조'고 g2 52

조그마하다

　쪼:만한 g2 404

조그만

　쪼메끔 g2 386

　쪼멘 g2 326

조금

　쩌'금 g2 188

　쩌끔스근 g2 222

　쪼'금 g2 104

　쪼'끔 g2 48

　쪼'끔' g2 338

　쪼'메 g2 378

　쪼:금 g2 348

　쪼:끔 g2 270

　쪼끔 g2 360

쪼끔 g2 350

쪼매 g2 312

쪼매'도 g2 388

쪼메: g2 396

쪼메콤 g2 358

쪼이 g2 116

조리

　조'래느 g2 134

　조'레도 g2 134

조부

　조'보' g2 210

조생종

　조생조~'임미까 g2 270

조정

　조'저~'이지 g2 372

조짚

　서'숙'짚 g2 400

　서'어'숙집' g2 320

좀

　점 g2 116

　줌 g2 180

　즘 g2 44

　즘' g2 190

　쩜 g2 38, 290

　쪼 g2 270

　쫌 g2 24, 48, 94, 100, 270

　쫌' g2 38, 102, 190, 196

　쯤 g2 334

좀처럼

　조:매 g2 212

지관

　　지과~'이라고 g2 172

지금

　　끔 g2 222

　　지'근면 g2 224

　　지굼 g2 214

　　지그 g2 114

　　지음 g2 40, 272

　　짐 g2 286

　　찜 g2 218

지나다

　　지네:도 g2 282

지내다

　　디'내고 g2 396

　　지'넨느 g2 218

　　지:네'고 g2 182

　　찌넨니더 g2 148

지다

　　저 g2 284

　　지'로 g2 50

지휘하다

　　지'히하는 g2 196

진딧물

　　뜸'무리 g2 388

진보(珍寶面)

　　진'보' g2 44, 102

진보시장

　　진보장'이나 g2 54

진성이씨

　　진성이'시 g2 22

진짜

　　진쯔 g2 26

짊어지다

　　질무지'고 g2 294

짐

　　즈'물 g2 172

집

　　지'이 g2 188

　　지입 g2 212

　　짐 g2 126

집안

　　지'베 g2 176

집집

　　지지베둥 g2 46

　　지찜메'둥 g2 52

　　집'찌믄 g2 58

　　집찌베~'이 g2 44

짓다

　　저'어' g2 50

　　저'어여지 g2 52

　　저찌 g2 102

　　져' g2 52, 54, 272

　　져'뿌만 g2 396

　　져'어써요 g2 28

　　진니'라고 g2 396

　　찌'어 g2 30

징

　　징'하고 g2 44

징게다리

　　징께따'리라고 g2 364